いちばんやさしい

書いて覚える韓国語

辛昭静 著

HANA

音声ダウンロードについて

本書の中で、音声マーク🔊があるところは、学習に必要な音声をダウンロードして聞くことができます。右上のQRコード、もしくは小社 ウェブサイト（https://www.hanapress.com/）のサポートページよりダウンロードしてご利用ください。

※本書は2019年3月に小社より発売された『書き込み式入門韓国語 完全マスターブック』をサイズを変更し、ハングルに読み仮名を付けて改訂版として出版したものです。

はじめに

K-POPやドラマなどを通じて韓国語に触れることが増え、興味を持ち勉強を始めたいと思っていても、なかなかきっかけがつかめずに悩んでいらっしゃる方に、おすすめの韓国語入門書をご紹介します。

本書は、基本の文字から発音、単語、そして簡単な文作り、日常フレーズと、入門者が知りたいことが全て学習できる構成となっています。

本書は、以下の五つのパートで構成されています。

文字と発音編	基本母音字・子音字・パッチム・合成母音字の書き方と発音について勉強します。
発音のルール編	発音をしやすくするためのさまざまな発音ルールのうち、最も基本的なルールについて勉強します。
単語編	日常生活と密接な関係にある20のテーマを取り上げて、関連する単語を勉強します。
文法編	名詞・動詞・形容詞の基本的な活用について学び、簡単な文作りを勉強します。
フレーズ編	今すぐ使えるフレーズを10のテーマ別にまとめて勉強します。

外国語学習者の中には、最初は張り切って勉強を始めたものの、割と最初の段階で挫折して勉強を諦めてしまう方が多いです。そのため本書では、学習者の方が少しでも楽しく、なおかつ分かりやすく勉強ができるよう、工夫を施しています。どうかこの本が韓国語学習の楽しさに気付くきっかけになれば、幸いです。

辛昭静

目次

単語編

文法編

フレーズ編

巻末付録

ハングルの特徴

ハングルは、1443年に朝鮮王朝4代目の世宗大王が訓民正音（くんみんせいおん）（民を教える正しい音）という名前で創製し1446年に公布した、韓国語を表記する際に使われる文字の名前です。それまでは文字といえば中国語を書くための漢字しかなく、韓国語のための文字はありませんでした。それが庶民にとってはとても難しかったため、当時の学者たちに新しく作らせたのです。

訓民正音は、1900年代から**ハングル**（ハン：偉大なる、グル：文字）と呼ばれるようになりました。世界で唯一、作った人や公表日、作られた原理が知られている文字で、世界記録遺産としてユネスコ（国連教育科学文化機関）にも登録されています。

日本語と語順がほぼ同じ！

チョヌン		バンタンソニョンダネ		ペニムニダ	
저	는	방탄소년단	의	팬	입니다
私	は	防弾少年団	の	ファン	です

（分かち書き）저는 ／ 방탄소년단의 ／ 팬입니다

表記は主にハングルのみで！

表記の際に日本語はひらがな・カタカナ・漢字を適宜使い分けていますが、韓国語では主にハングルのみが使われています。

同じ漢字使用圏！

韓国語には、日本語と発音が似ている漢字語が結構あります。

例） 気分 **기분**（キブン）　　準備 **준비**（チュンビ）
無理 **무리**（ムリ）　　無料 **무료**（ムリョ）
気温 **기온**（キオン）　　温度 **온도**（オンド）

ハングルの仕組み

ハングルは子音字と母音字をパズルのように組み合わせて文字を作ります。子音字と母音字が配置される位置は、基本的に次の４パターンのいずれかです。

文字と発音 編

韓国語には10個の基本母音字と11個の合成母音字、19個の子音字があります。文字と発音編では、それらの書き方と発音について勉強しましょう。

1 基本母音字

読んでみましょう 001

ㅏ	ㅑ	ㅓ	ㅕ	ㅗ	ㅛ	ㅜ	ㅠ	ㅡ	ㅣ
ア a	ヤ ya	オ o	ヨ yo	オ o	ヨ yo	ウ u	ユ yu	ウ u	イ i

韓国語の基本母音字は全部で上記の10個です。韓国語は必ず「子音字＋母音字」の組み合わせで文字として成り立ちますので、ここでは基本母音字の前に子音字「ㅇ」を付けた形で提示します。

子音字「ㅇ」は、形だけあって音を表さない文字です。母音字と組み合わせても母音字だけの音で発音されます。つまり、「ㅇ（無音）」と「ㅏ（a）」の組み合わせである「아」の発音は、ア（a）となります。

ㅇ ＋ ㅏ → 아

無音　ア a　ア a

ㅇ ＋ ㅜ → 우

無音　ウ u　ウ u

書いてみましょう

① 아 ア a

日本語の「ア」と
ほぼ同じ発音。

아	아	아	아			

② 야 ヤ ya

日本語の「ヤ」と
ほぼ同じ発音。

야	야	야	야			

③ 어 オ o

口を広く開けて「オ」と発音。顎を下へ引っ張る感じで！

어	어	어	어			

④ 여 ヨ yo

口を広く開けて「ヨ」と発音。顎を下へ引っ張る感じで！

여	여	여	여			

⑤ 오 オ o

日本語の「オ」と
ほぼ同じ発音。日本
語の「オ」より口を
丸くすぼめて！

오	오	오	오			

⑥ 요 ヨ yo

日本語の「ヨ」と
ほぼ同じ発音。日本
語の「ヨ」より口を
丸くすぼめて！

요	요	요	요			

⑦ 우 ウ u

日本語の「ウ」と
ほぼ同じ発音。日本
語の「ウ」より口を
丸く突き出して！

우	우	우	우			

⑧ 유 ユ yu

日本語の「ユ」と
ほぼ同じ発音。日本
語の「ユ」より口を
丸く突き出して！

유	유	유	유			

⑨ 으 ウ u

口を「イ」を発音す
る形にして「ウ」と
発音。

으	으	으	으			

⑩ 이 イ i

日本語の「イ」と
ほぼ同じ発音。

이	이	이	이			

読んでみましょう 002

イ

이

歯

アイ

아이

子ども

オイ

오이

キュウリ

ウユ

우유

牛乳

アヤ

아야！

痛いっ！

ヨユ

여유

余裕

イユ

이유

理由

ヨウ

여우

キツネ

ヤユ

야유

やじ

書いてみましょう

이	이	이					
아이	아이	아이					
오이	오이	오이					
우유	우유	우유					
아야	아야	아야					
여유	여유	여유					
이유	이유	이유					
여우	여우	여우					
야유	야유	야유					

2 子音字

(1) 平音

ㄱ	ㄴ	ㄷ	ㄹ	ㅁ	ㅂ	ㅅ	ㅇ	ㅈ	ㅎ
k, g	n	t, d	r	m	p, b	s	無音	ch, j	h

韓国語の子音字は全部で19個あります。そのうち、平音と呼ばれる音を表す子音字は上記の10個です。子音字単独では文字として成り立たないので、母音字を組み合わせて発音します。

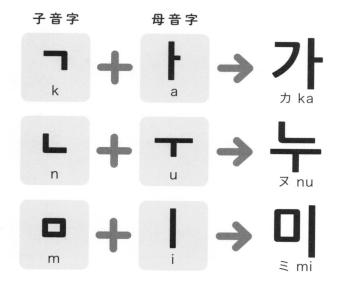

子音字　母音字

ㄱ (k) + ㅏ (a) → 가 カ ka

ㄴ (n) + ㅜ (u) → 누 ヌ nu

ㅁ (m) + ㅣ (i) → 미 ミ mi

まず平音に、基本母音字10個のうち、使用率の高い「ㅏ、ㅓ、ㅗ、ㅜ、ㅡ、ㅣ」を付けた形を発音と共に見てみましょう。

読んでみましょう 003

平音 +「ㅏ」

가 カ ka	나 ナ na	다 タ ta	라 ラ ra	마 マ ma
바 パ pa	사 サ sa	아 ア a	자 チャ cha	하 ハ ha

平音 +「ㅓ」

거 コ ko	너 ノ no	더 ト to	러 ロ ro	머 モ mo
버 ポ po	서 ソ so	어 オ o	저 チョ cho	허 ホ ho

平音 +「ㅗ」

고 コ ko	노 ノ no	도 ト to	로 ロ ro	모 モ mo
보 ポ po	소 ソ so	오 オ o	조 チョ cho	호 ホ ho

平音 +「ㅜ」

구 ク ku	누 ヌ nu	두 トゥ tu	루 ル ru	무 ム mu
부 プ pu	수 ス su	우 ウ u	주 チュ chu	후 フ hu

平音 +「ㅡ」

그 ク ku	느 ヌ nu	드 トゥ tu	르 ル ru	므 ム mu
브 プ pu	스 ス su	으 ウ u	즈 チュ chu	흐 フ hu

平音 +「ㅣ」

기 キ ki	니 ニ ni	디 ティ ti	리 リ ri	미 ミ mi
비 ピ pi	시 シ si	이 イ i	지 チ chi	히 ヒ hi

書いてみましょう

	ㅏ	ㅑ	ㅓ	ㅕ	ㅗ	ㅛ	ㅜ	ㅠ	ㅡ	ㅣ
ㄱ	가	갸	거	겨	고	교	구	규	그	기
ㄴ										
ㄷ										
ㄹ										
ㅁ										
ㅂ										
ㅅ										
ㅇ										
ㅈ										
ㅎ										

① ㄱ k, g

日本語の「カ行」とほぼ同じ発音。単語の２文字目以降では濁って「ガ行」の発音に。 004

가	갸	거	겨	고	교	구	규	그	기
カ、ガ	キャ、ギャ	コ、ゴ	キョ、ギョ	コ、ゴ	キョ、ギョ	ク、グ	キュ、ギュ	ク、グ	キ、ギ
가	갸	거	겨	고	교	구	규	그	기

読んでみましょう 005

カグ
가구
家具

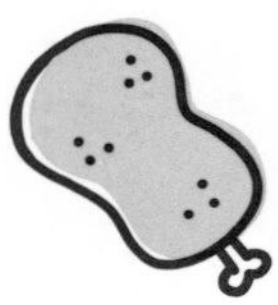

コギ
고기
肉

クゴ
그거
それ

書いてみましょう

가구	가구	가구					
고기	고기	고기					
그거	그거	그거					

② ㄴ n　日本語の「ナ行」とほぼ同じ発音。 006

나 ナ	냐 ニャ	너 ノ	녀 ニョ	노 ノ	뇨 ニョ	누 ヌ	뉴 ニュ	느 ヌ	니 ニ
나	냐	너	녀	노	뇨	누	뉴	느	니

読んでみましょう 007

ナ
나
私

ヌナ
누나
(弟から見た)姉

ヌグ
누구
誰

書いてみましょう

나	나	나					
누나	누나	누나					
누구	누구	누구					

③ ㄷ t, d

日本語の「タ行」とほぼ同じ発音。単語の2文字目以降では濁って「ダ行」の発音に。 008

다	댜	더	뎌	도	됴	두	듀	드	디
タ、ダ	ティャ、ディャ	ト、ド	ティョ、ディョ	ト、ド	ティョ、ディョ	トゥ、ドゥ	テュ、デュ	トゥ、ドゥ	ティ、ディ
다	댜	더	뎌	도	됴	두	듀	드	디

読んでみましょう 009

オディ
어디
どこ

キド
기도
祈り

クドゥ
구두
靴

書いてみましょう

어디	어디	어디					
기도	기도	기도					
구두	구두	구두					

④ ㄹ r

日本語の「ラ行」とほぼ同じ発音。

🔊 010

라 ラ	랴 リャ	러 ロ	려 リョ	로 ロ	료 リョ	루 ル	류 リュ	르 ル	리 リ
라	랴	러	려	로	료	루	류	르	리

読んでみましょう

🔊 011

カル **가루** 粉	オリ **오리** アヒル	ラディオ **라디오** ラジオ

書いてみましょう

가루	가루	가루			
오리	오리	오리			
라디오	라디오	라디오			

⑤ ㅁ m 日本語の「マ行」とほぼ同じ発音。 012

마	먀	머	며	모	묘	무	뮤	므	미
マ	ミャ	モ	ミョ	モ	ミョ	ム	ミュ	ム	ミ
마	먀	머	며	모	묘	무	뮤	므	미

読んでみましょう 013

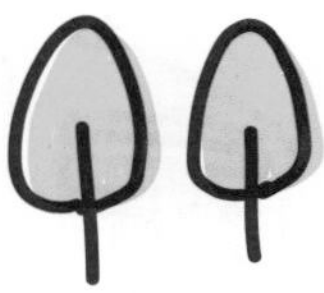

ナム
나무
木

マニョ
마녀
魔女

コミ
거미
クモ

書いてみましょう

나무	나무	나무					
마녀	마녀	마녀					
거미	거미	거미					

⑥ ㅂ p, b

日本語の「パ行」とほぼ同じ発音。単語の2文字目以降では濁って「バ行」の発音に。

014

바	뱌	버	벼	보	뵤	부	뷰	브	비
パ、バ	ピャ、ビャ	ポ、ボ	ピョ、ビョ	ポ、ボ	ピョ、ビョ	プ、ブ	ピュ、ビュ	プ、ブ	ピ、ビ
바	뱌	버	벼	보	뵤	부	뷰	브	비

読んでみましょう

015

ナビ
나비
チョウ

プモ
부모
両親

ピヌ
비누
せっけん

書いてみましょう

나비	나비	나비					
부모	부모	부모					
비누	비누	비누					

⑦ ㅅ s

日本語の「サ行」とほぼ同じ発音。 016

사 サ	샤 シャ	서 ソ	셔 ショ	소 ソ	쇼 ショ	수 ス	슈 シュ	스 ス	시 シ
사	샤	서	셔	소	쇼	수	슈	스	시

読んでみましょう 017

トシ
도시
都市

ソニョ
소녀
少女

スリ
수리
修理

書いてみましょう

도시	도시	도시					
소녀	소녀	소녀					
수리	수리	수리					

⑧ ㅈ ch, j

日本語の「チャ行」とほぼ同じ発音。単語の2文字目以降では濁って「ジャ行」の発音に。

018

자 チャ、ジャ	쟈 チャ、ジャ	저 チョ、ジョ	져 チョ、ジョ	조 チョ、ジョ	죠 チョ、ジョ	주 チュ、ジュ	쥬 チュ、ジュ	즈 チュ、ジュ	지 チ、ジ
자	쟈	저	져	조	죠	주	쥬	즈	지

読んでみましょう

019

チュサ
주사
注射

チド
지도
地図

ポジャギ
보자기
ポジャギ

書いてみましょう

주사	주사	주사			
지도	지도	지도			
보자기	보자기	보자기			

⑨ ㅎ h

日本語の「ハ行」とほぼ同じ発音。 020

하 ハ	햐 ヒャ	허 ホ	혀 ヒョ	호 ホ	효 ヒョ	후 フ	휴 ヒュ	흐 フ	히 ヒ
하	햐	허	혀	호	효	후	휴	흐	히

読んでみましょう 021

ハマ
하마
カバ

キホ
기호
記号

ヒュジ
휴지
ティッシュ

書いてみましょう

하마	하마	하마					
기호	기호	기호					
휴지	휴지	휴지					

クイズ

次の子音字と母音字を組み合わせて、左に書かれた発音通りに韓国語の単語を書いてみましょう。

子音	母音
ㄷ ㅂ ㄹ ㅅ ㄴ ㄱ ㅁ ㅈ ㅎ	ㅏ ㅣ ㅓ ㅠ ㅑ ㅗ ㅕ ㅛ ㅡ ㅜ

例）sora → 소라　サザエ

（1） puja → ＿＿＿＿　お金持ち

（2） hugi → ＿＿＿＿　後記

（3） kimi → ＿＿＿＿　シミ

（4） chuso → ＿＿＿＿　住所

（5） toro → ＿＿＿＿　道路

（6） miso → ＿＿＿＿　ほほ笑み

➜ 解答は P.209

(2) 激音

平音	ㄱ k, g	ㄷ t, d	ㅂ p, b	ㅈ ch, j
	↓	↓	↓	↓
激音	ㅋ k	ㅌ t	ㅍ p	ㅊ ch

激音は全部で４個です。平音「ㄱ、ㄷ、ㅂ、ㅈ」の音を、より息を強く吐き出して発音するのが激音です。なので単語の2文字以降でも濁ることはありません。練習方法は、鏡を前にして発音の後に鏡が曇るかを確認したり、ティッシュを口の前に広げて発音の後にティッシュがなびくかをチェックしたりする方法があります。

激音に、基本母音字10個のうち、使用率の高い「ㅏ、ㅓ、ㅗ、ㅜ、ㅡ、ㅣ」を付けた形を発音と共に見てみましょう。

読んでみましょう 022

激音 +「ㅏ」

카 カ ka	타 タ ta	파 パ pa	차 チャ cha

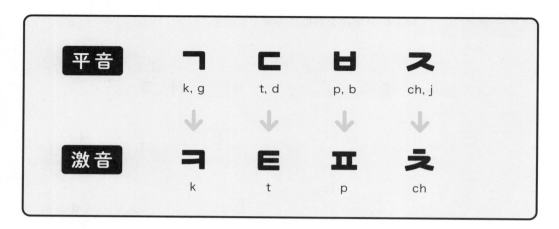

激音 +「ㅓ」

커	터	퍼	처
コ ko	ト to	ポ po	チョ cho

激音 +「ㅗ」

코	토	포	초
コ ko	ト to	ポ po	チョ cho

激音 +「ㅜ」

쿠	투	푸	추
ク ku	トゥ tu	プ pu	チュ chu

激音 +「ㅡ」

크	트	프	츠
ク ku	トゥ tu	プ pu	チュ chu

激音 +「ㅣ」

키	티	피	치
キ ki	ティ ti	ピ pi	チ chi

書いてみましょう

	ㅏ	ㅑ	ㅓ	ㅕ	ㅗ	ㅛ	ㅜ	ㅠ	ㅡ	ㅣ
ㅋ	카	캬	커	켜	코	쿄	쿠	큐	크	키
ㅌ										
ㅍ										
ㅊ										

① ㅋ k

日本語の「カ行」とほぼ同じ発音。ただし、息を強く吐き出す感じで！

023

카 カ	캬 キャ	커 コ	켜 キョ	코 コ	쿄 キョ	쿠 ク	큐 キュ	크 ク	키 キ
카	캬	커	켜	코	쿄	쿠	큐	크	키

読んでみましょう

024

カドゥ
카드
カード

クキ
쿠키
クッキー

カカオ
카카오
カカオ

書いてみましょう

카드	카드	카드			
쿠키	쿠키	쿠키			
카카오	카카오	카카오			

② ㅌ t

日本語の「タ行」とほぼ同じ発音。ただし、息を強く吐き出す感じで。

🔊 025

타 タ	탸 ティャ	터 ト	텨 ティョ	토 ト	툐 ティョ	투 トゥ	튜 テュ	트 トゥ	티 ティ
타	탸	터	텨	토	툐	투	튜	트	티

読んでみましょう

🔊 026

ノトゥ 노트 ノート	トマト 토마토 トマト	タジョ 타조 ダチョウ

書いてみましょう

노트	노트	노트			
토마토	토마토	토마토			
타조	타조	타조			

③ ㅍ p

日本語の「パ行」とほぼ同じ発音。ただし、息を強く吐き出す感じで。

027

파 パ	퍄 ピャ	퍼 ポ	펴 ピョ	포 ポ	표 ピョ	푸 プ	퓨 ピュ	프 プ	피 ピ
파	퍄	퍼	펴	포	표	푸	퓨	프	피

読んでみましょう

028

포도（ポド）
ブドウ

커피（コピ）
コーヒー

파티（パティ）
パーティー

書いてみましょう

포도	포도	포도					
커피	커피	커피					
파티	파티	파티					

④ ㅊ ch

日本語の「チャ行」とほぼ同じ発音。ただし、息を強く吐き出す感じで。

029

차	챠	처	쳐	초	쵸	추	츄	츠	치
チャ	チャ	チョ	チョ	チョ	チョ	チュ	チュ	チュ	チ
차	챠	처	쳐	초	쵸	추	츄	츠	치

読んでみましょう

030

キチャ
기차
汽車

コチュ
고추
唐辛子

チジュ
치즈
チーズ

書いてみましょう

기차	기차	기차					
고추	고추	고추					
치즈	치즈	치즈					

(3) 濃音

平音	ㄱ k, g	ㄷ t, d	ㅂ p, b	ㅈ ch, j	ㅅ s
激音	ㅋ k	ㅌ t	ㅍ p	ㅊ ch	
濃音	ㄲ kk	ㄸ tt	ㅃ pp	ㅉ cch	ㅆ ss

濃音は全部で５個です。平音「ㄱ、ㄷ、ㅂ、ㅅ、ㅈ」の音を、息を吐き出さず喉を締め付けるように発音するのが濃音です。練習方法は、鏡を前にして発音の後に鏡が曇らないことを確認したり、ティッシュを口の前に広げて発音の後にティッシュがなびかないことをチェックしたりする方法があります(激音とは反対です)。

読んでみましょう 031

濃音＋「ㅏ」

까	따	빠	싸	짜
ッカ kka	ッタ tta	ッパ ppa	ッサ ssa	ッチャ ccha

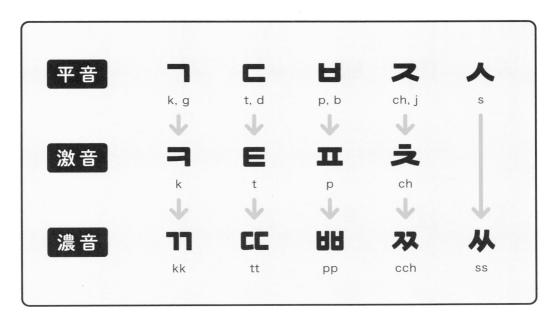

濃音 +「ㅓ」

꺼	떠	뻐	써	쩌
ッコ kko	ット tto	ッポ ppo	ッソ sso	ッチョ ccho

濃音 +「ㅗ」

꼬	또	뽀	쏘	쪼
ッコ kko	ット tto	ッポ ppo	ッソ sso	ッチョ ccho

濃音 +「ㅜ」

꾸	뚜	뿌	쑤	쭈
ック kku	ットゥ ttu	ップ ppu	ッス ssu	ッチュ cchu

濃音 +「ㅡ」

끄	뜨	쁘	쓰	쯔
ック kku	ットゥ ttu	ップ ppu	ッス ssu	ッチュ cchu

濃音 +「ㅣ」

끼	띠	삐	씨	찌
ッキ kki	ッティ tti	ッピ ppi	ッシ ssi	ッチ cchi

書いてみましょう

	ㅏ	ㅑ	ㅓ	ㅕ	ㅗ	ㅛ	ㅜ	ㅠ	ㅡ	ㅣ
ㄲ	까	꺄	꺼	껴	꼬	꾜	꾸	뀨	끄	끼
ㄸ										
ㅃ										
ㅆ										
ㅉ										

① ㄲ kk

日本語の「カ行」の前に「ッ」を入れる感じで発音。
つまり「ッカ行」。

032

까 ッカ	꺄 ッキャ	꺼 ッコ	껴 ッキョ	꼬 ッコ	꾜 ッキョ	꾸 ック	뀨 ッキュ	끄 ック	끼 ッキ
까	꺄	꺼	껴	꼬	꾜	꾸	뀨	끄	끼

読んでみましょう 033

ッカチ
까치
カササギ

トッキ
토끼
ウサギ

コッキリ
코끼리
ゾウ

書いてみましょう

까치	까치	까치			
토끼	토끼	토끼			
코끼리	코끼리	코끼리			

② ㄸ tt

日本語の「タ行」の前に「ッ」を入れる感じで発音。
つまり「ッタ行」。

034

따 ッタ	땨 ッティャ	떠 ット	뗘 ッティョ	또 ット	뚀 ッティョ	뚜 ットゥ	뜌 ッテュ	뜨 ットゥ	띠 ッティ
따	땨	떠	뗘	또	뚀	뚜	뜌	뜨	띠

読んでみましょう 035

ット
또
また

ッティ
띠
帯

ッタロ
따로
別に

書いてみましょう

또	또	또					
띠	띠	띠					
따로	따로	따로					

③ ㅃ pp

日本語の「パ行」の前に「ッ」を入れる感じで発音。
つまり「ッパ行」。

036

빠 ッパ	뺘 ッピャ	뻐 ッポ	뼈 ッピョ	뽀 ッポ	뾰 ッピョ	뿌 ップ	쀼 ッピュ	쁘 ップ	삐 ッピ
빠	뺘	뻐	뼈	뽀	뾰	뿌	쀼	쁘	삐

読んでみましょう 037

아빠（アッパ）
パパ

뿌리（ップリ）
根

뽀뽀（ッポッポ）
チュー

書いてみましょう

아빠	아빠	아빠					
뿌리	뿌리	뿌리					
뽀뽀	뽀뽀	뽀뽀					

④ ㅆ ss

日本語の「サ行」の前に「ッ」を入れる感じで発音。
つまり「ッサ行」。

038

싸 ッサ	쌰 ッシャ	써 ッソ	쎠 ッショ	쏘 ッソ	쑈 ッショ	쑤 ッス	쓔 ッシュ	쓰 ッス	씨 ッシ
싸	쌰	써	쎠	쏘	쑈	쑤	쓔	쓰	씨

読んでみましょう

039

ッソヨ
써요
書きます

アジョッシ
아저씨
おじさん

ピッサヨ
비싸요
高いです

書いてみましょう

써요	써요	써요			
아저씨	아저씨	아저씨			
비싸요	비싸요	비싸요			

⑤ ㅉ cch

日本語の「チャ行」の前に「ッ」を入れる感じで発音。
つまり「ッチャ行」。

🔊 040

짜	쨔	쩌	쪄	쪼	쬬	쭈	쮸	쯔	찌
ッチャ	ッチャ	ッチョ	ッチョ	ッチョ	ッチョ	ッチュ	ッチュ	ッチュ	ッチ
짜	쨔	쩌	쪄	쪼	쬬	쭈	쮸	쯔	찌

読んでみましょう

🔊 041

カッチャ
가짜
偽物

ッチャヨ
짜요
しょっぱいです

ッチッコギ
찌꺼기
かす

書いてみましょう

가짜	가짜	가짜			
짜요	짜요	짜요			
찌꺼기	찌꺼기	찌꺼기			

クイズ

①右のボックスにある単語を左の表の中から探して○で囲んでみましょう（横書きと縦書きがあります）。

야	구	사	치	여
부	나	비	소	자
고	기	아	오	빠
우	파	비	누	지
유	크	구	두	모

- 야구（ヤグ） 野球
- 비누（ピヌ） せっけん
- 고기（コギ） お肉
- 구두（クドゥ） 靴
- 우유（ウユ） 牛乳
- 오빠（オッパ） お兄さん
- 여자（ヨジャ） 女の人
- 나비（ナビ） チョウ

②絵に該当する単語を韓国語で書いてください。

例）

오이（オイ）

（1）

（2）

（3）

（4）

（5）

➜ 解答は P.209

3 パッチム

パッチムは韓国語で「下敷き、支え」という意味で、ハングルの基本構成である「子音字＋母音字」の下に、さらに子音字を追加することで「子音字＋母音字＋子音字（パッチム）」の形になります。

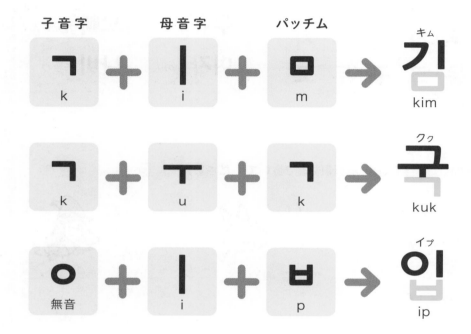

子音字		母音字		パッチム		
ㄱ k	＋	ㅣ i	＋	ㅁ m	→	キム 김 kim
ㄱ k	＋	ㅜ u	＋	ㄱ k	→	クㇰ 국 kuk
ㅇ 無音	＋	ㅣ i	＋	ㅂ p	→	イㇷ゚ 입 ip

k型		p型		t型		
英語の[k]の発音同様、k型の発音の後は、口は開き舌は浮いた状態になる。		英語の[p]の発音同様、p型の発音の後は、唇が閉じた形になる。		英語の[t]の発音同様、t型の発音の後は、舌が上の歯茎か上の歯の裏のどこかに付いた状態になる。		
ㄱ,ㅋ,ㄲ	ㅇ	ㅂ,ㅍ	ㅁ	ㄷ,ㅅ,ㅆ,ㅈ,ㅊ,ㅌ,ㅎ	ㄴ	ㄹ
↓	↓	↓	↓	↓	↓	↓
ㄱ	ㅇ	ㅂ	ㅁ	ㄷ	ㄴ	ㄹ
k	ng	p	m	t	n	l

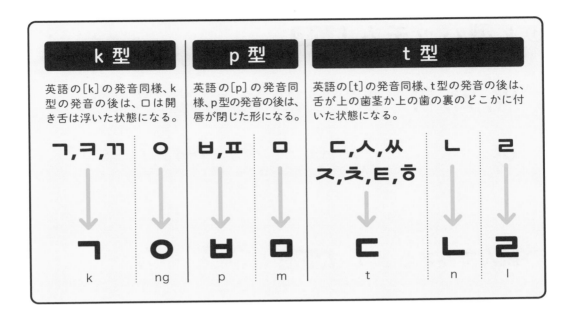

上の表に挙げている子音字が全てパッチムとして使われますが、実際の発音は矢印の下にある七つのみです。つまり、「**악**、**앜**、**앆**」は文字の形は異なりますが、実際の発音は全て[**악**(アク)]と同じ発音になります。また[無音]を表す子音字「ㅇ」は、パッチムとして使われると「ng」の発音になります。

一般に、パッチムは韓国語特有のものと思われがちですが、実際には日本語にもパッチムの役割を果たしている文字があります。「っ」と「ん」がまさに日本語ではパッチムに当たります。ただし、7個のパッチムの発音のうち、「ㄹ」だけは日本語にはないので、気を付けましょう。

パッチムの発音は、舌の位置や唇の形を正確に把握することが重要です。次のページで各パッチムの発音、発音したときの唇の形や舌の位置を、「**아**」との組み合わせで確認してみましょう。

① k型パッチム 042

アク　アク　アク
악, 앜, 앆

日本語の「あっかん(圧巻)」の「あっ」まで発音したときの音。「っ」のときの舌の位置を確認。

アン
앙

日本語の「あんこ」の「あん」まで発音したときの音。「ん」のときの舌の位置と喉の締まり具合を確認。

読んでみましょう 043

※[ ]内は実際の発音です。

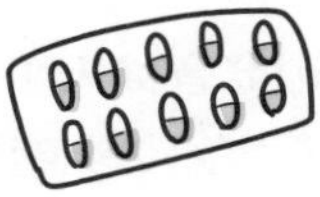

ヤク
약
薬

プオク
부엌 [부억]
台所

パク
밖 [박]
外

カン
강
川

書いてみましょう

약	약	약					
부엌	부엌	부엌					
밖	밖	밖					
강	강	강					

② p型パッチム 044

압（アプ）, 앞（アプ）

日本語の「あっぱく（圧迫）」の「あっ」まで発音したときの音。「っ」のときの唇の形を確認。

암（アム）

日本語の「あんま（按摩）」の「あん」まで発音したときの音。「ん」のときの唇の形を確認。

読んでみましょう 045

밥（パプ）
ご飯

잎（イプ） [입]
葉っぱ

김（キム）
のり

집（チプ）
家

書いてみましょう

밥	밥	밥					
잎	잎	잎					
김	김	김					
집	집	집					

③ t型パッチム 046

アッ　アッ　アッ　アッ　アッ　アッ　アッ
앋, 앗, 았, 앚, 앛, 앝, 앟

日本語の「あった！」の「あっ」まで発音したときの音。「っ」のときの舌の位置を確認。

アン
안

日本語の「あんない（案内）」の「あん」まで発音したときの音。「ん」のときの舌の位置を確認。

アル
알

日本語の「あら」の「ら」を発音するために、舌先を上の歯茎に付けた時の舌の位置を確認。

読んでみましょう 047

オッ
옷 [옫]
服

コッ
꽃 [꼳]
花

ソン
손
手

スル
술
お酒

書いてみましょう

옷	옷	옷					
꽃	꽃	꽃					
손	손	손					
술	술	술					

クイズ

では、次の文字のパッチムの発音を、それぞれ k 型、p 型、t 型に分類してみましょう。

학　숟　낚　길
좋　맛　신　낮
빛　있　숲　입
억　밭　궁　힘

k 型	p 型	t 型

➜ 解答は P.209

読んでみましょう 048

ウルボ
울보
泣き虫

チャンガプ
장갑
手袋

ヤンマル
양말
靴下

パプコン
팝콘
ポップコーン

ウサン
우산
傘

カムサン
감상
鑑賞

ポッコッ
벚꽃 [벋꼳]
桜

ヤンボク
양복
スーツ

アンギョン
안경
眼鏡

書いてみましょう

울보	울보	울보					
장갑	장갑	장갑					
양말	양말	양말					
팝콘	팝콘	팝콘					
우산	우산	우산					
감상	감상	감상					
벚꽃	벚꽃	벚꽃					
양복	양복	양복					
안경	안경	안경					

④二重パッチム

パッチムの中には異なる2種類の子音字がパッチムとして付くことがあります。これを二重パッチムと呼びます。 二重パッチムは全部で11種類あり、基本的には左か右、どちらかのみが発音されます。

主に左側の子音字を読む二重パッチム

パッチム	ㄳ	ㄵ	ㄶ	ㄼ※	ㄽ	ㅀ	ㄾ	ㅄ
実際の発音	ㄱ	ㄴ	ㄴ	ㄹ	ㄹ	ㄹ	ㄹ	ㅂ
	k	n	n	l	l	l	l	p

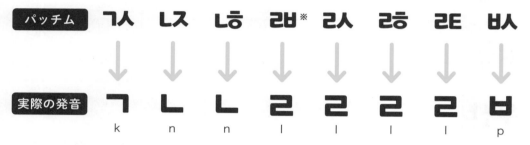

※「ㄼ」は単語の意味によって右側を発音する場合もあります。

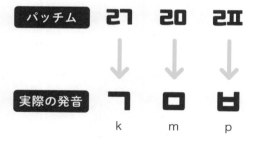

主に右側の子音字を読む二重パッチム

パッチム	ㄺ	ㄻ	ㄿ
実際の発音	ㄱ	ㅁ	ㅂ
	k	m	p

読んでみましょう 049

흙 [흑]（フク）
土

닭 [닥]（タク）
鶏

값 [갑]（カプ）
値段

여덟 [여덜]（ヨドル）
八つ

書いてみましょう

흙	흙	흙					
닭	닭	닭					
값	값	값					
여덟	여덟	여덟					

4 合成母音字

読んでみましょう 050

① 애 エ e	에 エ e	② 얘 イェ ye	예 イェ ye
③ 와 ワ wa	워 ウォ wo	위 ウィ wi	의 ウイ ui
④ 왜 ウェ we	외 ウェ we	웨 ウェ we	

合成母音字は、基本母音字を組み合わせたもので、全部で11個あります。

① 애(エ)…〔ㅏ+ㅣ〕　에(エ)…〔ㅓ+ㅣ〕

애と에は、発音の区別がほとんどなく「エ」となります。

② 얘(イェ)…〔ㅑ+ㅣ〕　예(イェ)…〔ㅕ+ㅣ〕

얘と예は、発音の区別がほとんどなく「イェ」となります。ただし예は、「ㅇ」以外の子音字と組み合わせると発音が「エ(ㅔ)」になります。

例)시계[시게](時計)

③ 와(ワ)…〔ㅗ+ㅏ〕　워(ウォ)…〔ㅜ+ㅓ〕

위(ウィ)…〔ㅜ+ㅣ〕　의(ウイ)…〔ㅡ+ㅣ〕

「의」は、次の3種類の発音になるので注意してください。

・1文字目に来るとき…**의자**（ウイジャ）［**의자**］（椅子）

・2文字目以降に来るとき…**회의**（フェイ）［**회이**］（会議）

・所有を表す助詞「～の」の意味で使われるとき…**친구의**（チングエ）［**친구에**］（友達の）

④ **왜**（ウェ）…〔ㅗ＋ㅐ〕　**외**（ウェ）…〔ㅗ＋ㅣ〕　**웨**（ウェ）…〔ㅜ＋ㅔ〕

왜、**외**、**웨**は、発音の区別がほとんどなく「ウェ」となります。

書いてみましょう

애	애	애								
에	에	에								
얘	얘	얘								
예	예	예								
와	와	와								
워	워	워								
위	위	위								
의	의	의								
왜	왜	왜								
외	외	외								
웨	웨	웨								

読んでみましょう 051

ケ
게
カニ

ノレ
노래
歌

サグァ
사과
リンゴ

トゥェジ
돼지
豚

カウィ
가위
はさみ

フェウォン
회원
会員

ウイサ
의사
医師

ファジャンシル
화장실
トイレ

イントネッ
인터넷
インターネット

書いてみましょう

게	게	게			
노래	노래	노래			
사과	사과	사과			
돼지	돼지	돼지			
가위	가위	가위			
회원	회원	회원			
의사	의사	의사			
화장실	화장실	화장실			
인터넷	인터넷	인터넷			

5 日本語のハングル表記

行						
ア行		あ	い	う	え	お
		아	이	우	에	오
カ行		か	き	く	け	こ
	1文字目	가	기	구	게	고
	2文字目以降	카	키	쿠	케	코
サ行		さ	し	す	せ	そ
		사	시	스	세	소
タ行		た	ち	つ	て	と
	1文字目	다	지	쓰	데	도
	2文字目以降	타	치	쓰	테	토
ナ行		な	に	ぬ	ね	の
		나	니	누	네	노
ハ行		は	ひ	ふ	へ	ほ
		하	히	후	헤	호
マ行		ま	み	む	め	も
		마	미	무	메	모
ラ行		ら	り	る	れ	ろ
		라	리	루	레	로
ヤ行		や		ゆ		よ
		야		유		요
ワ行		わ				を
		와				오
ガ行		が	ぎ	ぐ	げ	ご
		가	기	구	게	고
ザ行		ざ	じ	ず	ぜ	ぞ
		자	지	즈	제	조
ダ行		だ	ぢ	づ	で	ど
		다	지	즈	데	도

行				
バ行		ば び	ぶ	べ ぼ
		바 비	부	베 보
パ行		ぱ ぴ	ぷ	ぺ ぽ
		파 피	푸	페 포
キャ行		きゃ	きゅ	きょ
	1文字目	갸	규	교
	2文字目以降	캬	큐	쿄
シャ行		しゃ	しゅ	しょ
		샤	슈	쇼
チャ行		ちゃ	ちゅ	ちょ
	1文字目	자	주	조
	2文字目以降	차	추	초
ニャ行		にゃ	にゅ	にょ
		냐	뉴	뇨
ヒャ行		ひゃ	ひゅ	ひょ
		햐	휴	효
ミャ行		みゃ	みゅ	みょ
		먀	뮤	묘
リャ行		りゃ	りゅ	りょ
		랴	류	료
ギャ行		ぎゃ	ぎゅ	ぎょ
		갸	규	교
ジャ行		じゃ	じゅ	じょ
		자	주	조
ビャ行		びゃ	びゅ	びょ
		뱌	뷰	뵤
ピャ行		ぴゃ	ぴゅ	ぴょ
		퍄	퓨	표

・「っ」は「ㅅ」、「ん」は「ㄴ」で表記します。　例：鳥取（とっとり）→ 돗토리、群馬（ぐんま）→ 군마
・長母音は表記しません。　例：大阪（おおさか）→ 오사카、神戸（こうべ）→ 고베

書いてみましょう

도쿄 東京	도쿄	도쿄		
오사카 大阪	오사카	오사카		
가나자와 金沢	가나자와	가나자와		
규슈 九州	규슈	규슈		
도치기 栃木	도치기	도치기		
오키나와 沖縄	오키나와	오키나와		
니가타 新潟	니가타	니가타		
지바 千葉	지바	지바		
가고시마 鹿児島	가고시마	가고시마		
돗토리 鳥取	돗토리	돗토리		
가가와 香川	가가와	가가와		

다카하시 高橋	다카하시	다카하시		
나카무라 中村	나카무라	나카무라		
가토 加藤	가토	가토		
고바야시 小林	고바야시	고바야시		
사이토 斉藤	사이토	사이토		
스즈키 鈴木	스즈키	스즈키		
다나카 田中	다나카	다나카		
시미즈 清水	시미즈	시미즈		
와타나베 渡辺	와타나베	와타나베		
요시다 吉田	요시다	요시다		
야마다 山田	야마다	야마다		

発音のルール編

韓国語には発音をしやすくするために起こるさまざまな発音のルールがあります。発音のルールは暗記するのではなく、理解することが大事です。しかし、一度に理解するのは大変ですので、学習を進めながら何度も振り返って確認することで「なるほど」と納得できます。まずはどんなものがあるか、軽くチェックすることからスタートしてみてください。

1 連音化（れんおんか）

（1） パッチムの次に「ㅇ」で始まる文字が続く場合、パッチムを「ㅇ」の位置に移動して発音します。

각오（カゴ） → [가고] 覚悟

일본어（イルボノ） → [일보너] 日本語

（2） 二重パッチムの場合は、右側のパッチムを「ㅇ」の位置に移動して発音します。

넓이（ノルビ） → [널비] 広さ

읽어요（イルゴヨ） → [일거요] 読みます

読んでみましょう 052

음악 [으막]
ウマク
音楽

한국어 [한구거]
ハングゴ
韓国語

발음 [바름]
パルム
発音

점원 [저뭔]
チョムォン
店員

한일 [하닐]
ハニル
韓日

書いてみましょう

음악	음악	음악			
한국어	한국어	한국어			
발음	발음	발음			
점원	점원	점원			
한일	한일	한일			

2 「ㅎ」の弱音化（じゃくおんか）

（1）「ㄴ、ㄹ、ㅁ、ㅇ」パッチムに続く「ㅎ」の音は弱くなり、ほぼ［ㅇ］の音で発音されます。また「ㄴ、ㄹ、ㅁ」パッチムは連音化のように「ㅎ」の位置に移動して発音します。

영하（ヨンア） → ［영아］ 零下

번호（ポノ） → ［번오］ → ［버노］ 番号

전혀（チョニョ） → ［전여］ → ［저녀］ 全然

（2）「ㅎ」パッチムの次に「ㅇ」で始まる文字が続く場合、「ㅎ」パッチムは発音されません。

넣어요（ノオヨ） → ［너어요］ 入れます

많이（マニ） → ［만이］ → ［마니］ たくさん

読んでみましょう 053

ウネン
은행 [으냉]
銀行

ヨンワ
영화 [영와]
映画

チョヌァ
전화 [저놔]
電話

チョアヨ
좋아요 [조아요]
良いです

シロヨ
싫어요 [시러요]
嫌です

書いてみましょう

은행	은행	은행			
영화	영화	영화			
전화	전화	전화			
좋아요	좋아요	좋아요			
싫어요	싫어요	싫어요			

3 鼻音化（びおんか）

（1） [ㄱ、ㄷ、ㅂ]で発音されるパッチム(P.47参照)の後に「ㄴ、ㅁ」が続くと、[ㄱ、ㄷ、ㅂ]で発音されるパッチムはそれぞれ[ㅇ、ㄴ、ㅁ]の発音に変わります。

● [ㄱ] で発音されるパッチム ➡ ㅇ

「ㄴ」が続く

チャンニョン
작년 → [장년] 去年

「ㄱ」パッチム
発音が[ㅇ]に変わる

● [ㄷ] で発音されるパッチム ➡ ㄴ

「ㅁ」が続く

ナンマル
낱말 → [난말] 単語

「ㄷ」パッチム
発音が[ㄴ]に変わる

● [ㅂ] で発音されるパッチム ➡ ㅁ

「ㅁ」が続く

シムマン
십만 → [심만] 10万

「ㅂ」パッチム
発音が[ㅁ]に変わる

(2) [ㄱ、ㄷ、ㅂ]で発音されるパッチムの後に「ㄹ」が続くと、「ㄹ」が[ㄴ]の発音に変わります。そのため(1)の鼻音化が起こり、[ㄱ、ㄷ、ㅂ]で発音されるパッチムはそれぞれ[ㅇ、ㄴ、ㅁ]の発音に変わります。

「ㄹ」が続く
「ㄱ」パッチム
トンニプ
독립 → [동닙] 独立
①発音が[ㄴ]に変わる
②発音が[ㅇ]に変わる

「ㄹ」が続く
「ㅂ」パッチム
ヒョムニョク
협력 → [혐녁] 協力
①発音が[ㄴ]に変わる
②発音が[ㅁ]に変わる

(3) 「ㅇ、ㅁ」パッチムの後に「ㄹ」が続くと、「ㄹ」が[ㄴ]の発音に変わります。

「ㄹ」が続く
「ㅇ」パッチム
チャンネ
장래 → [장내] 将来
発音が[ㄴ]に変わる

「ㄹ」が続く
「ㅁ」パッチム
ウムニョス
음료수 → [음뇨수] 飲料水
発音が[ㄴ]に変わる

読んでみましょう 054

シンムル
식물 [싱물]
植物

イムムン
입문 [임문]
入門

イェンナル
옛날 [옌날]
昔

チョンニ
정리 [정니]
整理

トンニョ
동료 [동뇨]
同僚

チョンヌン
첫눈 [천눈]
初雪

ペンマン
백만 [뱅만]
100万

クンニプ
국립 [궁닙]
国立

コムナミョン
컵라면 [컴나면]
カップラーメン

書いてみましょう

식물	식물	식물			
입문	입문	입문			
옛날	옛날	옛날			
정리	정리	정리			
동료	동료	동료			
첫눈	첫눈	첫눈			
백만	백만	백만			
국립	국립	국립			
컵라면	컵라면	컵라면			

4 激音化（げきおんか）

（1）「ㄱ、ㄷ、ㅂ、ㅈ」パッチムの後に「ㅎ」が続くと、それらが合体して[ㅋ、ㅌ、ㅍ、ㅊ]の発音に変わります。なお[ㄷ]として発音される「ㅅ」パッチムも、「ㅎ」が続くことで、合体して[ㅌ]の発音に変わります。

パッチム		続く子音字	合体し激音に
ㄱ	+	ㅎ	→ ㅋ
ㄷ(ㅅ)			→ ㅌ
ㅂ			→ ㅍ
ㅈ			→ ㅊ

부탁하다（プタカダ） → [부타카다] 頼む　따뜻하다（ッタットゥタダ） → [따뜨타다] 暖かい

（2）「ㅎ」パッチムの後に「ㄱ、ㄷ、ㅂ、ㅈ」が続くと、それらが合体して[ㅋ、ㅌ、ㅍ、ㅊ]の発音に変わります。

パッチム		続く子音字	合体し激音に
ㅎ	+	ㄱ	→ ㅋ
		ㄷ	→ ㅌ
		ㅂ	→ ㅍ
		ㅈ	→ ㅊ

좋다（チョタ） → [조타] 良い　많다（マンタ） → [만타] 多い

読んでみましょう 055

チュカ
축하 [추카]
お祝い

クワァ
국화 [구콰]
菊

イパㇰ
입학 [이팍]
入学

ペクァジョム
백화점 [배콰점]
デパート

クペン
급행 [그팽]
急行

書いてみましょう

축하	축하	축하			
국화	국화	국화			
입학	입학	입학			
백화점	백화점	백화점			
급행	급행	급행			

5 濃音化（のうおんか）

［ㄱ、ㄷ、ㅂ］で発音されるパッチムに続く「ㄱ、ㄷ、ㅂ、ㅅ、ㅈ」はそれぞれの濃音で発音されます。

パッチムの発音		続く子音字	続く子音字が濃音に
		ㄱ	→ ㄲ
［ㄱ］	＋	ㄷ	→ ㄸ
［ㄷ］		ㅂ	→ ㅃ
［ㅂ］		ㅅ	→ ㅆ
		ㅈ	→ ㅉ

약국（ヤクク） → ［약꾹］ 薬局

숟가락（スッカラク） → ［숟까락］ スプーン

입시（イプシ） → ［입씨］ 入試

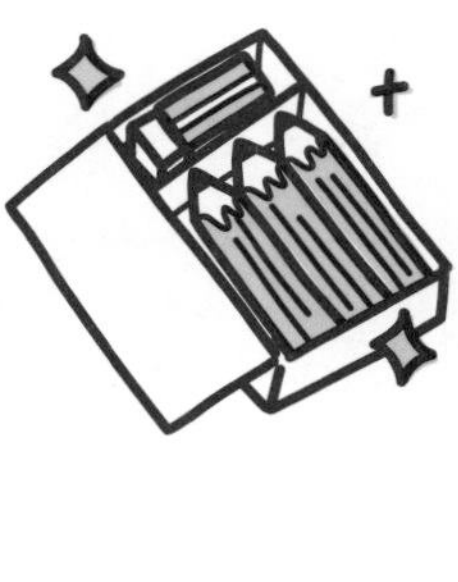

読んでみましょう 056

イプスル
입술 [입쑬]
唇

ナッチャム
낮잠 [낟짬]
昼寝

ハクキョ
학교 [학꾜]
学校

チョッカラク
젓가락 [절까락]
箸

ヤクソク
약속 [약쏙]
約束

書いてみましょう

입술	입술	입술			
낮잠	낮잠	낮잠			
학교	학교	학교			
젓가락	젓가락	젓가락			
약속	약속	약속			

6 口蓋音化（こうがいおんか）

「ㄷ、ㅌ」パッチムの後に「이」が続くと、それらが合体して[지、치]の発音に変わります。

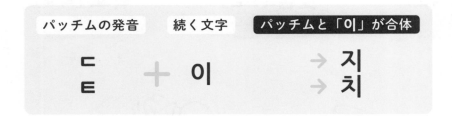

パッチムの発音	続く文字	パッチムと「이」が合体
ㄷ	+ 이	→ 지
ㅌ		→ 치

굳이（クジ） → [구지] あえて

붙이다（プチダ） → [부치다] 貼る

読んでみましょう 057

カチ
같이 [가치]
一緒に

ミダジ
미닫이 [미다지]
引き戸

ヘドジ
해돋이 [해도지]
日の出

書いてみましょう

같이	같이	같이			
미닫이	미닫이	미닫이			
해돋이	해돋이	해돋이			

7 流音化（りゅうおんか）

「ㄹ」の前後にある「ㄴ」は[ㄹ]で発音されます。

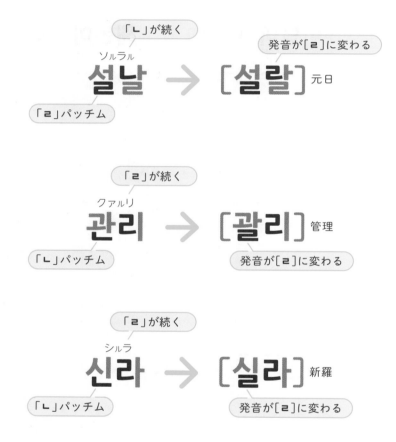

「ㄴ」が続く
発音が[ㄹ]に変わる

ソルラル
설날 → [설랄] 元日

「ㄹ」パッチム

「ㄹ」が続く

クァルリ
관리 → [괄리] 管理

「ㄴ」パッチム
発音が[ㄹ]に変わる

「ㄹ」が続く

シルラ
신라 → [실라] 新羅

「ㄴ」パッチム
発音が[ㄹ]に変わる

読んでみましょう 058

ヨルラク
연락 [열락]
連絡

ピョルリ
편리 [펼리]
便利

イルリョン
일 년 [일련]
1年

ハルリュ
한류 [할류]
韓流

ナルロ
난로 [날로]
暖炉

書いてみましょう

연락	연락	연락					
편리	편리	편리					
일 년	일 년	일 년					
한류	한류	한류					
난로	난로	난로					

クイズ

次の単語の発音として正しいものを選びましょう。

(1) **엽서** はがき

①염써　②염서　③엽써　④엽쏘

(2) **만화** 漫画

①망와　②마놔　③만와　④마와

(3) **무늬** 模様

①무니　②무내　③무네　④무리

(4) **잡지** 雑誌

①잠지　②잡찌　③잠찌　④짭찌

(5) **박물관** 博物館

①박뭉관　②방물관　③박물꽌　④방물콴

(6) **국내** 国内

①궁내　②군내　③국래　④궁래

(7) **닭한마리** タッカンマリ

①달칸마리　②닥한마리　③다칸마리　④닥캄마리

➜ 解答は P.209

単語
編

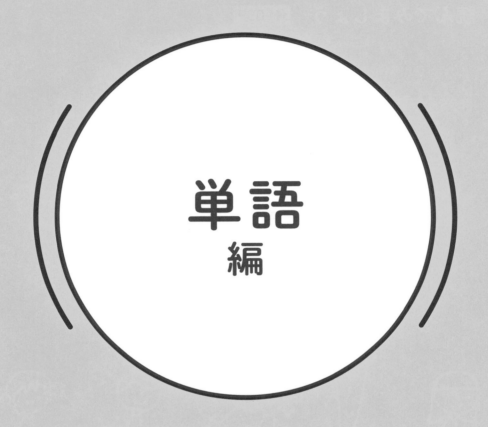

日常的に使われる単語をカテゴリーごとに集めました。一気に覚える必要はありません。例えば興味のあるカテゴリーから少しずつ覚えてもいいでしょう。

1 家族

読んでみましょう 059

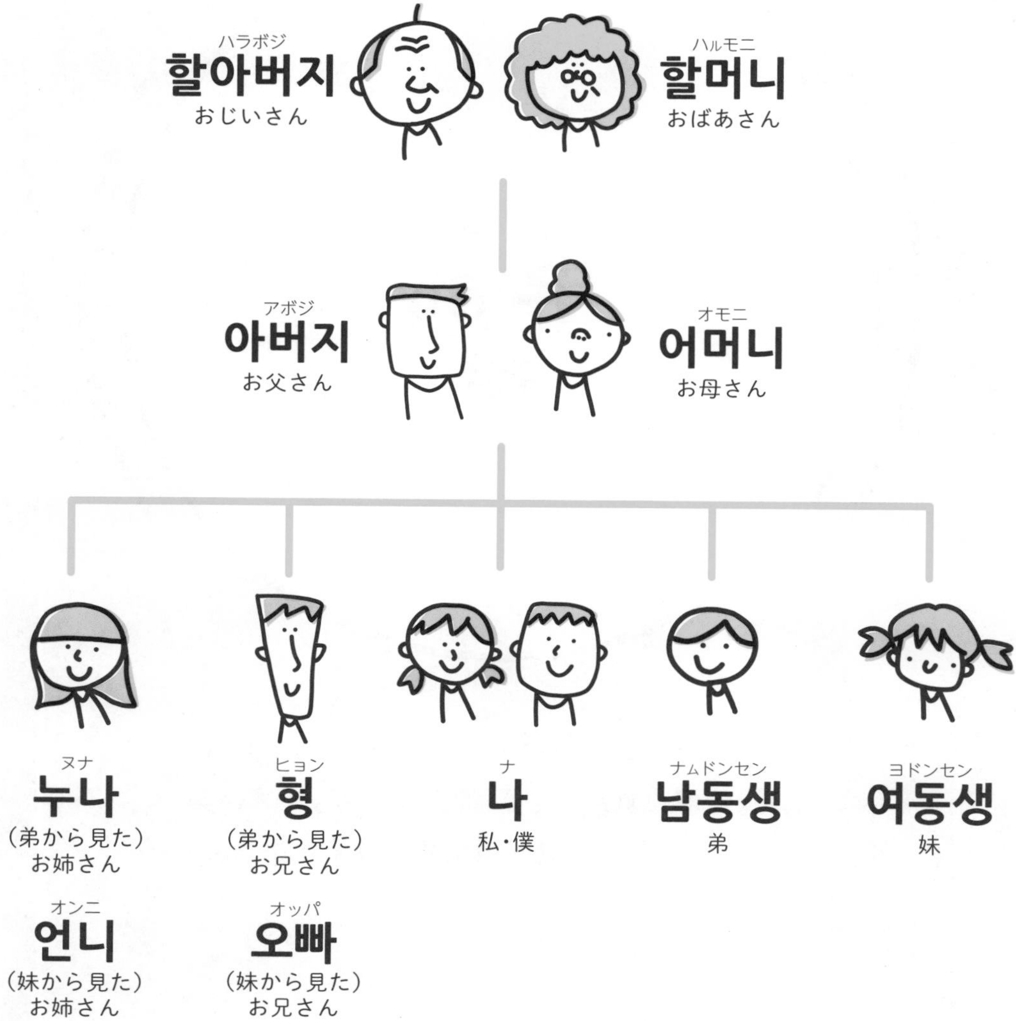

書いてみましょう

할아버지	할아버지	할아버지		
할머니	할머니	할머니		
아버지	아버지	아버지		
어머니	어머니	어머니		
누나	누나	누나		
언니	언니	언니		
형	형	형		
오빠	오빠	오빠		
남동생	남동생	남동생		
여동생	여동생	여동생		

※「할아버지」の発音は[하라버지]になります。

2 体

読んでみましょう 060

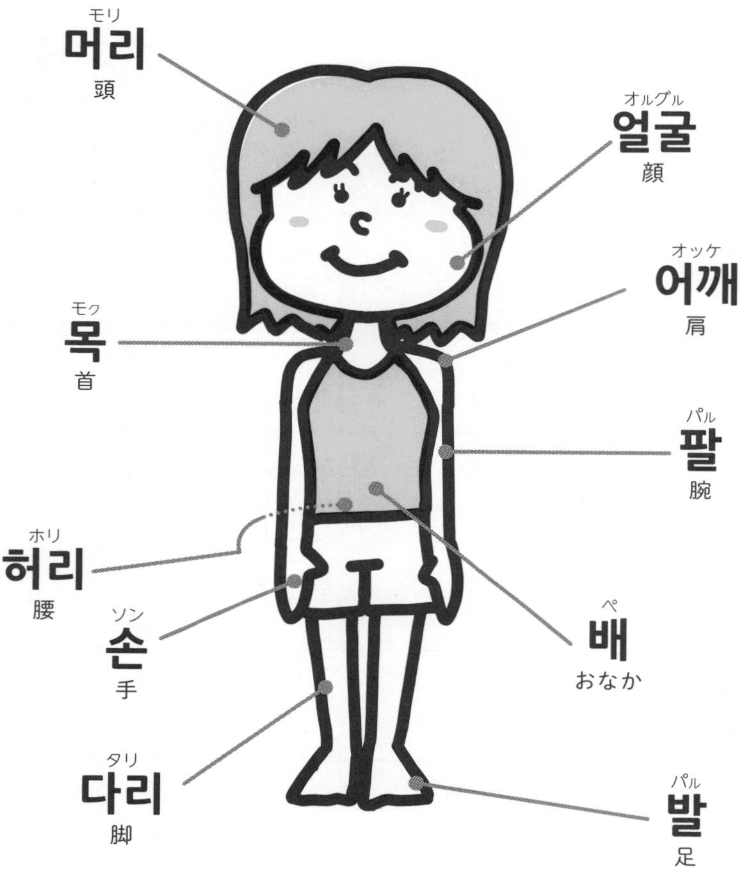

書いてみましょう

머리	머리	머리			
얼굴	얼굴	얼굴			
목	목	목			
어깨	어깨	어깨			
팔	팔	팔			
허리	허리	허리			
배	배	배			
손	손	손			
다리	다리	다리			
발	발	발			

3 顔

読んでみましょう 061

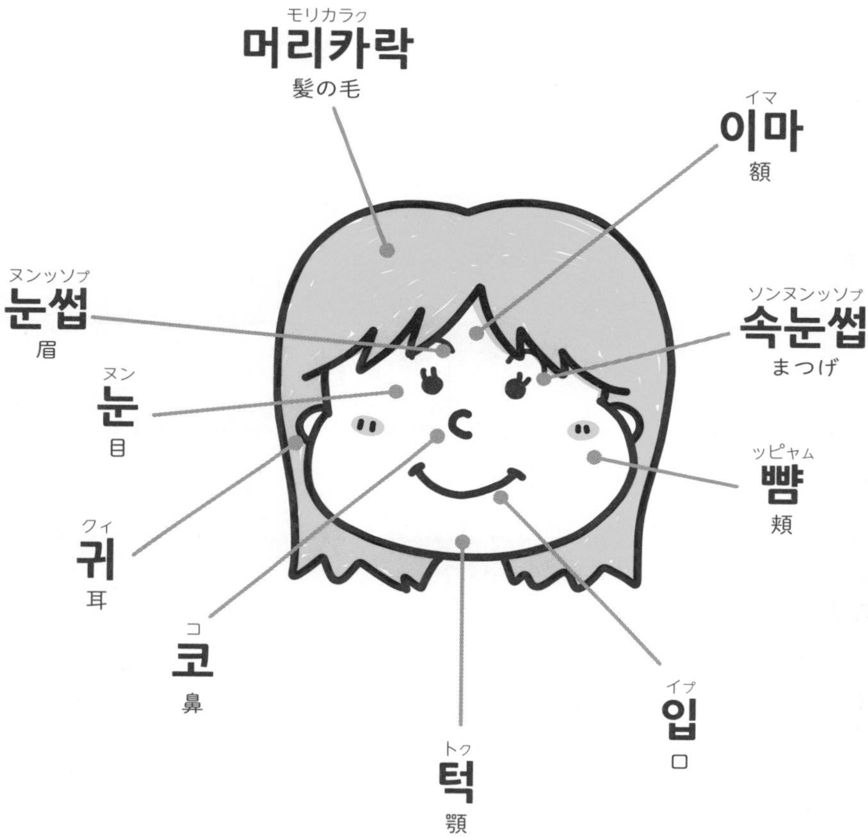

書いてみましょう

머리카락	머리카락	머리카락		
이마	이마	이마		
눈썹	눈썹	눈썹		
속눈썹	속눈썹	속눈썹		
눈	눈	눈		
귀	귀	귀		
코	코	코		
뺨	뺨	뺨		
입	입	입		
턱	턱	턱		

※「속눈썹」の発音は[송눈썹]になります。

4 飲み物

読んでみましょう 062

ムル
물
水

チュス
주스
ジュース

コルラ
콜라
コーラ

ホンチャ
홍차
紅茶

ノクチャ
녹차
緑茶

メクチュ
맥주
ビール

ワイン
와인
ワイン

ソジュ
소주
焼酎

カクテイル
칵테일
カクテル

書いてみましょう

물	물	물			
주스	주스	주스			
콜라	콜라	콜라			
홍차	홍차	홍차			
녹차	녹차	녹차			
맥주	맥주	맥주			
와인	와인	와인			
소주	소주	소주			
칵테일	칵테일	칵테일			

※「맥주」の発音は[맥쭈]になります。

5 食べ物・お菓子

読んでみましょう 063

セルロドゥ
샐러드
サラダ

ラミョン
라면
ラーメン

ウドン
우동
うどん

スパゲティ
스파게티
スパゲティ

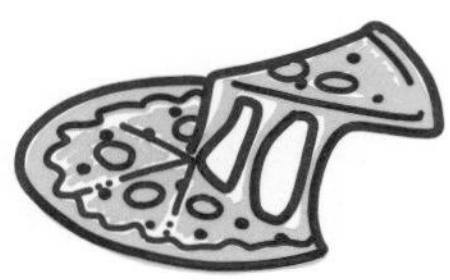

ピジャ
피자
ピザ

アイスクリム
아이스크림
アイスクリーム

トノッ
도넛
ドーナツ

ファイル
과일
果物

チョコルリッ
초콜릿
チョコレート

書いてみましょう

샐러드	샐러드	샐러드		
라면	라면	라면		
우동	우동	우동		
스파게티	스파게티	스파게티		
피자	피자	피자		
아이스크림	아이스크림	아이스크림		
도넛	도넛	도넛		
과일	과일	과일		
초콜릿	초콜릿	초콜릿		

6 趣味

読んでみましょう 064

ウンドン
운동
運動

サジン
사진
写真

キタ
기타
ギター

トゥンサン
등산
登山

ヨヘン
여행
旅行

ショピン
쇼핑
ショッピング

ヨリ
요리
料理

テンス
댄스
ダンス

トゥライブ
드라이브
ドライブ

書いてみましょう

운동	운동	운동		
사진	사진	사진		
기타	기타	기타		
등산	등산	등산		
여행	여행	여행		
쇼핑	쇼핑	쇼핑		
요리	요리	요리		
댄스	댄스	댄스		
드라이브	드라이브	드라이브		

7 スポーツ

読んでみましょう 065

ヤグ
야구
野球

チュック
축구
サッカー

ペグ
배구
バレーボール

ノング
농구
バスケットボール

テニス
테니스
テニス

スヨン
수영
水泳

ソピン
서핑
サーフィン

スキ
스키
スキー

スノボドゥ
스노보드
スノーボード

書いてみましょう

야구	야구	야구		
축구	축구	축구		
배구	배구	배구		
농구	농구	농구		
테니스	테니스	테니스		
수영	수영	수영		
서핑	서핑	서핑		
스키	스키	스키		
스노보드	스노보드	스노보드		

※「축구」の発音は[축꾸]になります。

8 洋服

読んでみましょう 066

書いてみましょう

스웨터	스웨터	스웨터		
치마	치마	치마		
티셔츠	티셔츠	티셔츠		
청바지	청바지	청바지		
블라우스	블라우스	블라우스		
카디건	카디건	카디건		
바지	바지	바지		
코트	코트	코트		
패딩	패딩	패딩		

9 アクセサリー

読んでみましょう 067

パンジ
반지
指輪

パルッチ
팔찌
ブレスレット

モリッティ
머리띠
カチューシャ

クィゴリ
귀걸이
ピアス

モクコリ
목걸이
ネックレス

モジャ
모자
帽子

ネクタイ
넥타이
ネクタイ

シゲ
시계
時計

カバン
가방
かばん

書いてみましょう

반지	반지	반지			
팔찌	팔찌	팔찌			
머리띠	머리띠	머리띠			
귀걸이	귀걸이	귀걸이			
목걸이	목걸이	목걸이			
모자	모자	모자			
넥타이	넥타이	넥타이			
시계	시계	시계			
가방	가방	가방			

※「귀걸이」「목걸이」「시계」の発音はそれぞれ[귀거리][목꺼리][시게]になります。

10 美容・コスメ

読んでみましょう 068

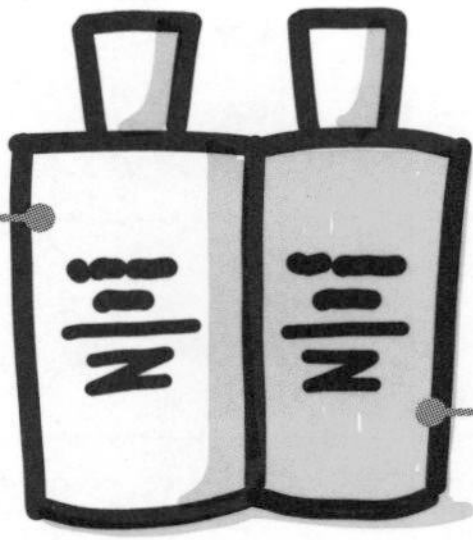

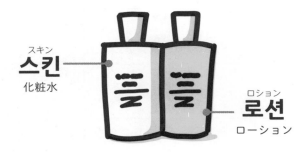

クション ペクトゥ
쿠션 팩트
クッションファンデ

アイシェド
아이섀도
アイシャドー

マスカラ
마스카라
マスカラ

リプスティク
립스틱
口紅

メニキュオ
매니큐어
マニキュア

マサジ
마사지
マッサージ

タイオトゥ
다이어트
ダイエット

書いてみましょう

스킨	스킨	스킨		
로션	로션	로션		
쿠션 팩트	쿠션 팩트	쿠션 팩트		
아이섀도	아이섀도	아이섀도		
마스카라	마스카라	마스카라		
립스틱	립스틱	립스틱		
매니큐어	매니큐어	매니큐어		
마사지	마사지	마사지		
다이어트	다이어트	다이어트		

※「립스틱」の発音は[립쓰틱]になります。

11 家具

読んでみましょう 069

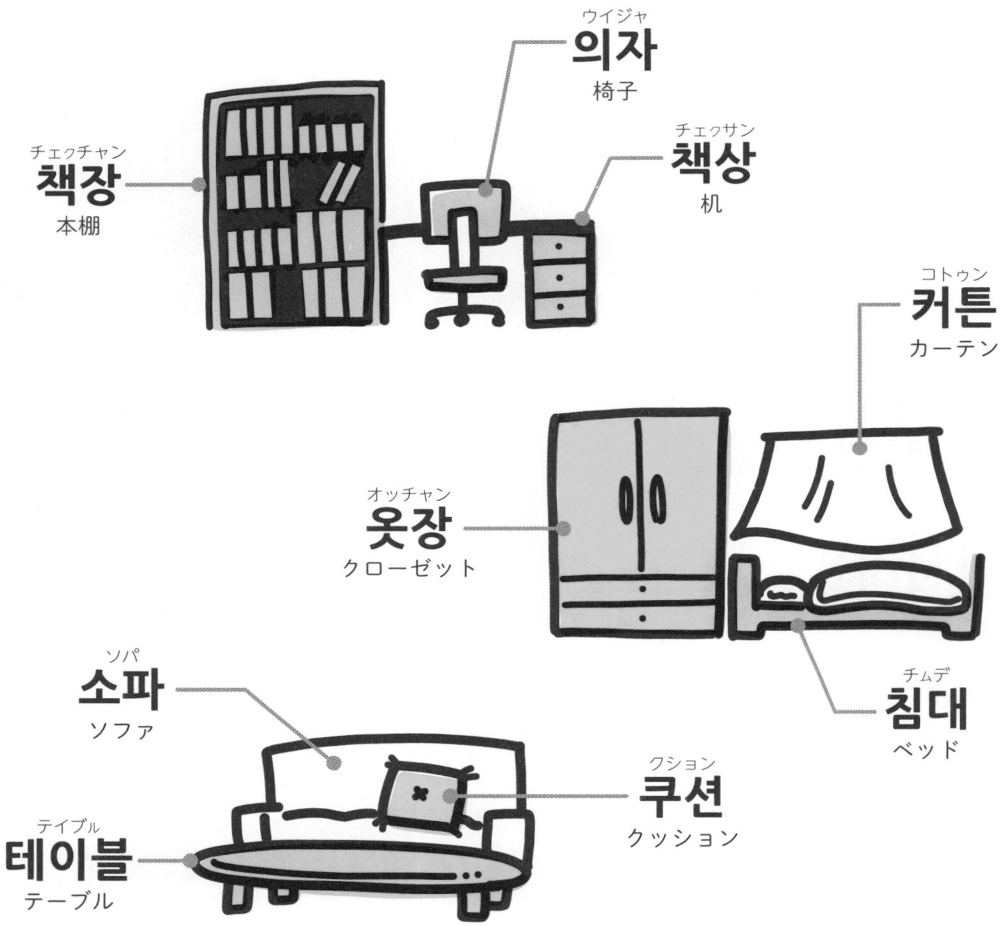

書いてみましょう

책장	책장	책장			
의자	의자	의자			
책상	책상	책상			
옷장	옷장	옷장			
커튼	커튼	커튼			
침대	침대	침대			
소파	소파	소파			
쿠션	쿠션	쿠션			
테이블	테이블	테이블			

※「책장」「책상」「옷장」の発音はそれぞれ[책짱][책쌍][옫짱]になります。

12 職業

読んでみましょう 070

フェサウォン
회사원
会社員

コンムウォン
공무원
公務員

ウネンウォン
은행원
銀行員

キョサ
교사
教師

ミヨンサ
미용사
美容師

キョンチャルグァン
경찰관
警察官

チャッカ
작가
作家

ヨネイン
연예인
芸能人

アティストゥ
아티스트
アーティスト

書いてみましょう

회사원	회사원	회사원		
공무원	공무원	공무원		
은행원	은행원	은행원		
교사	교사	교사		
미용사	미용사	미용사		
경찰관	경찰관	경찰관		
작가	작가	작가		
연예인	연예인	연예인		
아티스트	아티스트	아티스트		

※「은행원」「작가」「연예인」の発音はそれぞれ[으냉원][작까][여녜인]になります。
ただし「연예인」は実際には[여네인]と発音されることが多いです。

13 交通

読んでみましょう 071

ポス
버스
バス

テクシ
택시
タクシー

チョンチョル
전철
電車

チハチョル
지하철
地下鉄

ペ
배
船

ピヘンギ
비행기
飛行機

ピョ
표
切符

ヨク
역
駅

コンアン
공항
空港

書いてみましょう

버스	버스	버스			
택시	택시	택시			
전철	전철	전철			
지하철	지하철	지하철			
배	배	배			
비행기	비행기	비행기			
표	표	표			
역	역	역			
공항	공항	공항			

※「택시」の発音は[택씨]になります。

14 韓流・エンタメ

読んでみましょう 072

ペンクルロプ
팬클럽
ファンクラブ

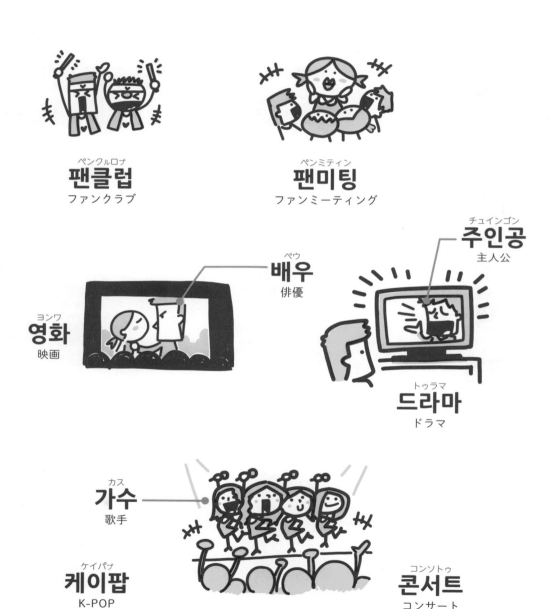

ペンミティン
팬미팅
ファンミーティング

チュインゴン
주인공
主人公

ペウ
배우
俳優

ヨンワ
영화
映画

トゥラマ
드라마
ドラマ

カス
가수
歌手

ケイパプ
케이팝
K-POP

コンソトゥ
콘서트
コンサート

書いてみましょう

팬클럽	팬클럽	팬클럽		
팬미팅	팬미팅	팬미팅		
영화	영화	영화		
배우	배우	배우		
주인공	주인공	주인공		
드라마	드라마	드라마		
가수	가수	가수		
케이팝	케이팝	케이팝		
콘서트	콘서트	콘서트		

※「영화」の発音は[영와]になります。

15 SNS

読んでみましょう 073

ケジョン
계정
アカウント

パルロウ
팔로우
フォロー

パルロウォ
팔로워
フォロワー

アイディ
아이디
ID

ピミルボノ
비밀번호
パスワード

エㇰス　トゥウィト
엑스、트위터
エックス　ツイッター

ペイスブㇰ
페이스북
フェイスブック
※略して페북

インスタグレㇺ
인스타그램
インスタグラム

プルログ
블로그
ブログ

書いてみましょう

계정	계정	계정		
팔로우	팔로우	팔로우		
팔로워	팔로워	팔로워		
아이디	아이디	아이디		
비밀번호	비밀번호	비밀번호		
엑스	엑스	엑스		
페이스북	페이스북	페이스북		
인스타그램	인스타그램	인스타그램		
블로그	블로그	블로그		

※「계정」「비밀번호」の発音は[게정][비밀버노]になります。

16 数字

数詞には日本語の「いち、に、さん」に当たる漢数詞と、「一つ、二つ、三つ」に当たる固有数詞の２種類があり、数える対象によって使い分けます。

(１)漢数詞

万単位までの数字を自由自在に表現するために必要な数字は、１から10までの10個と百、千、万の３個を足して13個のみです。まず、１から10まで覚えましょう。

読んでみましょう 074

1 일(イル)　2 이(イ)　3 삼(サム)　4 사(サ)　5 오(オ)

6 육(ユク)　7 칠(チル)　8 팔(パル)　9 구(ク)　10 십(シプ)

1から10までが分かれば、11から99までは自動的に作ることができます。

11 → 10(십) + 1(일) → 십일(シビル)

37 → 3(삼) + 10(십) + 7(칠) → 삼십칠(サムシプチル)

99 → 9(구) + 10(십) + 9(구) → 구십구(クシプク)

書いてみましょう

일	일	일			
이	이	이			
삼	삼	삼			
사	사	사			
오	오	오			
육	육	육			
칠	칠	칠			
팔	팔	팔			
구	구	구			
십	십	십			

次は百、千、万を覚えましょう。

読んでみましょう 075

100(백[ペク])　1,000(천[チョン])　10,000(만[マン])

書いてみましょう

100 백	1,000 천	10,000 만
백	천	만
백	천	만

※日本語の場合は10,000を表現するとき、1を付けて「1万」と言いますが、韓国語では1を付けずにただ「만」と言うので、気を付けましょう。

これで、万単位まで自由自在に表現できます。

358 → 3(삼 サム) + 100(백 ペク) + 5(오 オ) + 10(십 シプ) + 8(팔 パル)

→ **삼백오십팔**（サムベゴシプパル）

7,250 → 7(칠 チル) + 1,000(천 チョン) + 2(이 イ) + 100(백 ペク) +
5(오 オ) + 10(십 シプ)

→ **칠천이백오십**（チルチョニベゴシプ）

69,381 → 6(육 ユク) + 10,000(만 マン) + 9(구 ク) + 1,000(천 チョン) +
3(삼 サム) + 100(백 ペク) + 8(팔 パル) + 10(십 シプ) + 1(일 イル)

→ **육만 구천삼백팔십일**（ユンマン クチョンサムベクパルッシビル）

483,957 → 4(사 サ) + 10(십 シプ) + 8(팔 パル) + 10,000(만 マン) +
3(삼 サム) + 1,000(천 チョン) + 9(구 ク) + 100(백 ペク) +
5(오 オ) + 10(십 シプ) + 7(칠 チル)

→ **사십팔만 삼천구백오십칠**（サシプパルマン サムチョングベゴシプチル）

最後に「０」を一つ追加しておきましょう。「０」は「**영**（ヨン）」「**공**（コン）」の二つの表現があるので覚えましょう。数を数えるときは「**영**」、電話番号や部屋番号など数字の羅列を言うときは「**공**」を使います。

（2）固有数詞

固有数詞は、後ろに「～個」「～人」などの助数詞（数える単位）が付くと（　）内の形に変わるものがあります。

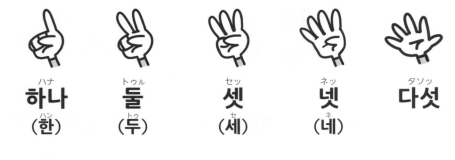

読んでみましょう 076

ハナ
하나
ハン
（한）

トゥル
둘
トゥ
（두）

セッ
셋
セ
（세）

ネッ
넷
ネ
（네）

タソッ
다섯

ヨソッ
여섯

イルゴプ
일곱

ヨドル
여덟

アホプ
아홉

ヨル
열

二十	三十	四十	五十	六十	七十	八十	九十
スムル 스물 スム （스무）	ソルン 서른	マフン 마흔	シュイン 쉰	イェスン 예순	イルン 일흔	ヨドゥン 여든	アフン 아흔

※固有数詞に「0」はありません。
※固有数詞の100以上は漢数詞と同じです。

書いてみましょう

하나	하나	하나			
둘	둘	둘			
셋	셋	셋			
넷	넷	넷			
다섯	다섯	다섯			
여섯	여섯	여섯			
일곱	일곱	일곱			
여덟	여덟	여덟			
아홉	아홉	아홉			
열	열	열			

※「여덟」の発音は[여덜]になります。

17 数の数え方

(1)助数詞

代表的な助数詞に固有数詞を付けた形で見てみましょう。固有数詞の**하나**(**한**)、**둘**(**두**)、**셋**(**세**)、**넷**(**네**)、**스물**(**스무**)は、後ろに「〜個」「〜人」などの助数詞が付くと(　)内の形に変わるので注意が必要です。

読んでみましょう 077

ハン マリ
한 마리
1匹

ハン デ
한 대
1台

ハン グォン
한 권
1冊

ハン ジャン
한 장
1枚

ハン ビョン
한 병
1本
※瓶を数える

ハン ジャン
한 잔
1杯

ハン ジャル
한 자루
1本

ハン ゲ
한 개
1個

ハン ボン
한 번
1回

ハン サラム
한 사람
1人

書いてみましょう

한 마리	한 마리	한 마리		
한 대	한 대	한 대		
한 권	한 권	한 권		
한 장	한 장	한 장		
한 병	한 병	한 병		
한 잔	한 잔	한 잔		
한 자루	한 자루	한 자루		
한 개	한 개	한 개		
한 번	한 번	한 번		
한 사람	한 사람	한 사람		

（2）時間の表し方

時間を表す助数詞は「시（シ）（時）、분（ブン）（分）、초（チョ）（秒）」ですが、시（時）には固有数詞が、분（分）と초（秒）には漢数詞が付きます。つまり「한 시（ハン シ）、두 시（トゥ シ）、세 시（セ シ）…」「일 분（イル ブン）、이 분（イ ブン）、삼 분（サム ブン）…」「일 초（イル チョ）、이 초（イ チョ）、삼 초（サム チョ）…」となります。

読んでみましょう　078

한 시（ハン シ）

두 시（トゥ シ）

세 시（セ シ）

네 시（ネ シ）

다섯 시（タソッ シ）

여섯 시（ヨソッ シ）

일곱 시（イルゴプ シ）

여덟 시（ヨドルッ シ）

아홉 시（アホプ シ）

열 시（ヨルッ シ）

열한 시（ヨラン シ）

열두 시（ヨルットゥ シ）

書いてみましょう

한 시	한 시	한 시		
두 시	두 시	두 시		
세 시	세 시	세 시		
네 시	네 시	네 시		
다섯 시	다섯 시	다섯 시		
여섯 시	여섯 시	여섯 시		
일곱 시	일곱 시	일곱 시		
여덟 시	여덟 시	여덟 시		
아홉 시	아홉 시	아홉 시		
열 시	열 시	열 시		

※「다섯 시」「여섯 시」「일곱 시」「여덟 시」「아홉 시」「열 시」「열한 시」「열두 시」の発音はそれぞれ[다섣 씨][여섣 씨][일곱 씨][여덜 씨][아홉 씨][열 씨][여란 시][열뚜 시]になります。ただし、「여덟 시」「열 시」「열두 시」は、特殊な濃音化です。

18 時

読んでみましょう 079

オジョン
오전
午前

オフ
오후
午後

アチム
아침
朝

ナッ
낮
昼

チョニョク
저녁
晩

パム
밤
夜

ネイル
내일
明日

オジェ
어제
昨日

モレ
모레
あさって

オヌル
오늘
今日

書いてみましょう

오전	오전	오전			
오후	오후	오후			
아침	아침	아침			
낮	낮	낮			
저녁	저녁	저녁			
밤	밤	밤			
어제	어제	어제			
오늘	오늘	오늘			
내일	내일	내일			
모레	모레	모레			

19 カレンダー

「**년**(年)、**월**(月)、**일**(日)」には漢数詞が付きます。「6月」「10月」は、それぞれ「**유월**」「**시월**」となるのがポイントです。

読んでみましょう 080

1月	2月	3月	4月	5月	6月
イルオル **일월**	イウォル **이월**	サムオル **삼월**	サウォル **사월**	オウォル **오월**	ユウォル **유월**
7月	8月	9月	10月	11月	12月
チルオル **칠월**	パルオル **팔월**	クウォル **구월**	シウォル **시월**	シビルオル **십일월**	シビウォル **십이월**

月曜日	火曜日	水曜日	木曜日
ウォリョイル **월요일**	ファヨイル **화요일**	スヨイル **수요일**	モギョイル **목요일**
金曜日	土曜日	日曜日	
クミョイル **금요일**	トヨイル **토요일**	イリョイル **일요일**	

書いてみましょう

일월	일월	일월			
유월	유월	유월			
시월	시월	시월			
월요일	월요일	월요일			
화요일	화요일	화요일			
수요일	수요일	수요일			
목요일	목요일	목요일			
금요일	금요일	금요일			
토요일	토요일	토요일			
일요일	일요일	일요일			

※「일월」「삼월」「칠월」「팔월」「십일월」「십이월」「월요일」「목요일」「금요일」「일요일」の発音はそれぞれ［이뤌］［사뭘］［치뤌］［파뤌］［시비뤌］［시비월］［워료일］［모교일］［그묘일］［이료일］になります。

20 季節・天気

読んでみましょう 081

ポム
봄
春

ヨルム
여름
夏

カウル
가을
秋

キョウル
겨울
冬

ピ
비
雨

ヌン
눈
雪

テプン
태풍
台風

マルグム
맑음
晴れ

フリム
흐림
曇り

書いてみましょう

봄	봄	봄			
여름	여름	여름			
가을	가을	가을			
겨울	겨울	겨울			
비	비	비			
눈	눈	눈			
태풍	태풍	태풍			
맑음	맑음	맑음			
흐림	흐림	흐림			

※「맑음」の発音は［말금］になります。

クイズ

次の単語を各カテゴリーに入れてみてください。

パンジ 반지	ペディン 패딩	ソジュ 소주	チョンバジ 청바지	トゥライブ 드라이브
モリッティ 머리띠	メクチュ 맥주	ショピン 쇼핑	チマ 치마	シゲ 시계
チュス 주스	スウェト 스웨터	ヨリ 요리	ワイン 와인	クィゴリ 귀걸이
パルッチ 팔찌	ティショチュ 티셔츠	ヨヘン 여행	ホンチャ 홍차	サジン 사진

アクセサリー

飲み物

趣味

洋服

➜ 解答は P.210

文法編

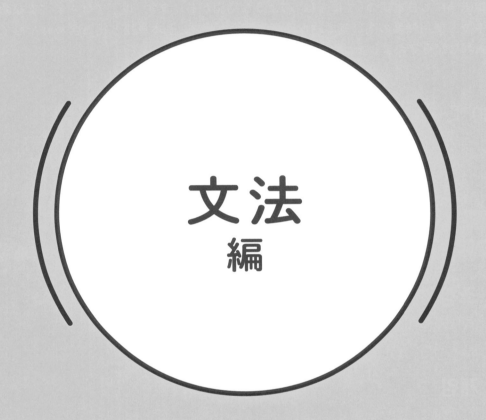

韓国語と日本語は非常に似ている言語です。語順が同じですので、日本語の表現をそのまま韓国語に置き換えていけばいいです。助詞があること、動詞や形容詞を活用させることも同じです。ここでは最も基本的な文法を勉強します。

■本編からは「発音のルール編」で紹介した発音のルール以外の変化が起こる場合のみ※注で示します。

1　助詞

韓国語にも日本語の「てにをは」のような助詞があります。以下ではさまざまな助詞の中でも使用頻度の高い基本的な助詞を紹介します。基本単語と組み合わせた形で書き入れながら覚えましょう。

(1)「～は」 → ～은(ウン)/는(ヌン)

名詞の最後にパッチムがあれば「～은」、パッチムがなければ「～는」を付けます。

082

パッチムあり			パッチムなし		
チョギン 조깅 ジョギング	チョギンウン 조깅은		チュィミ 취미 趣味	チュィミヌン 취미는	
ケイム 게임 ゲーム	ケイムン 게임은		ノレ 노래 歌	ノレヌン 노래는	
ハイキン 하이킹 ハイキング	ハイキンウン 하이킹은		ヨガ 요가 ヨガ	ヨガヌン 요가는	
ミュジコル 뮤지컬 ミュージカル	ミュジコルン 뮤지컬은		コルプ 골프 ゴルフ	コルプヌン 골프는	

(2)「～が」 → ～이 / 가（イ / ガ）

名詞の最後にパッチムがあれば「～**이**」、パッチムがなければ「～**가**」を付けます。

🔊 083

パッチムあり			パッチムなし		
カム **감** 柿	カミ 감이		ペ **배** 梨	ペガ 배가	
スバク **수박** スイカ	スバギ 수박이		ポクスンア **복숭아** モモ	ポクスンアガ 복숭아가	
キュル **귤** ミカン	キュリ 귤이		タルギ **딸기** イチゴ	タルギガ 딸기가	
メルロン **멜론** メロン	メルロニ 멜론이		ソンニュ **석류** ザクロ	ソンニュガ 석류가	
パイネプル **파인애플** パイナップル	パイネプリ 파인애플이		キウィ **키위** キウイ	キウィガ 키위가	

(3)「～を」 → ～을（ウル）/ 를（ルル）

名詞の最後にパッチムがあれば「～을」、パッチムがなければ「～를」を付けます。

🔈 084

パッチムあり			パッチムなし		
ソルタン **설탕** 砂糖	ソルタンウル 설탕을		ッケ **깨** ゴマ	ッケルル 깨를	
ソグム **소금** 塩	ソグムル 소금을		シクチョ **식초** 酢	シクチョルル 식초를	
カンジャン **간장** しょうゆ	カンジャンウル 간장을		キョジャ **겨자** からし	キョジャルル 겨자를	
コチュジャン **고추장** コチュジャン	コチュジャンウル 고추장을		チョミリョ **조미료** 調味料	チョミリョルル 조미료를	
チャムギルム **참기름** ごま油	チャムギルムル 참기름을		フチュ **후추** こしょう	フチュルル 후추를	

(4)「～に」 → ～에（エ）

名詞の最後のパッチムの有無に関係なく「～**에**」を付けます。日本語の「～に」と同様、主に「（時間）に」「（方向）に」「（位置）に」の意味で幅広く使われます。

085

パッチムあり・なし共通					
ミッ **밑** 下	ミテ 밑에		ウィ **위** 上	ウィエ 위에	
ヨプ **옆** 横／隣	ヨペ 옆에		アレ **아래** 下	アレエ 아래에	
アプ **앞** 前	アペ 앞에		サイ **사이** 間	サイエ 사이에	
アン **안** 中	アネ 안에		クンチョ **근처** 近く	クンチョエ 근처에	
パク **밖** 外	パッケ 밖에		ハンガウンデ **한가운데** 真ん中	ハンガウンデエ 한가운데에	

※「밑」は物体の下にあることを意味し、「아래」は一定の基準よりも低い位置であることを意味します。

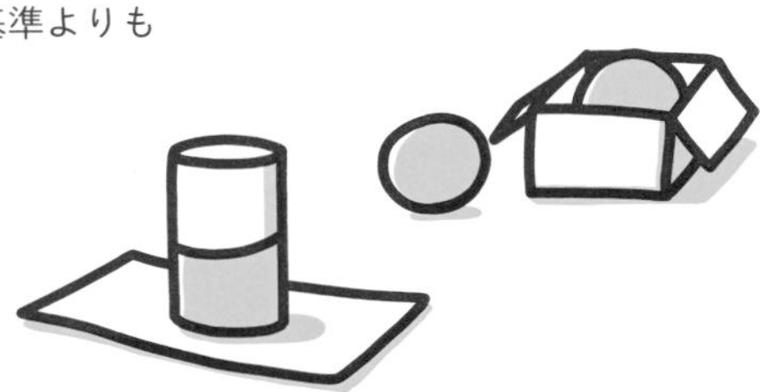

(5)「～で」 → ～에서（エソ）

名詞の最後のパッチムの有無に関係なく「**～에서**」を付けます。日本語の助詞「～で」はいろいろな意味で使われますが、「**～에서**」は「(場所)で」の意味です。

🔊 086

パッチムあり・なし共通						
コシル **거실** 居間	コシレソ 거실에서			ソジェ **서재** 書斎	ソジェエソ 서재에서	
ピョンウォン **병원** 病院	ピョンウォネソ 병원에서			カゲ **가게** お店	カゲエソ 가게에서	
シクタン **식당** 食堂	シクタンエソ 식당에서			マトゥ **마트** スーパー	マトゥエソ 마트에서	
ヨンワグァン **영화관** 映画館	ヨンワグァネソ 영화관에서			フェサ **회사** 会社	フェサエソ 회사에서	
ミョンセジョム **면세점** 免税店	ミョンセジョメソ 면세점에서			カペ **카페** カフェ	カペエソ 카페에서	

(6)「～と」 → ～하고(ハゴ)

名詞の最後のパッチムの有無に関係なく「～**하고**」を付けます。

087

パッチムあり・なし共通			
オブン **오븐** オーブン	オブナゴ 오븐하고	セタッキ **세탁기** 洗濯機	セタッキハゴ 세탁기하고
エオコン **에어컨** エアコン	エオコナゴ 에어컨하고	コンジョギ **건조기** 乾燥機	コンジョギハゴ 건조기하고
テルレビジョン **텔레비전** テレビ	テルレビジョナゴ 텔레비전하고	ネンジャンゴ **냉장고** 冷蔵庫	ネンジャンゴハゴ 냉장고하고
チョンギバプソッ **전기밥솥** 炊飯器	チョンギバプソタゴ 전기밥솥하고	トゥライギ **드라이기** ドライヤー	トゥライギハゴ 드라이기하고
コピ モシン **커피 머신** コーヒーマシン	コピ モシナゴ 커피 머신하고	チョンソギ **청소기** 掃除機	チョンソギハゴ 청소기하고

2 よく使う文法（名詞編）

名詞と組み合わせて使う文法を幾つか紹介します。いずれも入門レベルの文法です。基本単語と組み合わせた形で書き入れながら覚えましょう。

(1)「～です」→ ～입니다（イムニダ）
「～ですか？」→ ～입니까？（イムニッカ）

肯定文「～です」と疑問文「～ですか？」は、名詞の最後のパッチムの有無に関係なく、「～**입니다**」「～**입니까?**」を付けます。鼻音化(P.068)により「**입니다**」の発音は[**임니다**]、「**입니까**」の発音は[**임니까**]となるので注意しましょう。

088

パッチムあり・なし共通			
ッパン **빵** パン	ッパンイムニダ 빵입니다 ッパンイムニッカ 빵입니까?	クㇰス **국수** そうめん	クㇰスイムニダ 국수입니다 クㇰスイムニッカ 국수입니까?
チキン **치킨** チキン	チキニムニダ 치킨입니다 チキニムニッカ 치킨입니까?	ソシジ **소시지** ソーセージ	ソシジイムニダ 소시지입니다 ソシジイムニッカ 소시지입니까?
トシラㇰ **도시락** お弁当	トシラギムニダ 도시락입니다 トシラギムニッカ 도시락입니까?	ティジョトゥ **디저트** デザート	ティジョトゥイムニダ 디저트입니다 ティジョトゥイムニッカ 디저트입니까?
ラミョン **라면** ラーメン	ラミョニムニダ 라면입니다 ラミョニムニッカ 라면입니까?	センドゥウィチ **샌드위치** サンドイッチ	センドゥウィチイムニダ 샌드위치입니다 センドゥウィチイムニッカ 샌드위치입니까?

(2)「～です」 → ～이에요(イエヨ) / 예요(エヨ)
「～ですか？」 → ～이에요(イエヨ) ?/ 예요(エヨ) ?

「～**입니다**（**입니까?**）」より柔らかい印象があり、日常会話でよく使われます。名詞の最後にパッチムがあれば「～**이에요**」、パッチムがなければ「～**예요**」を付けます。肯定も疑問も同じ形で、「～**이에요?/ 예요?**」と語尾を上げるだけで疑問文になります。

089

パッチムあり		パッチムなし	
イルボニン **일본인** 日本人	イルボニニエヨ 일본인이에요	イルボノ **일본어** 日本語	イルボノエヨ 일본어예요
ハングギン **한국인** 韓国人	ハングギニエヨ 한국인이에요	ハングゴ **한국어** 韓国語	ハングゴエヨ 한국어예요
チュングギン **중국인** 中国人	チュングギニエヨ 중국인이에요	チュングゴ **중국어** 中国語	チュングゴエヨ 중국어예요
トギリン **독일인** ドイツ人	トギリニエヨ 독일인이에요	トギロ **독일어** ドイツ語	トギロエヨ 독일어예요
ミグギン **미국인** 米国人	ミグギニエヨ 미국인이에요	ヨンオ **영어** 英語	ヨンオエヨ 영어예요

(3)「〜ではありません」→ 〜이 / 가 아니에요

イ　ガ　アニエヨ

否定文「〜ではありません」は、名詞の最後にパッチムがあれば「〜**이 아니에요**」、パッチムがなければ「**〜가 아니에요**」を付けます。

🔊 090

パッチムあり		パッチムなし	
ソンッスゴン **손수건** ハンカチ	ソンッスゴニ　アニエヨ 손수건이 아니에요	カメラ **카메라** カメラ	カメラガ　アニエヨ 카메라가 아니에요
スチョプ **수첩** 手帳	スチョビ　アニエヨ 수첩이 아니에요	ヒャンス **향수** 香水	ヒャンスガ　アニエヨ 향수가 아니에요
コウル **거울** 鏡	コウリ　アニエヨ 거울이 아니에요	ヨルッスェ **열쇠** 鍵	ヨルッスェガ　アニエヨ 열쇠가 아니에요
サジョン **사전** 辞書	サジョニ　アニエヨ 사전이 아니에요	ヒュジ **휴지** ティッシュ	ヒュジガ　アニエヨ 휴지가 아니에요
ヒュデポン **휴대폰** 携帯電話	ヒュデポニ　アニエヨ 휴대폰이 아니에요	コムピュト **컴퓨터** パソコン	コムピュトガ　アニエヨ 컴퓨터가 아니에요

※「손수건」「열쇠」の発音はそれぞれ[손쑤건][열쐬]になります。

(4)「～でした」→ ～이었어요(イオッソヨ) / 였어요(ヨッソヨ)

肯定文の過去形「～でした」は、名詞の最後にパッチムがあれば「～**이었어요**」、パッチムがなければ「～**였어요**」を付けます。

🔊 091

パッチムあり		パッチムなし	
スオプ **수업** 授業	スオビオッソヨ 수업이었어요	コンブ **공부** 勉強	コンブヨッソヨ 공부였어요
ソルミョン **설명** 説明	ソルミョンイオッソヨ 설명이었어요	チョムッス **점수** 点数	チョムッスヨッソヨ 점수였어요
シホム **시험** 試験	シホミオッソヨ 시험이었어요	ピルギ **필기** 筆記	ピルギヨッソヨ 필기였어요
マンッチョム **만점** 満点	マンッチョミオッソヨ 만점이었어요	ムンジェ **문제** 問題	ムンジェヨッソヨ 문제였어요
キョルッソク **결석** 欠席	キョルッソギオッソヨ 결석이었어요	キョグァソ **교과서** 教科書	キョグァソヨッソヨ 교과서였어요

※「만점」「결석」「점수」の発音はそれぞれ
［만쩜］［결썩］［점쑤］になります

(5)「～ではありませんでした」→ ～이(イ) / 가(ガ) 아니었어요(アニオッソヨ)

否定文の過去形「～ではありませんでした」は、名詞の最後にパッチムがあれば「**～이 아니었어요**」、パッチムがなければ「**～가 아니었어요**」を付けます。

🔊 092

パッチムあり		パッチムなし	
ナムピョン **남편** 主人	ナムピョニ　アニオッソヨ 남편이 아니었어요	チョカ **조카** おい・めい	チョカガ　アニオッソヨ 조카가 아니었어요
プイン **부인** 奥さん	プイニ　アニオッソヨ 부인이 아니었어요	ソンベ **선배** 先輩	ソンベガ　アニオッソヨ 선배가 아니었어요
チンチョク **친척** 親戚	チンチョギ　アニオッソヨ 친척이 아니었어요	フベ **후배** 後輩	フベガ　アニオッソヨ 후배가 아니었어요
エイン **애인** 恋人	エイニ　アニオッソヨ 애인이 아니었어요	トンニョ **동료** 同僚	トンニョガ　アニオッソヨ 동료가 아니었어요
サチョン **사촌** いとこ	サチョニ　アニオッソヨ 사촌이 아니었어요	チング **친구** 友達	チングガ アニオッソヨ 친구가 아니었어요

クイズ

例文を、与えられた日本語訳の形に変えてみましょう。

例）**시험은 만점이에요.**（シホムン マンッチョミエヨ） 試験は満点です。

試験は満点でした。（肯定文の過去形）→ **시험은 만점이었어요**（シホムン マンッチョミオッソヨ）.

(1) **아버지는 은행원이에요.**（アボジヌン ウネンウォニエヨ） 父は銀行員です。

父は銀行員ではありません。（否定文の現在形）

→

(2) **점심은 항상 김밥이에요.**（チョㇺシムン ハンサン キㇺバビエヨ） ランチはいつものり巻きです。

ランチはいつものり巻きでした。（肯定文の過去形）

→

(3) **제 가방이 아니에요.**（チェ カバンイ アニエヨ） 私のかばんではありません。

私のかばんではありませんでした。（否定文の過去形）

→

(4) **어머니는 선생님이었어요.**（オモニヌン ソンセンニミオッソヨ） お母さんは先生でした。

お母さんは先生です。（肯定文の現在形）

→

(5) **남편은 미국인이에요.**（ナㇺピョヌン ミグギニエヨ） 主人は米国人です。

主人は米国人ではありません。（否定文の現在形）

→

➜ 解答は P.210

3 よく使う文法（動詞・形容詞編）

動詞・形容詞を使った文法を学ぶ前に、韓国語の動詞・形容詞の基本形（辞書に載っている形）を見てみましょう。

가다（カダ） 行く　보다（ポダ） 見る　춥다（チュプタ） 寒い　바쁘다（パップダ） 忙しい

このように、韓国語の動詞・形容詞の基本形は全て「다」で終わります。この最後の「다」を取って別の形を付ける（活用させる）ことで、さまざまな表現を作ることができます。その際、「다」の前の文字に注目します。

①「다」の前の文字にパッチムがあるかないかを見る。

「다」の前にパッチムのある場合
먹다（モクタ） 食べる

「다」の前にパッチムのない場合
보다（ポダ） 見る

②「다」の前の文字の母音字の種類を見る。

「다」の前の母音字が「ㅏ、ㅑ、ㅗ」の場合
놀다（ノルダ） 遊ぶ

「다」の前の母音字が「ㅏ、ㅑ、ㅗ以外」の場合
열다（ヨルダ） 開ける

③「다」の前の文字のパッチムの種類をチェック。パッチムが「ㄹ」「ㅂ」の場合は要注意。

「다」の前のパッチムが「ㄹ」の場合
멀다（モルダ） 遠い

「다」の前のパッチムが「ㅂ」の場合
춥다（チュプタ） 寒い

では、これらの点に注目しながら、よく使う文法を一つひとつ見ていきましょう。

(1)「～です、～ます」 → -ㅂ니다（ムニダ）/ 습니다（スムニダ）
「～ですか？、～ますか？」 → -ㅂ니까（ムニッカ）?/ 습니까（スムニッカ）?

肯定文「～です、～ます」と疑問文「～ですか？、ますか？」は、「**다**」の前にパッチムがあるかないかで、付ける形が違います。

「**다**」の前にパッチムがあれば「**다**」を取って「**-습니다**」「**-습니까**?」を、パッチムがなければ「**다**」を取って「**-ㅂ니다**」「**-ㅂ니까**?」を付けます。

ただし「**다**」の前の文字のパッチムが「**ㄹ**」パッチムの場合は、「**ㄹ**」を取って「**-ㅂ니다**」「**-ㅂ니까**?」を付けるので要注意です！

093

パッチムあり			パッチムなし		
먹다（モクタ）食べる	먹습니다（モクスムニダ）	먹습니까?（モクスムニッカ）	자다（チャダ）寝る	잡니다（チャムニダ）	잡니까?（チャムニッカ）
받다（パッタ）もらう	받습니다（パッスムニダ）	받습니까?（パッスムニッカ）	오다（オダ）来る	옵니다（オムニダ）	옵니까?（オムニッカ）
좋다（チョタ）良い	좋습니다（チョッスムニダ）	좋습니까?（チョッスムニッカ）	내다（ネダ）出す	냅니다（ネムニダ）	냅니까?（ネムニッカ）
춥다（チュプタ）寒い	춥습니다（チュプスムニダ）	춥습니까?（チュプスムニッカ）	바꾸다（パックダ）変える	바꿉니다（パックムニダ）	바꿉니까?（パックムニッカ）
살다（サルダ）住む	삽니다（サムニダ）	삽니까?（サムニッカ）	어울리다（オウルリダ）似合う	어울립니다（オウルリムニダ）	어울립니까?（オウルリムニッカ）

(2)「～です、～ます」 → -아요 / 어요

「～ですか?、～ますか?」→ -아요 ?/ 어요 ?

(アヨ / オヨ)

「-ㅂ니다/습니다(-ㅂ니까?/습니까?)」より柔らかい印象があり、日常会話でよく使われます。肯定も疑問も同じ形で、「-아요?/어요?」と語尾を上げるだけで疑問文になります。

「다」の前の文字の①パッチムの有無、②母音字の種類、③パッチムの種類によって付ける活用の形が違います。

★「다」の前の文字にパッチムがある場合

「다」の前の文字の母音字の種類を見ます。母音字が「ㅏ、ㅑ、ㅗ」の場合は「다」を取って「-아요」を、「ㅏ、ㅑ、ㅗ以外」の場合は「다」を取って「-어요」を付けます。

094

ㅏ、ㅗの場合		ㅏ、ㅗ以外の場合	
높다 (ノプタ) 高い	높아요 (ノパヨ)	싫다 (シルタ) 嫌だ	싫어요 (シロヨ)
팔다 (パルダ) 売る	팔아요 (パラヨ)	찍다 (ッチクタ) 撮る	찍어요 (ッチゴヨ)
같다 (カッタ) 同じだ	같아요 (カタヨ)	웃다 (ウッタ) 笑う	웃어요 (ウソヨ)
놀다 (ノルダ) 遊ぶ	놀아요 (ノラヨ)	길다 (キルダ) 長い	길어요 (キロヨ)
많다 (マンタ) 多い	많아요 (マナヨ)	넣다 (ノタ) 入れる	넣어요 (ノオヨ)

ただし、「**다**」の前の文字のパッチムが「**ㅂ**」パッチムの場合は要注意です。

✦「**다**」の前の文字のパッチムが「**ㅂ**」パッチムの場合

「**다**」の前が「**ㅂ**」パッチムの場合は、「**ㅂ**」パッチムが「**우**」に変わり、「**다**」を取って「**-어요**」を付けます。「**우**＋**어요**」は最終的に合体して「**워요**」という形になります。

※ただし一部の単語はそのまま「다」を取って、「-아요/어요」が付くものもあります。

다を取って**-어요**を付ける

춥다（チュプタ） 寒い → **추우＋어요** → **추우어요** → **추워요**（チュウォヨ）

ㅂパッチムが**우**に変わる　　合体して**워**になる

095

「ㅂ」パッチム			
トプタ **덥다** 暑い	トウォヨ 더워요	シュィプタ **쉽다** 易しい	シュィウォヨ 쉬워요
コマプタ **고맙다** ありがたい	コマウォヨ 고마워요	オリョプタ **어렵다** 難しい	オリョウォヨ 어려워요
カビョプタ **가볍다** 軽い	カビョウォヨ 가벼워요	ムソプタ **무섭다** 怖い	ムソウォヨ 무서워요
ムゴプタ **무겁다** 重い	ムゴウォヨ 무거워요	カリョプタ **가렵다** かゆい	カリョウォヨ 가려워요
カッカプタ **가깝다** 近い	カッカウォヨ 가까워요	クィヨプタ **귀엽다** かわいい	クィヨウォヨ 귀여워요

★「다」の前にパッチムがない場合

パッチムがある場合と同様に「다」の前の文字の母音字が「ㅏ、ㅑ、ㅗ」の場合は「다」を取って「-아요」を、「ㅏ、ㅑ、ㅗ以外」の場合は「다」を取って「-어요」を付けるのですが、さらに母音字の種類によって、その母音字と「-아요/어요」が合体したり、縮約したりするので、少し複雑です。

✦母音字が「ㅏ」の場合：「ㅏ」と「ㅏ」が重なり、「ㅏ」と縮約される

짜다(ッチャダ) しょっぱい → **짜＋아요** → **짜요**(ッチャヨ)

✦母音字が「ㅓ」の場合：「ㅓ」と「ㅓ」が重なり、「ㅓ」と縮約される

서다(ソダ) 立つ → **서＋어요** → **서요**(ソヨ)

✦母音字が「ㅜ」の場合：「ㅜ」と「ㅓ」が合体して「ㅝ」となる

주다(チュダ) あげる、くれる → **주＋어요** → **줘요**(チュォヨ)

✦母音字が「ㅣ」の場合：「ㅣ」と「ㅓ」が合体して、「ㅕ」となる

어리다(オリダ) 幼い → **어리＋어요** → **어려요**(オリョヨ)

✦母音字が「ㅐ」の場合：「ㅓ」が省略され、そのまま「ㅐ」となる

지내다(チネダ) 過ごす → **지내＋어요** → **지내요**(チネヨ)

✦母音字が「ㅚ」の場合：「ㅚ」と「ㅓ」が合体して、「ㅙ」となる

되다(トゥエダ) なる → **되＋어요** → **돼요**(トゥエヨ)

🔊 096

パッチムあり		パッチムなし	
カダ **가다** 行く	カヨ 가요	ポダ **보다** 見る	ポァヨ 봐요
ッサダ **싸다** 安い	ッサヨ 싸요	サダ **사다** 買う	サヨ 사요
シダ **시다** 酸っぱい	ショヨ 셔요	タダ **타다** 乗る	タヨ 타요
ペウダ **배우다** 習う	ペウォヨ 배워요	マンナダ **만나다** 会う	マンナヨ 만나요
マシダ **마시다** 飲む	マショヨ 마셔요	キダリダ **기다리다** 待つ	キダリョヨ 기다려요
ポネダ **보내다** 送る	ポネヨ 보내요	ポリダ **버리다** 捨てる	ポリョヨ 버려요

ただし、次のような例外があるので要注意です。

✦「다」の前の文字の母音字が「ㅡ」の場合

「**다**」の前の文字の母音字が「ㅡ」の場合は、さらにもう 1 文字前の母音字を見ます。母音字が「ㅏ、ㅑ、ㅗ」の場合は「**다**」を取って「**-아요**」を、「ㅏ、ㅗ以外」の場合は「**다**」を取って「**-어요**」を付けます。その際、「**다**」と一緒に母音字「ㅡ」も取ります。

「**다**」と母音「ㅡ」を取って**-어요**を付ける

예쁘다（イェップダ）かわいい → **예ㅃ + 어요** → **예뻐요**（イェッポヨ）

母音ㅖなので**-어요**が付く

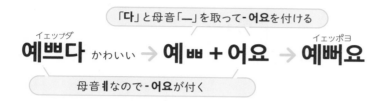

なお、「**크다**(大きい)」のように 2 文字の場合は、「ㅡ」母音が脱落して「**ㅋ**＋**어요**」⇒「**커요**」となります。

097

「다」の前の文字の母音が「ㅡ」			
아프다（アプダ）痛い	아파요（アパヨ）	**나쁘다**（ナップダ）悪い	나빠요（ナッパヨ）
기쁘다（キップダ）うれしい	기뻐요（キッポヨ）	**바쁘다**（パップダ）忙しい	바빠요（パッパヨ）
슬프다（スルプダ）悲しい	슬퍼요（スルポヨ）	**배고프다**（ペゴプダ）おなかがすく	배고파요（ペゴパヨ）
모으다（モウダ）集める	모아요（モアヨ）	**끄다**（ックダ）消す	꺼요（ッコヨ）

✦「**하다**」で終わる場合
「**하다**」の形で終わる動詞・形容詞は、全て「**해요**」になります。

098

하다で終わる			
イラダ **일하다** 働く	イレヨ 일해요	ミアナダ **미안하다** すまない	ミアネヨ 미안해요
マラダ **말하다** 言う	マレヨ 말해요	サランアダ **사랑하다** 愛する	サランエヨ 사랑해요
ピゴナダ **피곤하다** 疲れる、疲れている	ピゴネヨ 피곤해요	ピョルリハダ **편리하다** 便利だ	ピョルリヘヨ 편리해요
コンブハダ **공부하다** 勉強する	コンブヘヨ 공부해요	チョヌァハダ **전화하다** 電話する	チョヌァヘヨ 전화해요
ハンガハダ **한가하다** 暇だ	ハンガヘヨ 한가해요	ピスタダ **비슷하다** 似る、似ている	ピステヨ 비슷해요
ヘンボカダ **행복하다** 幸せだ	ヘンボケヨ 행복해요	チンジョラダ **친절하다** 親切だ	チンジョレヨ 친절해요

(3)「〜でした、〜ました」→ -았어요（アッソヨ）/ 었어요（オッソヨ）

過去形は、現在形の「**-아요**」を「**-았어요**」、「**-어요**」を「**-었어요**」に変えるだけです。**하다**の形で終わるものは**했어요**となります。

괜찮다（クェンチャンタ）	大丈夫だ	
괜찮아요（クェンチャナヨ）	大丈夫です	
괜찮았어요（クェンチャナッソヨ）	大丈夫でした	

만들다（マンドゥルダ）	作る
만들어요（マンドゥロヨ）	作ります
만들었어요（マンドゥロッソヨ）	作りました

비싸다（ピッサダ）	高い
비싸요（ピッサヨ）	高いです
비쌌어요（ピッサッソヨ）	高かったです

예쁘다（イェップダ）	きれいだ
예뻐요（イェッポヨ）	きれいです
예뻤어요（イェッポッソヨ）	きれいでした

즐겁다（チュルゴプタ）	楽しい
즐거워요（チュルゴウォヨ）	楽しいです
즐거웠어요（チュルゴウォッソヨ）	楽しかったです

대답하다（テダパダ）	答える
대답해요（テダペヨ）	答えます
대답했어요（テダペッソヨ）	答えました

099

イッタ **있다** ある／いる	イッソッソヨ 있었어요	オㇷ゚タ **없다** ない／いない	オㇷ゚ソッソヨ 없었어요
ッスダ **쓰다** 書く	ッソッソヨ 썼어요	ヨルダ **열다** 開ける	ヨロッソヨ 열었어요
チョㇺッタ **젊다** 若い	チョルモッソヨ 젊었어요	ピルリダ **빌리다** 借りる	ピルリョッソヨ 빌렸어요
チャッタ **찾다** 探す	チャジャッソヨ 찾았어요	トロㇷ゚タ **더럽다** 汚い	トロウォッソヨ 더러웠어요
ッケックタダ **깨끗하다** きれいだ、清潔だ	ッケックテッソヨ 깨끗했어요	イロナダ **일어나다** 起きる	イロナッソヨ 일어났어요

※「**젊다**」の発音は［**점따**］になります。

(4)「～くありません、～ではありません、～ません」→ 안（アン） -아요（アヨ） / 어요（オヨ）

否定形は、動詞・形容詞の前に「**안**」を付けて、動詞・形容詞に「**-아요 / 어요**」を付けた形にします。

🔊100

パッチムあり		パッチムなし	
ミッタ **믿다** 信じる	アン ミドヨ 안 믿어요	シュィダ **쉬다** 休む	アン シュィオヨ 안 쉬어요
モルダ **멀다** 遠い	アン モロヨ 안 멀어요	ウェウダ **외우다** 覚える	ア ヌェウォヨ 안 외워요
イクタ **읽다** 読む	ア ニルゴヨ 안 읽어요	マンジダ **만지다** 触る	アン マンジョヨ 안 만져요
メプタ **맵다** 辛い	アン メウォヨ 안 매워요	ヌリダ **느리다** 遅い	アン ヌリョヨ 안 느려요
ッチクタ **찍다** 撮る	アン ッチゴヨ 안 찍어요	ユミョンアダ **유명하다** 有名だ	アン ニュミョンエヨ 안 유명해요

※「**안 유명해요**」の発音は[**안 뉴명해요**]になります

(5)「〜くありませんでした、〜ではありませんでした、〜ませんでした」→ 안（アン） -았어요（アッソヨ） / 었어요（オッソヨ）

否定形の過去は、動詞・形容詞の前に「**안**」を付けて、動詞・形容詞に「**-았어요 / 었어요**」を付けた形にします。

🔊 101

パッチムあり		パッチムなし	
ウルダ **울다** 泣く	ア　ヌロッソヨ 안 울었어요	チナダ **친하다** 親しい	アン　チネッソヨ 안 친했어요
ッシッタ **씻다** 洗う	アン　ッシソッソヨ 안 씻었어요	コンノダ **건너다** 渡る	アン　ゴンノッソヨ 안 건넜어요
タッタ **닫다** 閉める	アン　ダダッソヨ 안 닫았어요	チキダ **지키다** 守る	アン　ジキョッソヨ 안 지켰어요
ヌッタ **늦다** 遅れる	アン　ヌジョッソヨ 안 늦었어요	ックンナダ **끝나다** 終わる	アン　ックンナッソヨ 안 끝났어요
ヒムドゥルダ **힘들다** 大変だ	ア　ニムドゥロッソヨ 안 힘들었어요	カルチダ **가르치다** 教える	アン　ガルチョッソヨ 안 가르쳤어요

(6)「～(し)たいです」→ -고 싶어요

ゴ　シポヨ

自分の希望を表す表現「～(し)たいです」は、「**다**」の前の文字に関係なく、「**다**」を取って「**-고 싶어요**」を付けます。「**나는**(私は)」を付けた形で書き込みましょう。

🔊 102

チョバブル　モクタ **초밥을 먹다** すしを食べる	ナヌン　チョバブル　モクコ　シポヨ 나는 초밥을 먹고 싶어요
ヒュガルル　パッタ **휴가를 받다** 休暇を取る	ナヌン　ヒュガルル　パッコ　シポヨ 나는 휴가를 받고 싶어요
ヨンワルル　ポダ **영화를 보다** 映画を見る	ナヌン　ヨンワルル　ポゴ　シポヨ 나는 영화를 보고 싶어요
ウェグゲソ　サルダ **외국에서 살다** 外国で暮らす	ナヌン　ウェグゲソ　サルゴ　シポヨ 나는 외국에서 살고 싶어요
ヘンドゥポヌル　パックダ **핸드폰을 바꾸다** 携帯電話を買い替える	ナヌン　ヘンドゥポヌル　パックゴ　シポヨ 나는 핸드폰을 바꾸고 싶어요
ハングゴルル　ペウダ **한국어를 배우다** 韓国語を習う	ナヌン　ハングゴルル　ペウゴ　シポヨ 나는 한국어를 배우고 싶어요
オキナワエ　カダ **오키나와에 가다** 沖縄に行く	ナヌン　オキナワエ　カゴ　シポヨ 나는 오키나와에 가고 싶어요

(7)「〜（する）ことができます／できません」→ -(으)ㄹ 수 있어요 / 없어요

（ウル ッス イッソヨ オプソヨ）

可能・不可能を表す表現「〜(する)ことができます／できません」は、「**다**」の前の文字にパッチムがあれば「**다**」を取って「**-을 수 있어요/없어요**」を、パッチムがなければ「**다**」を取って、「**-ㄹ 수 있어요/없어요**」を付けます。発音は[**ㄹ 쑤 이써요/업써요**]となります。

ただし「**다**」の前の文字のパッチムが「**ㄹ**」パッチムの場合は、「**ㄹ**」パッチムを取って「**-ㄹ 수 있어요/없어요**」を付けるので要注意です。「**나는**(私は)」を付けた形で書き込みましょう。

🔊103

ッパルリ タルリダ **빨리 달리다** 速く走る	ナヌン ッパルリ タルリル ッス イッソヨ 나는 빨리 달릴 수 있어요
	ナヌン ッパルリ タルリル ッス オプソヨ 나는 빨리 달릴 수 없어요
サムゲタンウル マンドゥルダ **삼계탕을 만들다** サムゲタンを作る	ナヌン サムゲタンウル マンドゥル ッス イッソヨ 나는 삼계탕을 만들 수 있어요
	ナヌン サムゲタンウル マンドゥル ッス オプソヨ 나는 삼계탕을 만들 수 없어요
ウンジョヌル ハダ **운전을 하다** 運転をする	ナヌン ウンジョヌル ハル ッス イッソヨ 나는 운전을 할 수 있어요
	ナヌン ウンジョヌル ハル ッス オプソヨ 나는 운전을 할 수 없어요
ピアノルル チダ **피아노를 치다** ピアノを弾く	ナヌン ピアノルル チル ッス イッソヨ 나는 피아노를 칠 수 있어요
	ナヌン ピアノルル チル ッス オプソヨ 나는 피아노를 칠 수 없어요
ハングゥ シンムヌル イクタ **한국 신문을 읽다** 韓国の新聞を読む	ナヌン ハングゥ シンムヌル イルグル ッス イッソヨ 나는 한국 신문을 읽을 수 있어요
	ナヌン ハングゥ シンムヌル イルグル ッス オプソヨ 나는 한국 신문을 읽을 수 없어요
キムチルル タムグダ **김치를 담그다** キムチを漬ける	ナヌン キムチルル タムグル ッス イッソヨ 나는 김치를 담글 수 있어요
	ナヌン キムチルル タムグル ッス オプソヨ 나는 김치를 담글 수 없어요

(8)「～（し）てください」→ -아 / 어 주세요

アオジュセヨ

依頼を表す表現「～(し)てください」は、動詞に「**-아요/어요**」を付けた形から「**요**」を取って「**주세요**」を付けます。より丁寧な言い回しは「**주시겠어요**?(～していただけますか)」を付けます。なお「名詞＋下さい」は「名詞＋**주세요**」です。

🔊 104

パルムル カルチダ **발음을 가르치다** 発音を教える	パルムル カルチョ ジュセヨ 발음을 가르쳐 주세요 パルムル カルチョ ジュシゲッソヨ 발음을 가르쳐 주시겠어요?
サイヌル ハダ **사인을 하다** サインをする	サイヌル ヘ ジュセヨ 사인을 해 주세요 サイヌル ヘ ジュシゲッソヨ 사인을 해 주시겠어요?
チョンチョニ マラダ **천천히 말하다** ゆっくり話す	チョンチョニ マレ ジュセヨ 천천히 말해 주세요 チョンチョニ マレ ジュシゲッソヨ 천천히 말해 주시겠어요?
サジヌル ッチクタ **사진을 찍다** 写真を撮る	サジヌル ッチゴ ジュセヨ 사진을 찍어 주세요 サジヌル ッチゴ ジュシゲッソヨ 사진을 찍어 주시겠어요?
チャムッカンマン キダリダ **잠깐만 기다리다** しばらく待つ	チャムッカンマン キダリョ ジュセヨ 잠깐만 기다려 주세요 チャムッカンマン キダリョ ジュシゲッソヨ 잠깐만 기다려 주시겠어요?
ッテルル ミルダ **때를 밀다** あかを擦る	ッテルル ミロ ジュセヨ 때를 밀어 주세요 ッテルル ミロ ジュシゲッソヨ 때를 밀어 주시겠어요?
カギョグル ッカクタ **가격을 깎다** 値引きする	カギョグル ッカッカ ジュセヨ 가격을 깎아 주세요 カギョグル ッカッカ ジュシゲッソヨ 가격을 깎아 주시겠어요?

クイズ

①次の単語と助詞「～이/가（イ/ガ）」を使って、「-아요/어요（アヨ/オヨ）」の形で文を作りましょう。

例）일/바쁘다（イル/パップダ）（仕事／忙しい） → 일이 바빠요.（イリ パッパヨ）

(1) 음식/맵다（ウムシク/メプタ）（食べ物／辛い） →

(2) 글씨/작다（クルッシ/チャクタ）（字／小さい） →

(3) 키/크다（キ/クダ）（背／高い） →

(4) 상자/무겁다（サンジャ/ムゴプタ）（箱／重い） →

(5) 냄비/뜨겁다（ネムビ/ットゥゴプタ）（鍋／熱い） →

②次の単語と助詞「～이/가（イ/ガ）」を使って、「안 -아요/어요（アン アヨ/オヨ）」の形で文を作りましょう。

例）사람/많다（サラム/マンタ）（人／多い） → 사람이 안 많아요.（サラミ アン マナヨ）

(1) 길/붐비다（キル/プムビダ）（道／混む） →

(2) 날씨/좋다（ナルッシ/チョタ）（天気／良い） →

(3) 가방/싸다（カバン/ッサダ）（かばん／安い） →

(4) 거리/멀다（コリ/モルダ）（距離／遠い） →

(5) 설명/어렵다（ソルミョン/オリョプタ）（説明／難しい） →

→ 解答は P.210

③次の単語と助詞「～이(イ)/가(ガ)」を使って、「-았어요(アッソヨ)/었어요(オッソヨ)」の形で文を作りましょう。

例）방(パン)/좁다(チョプタ)（部屋／狭い） → 방이 좁았어요.(パンイ チョバッソヨ)

(1) 컵(コプ)/깨지다(ッケジダ)（コップ／割れる） →

(2) 국(クク)/짜다(ッチャダ)（スープ／しょっぱい） →

(3) 내용(ネヨン)/쉽다(シュィプタ)（内容／易しい） →

(4) 연습(ヨンスプ)/힘들다(ヒムドゥルダ)（練習／大変だ） →

(5) 성격(ソンッキョク)/밝다(パクタ)（性格／明るい） →

④次の単語と助詞「～이(イ)/가(ガ)」を使って、「안(アン) -았어요(アッソヨ)/었어요(オッソヨ)」の形で文を作りましょう。

例）비(ピ)/오다(オダ)（雨／降る） → 비가 안 왔어요.(ピガ ア ヌァッソヨ)

(1) 메일(メイル)/오다(オダ)（メール／来る） →

(2) 안경(アンギョン)/어울리다(オウルリダ)（眼鏡／似合う）→

(3) 물가(ムルッカ)/비싸다(ピッサダ)（物価／高い） →

(4) 음식(ウムシク)/남다(ナムッタ)（食べ物／残る） →

(5) 기분(キブン)/나쁘다(ナップダ)（気分／悪い） →

➜ 解答は P.210

フレーズ編

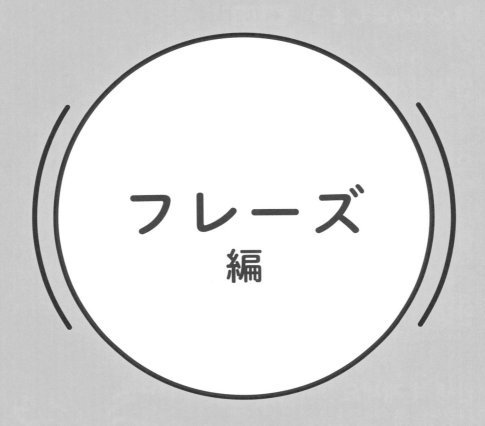

日常生活でよく使われるフレーズを10の場面ごとにまとめました。まずは音声を聞きながら表現を丸ごと覚えてください。実際の場面で使ってみることで、韓国語の楽しみがいっそう増すことでしょう。

1 あいさつをするとき

読んでみましょう 105

□ アンニョンアセヨ
안녕하세요?
こんにちは。

□ オレンマニエヨ
오랜만이에요.
お久しぶりです。

□ チャル チネショッソヨ
잘 지내셨어요?
お元気でしたか？

□ アンニョンイ カセヨ
안녕히 가세요.
さようなら。（残る人が去る人に）

□ アンニョンイ ケセヨ
안녕히 계세요.
さようなら。（去る人が残る人に）

書いてみましょう

안녕하세요?	안녕하세요?
오랜만이에요.	오랜만이에요.
잘 지내셨어요?	잘 지내셨어요?
안녕히 가세요.	안녕히 가세요.
안녕히 계세요.	안녕히 계세요.

読んでみましょう 106

チョウㇺ　ペㇷ゚ケッスㇺニダ
처음 뵙겠습니다.
初めまして。

チョヌン　アヤカイㇺニダ
저는 아야카입니다.
私は彩花です。

マンナソ　パンガㇷ゚スㇺニダ
만나서 반갑습니다.
お会いできてうれしいです。

チャㇽ　プタカㇺニダ
잘 부탁합니다.
よろしくお願いします。

ット　マンナヨ
또 만나요.
また会いましょう。

書いてみましょう

처음 뵙겠습니다.	처음 뵙겠습니다.
저는 아야카입니다.	저는 아야카입니다.
만나서 반갑습니다.	만나서 반갑습니다.
잘 부탁합니다.	잘 부탁합니다.
또 만나요.	또 만나요.

2 返事をするとき

読んでみましょう 107

□ 네.（ネ）
はい。

□ 아뇨.（アニョ）
いいえ。

□ 그래요.（クレヨ）
そうです。

□ 아니에요.（アニエヨ）
違います。

□ 그럼요.（クロミョ）
もちろんです。

書いてみましょう

네.	네.	
아뇨.	아뇨.	
그래요.	그래요.	
아니에요.	아니에요.	
그럼요.	그럼요.	

読んでみましょう 108

□ アルゲッソヨ
알겠어요.
分かりました。

□ モルゲッソヨ
모르겠어요.
分かりません。

□ チョアヨ
좋아요.
いいです。

□ シロヨ
싫어요.
嫌です。

□ クェンチャナヨ
괜찮아요.
大丈夫です。

書いてみましょう

알겠어요.	알겠어요.	
모르겠어요.	모르겠어요.	
좋아요.	좋아요.	
싫어요.	싫어요.	
괜찮아요.	괜찮아요.	

3 交通機関を利用するとき

読んでみましょう 109

カンナムニョギ　オディエヨ
- □ **강남역이 어디예요?**
江南駅はどこですか？

ピョヌン　オディソ　サヨ
- □ **표는 어디서 사요?**
切符はどこで買いますか？

ミョ　トソン　タミョン　トゥェヨ
- □ **몇 호선 타면 돼요?**
何号線に乗ればいいですか？

オディソ　カラタヨ
- □ **어디서 갈아타요?**
どこで乗り換えますか？

ミョッポン　チュルグエヨ
- □ **몇 번 출구예요?**
何番出口ですか？

書いてみましょう

강남역이 어디예요?	강남역이 어디예요?
표는 어디서 사요?	표는 어디서 사요?
몇 호선 타면 돼요?	몇 호선 타면 돼요?
어디서 갈아타요?	어디서 갈아타요?
몇 번 출구예요?	몇 번 출구예요?

読んでみましょう 110

ミョンドンウロ カ ジュセヨ
□ **명동으로 가 주세요.**
明洞に行ってください。

チョギエ セウォ ジュセヨ
□ **저기에 세워 주세요.**
あそこに止めてください。

イ ポス カンナム カヨ
□ **이 버스 강남 가요?**
このバス、江南行きますか？

オディソ ネリミョン トゥェヨ
□ **어디서 내리면 돼요?**
どこで降りればいいですか？

キョトン カドゥルル トチハセヨ
□ **교통 카드를 터치하세요.**
交通ICカードをタッチしてください。

書いてみましょう

명동으로 가 주세요.	명동으로 가 주세요.
저기에 세워 주세요.	저기에 세워 주세요.
이 버스 강남 가요?	이 버스 강남 가요?
어디서 내리면 돼요?	어디서 내리면 돼요?
교통 카드를 터치하세요.	교통 카드를 터치하세요.

4 買い物をするとき

読んでみましょう 111

オルマエヨ
□ **얼마예요?**
いくらですか?

ピッサネヨ
□ **비싸네요.**
高いですね。

ッカッカ ジュセヨ
□ **깎아 주세요.**
まけてください。

マウメ トゥロヨ
□ **마음에 들어요.**
気に入ってます。

イゴ ジュセヨ
□ **이거 주세요.**
これを下さい。

書いてみましょう

얼마예요?	얼마예요?
비싸네요.	비싸네요.
깎아 주세요.	깎아 주세요.
마음에 들어요.	마음에 들어요.
이거 주세요.	이거 주세요.

読んでみましょう 112

タルン セㇰカルド イッソヨ
□ **다른 색깔도 있어요?**
違う色もありますか？

サイジュガ チャガヨ
□ **사이즈가 작아요.**
サイズが小さいです。

サイジュガ コヨ
□ **사이즈가 커요.**
サイズが大きいです。

セゴルロ ジュセヨ
□ **새걸로 주세요.**
新しいのを下さい。

ポジャンエ ジュセヨ
□ **포장해 주세요.**
ラッピングしてください。

書いてみましょう

다른 색깔도 있어요?	다른 색깔도 있어요?
사이즈가 작아요.	사이즈가 작아요.
사이즈가 커요.	사이즈가 커요.
새걸로 주세요.	새걸로 주세요.
포장해 주세요.	포장해 주세요.

5 観光地に行ったとき

読んでみましょう 113

キョンチガ　チョンネヨ
□ **경치가 좋네요.**
景色がいいですね。

ファングァンゲギ　マンネヨ
□ **관광객이 많네요.**
観光客が多いですね。

ムォガ　ユミョンエヨ
□ **뭐가 유명해요?**
何が有名ですか？

イㇷ゚チャンニョガ　オルマエヨ
□ **입장료가 얼마예요?**
入場料はいくらですか？

アネ　トゥロガド　トゥェヨ
□ **안에 들어가도 돼요?**
中に入ってもいいですか？

書いてみましょう

경치가 좋네요.	경치가 좋네요.
관광객이 많네요.	관광객이 많네요.
뭐가 유명해요?	뭐가 유명해요?
입장료가 얼마예요?	입장료가 얼마예요?
안에 들어가도 돼요?	안에 들어가도 돼요?

読んでみましょう 114

□ 여기 별미가 뭐예요?
ヨギ ピョルミガ ムォエヨ
ここの名物料理は何ですか?

□ 볼거리가 많아요. ※「볼거리」の発音は[볼꺼리]になります。
ポルッコリガ マナヨ
見ものが多いです。

□ 체험할 수 있어요?
チェホマル ッス イッソヨ
体験できますか?

□ 사진 찍어 주세요.
サジン ッチゴ ジュセヨ
写真を撮ってください。

□ 다시 오고 싶어요.
タシ オゴ シポヨ
また来たいです。

書いてみましょう

여기 볼거리가 뭐예요?	여기 볼거리가 뭐예요?
볼거리가 많아요.	볼거리가 많아요.
체험할 수 있어요?	체험할 수 있어요?
사진 찍어 주세요.	사진 찍어 주세요.
다시 오고 싶어요.	다시 오고 싶어요.

6 ファンミーティングで

読んでみましょう 115

ペニエヨ
□ **팬이에요.**
ファンです。

ノム　モシッソヨ
□ **너무 멋있어요.**
とてもかっこいいです。

サイネ　ジュセヨ
□ **사인해 주세요.**
サインしてください。

カチ　サジン　ッチゴヨ
□ **같이 사진 찍어요.**
一緒に写真撮りましょう。

ケソク　ウンウォナルッケヨ
□ **계속 응원할게요.**
ずっと応援します。

※「응원할게요」の発音は[응워날께요]になります。

書いてみましょう

팬이에요.	팬이에요.
너무 멋있어요.	너무 멋있어요.
사인해 주세요.	사인해 주세요.
같이 사진 찍어요.	같이 사진 찍어요.
계속 응원할게요.	계속 응원할게요.

読んでみましょう 116

シルムリ　ト　イェッポヨ
☐ **실물이 더 예뻐요.**
実物の方がきれいです。

ノレガ　ノム　チョアヨ
☐ **노래가 너무 좋아요.**
歌がとてもいいです。

セ　シエプ　ポァッソヨ
☐ **새 시에프 봤어요.**
新しいコマーシャル(CF)見ました。

ハンボン　アナ　ボァド　トゥェヨ
☐ **한번 안아 봐도 돼요?**
一度ハグしてもいいですか？

ヘンボケソ　ヌンムリ　ナヨ
☐ **행복해서 눈물이 나요.**
幸せで涙が出ます。

書いてみましょう

실물이 더 예뻐요.	실물이 더 예뻐요.
노래가 너무 좋아요.	노래가 너무 좋아요.
새 시에프 봤어요.	새 시에프 봤어요.
한번 안아 봐도 돼요?	한번 안아 봐도 돼요?
행복해서 눈물이 나요.	행복해서 눈물이 나요.

7 食事をするとき

読んでみましょう 117

□ チャリ イッソヨ
자리 있어요?
席ありますか？

□ マニ キダリョヤ トゥェヨ
많이 기다려야 돼요?
長く待たないといけないんですか？

□ ヨギ ムル ジョム ジュセヨ
여기 물 좀 주세요.
こちらに水を下さい。

□ ソルロンタン ハナ ジュセヨ
설렁탕 하나 주세요.
ソルロンタン一つ下さい。

□ ウムシク ッパルリ ジョム ジュセヨ
음식, 빨리 좀 주세요.
料理、急いでください。

書いてみましょう

자리 있어요?	자리 있어요?
많이 기다려야 돼요?	많이 기다려야 돼요?
여기 물 좀 주세요.	여기 물 좀 주세요.
설렁탕 하나 주세요.	설렁탕 하나 주세요.
음식, 빨리 좀 주세요.	음식, 빨리 좀 주세요.

読んでみましょう 118

パンチャン ジョム ト ジュセヨ
□ **반찬 좀 더 주세요.**
おかず、お代わり下さい。

クルッ チョム チウォ ジュセヨ
□ **그릇 좀 치워 주세요.**
お皿を下げてください。

ナムン ゴン ッサ ジュセヨ
□ **남은 건 싸 주세요.**
残ったのは包んでください。

ケサネ ジュセヨ
□ **계산해 주세요.**
お会計お願いします。

ット オルッケヨ
□ **또 올게요.**
また来ます。

※「올게요」の発音は[올께요]になります。

書いてみましょう

반찬 좀 더 주세요.	반찬 좀 더 주세요.
그릇 좀 치워 주세요.	그릇 좀 치워 주세요.
남은 건 싸 주세요.	남은 건 싸 주세요.
계산해 주세요.	계산해 주세요.
또 올게요.	또 올게요.

8 ホテルに宿泊するとき

読んでみましょう 119

チェクアウスン　ミョッ　シエヨ
□ **체크아웃은 몇 시예요?**
チェックアウトは何時ですか？

チョシグン　ポハミエヨ
□ **조식은 포함이에요?**
朝食は込みですか？

カドゥロ　ケサナルッケヨ
□ **카드로 계산할게요.**
クレジットカードで支払います。
※「계산할게요」の発音は[게사날께요]になります。

クミョンシルロ　ジュセヨ
□ **금연실로 주세요.**
禁煙ルームでお願いします。

ハル　ヨンジャンアゴ　シポヨ
□ **하루 연장하고 싶어요.**
1日延長したいです。

書いてみましょう

체크아웃은 몇 시예요?	체크아웃은 몇 시예요?
조식은 포함이에요?	조식은 포함이에요?
카드로 계산할게요.	카드로 계산할게요.
금연실로 주세요.	금연실로 주세요.
하루 연장하고 싶어요.	하루 연장하고 싶어요.

読んでみましょう 120

□ 근처에 맛집 없어요?
クンチョエ マッチㇷ゚ オㇷ゚ソヨ
近くにおいしいお店はありませんか？

□ 아침 식사는 어디서 해요?
アチㇺ シㇰサヌン オディソ ヘヨ
朝食はどこで食べますか？

□ 자판기는 어디 있어요?
チャパンギヌン オディ イッソヨ
自販機はどこにありますか？

□ 와이파이 비번이 뭐예요? ※비번は비밀번호の略
ワイパイ ピボニ ムォエヨ
Wi-Fiのパスワードは何ですか？

□ 방에서 와이파이는 돼요?
パンエソ ワイパイヌン トゥェヨ
部屋でWi-Fiは使えますか？

書いてみましょう

근처에 맛집 없어요?	근처에 맛집 없어요?
아침 식사는 어디서 해요?	아침 식사는 어디서 해요?
자판기는 어디 있어요?	자판기는 어디 있어요?
와이파이 비번이 뭐예요?	와이파이 비번이 뭐예요?
방에서 와이파이는 돼요?	방에서 와이파이는 돼요?

9 病気・トラブルのとき

読んでみましょう 121

□ 열이 있어요.
ヨリ イッソヨ
熱があります。

□ 입맛이 없어요.
イムマシ オプソヨ
食欲がありません。

□ 배가 아파요.
ペガ アパヨ
おなかが痛いです。

□ 두통이 심해요.
トゥトンイ シメヨ
頭痛がひどいです。

□ 근처에 약국 있어요?
クンチョエ ヤクク ギッソヨ
近くに薬局はありますか？

書いてみましょう

열이 있어요.	열이 있어요.
입맛이 없어요.	입맛이 없어요.
배가 아파요.	배가 아파요.
두통이 심해요.	두통이 심해요.
근처에 약국 있어요?	근처에 약국 있어요?

読んでみましょう 122

□ 인터넷이 안돼요.
(イントネシ アンドゥェヨ)
インターネットが使えません。

□ 지갑이 안 보여요.
(チガビ アン ボヨヨ)
財布が見当たりません。

□ 길을 잃었어요.
(キルル イロッソヨ)
道に迷いました。

□ 방 키가 없어요.
(パン キガ オプソヨ)
部屋のキーがありません。

□ 비행기를 놓쳤어요.
(ピヘンギルル ノッチョッソヨ)
飛行機に乗り遅れました。

書いてみましょう

인터넷이 안돼요.	인터넷이 안돼요
지갑이 안 보여요.	지갑이 안 보여요.
길을 잃었어요.	길을 잃었어요.
방 키가 없어요.	방 키가 없어요.
비행기를 놓쳤어요.	비행기를 놓쳤어요.

10 気持ちを表すとき

読んでみましょう 123

□ 너무 기뻐요.（ノム キッポヨ）
とてもうれしいです。

□ 정말 즐거워요.（チョンマル チュルゴウォヨ）
本当に楽しいです。

□ 진짜 기대돼요.（チンッチャ キデドゥェヨ）
本当に楽しみです。

□ 가슴이 찡해요.（カスミ ッチンエヨ）
じんと胸にこたえます。

□ 가슴이 두근두근해요.（カスミ トゥグンドゥグネヨ）
胸がドキドキします。

書いてみましょう

너무 기뻐요.	너무 기뻐요.
정말 즐거워요.	정말 즐거워요.
진짜 기대돼요.	진짜 기대돼요.
가슴이 찡해요.	가슴이 찡해요.
가슴이 두근두근해요.	가슴이 두근두근해요.

読んでみましょう 124

チョンマㇽ　ソㇷ゚ソペヨ
□ **정말 섭섭해요.**
(別れが)本当に寂しいです。

チンッチャ　ヨㇽバダ
□ **진짜 열받아!**
まじむかつく！

チャㇺ　スㇽプネヨ
□ **참 슬프네요.**
とても悲しいですね。

ッチャジュン ナ
□ **짜증 나!**
イライラする！

アジュ　プロウォヨ
□ **아주 부러워요.**
とてもうらやましいです。

書いてみましょう

정말 섭섭해요.	정말 섭섭해요.
진짜 열받아!	진짜 열받아!
참 슬프네요.	참 슬프네요.
짜증 나!	짜증 나!
아주 부러워요.	아주 부러워요.

クイズ

次のせりふは(1)～(4)のどこで使えるものか、［　　　］に記号を入れてみましょう。

ノム モシッソヨ
a. 너무 멋있어요.

チェクアウスン ミョッ シエヨ
b. 체크아웃은 몇 시예요?

カチ サジン ッチゴヨ
c. 같이 사진 찍어요.

ッカッカ ジュセヨ
d. 깎아 주세요.

パンチャン ジョㇺ ト ジュセヨ
e. 반찬 좀 더 주세요.

タルン セㇰカルド イッソヨ
f. 다른 색깔도 있어요?

クミョンシルロ ジュセヨ
g. 금연실로 주세요.

セゴルロ ジュセヨ
h. 새걸로 주세요.

ナムン ゴン ッサ ジュセヨ
i. 남은 건 싸 주세요.

ノレガ ノム チョアヨ
j. 노래가 너무 좋아요.

サイジュガ チャガヨ
k. 사이즈가 작아요.

ウムシㇰ ッパルリ ジョㇺ ジュセヨ
l. 음식, 빨리 좀 주세요.

ハンボン アナ ボァド トゥェヨ
n. 한번 안아 봐도 돼요?

チョシグン ポハミエヨ
m. 조식은 포함이에요?

クルッ チョㇺ チウォ ジュセヨ
o. 그릇 좀 치워 주세요.

ハル ヨンジャンアゴ シポヨ
p. 하루 연장하고 싶어요.

（1）服屋

（2）ファンミーティング

（3）食堂

（4）ホテル

➜ 解答は P.210

巻末付録

本書に登場した語彙リスト

本書に登場した単語を、日本語で調べられるリストにしました。
動詞・形容詞は基本形(辞書に載っている形)で掲載しています。

■ 数字

□ 0(数を数える)	영
□ 0(電話番号)	공
□ 1	일
□ 2	이
□ 3	삼
□ 4	사
□ 5	오
□ 6	육
□ 7	칠
□ 8	팔
□ 9	구
□ 10	십
□ 100	백
□ 1000	천
□ 1万	만
□ 10万	십만
□ 100万	백만
□ 一つ	하나
□ 二つ	둘
□ 三つ	셋
□ 四つ	넷
□ 五つ	다섯
□ 六つ	여섯
□ 七つ	일곱
□ 八つ	여덟
□ 九つ	아홉
□ 十	열
□ 二十	스물
□ 三十	서른
□ 四十	마흔
□ 五十	쉰
□ 六十	예순
□ 七十	일흔
□ 八十	여든
□ 九十	아흔

■ あ行

□ アーティスト	아티스트
□ アイシャドー	아이섀도
□ アイスクリーム	아이스크림
□ 愛する	사랑하다
□ 間	사이
□ ID	아이디
□ 会う	만나다
□ あえて	굳이
□ あか	때
□ アカウント	계정
□ 明るい	밝다
□ 秋	가을
□ 開ける	열다
□ あげる	주다
□ 顎	턱
□ 朝	아침
□ あさって	모레
□ 脚	다리
□ 足	발
□ 明日	내일
□ あそこ	저기
□ 遊ぶ	놀다
□ 暖かい	따뜻하다
□ 頭	머리
□ 新しいもの	새것
□ 暑い	덥다
□ 熱い	뜨겁다
□ 集める	모으다
□ アヒル	오리
□ あまりにも	너무
□ 雨	비
□ アメリカ人	미국인
□ 洗う	씻다
□ ありがたい	고맙다
□ ある	있다
□ あれ	저거
□ 言う	말하다
□ 家	집
□ 行く	가다
□ 医師	의사
□ 椅子	의자
□ 忙しい	바쁘다
□ 痛い	아프다
□ 痛いっ!	아야!
□ イチゴ	딸기
□ 一度	한번
□ 1日	하루
□ 1年	일년
□ 一緒に	같이

□ いつも	**항상**
□ いとこ	**사촌**
□ いない	**없다**
□ 祈り	**기도**
□ 居間	**거실**
□ 妹	**여동생**
□ 嫌だ	**싫다**
□ イライラする	**짜증 나다**
□ いる	**있다**
□ 入れる	**넣다**
□ 色	**색깔**
□ インスタグラム	**인스타그램**
□ インターネット	**인터넷**
□ 飲料水	**음료수**
□ 上	**위**
□ ウサギ	**토끼**
□ 失う	**잃다**
□ 歌	**노래**
□ 腕	**팔**
□ うどん	**우동**
□ うらやましい	**부럽다**
□ 売る	**팔다**
□ うれしい	**기쁘다**
□ (会えて)うれしい	**반갑다**
□ 運転	**운전**
□ 運動	**운동**
□ エアコン	**에어컨**
□ 映画	**영화**
□ 映画館	**영화관**
□ 英語	**영어**
□ 駅	**역**
□ 延長する	**연장하다**
□ おい	**조카**
□ お祝い	**축하**
□ 応援する	**응원하다**
□ 多い	**많다**

□ 大きい	**크다**
□ オープン	**오픈**
□ お母さん	**어머니**
□ お会計する	**계산하다**
□ おかず	**반찬**
□ お金持ち	**부자**
□ 起きる	**일어나다**
□ 奥さん	**부인**
□ 送る	**보내다**
□ 遅れる	**늦다**
□ お酒	**술**
□ 幼い	**어리다**
□ お皿	**그릇**
□ おじいさん	**할아버지**
□ 教える	**가르치다**
□ おじさん	**아저씨**
□ 遅い	**느리다**
□ お父さん	**아버지**
□ 弟	**남동생**
□ おなか	**배**
□ おなかがすく	**배고프다**
□ 同じだ	**같다**
□ (妹から見た)お兄さん	**오빠**
□ (弟から見た)お兄さん	**형**
□ (妹から見た)お姉さん	**언니**
□ (弟から見た)お姉さん	**누나**
□ お願いする	**부탁하다**
□ おばあさん	**할머니**
□ 帯	**띠**
□ お弁当	**도시락**
□ 覚える	**외우다**
□ お店	**가게**
□ 重い	**무겁다**
□ 降りる	**내리다**
□ 終わる	**끝나다**
□ 音楽	**음악**

□ 温度	**온도**

■ か行

□ カーディガン	**카디건**
□ カーテン	**커튼**
□ カード	**카드**
□ ～回	**번**
□ 会員	**회원**
□ 外国	**외국**
□ 会社	**회사**
□ 会社員	**회사원**
□ 買う	**사다**
□ 変える	**바꾸다**
□ 顔	**얼굴**
□ カカオ	**카카오**
□ 価格	**가격**
□ 鏡	**거울**
□ 柿	**감**
□ 鍵	**열쇠**
□ 書く	**쓰다**
□ 家具	**가구**
□ 覚悟	**각오**
□ カクテル	**칵테일**
□ 傘	**우산**
□ カササギ	**까치**
□ 歌手	**가수**
□ かす	**찌꺼기**
□ 肩	**어깨**
□ カチューシャ	**머리띠**
□ ～月	**월**
□ かっこいい	**멋있다**
□ 学校	**학교**
□ カップラーメン	**컵라면**
□ 悲しい	**슬프다**
□ カニ	**게**
□ カバ	**하마**

□ かばん	가방
□ カフェ	카페
□ 髪の毛	머리카락
□ カメラ	카메라
□ かゆい	가렵다
□ 辛い	맵다
□ からし	겨자
□ 借りる	빌리다
□ 軽い	가볍다
□ 川	강
□ かわいい	귀엽다
□ 観光客	관광객
□ 韓国	한국
□ 韓国語	한국어
□ 韓国人	한국인
□ 元日	설날
□ 鑑賞	감상
□ 乾燥機	건조기
□ 管理	관리
□ 木	나무
□ キー(鍵)	키
□ キウイ	키위
□ 気温	기온
□ 菊	국화
□ 記号	기호
□ 汽車	기차
□ ギター	기타
□ 汚い	더럽다
□ キツネ	여우
□ 切符	표
□ 昨日	어제
□ 気分	기분
□ キムチ	김치
□ 休暇	휴가
□ 急行	급행
□ 牛乳	우유
□ キュウリ	오이
□ 今日	오늘
□ 教科書	교과서
□ 教師	교사
□ 協力	협력
□ 去年	작년
□ 距離	거리
□ きれいだ	예쁘다
□ 禁煙ルーム	금연실
□ 銀行	은행
□ 銀行員	은행원
□ 空港	공항
□ 薬	약
□ 果物	과일
□ 口	입
□ 唇	입술
□ 口紅	립스틱
□ 靴	구두
□ クッキー	쿠키
□ クッション	쿠션
□ クッションファンデ	쿠션 팩트
□ 首	목
□ クモ	거미
□ 曇り	흐림
□ 来る	오다
□ くれる	주다
□ クローゼット	옷장
□ 警察官	경찰관
□ 携帯電話	휴대폰
□ 芸能人	연예인
□ K-POP	케이 팝
□ ゲーム	게임
□ 景色	경치
□ 化粧水	스킨
□ 消す	끄다
□ 欠席	결석
□ ～個	개
□ 恋人	애인
□ 後記	후기
□ 香水	향수
□ 紅茶	홍차
□ 交通ICカード	교통 카드
□ 後輩	후배
□ 公務員	공무원
□ コート	코트
□ コーヒー	커피
□ コーヒーマシーン	커피 머신
□ コーラ	콜라
□ 国内	국내
□ 国立	국립
□ ここ	여기
□ 午後	오후
□ 腰	허리
□ こしょう	후추
□ 午前	오전
□ 答える	대답하다
□ (胸に)こたえる	찡하다
□ コチュジャン	고추장
□ コップ	컵
□ 子ども	아이
□ 粉	가루
□ ご飯	밥
□ ゴマ	깨
□ コマーシャル(CF)	시에프
□ ごま油	참기름
□ ～込み	포함
□ 混む	붐비다
□ ゴルフ	골프
□ これ	이거(이것)
□ 怖い	무섭다
□ コンサート	콘서트

■ さ行

□ サーフィン	서핑
□ サイズ	사이즈
□ 財布	지갑
□ サイン	사인
□ 探す	찾다
□ 桜	벚꽃
□ ザクロ	석류
□ サザエ	소라
□ ～冊	권
□ 作家	작가
□ サッカー	축구
□ 雑誌	잡지
□ 砂糖	설탕
□ 寂しい	섭섭하다
□ 寒い	춥다
□ サムゲタン	삼계탕
□ サラダ	샐러드
□ 触る	만지다
□ サンドイッチ	샌드위치
□ ～時	시
□ 字	글씨
□ 幸せだ	행복하다
□ ジーンズ	청바지
□ 塩	소금
□ 試験	시험
□ 辞書	사전
□ 下	밑、아래
□ 親しい	친하다
□ 実物	실물
□ しばらくの間	잠깐만
□ 自販機	자판기
□ シミ	기미
□ 閉める	닫다
□ 写真	사진
□ 住所	주소
□ ジュース	주스
□ 修理	수리
□ 授業	수업
□ 主人	남편
□ 主人公	주인공
□ 趣味	취미
□ 準備	준비
□ 少女	소녀
□ (涙が)出る	나다
□ 焼酎	소주
□ しょうゆ	간장
□ 将来	장래
□ ジョギング	조깅
□ 食堂	식당
□ 植物	식물
□ 食欲	입맛
□ 書斎	서재
□ しょっぱい	짜다
□ ショッピング	쇼핑
□ 新羅	신라
□ 信じる	믿다
□ 親戚	친척
□ 親切だ	친절하다
□ 新聞	신문
□ 酢	식초
□ 水泳	수영
□ スイカ	수박
□ 炊飯器	전기밥솥
□ スーツ	양복
□ スーパー	마트
□ スープ	국
□ スカート	치마
□ スキー	스키
□ すごく	아주
□ 過ごす	지내다
□ すし	초밥
□ 頭痛	두통
□ ずっと	계속
□ すっぱい	시다
□ 捨てる	버리다
□ スノーボード	스노보드
□ スパゲティ	스파게티
□ スプーン	숟가락
□ ズボン	바지
□ すまない	미안하다
□ 住む	살다
□ する	하다
□ (あかを)擦る	밀다
□ 背	키
□ 性格	성격
□ 整理	정리
□ セーター	스웨터
□ 席	자리
□ せっけん	비누
□ 説明	설명
□ 狭い	좁다
□ 先生	선생님
□ 全然	전혀
□ 洗濯機	세탁기
□ 先輩	선배
□ ゾウ	코끼리
□ 掃除機	청소기
□ そうめん	국수
□ ソーセージ	소시지
□ そこ	거기
□ 外	밖
□ ソファ	소파
□ ソルロンタン	설렁탕
□ それ	그거(그것)

■ た行

□ ～台	대

□ ダイエット	다이어트
□ 体験する	체험하다
□ 大丈夫だ	괜찮다
□ 台所	부엌
□ 台風	태풍
□ 大変だ	힘들다
□ ダウンコート	패딩
□ (値段が)高い	비싸다
□ 高い	높다
□ (背が)高い	크다
□ 抱く	안다
□ たくさん	많이
□ タクシー	택시
□ 出す	내다
□ ダチョウ	타조
□ 立つ	서다
□ タッカンマリ	닭한마리
□ タッチする	터치하다
□ 楽しい	즐겁다
□ 楽しみだ	기대되다
□ 食べ物	음식
□ 食べる	먹다
□ 誰	누구
□ 単語	단어、낱말
□ ダンス	댄스
□ 暖炉	난로
□ 小さい	작다
□ チーズ	치즈
□ チェックアウト	체크아웃
□ 近い	가깝다
□ 近く	근처
□ 地下鉄	지하철
□ チキン	치킨
□ 地図	지도
□ チュー(キス)	뽀뽀
□ 中国語	중국어

□ 中国人	중국인
□ 注射	주사
□ チョウ	나비
□ 朝食	조식
□ 調味料	조미료
□ チョコレート	초콜릿
□ ちょっと	좀
□ ツイッター	트위터
□ 疲れている	피곤하다
□ 机	책상
□ 作る	만들다
□ 漬ける	담그다
□ 土	흙
□ 包む	싸다
□ 手	손
□ Tシャツ	티셔츠
□ ティッシュ	휴지
□ テーブル	테이블
□ 出口	출구
□ デザート	디저트
□ 手帳	수첩
□ テニス	테니스
□ デパート	백화점
□ 手袋	장갑
□ テレビ	텔레비전
□ 店員	점원
□ 天気	날씨
□ 電車	전철
□ 点数	점수
□ 電話	전화
□ 電話する	전화하다
□ ドイツ語	독일어
□ ドイツ人	독일인
□ トイレ	화장실
□ 唐辛子	고추
□ 同僚	동료

□ 道路	도로
□ 遠い	멀다
□ ドーナツ	도넛
□ (胸が)ドキドキする	두근두근하다
□ 独立	독립
□ 時計	시계
□ どこ	어디
□ 登山	등산
□ 都市	도시
□ とても	참
□ 隣	옆
□ トマト	토마토
□ (車を)止める	세우다
□ 友達	친구
□ ドライブ	드라이브
□ ドライヤー	드라이기
□ ドラマ	드라마
□ 鶏	닭
□ 撮る	찍다

■ な行

□ ない	없다
□ 内容	내용
□ 中	안
□ 長い	길다
□ 泣き虫	울보
□ 泣く	울다
□ 梨	배
□ 夏	여름
□ 何	뭐
□ 鍋	냄비
□ 名前	이름
□ 涙	눈물
□ 習う	배우다
□ なる	되다
□ 似合う	어울리다

□ 肉	**고기**
□ 偽者	**가짜**
□ ～日	**일**
□ 日韓	**한일**
□ 似ている	**비슷하다**
□ 日本語	**일본어**
□ 日本人	**일본인**
□ 入学	**입학**
□ 入試	**입시**
□ 入場料	**입장료**
□ 入門	**입문**
□ ～人	**사람**
□ 根	**뿌리**
□ ネクタイ	**넥타이**
□ 値段	**값**
□ 熱	**열**
□ ネックレス	**목걸이**
□ 値引きする	**깎다**
□ 寝る	**자다**
□ ～年	**년**
□ ノート	**노트**
□ 逃す	**놓치다**
□ 残る	**남다**
□ 飲む	**마시다**
□ のり	**김**
□ 乗り換える	**갈아타다**
□ のり巻き	**김밥**
□ 乗る	**타다**

■ は行

□ 歯	**이**
□ パーティー	**파티**
□ ～杯	**잔**
□ ハイキング	**하이킹**
□ パイナップル	**파인애플**
□ 俳優	**배우**
□ 入る	**들어가다、들어오다**
□ はがき	**엽서**
□ 博物館	**박물관**
□ 箱	**상자**
□ はさみ	**가위**
□ 箸	**젓가락**
□ 初め	**처음**
□ 走る	**달리다**
□ バス	**버스**
□ バスケットボール	**농구**
□ パスワード	**비밀번호、비번**
□ パソコン	**컴퓨터**
□ 働く	**일하다**
□ 発音	**발음**
□ 葉っぱ	**잎**
□ 初雪	**첫눈**
□ 花	**꽃**
□ 鼻	**코**
□ パパ	**아빠**
□ 速く	**빨리**
□ 早く	**빨리**
□ 貼る	**붙이다**
□ 春	**봄**
□ 晴れ	**맑음**
□ バレーボール	**배구**
□ パン	**빵**
□ ハンカチ	**손수건**
□ 番号	**번호**
□ 韓流	**한류**
□ ピアス	**귀걸이**
□ ピアノ	**피아노**
□ ビール	**맥주**
□ ～匹	**마리**
□ 引き戸	**미닫이**
□ 弾く	**치다**
□ 飛行機	**비행기**
□ ピザ	**피자**
□ 額	**이마**
□ 筆記	**필기**
□ 人	**사람**
□ ひどい	**심하다**
□ 日の出	**해돋이**
□ 暇だ	**한가하다**
□ ～秒	**초**
□ 病院	**병원**
□ 美容師	**미용사**
□ 昼	**낮**
□ 昼寝	**낮잠**
□ 広さ	**넓이**
□ ファン	**팬**
□ ファンクラブ	**팬클럽**
□ ファンミーティング	**팬미팅**
□ フェイスブック	**페이스북**
□ フォロー	**팔로우**
□ フォロワー	**팔로워**
□ 服	**옷**
□ 豚	**돼지**
□ 物価	**물가**
□ ブドウ	**포도**
□ 船	**배**
□ 冬	**겨울**
□ ブラウス	**블라우스**
□ ブレスレット	**팔찌**
□ ブログ	**블로그**
□ ～分	**분**
□ ベッド	**침대**
□ 別に	**따로**
□ 部屋	**방**
□ 勉強	**공부**
□ 勉強する	**공부하다**

□ 便利	편리
□ 便利だ	편리하다
□ 帽子	모자
□ 僕	나
□ ポジャギ	보자기
□ ポップコーン	팝콘
□ 頬	뺨
□ ほほ笑み	미소
□ ～本(瓶を数える)	병
□ ～本(鉛筆などを数える)	자루
□ 本棚	책장
□ 本当	정말

■ ま行

□ ～枚	장
□ 前	앞
□ まじ	진짜
□ 魔女	마녀
□ マスカラ	마스카라
□ また	또
□ 待つ	기다리다
□ まつげ	속눈썹
□ マッサージ	마사지
□ マニキュア	매니큐어
□ 守る	지키다
□ 眉	눈썹
□ 漫画	만화
□ 満点	만점
□ 真ん中	한가운데
□ ミカン	귤
□ 水	물
□ 道	길
□ 耳	귀
□ 見もの	볼거리
□ ミュージカル	뮤지컬
□ 見る	보다
□ 昔	옛날
□ むかつく	열받다
□ 難しい	어렵다
□ 胸	가슴
□ 無理	무리
□ 無料	무료
□ 目	눈
□ メール	메일
□ めい	조카
□ 名店(おいしい店)	맛집
□ 名物料理	별미
□ 眼鏡	안경
□ メロン	멜론
□ 免税店	면세점
□ もう一度	다시
□ もっと	더
□ モモ	복숭아
□ 模様	무늬
□ もらう	받다
□ 問題	문제

■ や行

□ 野球	야구
□ 約束	약속
□ 易しい	쉽다
□ やじ	야유
□ 安い	싸다
□ 休む	쉬다
□ 薬局	약국
□ 夕方	저녁
□ 有名だ	유명하다
□ 雪	눈
□ ゆっくり	천천히
□ 指輪	반지
□ 良い	좋다
□ ヨガ	요가
□ 横	옆
□ 読む	읽다
□ 余裕	여유
□ 夜	밤

■ ら行

□ ラーメン	라면
□ ラジオ	라디오
□ ラッピングする	포장하다
□ ランチ	점심
□ 理由	이유
□ 両親	부모
□ 料理	요리
□ 緑茶	녹차
□ 旅行	여행
□ リンゴ	사과
□ 零下	영하
□ 冷蔵庫	냉장고
□ 練習	연습
□ 連絡	연락
□ ローション	로션

■ ワ行

□ Wi-Fi	와이파이
□ ワイン	와인
□ 若い	젊다
□ 私	나
□ 渡る	건너다
□ 笑う	웃다
□ 悪い	나쁘다
□ 割れる	깨지다

クイズの解答

P.029

(1) 부자（プジャ）　(2) 후기（フギ）　(3) 기미（キミ）

(4) 주소（チュソ）　(5) 도로（トロ）　(6) 미소（ミソ）

P.045

①

야	구	사	치	여
부	나	비	소	자
고	기	아	오	빠
우	파	비	누	지
유	크	구	두	모

② (1) 토끼（トッキ）

(2) 마녀（マニョ）

(3) 기차（キチャ）

(4) 포도（ポド）

(5) 보자기（ポジャギ）

P.051

k 型	p 型	t 型
궁（クン）, 낚（ナク）, 억（オク）, 학（ハク）	숲（スプ）, 입（イプ）, 힘（ヒム）	길（キル）, 낮（ナッ）, 맛（マッ）, 밭（パッ）, 빛（ピッ）, 숟（スッ）, 신（シン）, 있（イッ）, 좋（チョッ）

P.080

(1) ③엽써（ヨプソ）　(2) ②마놔（マヌァ）　(3) ①무니（ムニ）　(4) ②잡찌（チャプチ）

(5) ②방물관（パンムルグァン）　(6) ①궁내（クンネ）　(7) ③다칸마리（タカンマリ）

P.128

【アクセサリー】반지, 머리띠, 시계, 귀걸이, 팔찌
【飲み物】소주, 맥주, 주스, 와인, 홍차
【趣味】드라이브, 쇼핑, 요리, 여행, 사진
【洋服】패딩, 청바지, 치마, 스웨터, 티셔츠

P.141

アボジヌン　ウネンウォニ　アニエヨ
(1) 아버지는 은행원이 아니에요.

チョㇺシムン ハンサン キㇺバビオッソヨ
(2) 점심은 항상 김밥이었어요.

チェ カバンイ　アニオッソヨ
(3) 제 가방이 아니었어요.

オモニヌン　ソンセンニミエヨ
(4) 어머니는 선생님이에요.

ナㇺピョヌン ミグギニ　アニエヨ
(5) 남편은 미국인이 아니에요.

P.157-158

①
ウㇺシギ　メウォヨ
(1) 음식이 매워요.
クㇽッシガ　チャガヨ
(2) 글씨가 작아요.
キガ　コヨ
(3) 키가 커요.
サンジャガ　ムゴウォヨ
(4) 상자가 무거워요.
ネㇺビガ　ットゥゴウォヨ
(5) 냄비가 뜨거워요.

②
キリ　アン ブㇺビョヨ
(1) 길이 안 붐벼요.
ナㇽッシガ　アン　ジョアヨ
(2) 날씨가 안 좋아요.
カバンイ　アン　ッサヨ
(3) 가방이 안 싸요.
コリガ　アン　モロヨ
(4) 거리가 안 멀어요.
ソㇽミョンイ ア　ノリョウォヨ
(5) 설명이 안 어려워요.

③
コビ　ッケジョッソヨ
(1) 컵이 깨졌어요.
クギ　ッチャッソヨ
(2) 국이 짰어요.
ネヨンイ　シュィウォッソヨ
(3) 내용이 쉬웠어요.
ヨンスビ　ヒㇺドゥロッソヨ
(4) 연습이 힘들었어요.
ソンッキョギ　パㇽガッソヨ
(5) 성격이 밝았어요.

④
メイリ　ア　ヌァッソヨ
(1) 메일이 안 왔어요.
アンギョンイ ア　ノウㇽリョッソヨ
(2) 안경이 안 어울렸어요.
ムㇽッカガ　アン　ビッサッソヨ
(3) 물가가 안 비쌌어요.
ウㇺシギ　アン　ナマッソヨ
(4) 음식이 안 남았어요.
キブニ　アン　ナッパッソヨ
(5) 기분이 안 나빴어요.

P.200

(1) d, f, h, k　(2) a, c, j, n　(3) e, i, l, o　(4) b, g, m, p

著者プロフィール

辛昭静　シン・ソジョン

韓国・釜山生まれ。
お茶の水女子大学大学院人間文化研究科博士課程修了（人文科学）。
東京大学大学院客員研究員。新大久保学院講師。

著書

『できる韓国語 初級 I ワークブック』(DEKIRU出版、共著)
『できる韓国語 初級 文型トレーニング』(DEKIRU出版)
『表現マップで覚える！ 韓国語日常フレーズ 初級』(HANA)
『絵でわかる韓国語のオノマトペ：表現が広がる擬声語・擬態語』(白水社)
『絵でわかる韓国語の体の慣用表現』(白水社)
『ネイティブ感覚で毎日話すための韓国語日常フレーズ1420+生活密着単語 4200』(HANA)

いちばんやさしい

書いて覚える韓国語

2024年 3月 11日　初版発行

著者　辛昭静
編集　松島彩、権純華
デザイン、DTP　洪永愛（Studio H2）
イラスト　くりはら たかゆき 𝕏@kuri_takayu
印刷・製本　中央精版印刷株式会社

発行人　裵正烈

発行　株式会社HANA
〒102-0072 東京都千代田区飯田橋4-9-1
TEL：03-6909-9380　FAX：03-6909-9388

発行・発売　株式会社インプレス
〒101-0051 東京都千代田区神田神保町一丁目105 番地

ISBN978-4-295-40949-6 C0087

●本の内容に関するお問い合わせ先
HANA 書籍編集部　TEL: 03-6909-9380　FAX: 03-6909-9388
E-mail：info@hanapress.com

● 乱丁本・落丁本の取り換えに関するお問い合わせ先
インプレス カスタマーセンター　FAX：03-6837-5023
E-mail：service@impress.co.jp
※古書店で購入されたものについてはお取り換えできません

6

最新 精神保健福祉士養成講座

一般社団法人 日本ソーシャルワーク教育学校連盟　編集

ソーシャルワークの理論と方法

［精神専門］

中央法規

刊行にあたって

このたび、新カリキュラムに対応した社会福祉士と精神保健福祉士養成の教科書シリーズ（以下、本養成講座）を一般社団法人日本ソーシャルワーク教育学校連盟の編集により刊行することになりました。本養成講座は、社会福祉士・精神保健福祉士共通科目13巻、社会福祉士専門科目８巻、精神保健福祉士専門科目８巻の合計29巻で構成されています。

社会福祉士の資格制度は、1987（昭和62）年に制定された社会福祉士及び介護福祉士法により創設されました。後に、精神保健福祉士法が制定され、精神保健福祉士の資格制度が1997（平成９）年に創設されました。それから今日までの間に両資格のカリキュラムは２度の改正が行われました。本養成講座は、2019（令和元）年度の両資格のカリキュラム改正に伴い、刊行するものです。

新カリキュラム改正のねらいは、地域共生社会の実現に向けて、複合化・複雑化した課題を受けとめる包括的な相談支援を実施し、地域住民等が主体的に地域課題を解決していくよう支援できるソーシャルワーカーを養成することにあります。地域共生社会とは支援する者と支援される者が一体となり、誰もが役割をもって生活していくことができる社会です。こうした社会を創り上げる担い手として、社会福祉士や精神保健福祉士が期待されています。

そのため、本養成講座の制作にあたって、❶ソーシャルワーカーとしてアセスメントから支援計画、モニタリングに至るPDCAサイクルに基づく支援ができる人材の養成、❷個別支援と地域支援を一体的に対応でき、児童、障害者、高齢者等のさまざまな分野を横断して包括的に支援のできる人材の養成、❸「講義―演習―実習」の学習循環をつくることで、実践現場に密着した人材養成をする、を目的にしています。

社会福祉士および精神保健福祉士になるためには、ソーシャルワークに必要な五つの科目群について学ぶことが必要です。具体的には、①社会福祉の原理・基盤・政策を理解する科目、②複合化・複雑化した福祉課題と包括的な支援を理解する科目、③人・環境・社会とその関係を理解する科目、④ソーシャルワークの基盤・理論・方法を理解する科目、⑤ソーシャルワークの方法と実践を理解する科目です。それぞれの科目群の関係性と全体像は、次頁の図のとおりです。

これらの科目を本養成講座で学ぶことにより、すべての学生がソーシャルワークの基盤を修得し、社会福祉士ならびに精神保健福祉士の国家資格を取得し、さまざまな領域でソーシャルワーカーとして活躍され、ソーシャルワーカーに対する社会的評価を高めてくれることを願っています。

社会福祉士養成教科書の全体像

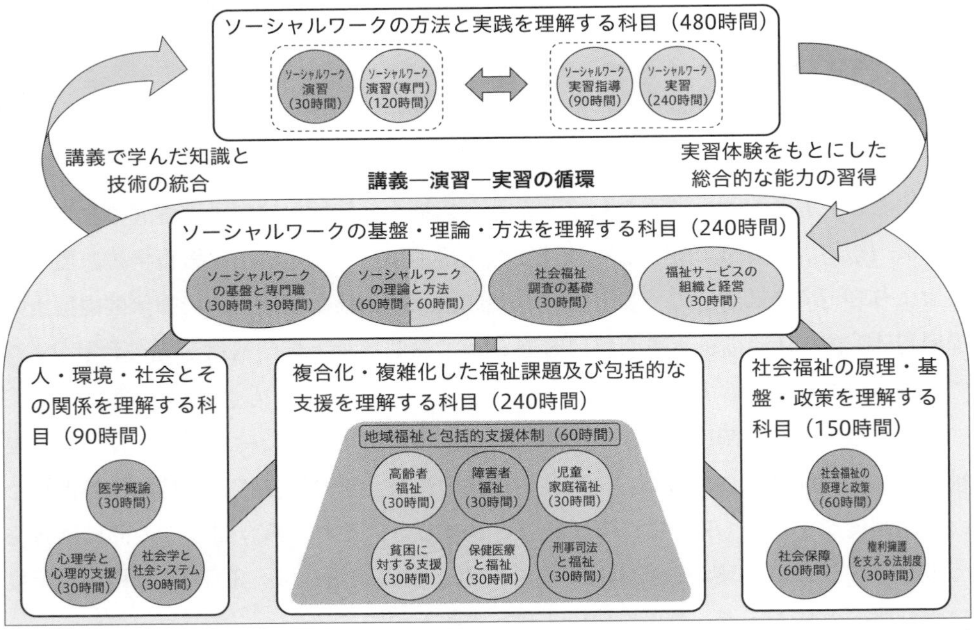

出典：厚生労働省「（別添）見直し後の社会福祉士養成課程の全体像」（https://www.mhlw.go.jp/content/000604998.pdf）より本連盟が改編

精神保健福祉士養成教科書の全体像

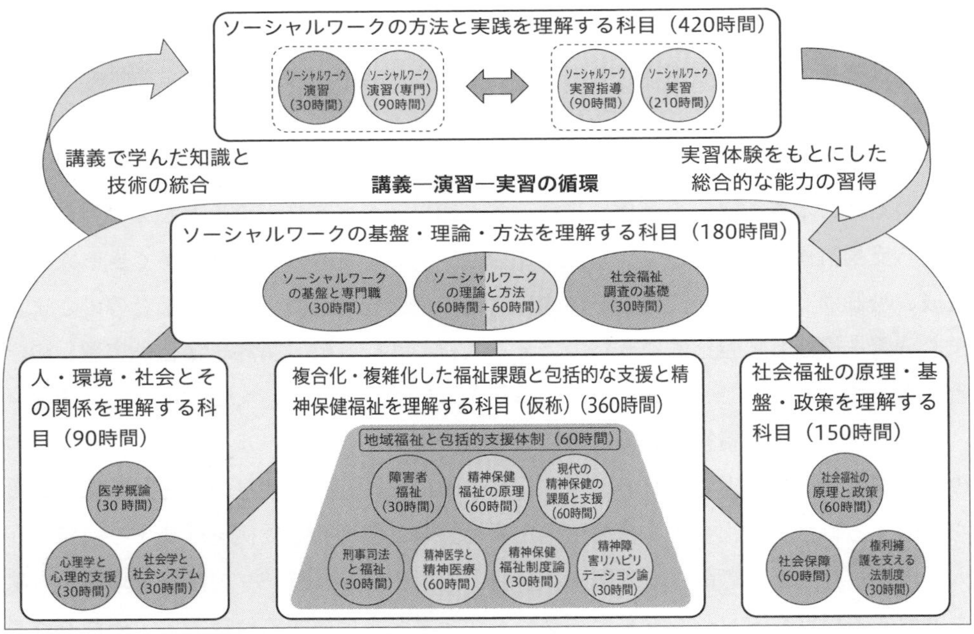

出典：厚生労働省「（別添）見直し後の社会福祉士養成課程の全体像」を参考に本連盟が作成

2020（令和２）年12月１日

一般社団法人日本ソーシャルワーク教育学校連盟
会長　白澤政和

はじめに

近年、わが国の精神保健福祉に係るソーシャルワークでは、その対象となる人々と地域の保健と福祉の課題およびニーズの多様化、複雑化が進んでいる。障害者の雇用の拡大や働き方の多様化、スクールソーシャルワーカーの配置の拡大、犯罪や非行をした人々の司法福祉の推進、各種依存症対策の整備など、地域共生社会の実現に向けた施策の進行は、地域社会に潜在し、社会的復権、人生の回復、新たな生活の確立などに、精神保健福祉士の支援を必要とする人々の存在とその福祉ニーズへの気づきを促している。

他方、少子高齢化の進行に加え、近年多発する自然災害や新型コロナウイルス感染症（COVID-19）の拡大などに伴う、社会・経済システム、保健医療福祉システムの変化は、多くの人々に生活環境の急激な変化、先行きの見えない不安、経済的な困窮、孤立などのかつてない困難をもたらしている。さらに、地域社会において住民間の軋轢、分断、偏見、差別、権利侵害などを助長し、人々の生活に新たな困難を生起させている。

こうした新たな生活課題や地域社会の福祉課題は、年齢、社会階層、精神障害の有無などを問わず、人々の心の安寧を乱し、ストレスを増幅させている。そして、国民に対して、精神保健福祉の課題が国民一人ひとりの生活課題であり、地域社会に共通かつ普遍的な課題であることの理解を増進させている。

このように、精神保健福祉士の対象となる人々と地域の状況が刻々と変化するなか、2019 年６月には「精神保健福祉士の養成の在り方に関する検討会」が、拡大する役割に的確に対応できる精神保健福祉士の養成に向けた検討内容を報告した。また、これを受けて 2020 年３月には、「精神保健福祉士法施行規則等の一部を改正する省令」（令和２年厚生労働省令第 28 号）、「精神障害者の保健及び福祉に関する科目を定める省令の一部を改正する省令」（令和２年文部科学省・厚生労働省令第２号）が施行された。

以上の背景により、本科目の教育内容は、次のことをねらい（目標）としている。

1．精神障害および精神保健福祉の課題に対するソーシャルワークの過程を理解すること
2．精神障害および精神保健福祉の課題をもつ人と家族の関係を理解し、家族への支援方法を理解すること

3．精神医療、精神障害者福祉における多職種連携・多機関連携の方法と精神保健福祉士の役割について理解すること
4．精神保健福祉士と所属機関の関係を踏まえ、組織運営管理、組織介入・組織活動の展開に関する概念と方法について理解すること
5．個別支援からソーシャルアクションへの実践展開をミクロ・メゾ・マクロの連続性・重層性を踏まえて理解すること
6．精神保健福祉分野以外における精神保健福祉士の実践展開を理解すること

本養成講座は、上記の修学目標を受講生が主体的に、かつ高い次元で達成できるよう、側注を活用して用語解説の充実を図るとともに、アクティブ・ラーニングを展開するための課題を提示した。ただし、本科目における目標を実践レベルで具現化するためには、本書の内容と他の指定科目に係る養成講座の内容を横断的、俯瞰的に把握し、知識の統合を図る必要がある。

さらに、人々と社会の精神保健福祉に係る課題が刻々と変化する今日的な状況において、精神保健福祉士は、その課題解決のための実践知と支援システムを創造する取り組みが求められる。その展開には、本養成講座によって習得した専門性を基盤としつつも、自らの専門分野に固執せず、他の保健医療福祉専門職、異業種の専門家、障害当事者や地域住民との連携、協働を推進し、その人々が固有にもつ「知」への理解を深め、学際的な視座を涵養することが不可欠である。そのうえで、既存の実践知と支援システムの対象、効果、問題、限界などをその人々との協働によって評価し、課題を抽出し、その課題達成に資する理論やモデルを生成し、実践へとフィードバックするための循環を創り出すことが肝要である。つまり、精神保健福祉士には、実践と理論の循環を創出し、それを発展させるための機会、場、方法、システムを協働によって創造する志向性とその実現のための高度な専門性およびその専門性を更新し続ける弛まぬ努力が求められる。

こうした精神保健福祉士の志向性と専門職スピリットに基づく創造的な「知」により、本書の内容が更新され、磨かれていくことを願ってやまない。

編集委員一同

目次

第３章　精神保健福祉分野における家族支援の実際

第４章　コミュニティワーク

本書では学習の便宜を図ることを目的として、以下の項目を設けました。

- 学習のポイント……各節で学習するポイントを示しています。
- 重要語句……………学習上、特に重要と思われる語句を**色文字**で示しています。
- 用語解説……………専門用語や難解な用語・語句等に★を付けて側注で解説しています。
- 補足説明……………本文の記述に補足が必要な箇所にローマ数字（ⅰ、ⅱ、…）を付けて脚注で説明しています。
- Active Learning……学生の主体的な学び、対話的な学び、深い学びを促進することを目的に設けています。学習内容の次のステップとして活用できます。

第1章

精神保健福祉分野におけるソーシャルワークの概要

本章は、精神保健福祉分野におけるソーシャルワークについて、その概要を理解することを目的としている。精神保健福祉士は、精神障害者やその家族が生活していくうえで抱える課題や困難を軽減、解消し、類似の問題の発生予防に向けて真摯に実践を重ねていく。そのためには、ソーシャルワークとは何かを正しく理解しておくことが大切である。

まず、ソーシャルワークの構成要素について学ぶ（第１節）。ここでは原則、理念、視点、知識、技術を詳細に理解することが必要である。その上で、実践していく際のソーシャルワークの展開過程を学ぶ（第２節）。そして、ソーシャルワークの基本視点について学びを深めていく（第３節）。これらは他の分野にも共通するものであるが、精神保健福祉分野の視点から、理解を進めることが必要である。

第1節 ソーシャルワークの構成要素

学習のポイント

- 社会福祉とソーシャルワークの関係を理解する
- ソーシャルワークの構成要素である、価値、知識、方法を理解する

本節では、ソーシャルワークの構成要素を概観する。ソーシャルワークの構成要素は、「価値」「知識」「方法」として整理される。ソーシャルワーク専門職のグローバル定義においては、原則（principles）、知（knowledge）、実践（practice）として示されている[i]。以下、原則（原理、理念、視点）、知（知識）、実践（技術）に分けて説明する。

1 社会福祉とソーシャルワークの関係

ソーシャルワークの構成要素の前提である社会福祉とソーシャルワークの関係について整理する。ソーシャルワークは、**社会福祉制度**のなかで実施され、「制度・施策としての社会福祉を実効あるものとして具体化する実践活動である[1)]」とされている。

現在の社会システムにおいては、貧困、**社会的排除**★、格差、人間尊重の阻害等の問題がある。これらの問題への対処方法が社会福祉（social welfare）という制度であり、それらが実際に役立つための方法がソーシャルワーク（social work）である。

★社会的排除（social exclusion）
個人や集団が、何らかの原因により社会から排除されている状態のこと。原因として、貧困、失業、障害、人種差別などがある。

ソーシャルワークを実践するためには、社会福祉の制度や施策が整備されている必要がある。なお、現在整備されている制度や施策は完全ではないため、新たなニーズへの対応のために新しい制度をつくることが求められる。また、ソーシャルワークを実践し、フィードバックをして

i IFSW（International Federation of Social Workers）, *Global Definition of Social Work*, 2014. https://www.ifsw.org/what-is-social-work/global-definition-of-social-work/
2014年7月メルボルンにおける国際ソーシャルワーカー連盟（IFSW）総会および国際ソーシャルワーク学校連盟（IASSW）総会において定義を採択。日本語定義の作業は社会福祉専門職団体協議会と日本社会福祉教育学校連盟が協働で行った。2015年2月13日、IFSWとしては日本語訳、IASSWは公用語である日本語定義として決定した。

表1-1　原則、理念、視点、知識、技術の整理

原則	知	実践
原則	理念	技術
価値	視点	援助技術
倫理	知識	
原理	理論	

制度の改善・充実を図る。

2 ソーシャルワークの原則、理念、視点、知識、技術の整理

ソーシャルワーク専門職のグローバル定義によると、ソーシャルワークを構成する一つ目は、原則である。原則には、原理、理念、視点が含まれる。

ソーシャルワークが目指すべきことを**理念**、理念の実現のために求められることが**原則**（広義の原則、価値、倫理）であり、原則を具体化するために**原理**（中範囲の原則）がある。

ソーシャルワークを構成する二つ目は、知である。知とは理念、原理、原則に基づいて行われる**実践**とその実践を理論的に裏付ける**視点と知識（理論）**である。

ソーシャルワークを構成する三つ目は、実践である。これは、従来は技術あるいは援助技術といわれていた。

これらを整理すると、**表 1-1** のようになる。

3 原則（principles）

1 ソーシャルワークの定義・倫理綱領

❶ソーシャルワーク専門職のグローバル定義

ソーシャルワーク専門職のグローバル定義には、ソーシャルワークの大原則が示されている。

> ソーシャルワークの大原則
> 人間の内在的価値と尊厳の尊重、危害を加えないこと、多様性の尊重、人権と社会正義の支持である。

❷全米ソーシャルワーカー連盟（NASW）の倫理綱領

NASW★の倫理的原則[2)]は、ソーシャルワークのサービス（service）、社会正義（social justice）、尊厳と人の価値（dignity and worth of the person）、人間関係の重要性（importance of human relationships）、誠実性（integrity）、およびコンピテンス（competence：能力）をコアとなるソーシャルワークの価値としている。

ここでは、倫理綱領に挙げられている項目を使い、平易に説明する。

ソーシャルワーカーは、生活上の困ったことが社会的な文脈で起こると考え、困っている人を助けることを①**サービス**として提供する。また、困ったことが社会的不公正の結果起こると捉え、その不公正をなくすよう②**社会正義**の実現に取り組む。ソーシャルワークを行う際には、その人固有の③**人の尊厳と価値**を尊重する。また、社会における④**人間関係の重要性**を認識し、クライエントを尊重する。また、⑤**誠実性**を大切にするために信頼できる方法で行動する。さらに、クライエントの困っていることをクライエントとともに解決するためには、ソーシャルワーカー自らの⑥**コンピテンス★（能力）**の範囲内で実践し、専門的な専門知識を開発・強化する。

★NASW（National Association of Social Workers）
アメリカを代表するソーシャルワーカーの専門職団体。独自の倫理綱領を持ち、国際的なソーシャルワークに多大な影響を与えている。

★コンピテンス（competence）
能力・適正、向き不向きのこと。スキルの適合度合いを表す。これに対し、スキル（skill）は手腕・技量・技能のことであり、後天的に取得可能な技能である。

2 価値、倫理

ソーシャルワークの三つの価値前提[3)]は、以下のようなものである。

❶人間尊重

人間のもって生まれた価値であり、この「人間尊重」という価値は、そこから他のすべての価値が引き出される、中心的な道徳的価値である。

❷人間の社会性

人間はそれぞれに独自性をもった生きものであるが、その独自性を貫徹するのに、他者に依存する存在であるということを指している。

❸変化の可能性

人間の変化、成長および向上の可能性に対する信念から生じている。人は自分で考え、判断し、自分で選ぶことができるという考え方である。

Active Learning
公益社団法人日本精神保健福祉士協会が制定している「精神保健福祉士の倫理綱領」を調べてみましょう。そこには❶❷❸に関連することとして、どのようなことが定められているでしょうか。

4 知（knowledge）

1 理念

❶ノーマライゼーション

ノーマライゼーションとは、「ノーマライゼーションの原理とは、生活環境や彼らの地域生活が可能な限り通常のものと近いか、あるいは、まったく同じようになるように、生活様式や日常生活の状態を、すべての知的障害や他の障害をもっている人々に適した形で、正しく適用することを意味している[4)]」と定義づけられている。

また、ヴォルフェンスベルガー（Wolfensberger, W.）は、ノーマライゼーションの原理の定義を再構成し、「可能なかぎり文化的に通常である身体的な行動や特徴を維持したり、確立するために、可能なかぎり文化的に通常となっている手段を利用すること[5)]」とし、ソーシャルロールヴァロリゼーションを提唱した。

❷ソーシャルインクルージョン

インクルージョンは、「包含、包み込む」という意味である。また、「すべての人々を孤独や孤立，排除や摩擦から援護し，健康で文化的な生活の実現につなげるよう，社会の構成員として包み支え合う[6)]」こととされている。

❸インテグレーション

ノーマライゼーションの理念を具体化させる方法として、インテグレーションがある。インテグレーションは、「教育権の剥奪あるいは施設や特別学校への措置という形で障害児をセグリゲート（segregate：分離、隔離）するのではなく、他の児童とともに学習する機会を障害児にできるだけ提供する[7)]」ことである。この考えは、教育だけでなく地域社会でのインテグレーションに拡大されていった。

❹エンパワメント

社会的に不利な状況に置かれた人が、その問題状況を自ら改善するパワーを高め、主体的にその状況に働きかけること、あるいはその過程をいう[8)]。社会的に不利な状況とは、具体的には、スティグマ★を負った集団（人種、障害者、貧困家庭）のメンバーであるなどにより生じる不利な状況を指す。

❺ストレングス

ストレングスは、「強さ」「強み」と訳される。人は障害があっても潜

★スティグマ（stigma）
元は犯罪者や奴隷などの身体に入れた焼き印のこと。社会で排除すべき存在として、他と区別するために付けられる。障害・性質のほか人種などのラベルを貼ることで、正常との差異を負わされ差別につながる。

在的に「強さ」（ストレングス）をもっていると考える。

❻リカバリー

リカバリーとは、個人が自分の病気がない状態（ヘルス：health）と元気な状態（ウェルネス：wellness）を改善し、自主的な生活を送り、潜在能力を最大限に発揮する変化のプロセスである[9)]。

❼レジリエンス

レジリエンス（resilience）とは「回復力」「復元力」あるいは「弾力性」と訳される。精神保健福祉領域では、「逆境から素早く立ち直り、成長する能力[10)]」、あるいは「極度の不利な状況に直面しても、正常な平衡状態を維持することができる能力[11)]」といわれている。

2 視点

ソーシャルワークの視点として、ここではマルチシステミックアプローチ[12)]で挙げられている九つの視点を紹介する。

❶生態学システム（エコロジカルシステム）視点

生態学とシステム論がそれぞれ融合した視点である。システム論は、全体性（wholeness）、関連性（relationship）、恒常性（homeostasis）である。生態学システム視点とは、人と環境の相互作用に焦点を当て、そこに介入する方法を理解するための枠組みを提供する。

❷社会構築主義

社会構築主義は、多面的な環境のなかでの意味に焦点が当てられ、人が自らの意味世界のなかで自身をどのように定義するのかを重視する。

❸バイオサイコソーシャル視点

バイオサイコソーシャル視点は、人が環境にいかに適応していくかについて、人間の内的作用としての生物学的、心理学的さらにシステムの相互作用から説明する。

❹ストレングス／エンパワメント視点

ストレングス視点は、「問題に焦点を当てるよりむしろ、可能性に目を向けること」であり、「ストレングスに基づく専門援助者は人々の潜在的可能性や強さに拠点を置き支援する」としている。

エンパワメント視点は、社会的抑圧により無力化した個人や状況に対して、個人的、対人関係的、環境的および組織的、社会政治的という四つの次元に焦点を当て、社会的抑圧から解放することを目指す。

❺選択の力（power of choice）

選択は、自分の人生について十分な情報に基づき選択できることを認識することによって可能になる。専門職は、クライエントが変化を起こすための方法やメカニズムについて選択肢を提供する。

❻文化コンピテンスとしてのクライエントとの関係づくり

エンパワメントは、ストレングスを信じた、目的をもった対話によって可能になる。抑圧がどの程度あるのかを明らかにし、情報に基づいた選択をする権利を尊重するプロセスを通じて生まれる。

また、エンパワメントには、クライエントとのオープンで信頼できる専門的な援助関係が必要である。

❼抑圧の構造と歴史的システム

人種主義、性差別、同性愛、階級差別のような抑圧的な影響によって、虐待や差別が生じる。抑圧によって、人は自らを規定し、社会のなかでの位置づけが決まる。力をもつ者が世界観をつくり、善と悪、通常と異常を決める。そして、力のある者は無力な者に監禁、抑留、身体的・感情的・精神的な暴力を犯す。

❽文化

文化とは、世界に認識構造を与えるパターン化された価値、意味、そして信念のシステムである。そして、そのシステムは世代を越えて伝わり、人間の相互作用を調整して、コントロールするための基礎となる。

Active Learning

文化には、どのような定義があるでしょうか。いくつかの定義を調べてみたうえで、自分の考える文化の定義を考えてみましょう。

❾文化的コンピテンス

文化的に有効な能力という意味である。クライエントの所属する文化における価値や評価などがある。そして、文化を意識した関係づくりや困難への対応を踏まえた支援を行う必要がある。

3 知識・理論

❶ソーシャルワークの定義に示されている知識・理論

ソーシャルワークに関連する理念は、2000年のソーシャルワークの定義に示されている。

①　地方の土着の知識

ターナー（Turner, F. J.）は、『ソーシャルワーク・トリートメント』[13]において、先住民の理論として、北アメリカの先住民クリー族の教えを紹介している。

②　実証的研究に基づく知識体系

科学的方法論に基づいた研究に基づく知識体系のことである。

③　人と環境の相互作用に関する心理社会的要因に関する理論

人と環境の相互作用に関する理論、システム理論に基づくソーシャルワーク理論、心理学を活用した理論（認知行動療法、システム家族療法など）、ソーシャルネットワークに関する理論などがある。

④　個人、組織、社会、文化の変革に関する理論

個人の変化のためのセラピー★やカウンセリング、グループワーク、コミュニティワーク、政策立案や分析、アドボカシー★や政治的介入などに関する理論がある。

⑤　人間の発達と行動に関する理論

人間の発達と行動に関する理論としては、心理学、発達心理学、パーソナリティ理論、動機づけ理論★、行動理論などがある。

⑥　社会システムに関する理論

社会学、社会システム理論等がある。

❷その他の知識・理論

①　疾病に関する知識

精神保健福祉士が対象とする精神障害者が抱える精神疾患の特徴に合わせた支援が必要である。たとえば、統合失調症患者は、統合失調症によるさまざまな症状をもっており、それが原因となって認知や思考に影響が生じる。また、そのことが影響して対人関係におけるコミュニケーションの支障がある。

②　社会資源に関する知識

社会福祉は法律で規定されたさまざまな社会福祉サービスの利用が求められる。このため、精神障害者を対象とした社会資源についての知識を理解し、活用できるようにしておく必要がある。

★**セラピー（therapy）**
治療・療法のこと。精神的な問題を治療する場合にはサイコセラピー（psychotherapy）という。

★**アドボカシー（advocacy）**
権利擁護、代弁のこと。自己の権利を表明・主張することが困難な高齢者・障害者・児童などに代わり行う。個人を対象にしたケースアドボカシー、集団を対象にしたクラスアドボカシーに大別される。

★**動機づけ理論**
臨床心理学者のハーズバーグ（Herzberg, F.）によって提唱された行動科学理論の一つ。仕事の満足につながる要因には、仕事の不満を減らす衛生要因と、仕事の満足につながる動機づけ要因の二つがある。

5　実践（practice）

実践は、従来は技術・援助技術と呼ばれていた。主なものを紹介する。ソーシャルワーク実践では、**ミクロレベル**、**メゾレベル**、**マクロレベル**の三つに分類される。以下、それぞれについて説明する。

1　ミクロレベルの実践における援助技術

ミクロレベルとは、環境のなかでの人に焦点を当てた実践である。ミクロレベルでの実践においては、次のような援助技術が必要である。

❶コミュニケーション技法

一般的な、人との関係をつくるためのコミュニケーション技法である。

❷面接技法（マイクロカウンセリング）

個人との関係形成に必要不可欠で、最も基本的な技術である。

❸説明力、交渉力

自分の考えを整理し、わかりやすい言葉で相手に説明し、伝える力のことである。さらに、相手との関係のなかで、意見の食い違いなどがあった場合には、相手と交渉する力が求められる。

❹認知行動療法（CBT：cognitive behavior therapy）

SST（social skills training：社会生活技能訓練）を含む、認知行動療法を理解し、実際に行うことが求められる。

❺グループワークの技法

小グループの力を活用し、参加者の力を向上させる方法である。

❻記録する力

記録する力は、直接的な援助技術ではないが、ソーシャルワークを展開していくときに求められる。

2 メゾレベルの実践における援助技術

メゾレベルとは、個人に焦点を当てたミクロレベルと、制度・政策に焦点を当てたマクロレベルの**中間レベル**という意味である。組織内や人と人、人と組織のつながりに焦点が当てられる。

❶調整力・交渉力

組織内で意見を交換しまとめる力のことである。集団のなかで発言したり他者の意見を聞き理解する力である。また、他機関や多職種との間でのコミュニケーションを行う際に求められる。

❷ネットワーキング技法

多くの人とつながりをつくっていくために必要な技法である。

❸ケアマネジメント

ケアマネジメントでは、地域に点在するさまざまな社会資源を本人のニーズ充足のためにコーディネートする。社会資源の理解に加えて、**ケアパッケージ**をつくったり、支援計画を作成する技術である。

❹カンファレンス技法

さまざまなカンファレンスを企画、運営していくために必要な技法である。

❺アドボカシー技法

他者（多職種、他機関）との関係のなかで、精神障害者本人の思いや気持ちを代弁し、権利侵害の状況を改善するための技法である。

❻アドミニストレーション

施設などを、配分された予算を有効に活用し、運営していくための技法である。

❼社会調査（地域アセスメント技法）

精神障害者本人、家族などの声を集約するために、アンケートやインタビュー等の方法を使って調査するための技法である。

❽スーパービジョン、コンサルテーション

スーパービジョンとは、同じ職種において専門性を発揮するため行われる指導、助言、管理である。また、コンサルテーションとは、異なる職種間で行われる助言、指導のことである。

3 マクロレベルの実践における援助技術

> **Active Learning**
> ❶から❼のうち、一つを選び、精神保健福祉士が行う援助技術の実践例を調べてみましょう。それを、ほかの学生と共有しましょう。

❶地域開発

当該地域の特性に合わせて、目指す地域をつくるために求められる計画を立案、実行していく。

❷地域福祉（活動）計画

地域住民に対して、調査等で得た知見を基に話しあい、必要な計画をつくっていく。

❸政策立案

さまざまな意見を集約し、政策として立案する。行政機関との連携なども含まれる。

❹社会資源の開発

ニーズがあるにもかかわらず、ニーズ充足のために必要な社会資源がない場合には、新たに社会資源を開発する必要がある。

❺立法、審議会、懇話会、各種委員会など政策や制度に関与する会議への出席・参画

ニーズ充足のために必要な社会資源を開発したうえで、制度化してサービスとして使えるようにするためには、立法化が求められる。このために、行政や立法などに働きかける。

❻ソーシャルアクション

先に述べたアドボカシー技法に加え、社会に発信するための技法である。

❼ロビー活動

行政や議会等に働きかけ、調査等で明らかになったことが政策に反映されるように説明し理解を求めるものである。

ここでは、ミクロレベル、メゾレベル、マクロレベルに分けて技法をあげたが、実際のソーシャルワーク実践においては、状況判断をしつつ、必要な実践を行う必要がある。そのためには、まずは、それぞれの実践に必要な技術・援助技術を行いつつ、訓練や指導を受けて身につけていく必要がある。

◇引用文献

1）太田義弘編『ソーシャルワーク実践と支援過程の展開』中央法規出版，pp.11-12，1999.
2）NASW，*Ethical Principles*. https://www.socialworkers.org/about/ethics/code-of-ethics/code-of-ethics-english
3）Z. T. ブトゥリム，川田誉音訳『ソーシャルワークとは何か』川島書店，pp.53-66，1986.
4）B. ニィリエ，河東田博他訳『ノーマライゼーションの原理――普遍化と社会改革を求めて 増補改訂版』現代書館，p.21，2000.
5）W. ヴォルフェンスベルガー，中園康夫・清水貞夫編訳『ノーマリゼーション』学苑社，p.48，1982.
6）厚生省（現・厚生労働省）「社会的な援護を要する人々に対する社会福祉のあり方に関する検討会」報告書，2000.
7）同上，p.14
8）日本精神保健福祉士協会・日本精神保健福祉学会監『精神保健福祉用語辞典』中央法規出版，p.46，2004.
9）SAMHSA，*Recovery Support Tools and Resources*. https://www.samhsa.gov/brss-tacs/recovery-support-tools-resources
10）K. ライビッチ・A. シャテー，宇野カオリ訳『レジリエンスの教科書』草思社，2015.
11）岡野憲一郎『新 外傷性精神障害――トラウマ理論を越えて』岩崎学術出版，p.219，2009.
12）熊谷忠和・長崎和則・竹中麻由美編著『多面的視点からのソーシャルワークを考える――研究と実践をつなぐ新たな整理』晃洋書房，pp.3-15，2016.
13）F. J. ターナー編，米本秀仁監訳『ソーシャルワーク・トリートメント』中央法規出版，pp.29-60，1999.

◇参考文献

・石田祥代『スウェーデンのインテグレーションの展開に関する歴史的研究』風間書房，2003.

第2節
ソーシャルワークの展開過程

学習のポイント

- ソーシャルワークの展開過程を理解する
- ソーシャルワークの展開過程のそれぞれの内容を理解する

1 ソーシャルワークの背景

精神保健福祉分野におけるソーシャルワーク実践は、精神障害者が地域生活を送るうえで抱える困難を明らかにして、その困難を軽減、解消、回避することを目標に行われる。

ソーシャルワーク実践の視点の中心は、二つある。一つは、精神障害者本人と本人を取り巻くインフォーマルと呼ばれる環境としての家族、友人、職場の同僚や上司、近隣の人との関係を活用する対応である。そして、もう一つは、インフォーマルでは対応できない際に利用される精神障害者を対象としたフォーマルな精神保健福祉サービスの利用である。

さらに、精神障害者を取り巻く状況もソーシャルワーク実践に影響を与える。精神保健福祉分野での支援に関しては、入院医療から地域生活へという変化がある。しかし、精神障害への誤解や偏見、差別に伴う生活困難や長期にわたる入院による地域移行の困難さは依然としてある。

2 ソーシャルワークの展開過程

ソーシャルワークの過程とは、一般的には、❶ケース発見、❷エンゲージメント（インテーク）、❸アセスメント、❹プランニング、❺支援の実施、❻モニタリング、❼事後評価（エバリュエーション）、❽支援の終結、❾アフターケアの段階に分けられ、一連の流れで展開されていくと整理される（**図 1-1**）。

なお、ソーシャルワークは、ミクロレベル、メゾレベル、マクロレベルで行われるが、それぞれの展開過程において三つのレベルを意識して

図1-1 ソーシャルワークの展開過程

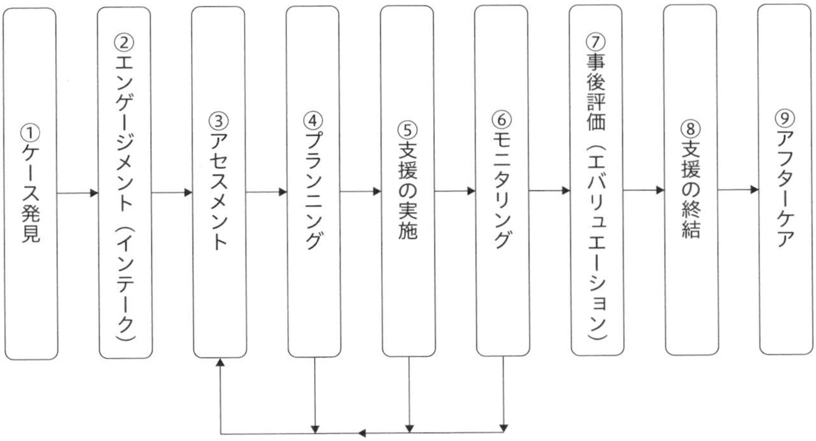

注：プランニングから事後評価までの段階では、その都度新しい情報によってアセスメント以降の段階が修正（再アセスメント）されていく。

実践を行う必要がある。ここでは、それぞれの展開過程について概説し、留意点について説明する。

1 ケース発見

❶ケース発見の意味

ケース発見とは、精神障害があることによって生活上の困難を抱える人（以下、精神障害者）に出会い、その人の困難を発見することをいう。したがって、ケースとは単に人のことを指すのではなく、環境のなかで困難を抱えている人と状況全体のことである。

❷ケース発見の特徴

ケースの発見には、大きく三つの特徴がある。一つめは、精神障害者自らは違和感や困難・苦労を抱えていても、精神障害であるとはなかなか自覚できないということである。二つめは、精神障害者が生活を送るうえで困難をもっていても、本人がそのことに気づいていないことも多いということである。さらに三つめは、困難を適切に表現すること（言語化）が難しいことである。これらは、精神疾患の特徴として、認知や思考などに障害があることによって生じている。そのため、精神保健福祉士は、精神疾患について理解しておくことが求められる。

本人が生活上の困難を伝えることができた場合、自分の体験を身近な他者（家族であることが多い）に伝えても、相手にうまく伝わっていないことがある。また、伝わらないことに加えて、理解してもらいにくいという特徴もある。それは、精神障害が目に見えにくいためにイメージしにくく、精神障害者の体験そのものを了解できにくいことが多いためである。

❸相談のルート（経路）

> **Active Learning**
> このほかには、どのような相談のルート（経路）があるでしょうか。調べてみましょう。それを、ほかの学生と共有しましょう。

上記のような特徴のため、精神障害者本人が主体的に困難を訴え、相談に行くことが難しいことがある。また、伝えたとしても周囲の人に理解してもらえないという経験から、相談することに対するハードルが高くなっていることも多い。

その結果、家族など周囲の人が精神障害者とどのように接すればよいのかわからず困っており、家族などから精神保健福祉士等の専門職に相談があることが多くなる。この場合、相談に来ている人も困りごとを抱えている人（クライエント）だと捉える必要がある。さらに、その相談者の先に、困難を抱えている精神障害者がいるという捉え方が求められる。

この他、大学等の教育機関や職場、近隣住民など、本人と日常生活でかかわりがある人からの相談という経路もある。

2 エンゲージメント（インテーク）

❶エンゲージメント（インテーク）の意味

クライエントを個人・家族（ミクロ）だけでなく、集団、組織、地域、制度（メゾ・マクロ）までを視野に入れて「共通」のものとして説明しようとする際に、主にケースワークで使われてきた「インテーク（intake）」では汎用性に欠けることから、1990年代以降に確立された「ジェネラリスト・ソーシャルワーク」においては、「インテーク」を含んだ、より拡大した概念として「エンゲージメント（engagement）」という用語が使われるようになってきた。

エンゲージメントの語源は、相手との関係や結びつきを深めることであり、相手との対等な関係性が求められる。

❷エンゲージメント（インテーク）のために必要な姿勢

精神保健福祉士は、クライエントとの信頼関係をつくるために、よい関係をつくり相談相手としてクライエントから選んでもらえるようにする必要がある。そして、そのような姿勢を示す結果として、援助あるいは支援の契約を口頭および書面を使って取り結ぶということになる。

3 アセスメント（assessment：事前評価）

❶アセスメントの意味

アセスメントとは、事前評価であり、詳しい困難の内容はまだわからない時点でおおよその状況判断（見立て）を行うという意味である。**図1-2** を見ると、アセスメントはソーシャルワークの展開過程のエンゲージメントの次に位置する。アセスメントでは、相手とのかかわりを通じて、話を聞くことによって精神障害者が抱える困難（困りごと）と環境に関する情報を得る。

❷アセスメントの内容

精神障害者とのかかわりを糸口にして、環境のなかで本人が抱える困難が少しずつわかってくる。しかし、かかわりは始まったばかりであり、その困難の詳細は不明である。

この段階で、ソーシャルワークの展開過程を見通し、精神障害者本人の困難を一定の理論的枠組みとこれまでのソーシャルワーク実践の経験から考え、困難に関する仮の見立て（事前評価）をする必要がある。もちろん、継続してかかわり、かかわりを通じてさらなる情報収集を行う。しかし、限定的な情報であっても、おおよそどのような支援が必要なのかに関する仮の見立てや、理論的枠組みに基づいて支援を進めていく必要がある。

アセスメントでは、大きく分けて精神障害者本人に関するアセスメントと、環境に関するアセスメントがある。

❸個人に関するアセスメント

精神障害者本人に関するアセスメントである。精神保健福祉士として

図1-2　SWOT分析の四つのマトリックス

	機会 opportunities	脅威 threats
強み strengths	強みを活かした 機会は何か	強みで脅威を 回避できるか
弱み weaknesses	弱みで事業機会を いかに得るか	脅威と弱みの組み合わせで 最悪の事態を回避できないか

は、精神障害者本人が感じる生活上の困難をキャッチし、困難がなぜ生じているのかについてのアセスメントを行う。基本的には、バイオ（生物的）、サイコ（心理的）、ソーシャル（社会的）の視点から見立てを行う。

❹環境に関するアセスメント

環境に関するアセスメントでは、本人を取り巻く環境についての状況把握と困難との相互関係等をアセスメントする。本人の置かれている状況を把握する際には、ファミリーマップ★、ジェノグラム★、エコマップ★などのツールを活用する。

また、環境に関するアセスメントでは、フィールドワーク／地域踏査を活用した地域アセスメント[1)]やSWOT分析★[2)]も活用し、組織や地域を四つ（強み：strengths、弱み：weaknesses、機会：opportunities、脅威：threats）のマトリックスで分析する（**図 1-2**）。

さらに、環境に関するアセスメントでは、障害者総合支援法に基づくサービスを提供する施設や医療機関と、そこで提供されるサービスについて理解しておくことが求められる。事業所に関しては、どのような種類のサービスを提供しているのか、そこにはどのような専門職がいるのか、どのようなプログラムが提供されているのかなどについてもアセスメントする必要がある。また、支援に活用できるさまざまな社会資源に関する情報も重要である。

❺アセスメントにおける留意点

アセスメントにおいては、本人主体であることが第一である。先に述べたように、精神障害者本人は自らの困難を主体的に相談してくることが難しいことがある。そのような場合であっても、精神障害者本人に会い、本人からの情報を元にアセスメントすることが重要となる。

また、アセスメントは専門職だけでなく、精神障害者とともに行うことが必要である。

4 プランニング（planning）

❶プランニングの意味

プランニングとは、アセスメント（見立て）に沿って、精神障害者に対して（とともに）、今後どのような支援を行うのかに関する計画を立てることである。

❷プランニングの内容

プランニングでは、本人の社会生活支援のために、どのような社会資

★ファミリーマップ（family map）
家族図ともいう。家族関係を記号で表したもの。家族のコミュニケーションや力関係、情緒的な結びつきを図示して捉えることができる。

★ジェノグラム（genogram）
Gen-o-Gramであり、Genはgeneration（世代）とgene（遺伝子）の双方を意味し、Gramはdiagram（図解）の意味である。世代関係図と訳され、三世代以上の拡大家族の関係を表したものをいう。

★エコマップ（eco-map）
社会関係地図、あるいは生態地図と称され、福祉、医療、心理などの専門的な対人援助活動における面接のためのツールとして考案された。A. ハートマンが始めた。

★SWOT分析
元々は経営学の分野での組織分析のために開発されたものである。これが、社会福祉の組織や地域の分析に応用されている。

源（サービス）を利用するのかに関する計画を立てることになる。多くの場合、さまざまなサービスを組み合わせてサービスパッケージとして提供するのかを決める。このため多職種との協働やサービス利用のための共有が必要となる。

ソーシャルワークの展開過程のなかでは、相談を受け、話を聞くこともアセスメントに基づく計画である。小さな計画であるが、ソーシャルワークにおいては、このような小さなアセスメント⇒計画⇒支援の実施の積み重ねが重要となる。そして、積み重ねの結果として大きなプランニングを行う。

❸プランニングを行うときの留意点

プランニングを行うときには、いくつかの留意点がある。まずは、できるだけ精神障害者本人と一緒にプランニングを行うことが重要である。何らかの理由で一緒にプランニングができない場合には、精神保健福祉士がプランニングしたものを精神障害者に説明し、本人が主体的に選べるようにすることが求められる。

次に、プランニングを行う際に、その前提として、社会資源の理解がないとプランニングはできない。そのため、精神障害者が利用する社会資源を理解して、選べるように準備する必要がある。選ぶためには、精神障害者が見学したり、その社会資源を利用している人の意見や感想を聞いたり、体験利用をしてみるなどの配慮が求められる。あくまでも、サービスを利用するのは精神障害者であり、本人が納得することが重要である。

5 支援の実施

❶支援という用語

従来は治療（treatment）や介入（intervention）という用語が主に使われていたが、本人主体を反映して、現在では支援という言葉が用いられるようになっている。このほか、主体を利用する人として、サービス利用という言葉が使われることもある。

❷支援の種類

支援には、個人への支援と環境への支援の二つがある。個人への支援は、個別の対応（面接や相談、プログラム利用など）のほか、グループで行う活動やグループワークへの参加がある。

環境への支援としては、家族を対象とした面接やグループで行う家族への心理教育プログラムがある。また、多職種へのコンサルテーション、就労先の同僚や上司、その他近隣住民への個別およびグループでの支援がある。さらに、環境への支援としては、会議への参加、他者や他機関、地域住民との交渉がある。そして、このほかに、ソーシャルアクション、アドボカシーなどの活動もある。

6 モニタリング（monitoring）

❶モニタリングの意味

モニタリングとは、状態を監視することや、状態を把握するために観測や測定を行うことである。さらに、提供するサービスについての利用者本人の感想や評価を調べることも含まれ、精神障害者と協働することも重要である。

ソーシャルワークにおいては、サービスの利用状況をチェックし、プランニングどおりにサービス利用が行われているかどうかを確認することである。なお、モニタリングは定期的（６か月ごとなど）に行うことが望ましい。

❷モニタリングの特徴

モニタリングには、実際的に三つの視点が重要となる。一つは、専門職として、計画どおり（量・質や内容）に提供されているかどうかを確認するという視点である。二つめは、サービス利用者である精神障害者の視点で計画していた（予想していた）サービス（量・質や内容）が提供されているかを確認するという視点である。そして、三つめは、精神障害者自身ではなく、環境である家族、就職先の同僚や上司、その他関係機関を対象とした確認も重要となる。

7 事後評価（evaluation）

支援が終結した際に、実施した支援について評価する必要がある。なお、その際には、一連のソーシャルワークの展開過程全体に関する事後評価が求められる。例示すると、次のようなことである。

❶ケース発見

・ケース発見は適切であったか。
・精神障害者本人だけでなく、周囲の人への対応は適切であったか。
・当事者主体などのソーシャルワークの倫理綱領に沿っていたか。

❷エンゲージメント（インテーク）

・関係づくりは適切であったか。
・本人を尊重できていたか。

❸アセスメント

・本人と協力してアセスメントできたか。
・プライバシー保護は適切だったか。
・周囲の人へのプライバシー保護はできていたか。
・環境アセスメントはできていたか。
・アセスメント時に、複数の方法を活用したか。

❹プランニング

・本人と協働でプランニングを行ったか。
・プランニングを多職種と共有できていたか。共有の方法は適切であったか。

❺支援の実施

・支援は適切に行えたか。
・本人だけでなく、環境への支援はできていたか（時期、方法など）。

❻モニタリング

・モニタリングは定期的に実施したか。
・他の精神保健福祉士や専門職と一緒にモニタリングできたか。
・量・質に関するモニタリングを実施したか。
・精神障害者と協働でモニタリングできたか。
・支援提供者とのモニタリングはできていたか。

❼終結

・終結は適切であったか。
・目標は達成できたか。
・拒否、辞退の場合、その理由は何か。
・拒否、辞退は避けられなかったのか。

8 支援の終結

❶支援の終結の意味

支援の終結とは、計画していた支援が終了することである。ここまでのプロセスを踏まえ、本人の意向を確認したうえで終結を行う。

Active Learning
支援の終結には、どのような意味があるでしょうか。考えてみましょう。それを、ほかの学生と共有しましょう。

❷終結の種類

支援の終結には、大きく分けて二つの種類がある。

①　想定していた目標が達成できたとき

たとえば、就労することが支援の目標だった場合に、就労ができるようになったときに行う。また、その後に定着（継続）のための支援を行い、一定期間（３か月や６か月）が過ぎたときなどに行うことが考えられる。

② **何らかの理由で支援ができなくなったとき**

・本人の死亡、転居など
・本人の支援の拒否、辞退など
・環境要因による支援の中断、終了など
・環境要因としては、サービスの変更・中止、担当者の退職・転勤など

があるる。

9 アフターケア

❶アフターケアの意味

アフターケアとは、支援が終結した後に行う、必要に応じたケアのことをいう。

❷アフターケアの特徴

支援が終了しても、精神障害者との関係が完全になくなるわけではない。多くの場合は、地域で生活を継続するため、支援も必要に応じて行われる。しかし、目標が達成され、支援関係がなくなることもある。そのような場合であっても、必要であれば連絡してもらってもよい旨を伝え、対応をする必要が出た場合にはケアを開始することもある。

◇**引用文献**

1）小平隆雄「地域活動情報の意義と把握方法――地区社会福祉協議会における実践事例を通して」『田園調布学園大学紀要』第７号，pp.131–148，2012.
2）田中英樹「CSWにおける進行管理と評価――SWOT分析とBSC活用を中心に（特集 コミュニティソーシャルワークにおけるモニタリングとエバリュエーション）」『コミュニティソーシャルワーク』第７号，日本地域福祉研究所，pp.5–19，2011.

◇**参考文献**

・早樫一男編著『対人援助職のためのジェノグラム入門――家族理解と相談援助に役立つツールの活かし方』中央法規出版，2016.
・M. マクゴールドリック・R. ガーソン・S. シェレンバーガー，石川元・佐野祐華・劉イーリン訳『ジェノグラム（家系図）の臨床――家族関係の歴史に基づくアセスメントと介入』ミネルヴァ書房，2009.

第3節 精神保健福祉分野のソーシャルワークの基本視点

学習のポイント

- 基本的視点である、人―環境実践について理解する
- 精神障害者とその家族の置かれている状況を理解し、その状況に合った支援について理解する

1 人と環境の相互作用

1 人―環境の実践の定義

ソーシャルワークの基本的な視点である人―環境の実践の定義[1)]は、次のようなものである。

・ストレスに満ちた生活状況に対応し、環境の課題に応え、環境資源を十分に活用できるように、能力を獲得したというクライエントの感覚を向上させること。

・多面的な考察をしながら個人的なソーシャルネットワークの動員を特に強調し、環境における活発なアセスメント、契約、介入によってこの目標を達成すること。

・集合的な活動によって社会的なエンパワメントを向上させるために、個別の関心事を関連づけること。

2 人―環境の実践の定義における三つの側面

人と環境とを包括的に把握する視点が「人―環境」視点である。「人―環境」視点に基づく三つの側面は次のとおりである。

❶課題を抱えている個人への働きかけだけでなく、環境や社会資源を活用することにも焦点を当てる。そして、生活を送る精神障害者が環境に働きかけ、環境との関係のなかで社会的な役割を果たすことを促進できるように実践を行う。

❷実践を行う際には、クライエント個人と環境の双方のアセスメントを行う。

❸人と環境の関係が、個人のニーズ充足のために役立つようにする。そのために、人と環境それぞれが機能するように人のエンパワメントと

環境のエンパワメントを促進する。

3 人―環境の実践の構成要素

人―環境の実践に示されている構成要素[2)]を踏まえて説明する。実践を行う際には、次に示すことを常に意識しておく必要がある。

実践においては、精神障害者と専門職を共通の基盤に置き協働関係を築き、チームで取り組む。精神障害者と専門職はパートナーであり、相互に尊重しあい信頼によって築かれた相互関係のなかで、心配ごとを話しあえるように雰囲気づくりをする。また、援助を与えることと受けることが双方向になっている。

アセスメントにおいては、精神障害者に起こっている間違ったこと（欠損）をみるのではなく、精神障害者の社会的な強みに目を向けることが重要である。そのため、精神障害者の回復力を信じ、リスク要因を弱め拡散し、精神障害者とその家族、小グループが困難な生活状況を克服するための要因と仕組みに注目する。

実践においては、精神障害者の潜在能力が最大限発揮できるような状況をつくり（最適化）、地域生活で自然に生まれる関係を活用する。そして、社会が精神障害者の生活を向上させることができるように、個人の問題解決を図ることが求められる。

実践では、専門職だけでなく個人、家族、小グループが、人と環境がどのようになっているかという意味を認識できるようにすることも重要である。さらに、精神障害者の置かれている状況をよくすることができるという希望を育成することを目指し、人と環境の双方の変化のためのパワーを重視して互いに耳を傾け気遣う。

4 人―環境の実践の特徴

環境アセスメントにおいては、クライエントの知覚された環境も大事だと考える。そして、精神障害者自身が、近い遠いにかかわりなく、環境から必要とする技能を獲得できるように援助し、その機能が活用できるように環境を変える。

人―環境の実践では、精神障害者が地域ですでにもっているソーシャルネットワークを重要と考える。そして、フォーマルおよびインフォーマルなサポートの両方を活用できるようにすることも重要である。また、具体的な援助、情報による援助、情緒的な援助、それぞれを等しく強調し、さまざまな援助を効果的に、等しく活用することも重要である。

また、人—環境の実践では、個人がもつ力を発揮するためのエンパワメントを重視する。これまで発言できなかった人が力を獲得し、生活上の自己決定に際して発言し力を出せるようにする。

実践では、精神障害者の環境の枠組みをより広いものにしていく。そして、援助の焦点と場所として、生活する地域にあるさまざまなインフォーマルな相互扶助グループ等も活用する。また、精神障害者がもつネットワークを活用できるようにするために、周囲の人との間のつながりを活かすようにする。

精神障害者と同様の経験をもつ仲間（ピア）の力も活用する。たとえば、人は変わることができると信じ、それを実現するために権利擁護を行う。精神障害者は、援助を受けるだけでなく、他の精神障害者やソーシャルワーカー等にどのような貢献ができるのかを考え、実際に精神障害者の力を発揮できるように、精神障害者自らがさまざまな活動に参加してフィードバックを行う。そして、精神障害者自身がデザインをして、活動を行い、評価する。

精神障害者の生活環境で、素早く実行されるアセスメントを行うことも重要である。そして、アセスメント情報の解釈を行い、実践にフィードバックする。さらに、クライエントが経験したように環境を理解し、実践を行うために活用する。

Active Learning

インフォーマルなサポートには、どのようなものがあるでしょうか。調べてみて、それをほかの学生と共有しましょう。

5 環境への介入

環境への介入としては、ヘップワース（Hepworth, D. H.）とラーセン（Larsen, J. A.）が示している項目[3)]を踏まえ、精神保健福祉の例を紹介する。

❶家族関係を強める

家族療法、家族支援と家族心理教育、家族のセルフヘルプグループ等を活用し、家族が機能するように維持と再統合を目指す。

❷家庭環境における補足的な資源

家族機能が有効になるために、ホームヘルプサービス、ショートステイ、レスパイトケア等を活用する。

❸サポートシステムを発展させ、強化する

家族のほか、友人や地域との関係などの自然発生的なサポートシステム、公的なサービス組織や施設などのフォーマルなサポートシステムを活用できるようにする。また、地域に根ざした援助者を見つけて活用する。

❹クライエントを違う環境に動かす

現在の環境内で生じている問題を解決するために、施設への入所を考えることがある。また、すでに施設を利用しているときには、利用施設を変える（デイケア、事業所の変更・中止）ことも重要である。

❺ケアマネジメントの活用

必要な社会資源をクライエントが活用できるようにするために、ケアマネジメントを活用する。

❻組織と施設の関係を強める

利用者のニーズ充足や希望の実現のために社会資源のネットワークの連携や調整を行い活用する。

❼施設環境を改善する

精神障害者が施設を活用できるようにするために、職員への訓練・研修を行うことも重要である。また、施設環境の改善やすでにあるプログラムの組み立てを考え直したりする。

❽クライエントにパワーを獲得させる

クライエントがさまざまな資源を利用したり参加することを促進する。また、資源を利用した際の意見などを表明できるようにサポートする。

❾新しい資源を開発する

利用者のニーズ充足を可能にするために、活動を組織化したり、可能となる計画やプログラムを開発する。

❿権利擁護とソーシャルアクションを用いる

クライエントの困難を解決するために、権利擁護のための活動を行う。具体的には、訴訟を起こす法的行動をしたり、権利擁護に関する知識を広めるために地域で教育活動を行ったり、法律制定に向けてのロビー活動を行う。

2 精神障害および精神保健の課題を有する人とその家族の置かれている状況

1 精神障害者とその家族の置かれている状況

精神障害者へのソーシャルワークでは、精神医学との関係もあり、精神障害をもつ個人にのみ焦点を当てる傾向が今でもある。しかし、ソーシャルワークでは、精神障害をもつ個人のみならず**環境との相互作用**に着目し、家族、小グループ、職場・学校、近隣の人々を視野に入れてきている。そのなかでも特に、精神障害者本人とのかかわりが強く、日常生活においても同居していることが多い家族は、精神障害者本人の状況と密接な関係がある。

2 家族の置かれている現状

❶家族の置かれている状況に関する調査と結果

全国精神保健福祉会連合会（みんなねっと）は、家族への調査を実施し、精神障害者の家族が直面してきた困難として、七つの特徴をまとめている[4)]。それらは、❶病状悪化時に必要な支援がない、❷困ったとき、いつでも相談でき、問題を解決してくれる場がない、❸本人の回復に向けた専門家による働きかけがなく家族まかせ、❹利用者中心の医療になっていない、❺多くの家族が情報を得られず困った経験をもつ、❻家族は身体的・精神的健康への不安を抱えている、❼家族は仕事をやめたり、経済的な負担をしている、である。

❷家族の提言

そして、これらを踏まえて、「わたしたち家族の７つの提言」を表明している。提言は、❶本人・家族のもとに届けられる訪問型の支援・治療サービスの実現、❷ 24 時間・365 日の相談支援体制の実現、❸本人の希望にそった個別支援体制の確立、❹利用者中心の医療の実現、❺家族に対して適切な情報提供がされること、❻家族自身の身体的・精神的健康の保障、❼家族自身の就労機会および経済的基盤の保障、である。

❸きょうだいの現状と支援

家族のなかでも、精神障害者本人のきょうだい（同胞（どうほう））は、親とは異なるニーズをもっている。

たとえば、きょうだいのなかにも、不本意な形でケアを担っている者、自発的に担っている者の大きく二つに分けることができるとしている。そして、前者は、きょうだいは親と比べて、役割拘束（個人が、社会的役割の不本意な担い手となっている状況、つまり役割に囚われた身となっていること）が有意に高いことがわかっている[5)]。

❹精神障害者の子どもの自助グループ

このほか、親が精神障害をもっている子どもの自助グループ活動がある。最初は、親が精神障害者だった人のうち成人した人が、語りを通じて支えあう活動から始まっている[i]。

i　民間団体であるが、たとえば、精神障害のある親をもつ子どもの会（こどもぴあ）、親＆子どものサポートを考える会などの活動が始まっている。

3 エビデンスに基づく支援

上記のような現状とニーズであるが、家族を対象とした支援はまだ普及していない。

現在では、精神障害者支援のなかでエビデンスがある方法として**家族心理教育**（FPE：family psycho-education）が注目されている[6)]。また、同様に心理教育プログラムを活用した、イギリスにおける家族支援プログラム[7)]を日本に普及させる動きがある。

Active Learning

エビデンスに基づく支援について、考えてみましょう。具体的な理論・原則を一つ選び（例：自己決定、守秘義務）、その理論に基づいて精神保健福祉士が支援をする際に、具体的にはどのような支援が考えられるでしょうか。

3 精神疾患、精神障害の特性を踏まえたソーシャルワークの留意点

1 精神疾患、精神障害の特性

ソーシャルワークでは、さまざまな困難を抱えた人を対象に実践を行う。そのため、精神障害者を対象としたソーシャルワークを行うには、精神疾患、精神障害の特性を理解し、その特性を踏まえたソーシャルワーク実践が求められる。特性については、大きく四つの特徴がある。それぞれについて、説明する。

❶精神疾患、精神障害がわかりにくい

精神疾患には、さまざまな種類があるが、それぞれ目に見えないという特徴がある。そのために疾患や障害そのものが理解されにくく、さらに精神障害者当事者の生活上の困難の理解もされにくい。

また、生得的な障害として発達障害[ii]（自閉症スペクトラム障害★）があり、その障害による生活上のストレスが原因となり、うつ病や統合失調症、その他の疾病の発症が起こっている。

★自閉症スペクトラム障害

スペクトラム（spectrum）とは連続体の意味。コミュニケーションや言語に関する症状は明瞭に区別することが難しいという特徴がある。そのため、さまざまな状態を虹の色のような連続体（スペクトラム）として捉える。

❷疾患と障害を併せもつ

精神障害の特性として、精神疾患と精神障害を併せもつことが挙げられる。これは疾患と障害を明確に区別することは難しく、病状が障害に影響するということである。また、精神障害について正しく理解されないことで偏見や差別などの社会的障壁が生じ、生活上の困難につながったり日常生活に支障が出てしまう。

❸障害がゆれ動く

---

ii　発達障害については、ICD-10やDSM-5の改訂に伴い、従来広汎性発達障害のなかに含まれていた自閉性障害、アスペルガー症候群等と呼ばれていたものが、自閉症スペクトラム障害（ASD：Autism Spectrum Disorder）に再定義されている。また、この変化に伴いスペクトラムとして理解する必要もあり、障害とは分類できないAS（Autism Spectrum）という理解をすることも提案されている。

現在受け入れられている「脆弱性―ストレスモデル」によると、精神障害は、本人がもつ脆弱性に加えて、社会生活上のストレスが加味されることで発症する。このため、治療によって症状が軽減、安定しても、生活場面でのストレスが生じると、それが影響して症状の悪化が起こってしまう。これが、「障害がゆれ動く」、安定しないということである。

病院の中では安定していても、地域などで精神疾患や精神障害に対する理解がない場合には、対人関係のなかでストレスを抱えてしまいやすい。また、周囲の人の配慮があっても、精神障害が影響して本人の受けとめ方に影響が生じ、障害がゆれ動くということも起こる。

❹誤解や偏見による差別

精神障害者本人の周囲の人、家族、友人、職場の同僚や上司、近隣の人などに精神疾患や精神障害を理解してもらえないということが起こりやすい。そして、誤解や偏見によって、不当に対応されてしまったり、差別や排除が起こってしまうことがある。

2 ソーシャルワークの留意点

上記のような特性があるため、精神疾患、精神障害の特性を踏まえたソーシャルワークを考える際にいくつかの留意点が挙げられる。

❶精神障害者の理解

精神障害者は、自らの障害によって本来もっているストレングスを発揮できずに苦しんでいる。精神疾患、精神障害を理解することで、適切なかかわりが可能になるので、これらを理解することが必要である。

❷精神障害者とかかわる人の理解

精神障害者とかかわる人も同様の困難を抱えている。家族をはじめとした周囲の人は、本当はかかわりたいが、どのように接すればよいのかがわからないことがある。わからないために、結果として不適切な対応になってしまうことが多く、精神障害者とうまくかかわれないために苦しい思いをして、困難を抱えている。そのことを理解することがソーシャルワーク実践の基礎となる。

❸適切な関係のモデリング

地域生活は多くの人がかかわるため、ともに生活をするなかで、タイムリーな支援が求められる。家族心理教育の方法を用い、個別・グループの力を活用し、適切なかかわりや関係構築ができるような取り組みが求められる。

本人主体はもちろんであるが、できるだけ日常生活場面で適切な関係が作れるように、アウトリーチによる支援とともに、日常生活場面でのモデリング★が行われる必要がある。

★モデリング（modeling）
カナダの心理学者バンデューラ（Bandura, A.）が提唱した考え方。自己効力感（自信）を生みだすためには、自分以外のうまくできている人をモデルにして観察することが重要であるとした。

❹本人主体、人権擁護

精神障害者は、その特性から、本人主体が阻害されたり、自己決定がうまくいかなかったりすることが多い。その結果、人権が侵害されてしまう。ソーシャルワークの価値にあるように、本人主体、人権擁護はソーシャルワークのコアである。

◇引用文献

1）S. P. ケンプ・J. K. ウィタカー・E. M. トレーシー，横山穰・北島英治・久保美紀・湯浅典人・石河久美子訳，『人 ── 環境のソーシャルワーク実践 ── 対人援助の社会生態学』川島書店，pp.2–3，2000.

2）同上，pp.4–6

3）同上，p.146

4）全国精神保健福祉会連合会，平成21年度家族支援に関する調査研究プロジェクト検討委員会「精神障害者の自立した地域生活を推進し家族が安心して生活できるようにするための効果的な家族支援等の在り方に関する調査研究」報告書，2010.

5）南山浩二「精神障害者のコミュニティケアにおいてきょうだい世代が果たしうる役割──「役割拘束」を鍵概念としての一考察」『社会福祉学』第１号，pp.234–251，1999.

6）アメリカ連邦保健省薬物依存精神保健サービス部（SAMHSA）編，日本精神障害者リハビリテーション学会・日本心理・家庭教室ネットワーク監訳『アメリカ連邦政府EBP実施・普及ツールキットシリーズ　第３巻　FPE・家族心理教育』NPO法人地域精神保健福祉機構（コンボ），2009.

7）「特集 メリデン版訪問家族支援に注目！ 本人と家族をまるごと支援すると、こんな変化が生まれます」『訪問看護と介護』11月号，医学書院，2018.

第4節 ミクロ・メゾ・マクロレベルにおけるソーシャルワークの展開

学習のポイント

- ソーシャルワークにおけるミクロ・メゾ・マクロレベルの内容を理解する
- 精神保健福祉士によるミクロ・メゾ・マクロ実践の内容を理解する

1 ソーシャルワーク支援におけるミクロ・メゾ・マクロレベル

ソーシャルワークは、ユニークな視野や視点をもった「**支援科学**[i]」であり、利用者の課題解決に向けた実践過程の展開といえる。そのユニークな視野・視点の一つとして、ソーシャルワークがもっている包括・統合的な特性が挙げられよう。ソーシャルワーカーの目の前に現れる多くは、何らかの課題を抱えた生活者であるが、抱えた生活課題を適切に把握・理解し、解決に向けた支援活動を展開するには、複雑多様な実状をさまざまな要素・要因からトータルに捉え、それらの相互関連性を探り出す必要がある。このことがソーシャルワークの特性の一つである「**包括・統合性**」といえる。その際、対象や関係、要素や要因をどのような視角や視点、内容や圏域から捉えるのか、それが本節において理解すべき要点である**ミクロ**[ii]（micro）、**メゾ**（mezzo）、**マクロ**（macro）といったレベルや領域のことである。

図1-3は、ソーシャルワークの実践領域、つまりソーシャルワークが対象としている内容や要素を、それぞれのレベルに付置させたものである。それらはおおむね、対象サイズの大小によって、最も左側の「個人」から最も右側の「国際社会」まで、実に多くのものが並んでいる。

ところで、ミクロとは、「極端に小さい」や「顕微鏡でしか見えない」ことを表現する形容詞、あるいは「マイクロコンピュータ（microcomputer）」や「マイクロバス（microbus）」等に使用されているように、「小型の……」や「微小な……」を意味する名詞や形容詞

i 「勘と経験」をよりどころとした実践、制度利用を専ら勧める支援等、矮小化された理解を越えて、ソーシャルワークを論理性、客観性、普遍性をもった応用科学としての「支援科学」として捉えていくことが重要といえる。

ii 実際の発音からすれば「マイクロ」と表記するのが正しいように思われる。

図1–3　ソーシャルワークの実践領域（ミクロ・メゾ・マクロレベル）

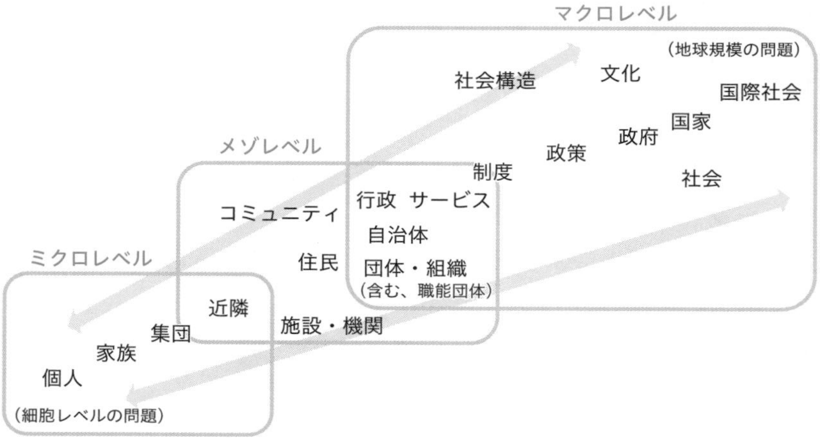

を作る接頭語である。

一方、マクロは、「大きい」や「大規模の」を表す形容詞であり、「マクロ経済学（macroeconomics）」や「拡大図（macrograph）」で用いられるように「巨大な」や「巨視的な」を意味する名詞や形容詞を作る接頭語である。もちろん、「マクロ」と「ミクロ」とは対語であり、「肉眼で見える」と「肉眼では見えない」の意味を持っている。実際に「ヒト」ということであれば、ミクロは「細胞レベル」ということになろうが、ソーシャルワークにおいて一般には、「その人」「個人」が起点となっている[iii]。

次に、メゾは、そもそもはイタリア語で「中間」や「中位」を意味しており、たとえば音楽において、「メゾソプラノ（mezzo-soprano）」は、「ソプラノ」と「コントラルト（contralto）」（女性の最低音域）の「中間」の音域を意味している。ここでは、ミクロとマクロの中間に位置し、双方を架橋し交互作用を促すレベルを指していると理解できよう。

そこで、**図1–3**に目を戻してみると、ミクロレベルを「近隣」までとしているものの、「集団」や「近隣」が場合によっては、メゾレベルに含まれる対象として捉えられる場合もある。そのメゾレベルには、「住民」と形成されている「コミュニティ」、また、ミクロレベルの対象が関係する「施設・機関」や「団体・組織」が位置づき、「自治体」や「行

iii　北アメリカ等では「神経細胞」や「神経科学」について言及したソーシャルワークに関する書物もみられることから、**図1–3**ではミクロレベルの最も左にかっこ書きで（細胞レベルの問題）を示した。同様に、人々の生活に大きな影響をもたらしているという観点から、マクロレベルの最も右側に、かっこ書きで（地球規模の問題）を示している。「地球温暖化」といった問題は、最も代表的なものであろう。

政」、各種の「サービス」や「制度」については、マクロレベルとの重なりのなかで理解することが重要となろう。さらに、枠組みの大きな「政策」やそれを決定する「政府」「国家」、全体を取り囲み影響を与える「社会」や「文化」「社会構造」、そして「国際社会」をマクロレベルの対象や要素として考えることができる。そのうえで、ミクロからメゾ、そしてマクロに至る各レベルとその内容は、関係し合い、影響をおよぼし、交互作用関係にあることに注意深くならなければならない。

「生態学理論」や「一般システム理論」といった基礎・基盤となる理論、「ストレングス」や「エンパワメント」といった視座や方法、「バイオサイコソーシャル」という人間の行動と取り巻く環境を理解しようとする視点やアプローチと同様に、「ミクロ・メゾ・マクロ」のレベルから、総合的に、包括・統合的に支援対象や内容を理解しようとする接近の仕方は、ソーシャルワークの支援展開にとって不可欠であり、要といえる。

図1-4 は、支援対象であるクライエントと取り巻く環境を「クライエントシステム★」として総合的に把握・理解するために、「ミクロ・メゾ・マクロ」の各領域から整理しようとしたものである。ミクロ、ここでは

★クライエントシステム
ソーシャルワーカーが支援を展開し、サービスを提供する際、クライエント（利用者、対象者）を個人の視点からのみ捉えるのではなく、関係するさまざまな環境側面を含めた体系（システム）として捉えたもの。

図1-4　ミクロ・メゾ・マクロレベル：クライエントシステムを整理する手法（Rogers，2019：28）

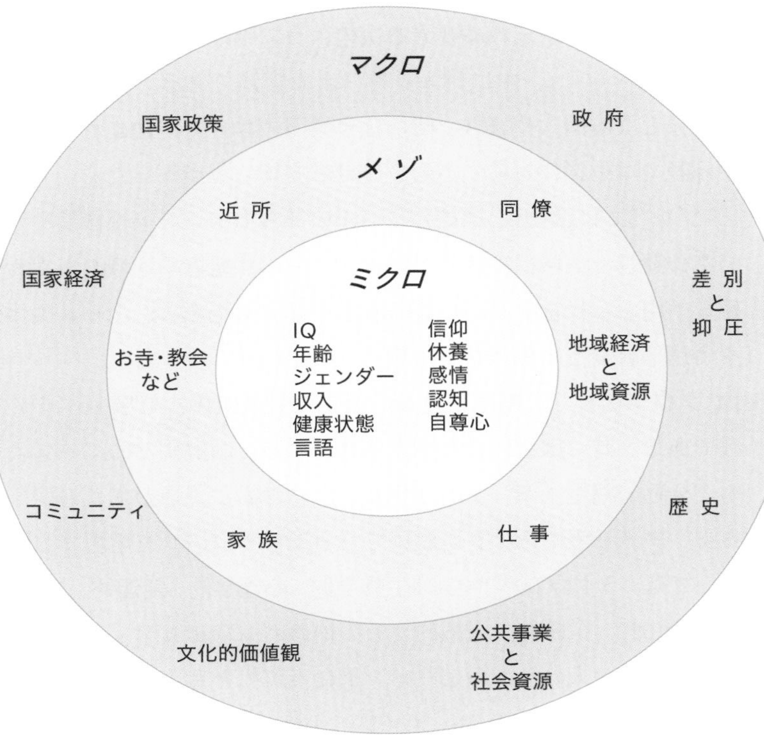

Active Learning

図1-4をよく見て、クライエントを取り巻く環境のなかのメゾ領域について、自分の住むまちにある「場」を挙げてみましょう。また、他の学生の挙げた「場」を共有し、それぞれ似たもの、違うものを整理し、自分の住むまちのメゾ領域の特徴を考えてみましょう。

クライエント個人を特徴づける年齢やジェンダー、健康状態、信仰や自尊心等々の内容を位置づけ、それを取り巻くメゾ領域には、家族や近所、仕事やお寺・教会に該当する「場」等の要素が、さらにマクロ領域は、政府や国家政策、差別・抑圧の状況や文化的価値観といった項目から編成されていることがわかる。

なお、ミクロ、メゾ、マクロをめぐっては、ミクロを例に挙げれば、「ミクロレベル」や「ミクロ領域」、「ミクロ実践」や「ミクロ・ソーシャルワーク」等、さまざまな用語が登場する。また、それぞれのレベルがどのような内容で構成され、境界線がどのように認識されているかについても、識者により多少の異なりがみられることは付記しておきたい。たとえば、渡部律子は、ソーシャルワークの仕事、実践の観点から、次のように述べている。

「個人やグループや地域を対象とし、直接的に援助を行っていく領域は、ミクロ実践と呼ばれており（臨床ソーシャルワークとも呼ばれる）、メゾというのはソーシャルワークのプログラムをデザインしたり、予算配分をしたり、組織内での仕事のマネジメントをしたりする領域を指している。マクロと呼ばれる領域は、行政や制度を指している[1]。」

また、木戸宜子は、ジェネラリスト・ソーシャルワークの視点から、それぞれのレベルに含まれる要素を次のように整理している[2]。

・「ミクロレベルは、主に対人支援による実践である。対人支援活動の対象となる個人や家族、時には小集団のニーズが含まれる。人々が課題やニーズに対応する力をつける支援に焦点があたる。」

・「メゾレベルは、組織と地域のレベルの実践である。福祉機関やサービスの運営、地域福祉活動などが含まれる。組織や地域のもてる資源を活用し、福祉やサービスの水準を高めるために、ニーズの集約や合意形成などに焦点があたる。」

・「マクロレベルは、制度や政策の策定や計画実施など国レベルの実践である。時には世界的な動きも含まれる。国民個々のニーズよりも、全体の福祉水準、ナショナル・ミニマムに焦点があたる。」

さらに、アメリカやカナダにおいてソーシャルワークを学習する際のテキストでは、ミクロレベルを、「生物学的、心理学的、発達的、信仰的、感情的、認知的、余暇的、金銭的、その他のパーソナリティや個人の機能側面など、その人のウェルビーイングに不可欠と考えられる個人の側面を取り込んだ概念化」とし、メゾレベルは、「人の身近な環境の要素で構成される概念化」と示され、それには「家族、友人、同僚、近所、仕事、環境、教会、地域経済、地域の資源やサービス、交通機関」などが該当すると解説されている。また、マクロレベルを、「政府、差別、抑圧、社会政策、経済状況、社会的価値観、歴史的事象など、個人に影響を与える可能性のある大きな社会システムを含んだ概念化」と説明している[3)]。

加えて、Hick と Stokes は、ミクロ・ソーシャルワークを「個人と家族を対象とした直接的実践」、メゾソーシャルワークを「グループやコミュニティを相手にしたソーシャルワーク」、そしてマクロソーシャルワークを「組織や地域社会と協力して、一般社会における法律や政策の改善や変革」を行うものと記している[4)]。

いずれにしても、一つの照準に拘泥することのないミクロ・メゾ・マクロに至る「包括・統合的」視点が、ソーシャルワークがもっている一大特性といえるであろう。

2 精神保健福祉士の業務とミクロ・メゾ・マクロ実践

前項では、ソーシャルワーク支援におけるミクロ・メゾ・マクロというレベルや領域について解説を行ってきた。本項では、精神保健福祉士による支援活動、あるいは「メンタルヘルス（精神保健）ソーシャルワーク★」でのミクロ・メゾ・マクロのレベルや領域での実践について理解を深めたい。

日本精神保健福祉士協会による『精神保健福祉士業務指針 第３版』(2020) によれば、精神保健福祉士による業務は、「精神保健福祉にかかわる諸問題に対して（場面・状況）、ソーシャルワークの目的を達成するために（価値・理念・視点）、適切かつ有効な方法を用いて働きかける（機能・技術）精神保健福祉士の具体的行為・表現内容（行為）[5)]」と定義されている。そのうえで、「組織活動や地域活動を行っている場面でも、一人ひとりの利用者ニーズを想定し、そのニーズの充足に向かう活動であるかを常に確認する必要」があり、また、「一人の利用者と向き合っている場面でも、利用者を取り巻く環境である機関のサービス内容や地域の実情、社会システムを検証し問い直す姿勢が求められている[6)]」。

以上は、精神保健福祉士による業務が、ミクロ・メゾ・マクロのレベ

★メンタルヘルス（精神保健）ソーシャルワーク
精神障害者の社会生活支援や人々の精神的健康の回復・維持・向上、またメンタルヘルスの悪化を招いたり、精神疾患のリスクを高めたりする環境側面の改善や社会構造の変革を目標にした包括的ソーシャルワーク。

Active Learning

図1-5をよく見てください。この図を、自分なりに説明してみましょう。

図1-5　精神保健福祉士の業務特性

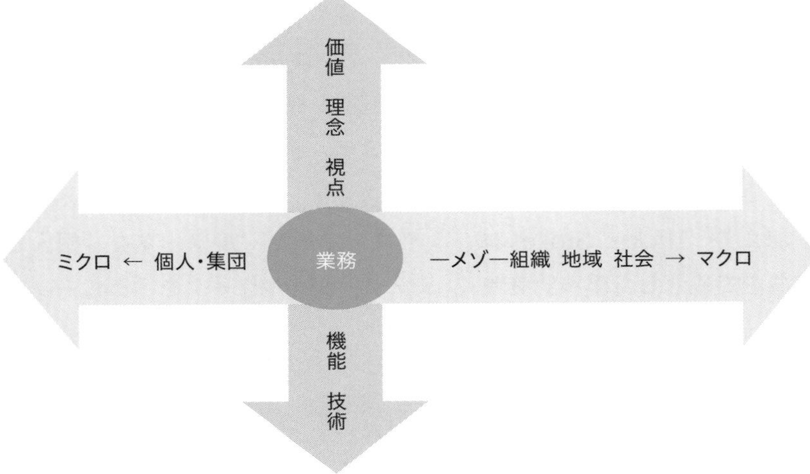

出典：日本精神保健福祉士協会「精神保健福祉士業務指針」委員会編著『精神保健福祉士業務指針 第３版』日本精神保健福祉士協会，p.20，2020．を一部改変

ルや領域の連続性のなかで展開されていることを物語っている。

図 1-5 は、精神保健福祉士の業務が、「『価値 - 理念 - 視点 - 業務 - 機能 - 技術』それぞれをつなぐ縦軸と、『ミクロ - メゾ - マクロ』をつなぐ横軸とが交差するところに表れるものと位置づけることができる[7]」ことを明示したものである。

たとえば、就労支援事業所（以下、事業所）に勤務する精神保健福祉士の業務を想定してみよう。ここでは、ミクロ・メゾ・マクロレベルでの実践を理解することを目的に単純化して考えることにしたい。精神保健福祉士は、事業所を利用する精神障害者（以下、利用者）の就労に対するニーズを最大限尊重し、利用者の目標が達成されるようさまざまなサービスやプログラムを提供する。これはミクロレベル・領域の実践に該当する。

それでは、メゾレベルの実践はどうであろうか。精神保健福祉士は、事業所内において就労支援のサービス内容を評価し、同僚と協働しながら、サービスやプログラムを更新したり、新しい方法を導入したり、事業所の仕組みを見直したりするであろう。あるいは、利用者らの就職先となる企業を訪問し、精神障害者の就労の実情や内容を説明し理解を得たり、具体的に就職先として開拓したりするかもしれない。さらには、事業所が集う連絡協議会の場に参加し、地域における精神障害者の就労をめぐる課題の評価や、新しい就労資源の開発や地方自治体への申し入れを共同して実施するかもしれない。

これらは、メゾレベル・領域における実践活動である。その際、当該精神保健福祉士には、ミクロレベルでの実践、具体的な利用者らへの支援が念頭にあり、それらとのつながりを意識したうえでの、メゾレベル実践の展開となる。加えて、当然のことながらマクロレベルでの実践とのつながりを意識し、実践展開することになろう。

マクロ実践は、一人の精神保健福祉士では限界も多いが、国内外の就労支援や雇用促進、職業リハビリテーションの動向を把握したなかで、たとえば、「障害者の雇用の促進等に関する法律（障害者雇用促進法）」の課題点について整理し、厚生労働省に向けて課題解決のための要望文書を提出する働きかけを、日本精神保健福祉士協会を通じて行ったり、精神障害者の雇用を促進することに理解のある国会議員にロビー活動を実施したりすることが可能となろう。

このようなことは、精神科医療機関に勤務する精神保健福祉士による精神障害者の退院支援というミクロ実践を展開している場合にはどうなるであろうか、認知症を抱える父親のケアに当たっている家族への支援を行っている場合には、どのように展開できるか等を考えておく必要がある。

いずれにしても、精神保健福祉士が行う実践、それは「**メンタルヘルス（精神保健）ソーシャルワーク**[iv]」といってもよいのだが、ソーシャルワーカーとして、常にミクロ・メゾ・マクロのレベルでの対象や支援内容を想定し、かつ、レベル・領域間のつながり（リンク）を意識して実践に当たることは不可欠なことであるといえる。

◇引用文献

1）渡部律子「1章　ソーシャルワークの構成と過程」北島英治・副田あけみ・髙橋重宏・渡部律子編『ソーシャルワーク実践の基礎理論』有斐閣，pp.1–29，2002.

2）木戸宜子「第11章　ソーシャルワークの統合化とジェネラリスト・ソーシャルワーク」木村容子・小原眞知子編著『ソーシャルワーク論』ミネルヴァ書房，pp.175–192，2019.

3）Rogers, Anissa Taun, *Human Behavior in the Social Environment: Perspectives on Development and the Life Course*. Routledge.　I-13–I-14, 2019.

4）Hick, Steven & Stokes, Jackie, *Social Work in Canada: An introduction*, 4th ed. Thompson Educational Publishing, p.14, 2017.

5）日本精神保健福祉士協会「精神保健福祉士業務指針」委員会編著『精神保健福祉士業務指針 第3版』日本精神保健福祉士協会，p.20，2020.

6）同上，p.21

7）同上，p.21

iv　公益社団法人日本精神保健福祉士協会は、2020（令和2）年の第8回定時総会において、会の名称の英語表記および略称を、「Japanese Association of Psychiatric Social Workers」および「JAPSW」から、「Japanese Association of Mental Health Social Workers」および「JAMHSW」に変更することを決定した。

第2章

精神保健福祉分野におけるソーシャルワークの展開技法

精神保健福祉分野で働く精神保健福祉士が学ぶべき援助技法とは何だろうか。本章では、そもそも援助関係とは何かというところから始まり、基本的な技術と支援の展開過程を学ぶこととなる。また、精神保健福祉分野のソーシャルワークの具体的なイメージをもってもらうことを目的として、グループワーク、アウトリーチについて詳述しており、エコロジカルアプローチ、エンパワメントアプローチ、ケアマネジメントについては技法の具体的な展開を解説している。

知識として技法を学ぶだけではなく、実践と結びついた理解を深めてもらいたい。

第1節 援助関係の形成技法

学習のポイント

- 援助関係の性質、ならびに形成技法について理解する
- 援助者の態度について考える

1 援助関係

援助関係とは、「ある人を援助する際に生じる援助する者と援助される者との対人関係[1)]」、あるいは「援助という目的をもって、援助者とクライエントが作る人間関係[2)]」などと定義されている。

これらの定義から援助関係の性質を整理すると、援助関係とは、❶援助という目的があるときに、❷援助する者とされる者の間で築かれる、❸専門的・職業的関係ということができる。

1 援助関係の性質

❶援助という目的があるときの関係

援助関係とは、友人関係のような自然発生的な関係ではなく、意図的・人為的に結ばれる関係である。

この関係では、クライエントは、自分が困っていることを援助者に示す必要がある。しかし、援助者に自分の困りごとを話すことは恥ずかしいことであるとともに、困りごとの責任を問われるのではないかという不安を抱えることになる。援助者は、そうした不安を抱えた人が安心して語ることができるように**受容**などを用いて、自分が信頼に足ることを示し、意図的に**信頼関係**★（**ラポール**）を形成していく[3)]。

❷援助する者とされる者から成る関係

クライエントは、自分の力だけでは否定的な現状を変えられないため、援助を受ける状況になっている。援助者が、彼らの否定的な現状を変える方法を知る者であるとすれば、相対的に彼らより力をもつことになる[4)]。援助者が、こうした傾斜のある力関係に自覚的でなければ、**パターナリズム**★に陥り、彼らの主体性を蔑ろにする危険性が生じてしまう。

★信頼関係（ラポール）
援助者とクライエントとの間に形成される、対等性や公平性に基づく信頼関係。

★パターナリズム
父権主義や温情主義ともいわれる。援助者が、クライエントに自分で判断するための情報や機会を与えず、「クライエントのため」と言いながら、援助者の思う方向で援助過程を進めていくこと。

❸専門的・職業的関係

援助関係とは、専門的な知識や技術を有する援助者と援助を求める、あるいは必要とされる者が援助目的があるときに結ぶ一過性の関係である。この関係では、援助の目的、期間、費用などをあらかじめ設定することが多い。特に関係を終結する時期を援助契約を結ぶ時点から意識することにより、援助目的の達成に向けて協働することが可能となる。

2 援助関係論

援助関係は1種類というわけではなく、そこにはいくつかの性質が含まれている。たとえば、援助関係の研究者であった坪上宏は、援助関係の3性質として「一方的関係」「相互的関係」「循環的関係」に分類した[5)]。3性質は、すべての関係のなかに含まれており、どの性質が量的に優位かという捉え方をする。

❶一方的関係

緊急時にみられる関係で、援助者が一方的に判断し、その判断に基づいて、一方的にクライエントに働きかける関係である。

❷相互的関係

援助者とクライエントのそれぞれが、共通な関心事の範囲内において折り合いを求めてかかわりあう関係で、援助場面で最も多くみられる関係である。

❸循環的関係

援助者とクライエントが、お互いに自分の見方を、相手の見方を通して見直していく関係である。

退院支援を例にすれば、クライエントが賃貸住宅への退院を希望し、援助者が施設入所を勧める場合、お互いが自分の都合を譲らなければ、同意している退院の話も前に進まなくなる。そのとき、援助者が自らの援助方針をいったん横に置き、その方針が相手にどのように受けとめられているのかということを知ろうとする。そして、相手の目に映っている自分の姿を想像し、自らの援助場面での態度や方針を見直そうとする。この姿勢が援助者側にあると、相手との信頼関係が育ち、クライエントも変化していく。

循環的関係は、クライエントがもっている力を引きだし、彼らの望む方向への変化を支えるため、質的には最も基本となる関係である。

精神保健福祉士は、クライエントとの関係を「かかわり」と呼ぶことがある。やどかりの里の創設者である谷中輝雄が「かかわりこそが命である[6]」というほど、精神保健福祉士にとって大切なものである。

「かかわり」は、援助関係とは異なり、クライエントとの関係が問題解決とともに終了するわけではない。精神保健福祉士には、常に日常生活的なかかわりや共同体の一員としてのかかわりが求められる[7]。そのため、「かかわり」では、専門的な技術が求められない「雑用」にこそ本当に大事なことがある[8]といわれるように、一緒に外出したり、外食したりするような一見専門的には見えないことを一緒に行うことが重視される。

2 援助関係の形成技法

1 バイステックの７原則

バイステックは、ケースワークの歴史において、初めて援助関係にこだわり、援助関係の意義を具体的に提示し、関係形成の技法を整理した研究者である[9]。バイステックは、ソーシャルワーカーが良好な援助関係を形成するための七つの原則を示すとともに、援助関係を「ケースワークの魂（soul）[10]」と述べ、援助関係の重要性を強調した。

❶個別化（クライエントを個人として捉える）

クライエントを個人として捉えることは、一人ひとりのクライエントがそれぞれに異なる性質をもっていると認め、それを理解することである[11]。しかし、経験を重ねると、援助者は経験に基づいてクライエントを分類し、パターン化した対応をすることもあるので注意が必要である。

❷意図的な感情の表出（クライエントの感情表現を大切にする）

クライエントの感情表現を大切にすることは、クライエントが自らの感情、特に怒りや憎しみなどの否定的な感情を自由に表現したいというニーズがあることを、援助者が認識することである。

援助者は、彼らの感情表現を妨げたり、非難したりせずに、援助という目的をもって傾聴することが必要である。また、援助を進めるうえで、有効であると判断する場合には、彼らの感情表現を積極的に刺激したり、表現することを励ましたりすることも必要である[12]。

❸統制された情緒的関与（援助者は自分の感情を自覚して吟味する）

援助者は、クライエントの感情を、彼らの言葉だけでなく、表情や姿勢などの非言語的な表現からも感受したうえで、防衛機制などの知識も用いて理解していく。そして、理解したことについては、援助という目的を意識して、言葉だけではなく、態度と感情を用いて反応していく。この反応は援助者の内的反応であり、援助という目的に沿ってクライエントと感情をともにすることである。援助者は、自身の内的反応を自覚して吟味する。内的反応を言葉で伝える場合は、伝える目的を意識したうえで、目的と反応を一致させることが必要である[13]。

❹受容（受けとめる）

受容とは、援助者がクライエントの人間としての尊厳と価値を尊重しながら、彼らのありのままの姿を感知し、かかわることを意味する。ありのままの自分を受けとめてもらうことにより、クライエントは安心して、自分自身を表現し、ありのままの自分をみつめることができるようになる[14]。

❺非審判的態度（クライエントを一方的に非難しない）

援助者は、クライエントが抱えている問題などに対して、どのくらい彼らに責任があるのかなどの判断をしてはならない。彼らは、援助者が自分を非難しないと確認できると、恐れずに自分を表現するようになる[15]。

❻クライエントの自己決定（クライエントの自己決定を促して尊重する）

バイステックは、クライエントが自分で選択し、決定したときだけ、ソーシャルワークは効果をあげると指摘している[16]。

クライエントの自己決定を尊重するためには、彼らに自ら選択し決定する自由と権利、そして自分で決めたいというニーズがあることを、援助者が認識しなければならない。そして、彼らが自己決定できるように、彼らが利用できる資源を発見し、活用できるようにする責務がある。

加えて、援助者は、自己決定を尊重する言葉の使い方に注意する必要がある。「自分で決めてください」と言いながらも、援助者の期待をほのめかして、彼らの自己決定を誘導したり、「好きなように決めてください」と言って、一緒に考えることから逃げたりすることがないように注意する必要がある[17]。最終的に決定するのはクライエントであるが、援助者が彼らとともに考えていく過程が重要なのである[18]。

❼秘密保持（秘密を保持して信頼感を醸成する）

援助者は、クライエントの秘密を保持することを通して、彼らとの信頼感を醸成していく。専門的援助関係のなかで打ち明けられた彼らの情報を守ることは、彼らの権利であるとともに、日本精神保健福祉士協会倫理綱領に規定された精神保健福祉士の倫理的責務でもある。

この倫理的責務は、**秘密保持義務**あるいは**守秘義務**ともいわれ、精神保健福祉士法第40条に規定されている。精神保健福祉士は、正当な理由がなく、その業務に関して知り得た人の秘密を漏らしてはならず、資格を返上した後も、秘密保持義務は守らなければならない。この責務に違反した場合、1年以下の懲役又は30万円以下の罰金に処する罰則規定も設けられている。

2 援助関係の形成に必要な知識と技術

❶傾聴

傾聴とは、クライエントの話を知的に理解するだけではなく、彼らの話に耳を傾け、背景にある感情も受けとめ、理解しようとすることである。

Active Learning

相談者の立場に立つと、どのような表情、声のトーン、話す速さなどが安心できるのか考えてみましょう。

そうした理解のためには、**沈黙**や声のトーン、表情や姿勢などに着目するとともに、語られた言葉についても、表面的に理解せず、彼らの生きてきた歴史のなかで理解することが必要である[19]。

また、傾聴しようと思うあまり、矢継ぎ早に質問したり、細かく質問したりしてはいけない。人の苦しみは、他者にすぐに打ち明けられるようなものではなく、信頼できる相手に対し、徐々にかつ遠回しに語られることが少なくない。援助者は、沈黙の意味を考えて、相手の語りがこぼれ落ちてくるのを、傍らにいて待ち続ける。このとき、援助者が沈黙に耐えきれずに質問してしまうと、彼らが本当に語りたい言葉を飲み込んでしまうことがあるため、注意が必要である。

❷共感

共感とは、援助者がクライエントの立場に立って、彼らがみたり、考えたり、感じたりしていることをわかろうとすることである。

援助者は、適切な方法を用いて、相手に自分がわかったことを伝え、彼らの思いとズレがないか確認をとることが必要である。なぜならば、人は他者を理解し尽すことはできず、本人にしかわからない何かが必ず残るからである[20]。援助者が「わかった」と思っていることが、必ずしも正しいとは限らない。すぐにわかった気になることを諌める指摘もある。援助者には、何がわかり、何がわからないのかの区別をする力が求められる[21]。

援助者は、クライエントの発言と、彼らの行動や態度などの間に不一致がみられたり、発言間にズレを感じたりする場合は、その引っかかりを大切にして、わからないことについては、彼らに聞くことが必要である。

❸転移・逆転移

フロイトによって始められた**精神分析**で用いられる概念である。**転移**とは、クライエントが過去の生活において、親などの重要な他者に向けていた感情を援助者に向けて表現することを意味する。たとえば、児童虐待を受けた経験のある人が、親にぶつけられなかった怒りや愛情欲求を援助者に向けて表出することを指す。

一方、**逆転移**とは、援助者が過去の生活において、親などに向けていた感情を、無自覚的にクライエントにぶつけることを意味する。

❹防衛機制

適応規制とも呼ばれる。精神分析で用いられる概念であり、人が不快な状況や欲求が満たされない状況に当面したとき、自分を守るためにとる無意識的な適応の仕方を指す。望ましくない衝動や不快な記憶などを無意識の領域に押しやり意識しないようにする**抑圧**、本心とは逆の言動をとる**反動形成**、自分の失敗にもっともらしい理屈をつけて自己の正当化を図る**合理化**、攻撃的衝動や性的欲求をスポーツなどの社会的に受け入れられるものに置き換える**昇華**などがある。

❺自己開示

援助者がクライエントに対して自らの情報や価値観などを明らかにすることを**自己開示**という。援助者から一方的に情報を聞き取られる経験をしているクライエントは少なくない。彼らは、援助者の自己開示を通して、援助者としての姿勢や技量などを知り、相談するに値する信頼できる人物であるかを判断する。

援助場面では、クライエントから援助者のプライバシーについて問われることがある。これは彼らの関心が援助者に向いていることの表れである。こうした場面では、援助者はクライエントとの境界線を意味する**バウンダリー**を意識することが必要である。バウンダリーが曖昧になると、お互いに心理的に侵襲された感じになることがある。援助者が自分のプライバシーをクライエントに話すことが負担になる場合は、その理由をできるだけ素直かつ明確に相手に伝える。伝えたい場合には、なぜ伝えたいのか自分の感情を吟味することが必要である[22)]。

❻自己覚知

援助者が、自分の考え方や感じ方、自らの個性や傾向、知識や技量などについて意識化し、自分で知ることを意味する。

援助者も、この社会で生きてきた人であるため、この社会で支配的な価値観（障害者に対する差別意識など）をもっていたり、いろいろな経験を通して特定の人に対する否定的な感情を抱いていたりする。普段は援助者として、そうした感情や考えをコントロールしているが、転移などで自分が揺さぶられると､抑えていた感情が意識しないままに表出し、援助に悪影響を及ぼす。たとえば、親が精神障害者の援助者が、目の前のクライエントに対して**逆転移**を起こし、自分の親に対する怒りなどの感情を相手にぶつけてしまうのである。

援助者は、援助という目的のために、**スーパービジョン**などを用いて**自己覚知**に努める必要がある。

3 援助者の態度

1 共感する他者

援助者には、他者の苦しみを、共感をもって受けとめることのできる力が求められる。しかし、クライエントと同じように苦しむだけでは、援助を行うことはできない。援助者は、共感をもって受けとめることができる力を有しながらも、彼らとは異なる考え方や感じ方をもつ他者であるがゆえに、援助を必要とする人に何らかの援助を提供することができる[23)]。

2 臨在の証人

援助者は、クライエントと同じように幻聴や妄想などを体験することはできない。また、幻聴や妄想は、彼らが実際に経験しているため、援助者は否定することもできない。援助者にできることは、彼らの傍らにいて、彼らが経験している（臨在している）ことの証人になることである[24)]。

3 パートナーシップ

援助者が、環境の改善などの援助目標のために、クライエントを重要なパートナーとみなし、彼らの経験知などを重視して、援助方針を決める力などを、彼らと共有する。このときの対等性や相互性を重視し、援助目標の達成に向けて協働する関係性を**パートナーシップ**という。援助者は、援助場面における力を独占し、一方的な援助を行うことがあるため、パートナーシップを意識することが必要である。

4 無知の姿勢

共感のところで説明したように、援助者がクライエントのことをわかりきることはできない。彼らの生きる世界を知っているのは、彼らだけである。そのため、援助者は、彼らのことを知りたいと思い、彼らに教えてもらう**無知の姿勢**をとる。援助者は、何らかの理論で彼らの物語を解釈してわかった気になるのではなく、無知の姿勢をとり、彼らの主観的な物語の独自性を尊重する[25)]。

5 逃げない者

援助関係は、援助という目的があるときに成り立つ関係である。そのため、援助者が援助したくてもできない「援助の限界点」では、援助関係は成立せず、援助できない者は、その場から逃げることが許される。

しかし、そうした場面において、援助者が「逃げない」ことを、自らの意思で選びとることにより、クライエントと「無力さ」を共有するようになる。この無力さを共有する関係では、「人は人のかたわらにいて、あるいは、かたわらにいるだけだからこそ、人を支えることができることもある[26)]」という**人と人との関係性**が残るのである。

4 これからのワーカー・クライエント関係

精神保健福祉士の実践の場では、援助関係が終結しても、元クライエントとの関係が終わらないことが多い。アフターフォローとして契約終了後もかかわったり、ピアスタッフとなった元利用者と一緒に働いたりすることがある。そうした場面では、明確な援助関係はないが、かかわりは存在する。

我が国では、長年にわたり精神障害者は医療の対象とされ、公的な障害福祉サービスの対象とならなかった。そのため、病院の精神保健福祉士や精神障害者家族たちが中間宿舎や作業所を開設し、病院職員がボランティアでかかわったり、スタッフと利用者が同じ建物で生活したりしていた。その結果、状況を変えるために、両者がかかわり合う関係性が生まれた。

また、脱施設化が進んだ（あるいは終えた）欧米では、地域で精神障害者を継続的に支援するための援助技術としてケアマネジメントが生まれ、クライエントとの関係性が重視されている。援助者に「普通の友好関係」を築く必要性を指摘したストレングスモデル[27]などが効果をあげており、生活支援における関係の重要性が示されている。

我が国でも、これからの地域共生社会では、課題解決を目指すアプローチに加え、支援者が利用者とつながり続けるアプローチ（伴走型支援★）が必要である[28]との方針が示されている。この方針からも援助関係に加えて、彼らとつながり続ける「かかわり」の必要性が示唆される。

★伴走型支援
生きづらさの背景が明らかでなく、支援に時間を要する場合などに、個々の課題解決のための支援と合わせて、本人の生きる力を引き出しながら継続的に寄り添い、問題を一つひとつ解きほぐしていく支援。

◇引用文献

1）古川孝順・岩崎晋也・稲沢公一・児島亜紀子『援助するということ』有斐閣，p.136，2002.
2）尾崎新『ケースワークの臨床技法』誠信書房，p.3，1994.
3）稲沢公一『援助関係論入門』有斐閣，p.10，2017.
4）同上，pp.96–97
5）坪上宏『援助関係論を目指して――坪上宏の世界』やどかり出版，pp.281–284，1998.
6）谷中輝雄編著『谷中輝雄論稿集Ⅱ かかわり』やどかり出版，p.120，1993.
7）同上，pp.88–89
8）前出4），p.98
9）F.P.バイステック，尾崎新・福田俊子・原田和幸訳『ケースワークの原則』誠信書房，p.233，2006.
10）同上，p. i
11）同上，p.36
12）同上，p.54–55
13）同上，pp.74–104
14）同上，pp.113–114
15）同上，pp.141–146
16）同上，pp.160–164
17）尾崎新編『「現場」のちから』誠信書房，p.127，2002.
18）柏木昭・佐々木敏明・荒田寛『ソーシャルワーク協働の思想』へるす出版，pp.54–5，2010.
19）前出17），pp.145–146
20）前出3），pp.74–80
21）土居健郎『新訂 方法としての面接』医学書院，p.29，1992.
22）前出2），pp.93–4
23）窪田暁子『福祉援助の臨床』誠信書房，p.73，2013.
24）早川進・谷中輝雄編著『流れゆく苦悩』やどかり出版，pp.154–155，1984.
25）稲沢公一・岩崎晋也『社会福祉をつかむ 第3版』有斐閣，pp.56–57，2019.
26）前出1），p.194
27）C.A.ラップ・R.J.ゴスチャ，田中英樹監訳『ストレングスモデル 第3版』金剛出版，p.96，2014.
28）厚生労働省「地域共生社会に向けた包括的支援と多様な参加・協働の推進に関する検討会（地域共生社会推進検討会）最終とりまとめ」p.5，2019.

● おすすめ

・バイステック，尾崎新・福田俊子・原田和幸訳『ケースワークの原則』誠信書房，2006.
・稲沢公一『援助関係論入門』有斐閣，2017.

第2節 インテーク

学習のポイント

- インテークの目的や機能について理解する
- インテークにおける主訴の把握や理解について考える

1 インテークとは

1 エンゲージメントとインテークの位置づけ

前章で取り上げたように、近年ではソーシャルワークの展開過程の初期の関与の段階について、「インテーク」を含む拡大概念として「エンゲージメント」という用語が使われるようになってきた。

インテークは、ソーシャルワーク・プロセスのエンゲージメント段階における業務の一つであり、日本語では受理と表されることが多い。また、インテークのための面接を**インテーク面接**という。インテークは、生活上の問題を抱えた人や福祉サービスを利用しようとする人とソーシャルワーカーが最初に出会う重要な段階であり、ソーシャルワークの導入時期にあたる。

インテークにおいて、相談にきた人はクライエント（相談者）とされ、インテークの過程を通じて、クライエントが抱えている問題をソーシャルワーカーとともに解決していこうという意思や、相談を継続していくことの意思をもつことにより、その後の「アセスメント」へと支援が展開されていくこととなる。

2 インテークの目的

インテークにおける主な目的は、クライエントの問題の状況や主訴を把握・理解するとともに、クライエントに対して所属機関（担当者）の機能や役割、支援内容を説明したうえで、❶支援を受ける意思、❷支援の必要性、❸所属機関（担当者）が支援を行うことが可能か否か、❹他の機関（他の支援者）に紹介するべきかなどを確認・判断することにある。

表2-1　インテークの機能と目的等

	機能	目的・内容・留意点
1	信頼関係の構築	・初期面接の場であり、クライエントとの信頼関係の構築に努める。 ・面接時は、①充分な時間をとること、②適切な面接場所を確保すること、③共感的態度で傾聴を行うこと、④プライバシーに配慮することなどを大切にしながら、クライエントが安心し、落ち着いて話すことができる環境を提供する。 ・精神障害のある人やその家族の場合は、精神疾患や障害をもっていることによる「負い目」や「引け目」を感じている場合があるため、可能な限り話を聴き、傾聴の姿勢をとるなど、クライエントに「自分は大切にされている」と認識してもらうための配慮が必要である。
2	情報収集	・身なり、目線、態度、表情、声の調子、歩き方や座り方、字の書き方などの客観的な情報とともに、クライエントの主訴（「どのようなことを相談したいか」、「何に困っていて、何を希望しているのか」など）や生活状況も把握するように努める。 ・多くの情報を得ようとするあまり、一方的あるいは事務的な面接にならないよう注意が必要である（1回の面接で終了しない場合は、2、3回面接を行い、情報を得ることもある）。 ・得られた情報は記録用紙に書き込むが、クライエントが記録をとられていることを気にしている場合は、面接が終わった後で記録するなどの配慮も必要である。
3	事前評価・スクリーニング	・得られた情報をもとに、①支援の必要性、②所属機関での支援が可能かつクライエントにとって有効か、③他機関へ紹介することの有効性など、クライエントのニーズを踏まえたうえで、支援の方向性や内容について「大まかな見立て」を行う。
4	支援契約の締結	・クライエントのニーズ等を踏まえたうえで、①所属機関の機能や支援者の役割、②支援できる内容、③守秘義務等について分かりやすく丁寧に説明し、支援契約の締結に関するクライエントの意向を確認する。 ・契約の方法として、文書で取り交わされる場合もあるが、口頭で合意を得る場合もある。 ・契約は、クライエントとして自らの問題・課題に主体的に取り組むことへの動機を高める手段となる。

3 インテークの機能

インテーク面接においては、主に、❶信頼関係の構築、❷情報収集、❸事前評価、❹支援契約の締結という四つの機能がある（**表2-1**）。

2 主訴の把握

1 問題の発見と特徴

ソーシャルワーカーは、ソーシャルワークの対象者となるクライエントの主訴（何を問題だと捉え、どのようにしていきたいと考えているか）を理解しておくことが重要である。クライエントはなぜ相談に訪れたのか、どのような経路で相談に訪れることになったのかを把握し、支援の対象となる問題をもっているかどうか、また、その問題は何かを明らかにしていく。この問題発見のプロセスを経て、契約後、クライエントの問題についてさらに理解を深める「アセスメント」へと支援が展開されていくことになる。

また、クライエント自身の言葉で表現された問題が、必ずしもクライエントが抱えている真の問題ではないこともあるため、必要に応じて、クライエントの了承を得たうえで関係機関へ照会したり、クライエントへ次回面接までに状況の確認を依頼するなど、客観的な情報の収集に努めることも大切である。

2 主訴の把握と理解

クライエントは、相談することに対する不安な気持ちや、自身の問題を他人に相談することに納得できない気持ちなどさまざまな思いを抱えて相談に訪れている。また、家族や関係者等から相談してみるよう言われて訪れたのみで、そもそも支援を受けることのモチベーションが低い人もいる。ソーシャルワーカーは、これらのことを認識し、面接時間の充分な確保や適切な面接場所の選定、共感的な態度での傾聴やプライバシーへの配慮等、クライエントが安心し、落ち着いて自らの気持ちや主訴を話せる環境を提供することが望まれる。こうした働きかけから、クライエントとソーシャルワーカーの信頼関係が構築され、より具体的な主訴の把握や情報の収集へとつながることになる。

また、主訴の理解にあたり、ソーシャルワーカーは、支援の対象となるクライエントが誰かを明確にしておくことが必要である。特に、複数の人が支援に関係してくるとき、ソーシャルワーカーは自分が複数の人をクライエントとして捉えているのか、あるいは、その中の一人がクライエントで、その他の人はクライエントを取り巻く環境の一部（人的資源）として捉えるかを明らかにしておく必要がある。

クライエントを明確にすることなく支援が進んでいくと、誰のために支援を行うのかということがわからず、支援の焦点が定まらなくなり、その支援の意義自体を問われることにもなるため注意すべきところである。

Active Learning

主訴を最初の面接ですべて把握できるわけではありませんが、その理由について考えてみましょう。

3 主訴の背景にある事柄への理解

クライエントは、それぞれ「異なる人間」であり、当然のことながら主訴も多種多様である。ソーシャルワーカーは、インテークを通して主訴の把握や生活状況等の情報収集を行うが、ここで得られる情報はあくまでもクライエントの一部であり､すべてではない｡ソーシャルワーカーはこのことを認識し、主訴を決めつけることや、支援のパターンにはめ込むことがないように注意する必要がある。

主訴には、クライエントがそのように考えるに至る背景があり、それを知ることにより、スクリーニングにおける精細な判断や、クライエントとして「アセスメント」や「プランニング」のプロセスに進んだ際に、クライエントの実情をより踏まえた支援を展開できるようになる。

主訴やその背景を知るためには、クライエントが発する自らの苦境に対する不安などのメッセージを敏感に捉え、何がその背景にあるのかということを考えながら話を聴いていく姿勢が重要である。

3 スクリーニング

ソーシャルワーカーは、クライエントの主訴や収集した情報をもとに、支援の緊急性や複雑性、継続性などの状況から、支援（ケースワーク等）が必要であるか、所属機関での支援を展開することが的確か否かを検討・判断する。これを**スクリーニング**という。

また、所属機関よりも的確な支援を展開することができる機関があると判断した場合は、適切な機関を紹介するとともに、当該機関の支援が円滑に受けられるように調整を行う必要があり、この機能を**リファーラル**（またはリファー：送致）という。リファーラルを行う場合には、クライエントが「支援を拒否された」などと否定的に感じてしまうことがないよう、所属機関や紹介する機関の機能、紹介を提案する理由等について丁寧に説明し、クライエントの同意のうえで進めていくことが重要である。特に、過去に他機関への紹介を何度もされているようなケースの場合には、他の機関への紹介は電話等で行うのみでなく、必要に応じて同伴するなど、より丁寧かつ慎重に対応することが望ましい。

4 契約

1 ソーシャルワークにおける契約

ソーシャルワーカーは、支援を受けることの目的、所属機関の機能、守秘義務等について、クライエントが理解できるように丁寧に説明し、支援を受ける意思を確認し、クライエントの同意を得ること（説明と同意★）により、ソーシャルワーカー（ソーシャルワーカーが所属する機関）とクライエントは契約関係を結ぶことになる。

★説明と同意
インフォームドコンセントと呼ばれ、医療法第1条の4第2項において「医療の担い手は、医療を提供するに当たり、適切な説明を行い、医療を受ける者の理解を得るよう努めなければならない」と定められている。

2 契約の方法

契約は、文書でも取り交わされるが、口頭で合意を得ることもある。ただし、支援の目的や支援におけるクライエントとソーシャルワーカーの双方の責任を明確にしておくという契約の機能を踏まえると、文書で署名により取り交わされるほうが望ましい。

3 契約の締結

契約の締結は、クライエントにとって、クライエント自身が抱える問題・課題について、「支援を受けることで改善していこう」という前向きな動機づけとなる。

また、契約を締結し、クライエントとソーシャルワーカーの役割等を明確化することにより、「困っている問題をすべて解決してくれると思っていたのに」などの両者の食い違いが生じることを防止することができる。

ソーシャルワークの支援における契約の締結は、クライエントの権利およびクライエントとソーシャルワーカーの責任や役割を明確にすることにより、クライエントが自らの課題に主体的に取り組むことへの意欲を高めるとともに、両者の信頼関係を構築する手段にもなっている。

◇**参考文献**

・大塚達雄・井垣章二・沢田健二郎・山辺朗子編著『ソーシャル・ケースワーク論――社会福祉実践の基礎』ミネルヴァ書房，1994.
・増井武士『治療的面接への探求１』人文書院，2007.
・L. C. ジョンソン・S. J. ヤンカ，山辺朗子・岩間伸之訳『ジェネラリスト・ソーシャルワーク』ミネルヴァ書房，2004.
・成田善弘『治療関係と面接――他者と出会うということ』金剛出版，2005.
・安西信雄・岡上和雄監『精神障害リハビリテーション学』金剛出版，2000.
・C. A. ラップ，江畑敬介監訳，濱田龍之介・辻井和男・小山えり子・平沼郁江訳『精神障害者のためのケースマネジメント』金剛出版，1998.
・C. A. ラップ・R. J. ゴスチャ，田中英樹監訳『ストレングスモデル――リカバリー志向の精神保健福祉サービス』金剛出版，2014.
・武田健・荒川義子編著『臨床ケースワーク――クライエント援助の理論と方法』川島書店，1986.
・谷中輝雄『生活支援――精神障害者生活支援の理念と方法』やどかり出版，1996.
・B. J. ホルト，白澤政和監訳，所道彦・清水由香編訳『相談援助職のためのケースマネジメント入門』中央法規出版，2005.
・F. ホリス，黒川昭登・本出祐之・森野郁子訳『ケースワーク――心理社会療法』岩崎学術出版，1996.
・狭間香代子『社会福祉の援助観――ストレングス視点・社会構成主義・エンパワメント』筒井書房，2001.
・三浦文夫・仲村優一他『現代社会福祉辞典 改定新版』全国社会福祉協議会，1988.
・三浦文夫『社会福祉政策研究――福祉政策と福祉改革 増補改訂』全国社会福祉協議会，1995.
・C. トール，小松源助訳『コモン・ヒューマン・ニーズ――社会福祉援助の基礎』中央法規出版，1990.
・足立叡・佐藤俊一・平岡藩『ソーシャル・ケースワーク――対人援助の臨床福祉学』中央法規出版，1996.
・F. P. バイステック，尾崎新・福田久子・福田和幸訳『ケースワークの原則』誠信書房，2006.
・R. W. ロバーツ・R. H. ニー編，久保紘章訳『ソーシャル・ケースワークの理論――７つのアプローチとその比較 １』川島書店，1985.
・Z. T. ブトゥリム，川田誉音訳『ソーシャルワークとは何か――その本質と機能』川島書店，1986.

第3節　アセスメント

学習のポイント

- ソーシャルワークにおけるアセスメントの重要性について理解する
- アセスメントにおける情報の収集・分析・理解について考える
- アセスメントツールについて学ぶ

1　アセスメントとは

アセスメントとは、クライエントが抱える問題・課題の解決やクライエントのニーズの充足を目的とした支援方針を検討するために、支援に必要な情報を収集し、クライエントの現状を包括的かつ総合的に理解・分析し、評価することをいう。支援に必要な情報としては、問題の特性や背景、クライエントの家族を含めたインフォーマルな資源の存在、その存在がクライエントやクライエントの抱えている問題・課題へ与える影響、クライエントが活用している（過去に活用していた）フォーマルな資源および効果、クライエントの問題・課題への対処能力の程度、クライエントのニーズや意思・価値観、クライエントの強さ（ストレングス）、クライエントの心理・情緒の状況などが挙げられる。

アセスメントは、クライエントとソーシャルワーカーが協働し、生活上の問題・課題を明確化して望ましい目標を設定する過程であり、その後の**プランニング**（支援計画の作成）や**インターベンション**（支援の実践）へと展開していくうえで必須のプロセスである。

ソーシャルワーカーは、ソーシャルワークが「人と環境の接点に働きかける」技術であることを充分に認識し、クライエントや環境の「問題点」のみにとらわれることなく、クライエントや環境がもつ「強さ（ストレングス）」に着目し、両者の「解決力」を引き出す視点と技術が求められる。

また、クライエントのこれまでの経験はクライエント固有のものであり、家族の状況や経済的な問題、社会環境などの背景も個別のものであることを理解することも大切である。そのうえで、クライエント自身がこれまでの経験をどのように感じているのか、何に困っているのか、どのような生活を望むのかなどについて、ソーシャルワーカーと話しあい、一緒に考え、クライエントを「協働者」として、クライエントのもつ病気や障害等の特定の部分に固執することなく、その人らしい生き方や置かれている環境を理解していくことが重要である。

なお、アセスメントは支援の初期に重点が置かれるが、支援が行われている間は継続的に実施されることになる。

2 情報収集から情報分析へ

1 情報収集

ソーシャルワーカーは、クライエントの問題・課題やニーズおよびクライエントを取り巻く社会環境を的確に把握するために情報収集を行う。

インテークにおいて、ある程度の情報収集はなされるが、クライエントの問題・課題の理解や、支援の方針を検討するため、クライエント自身やクライエントの置かれている環境についての基本的かつ可能な限り詳細な情報を得る必要がある。

重要となる主な情報について、クライエント自身に関するものとしては、生活歴・学歴・職歴・家族歴・現病歴等があり、クライエントの置かれている環境に関するものとしては、現在・過去の生活状況、家族関係、友人関係、経済状況、住環境や社会的環境、社会資源の活用等が挙げられる。

情報を分析し、的確なプランニングのプロセスへと支援を展開していくため、これらの情報を収集していくが、情報は、ありとあらゆるものを手当たり次第に収集するのではなく、クライエントの主訴に関係するものに重点を置いて収集していく。

情報の収集にあたっては、基本的にはクライエントから直接聴くことが必要であり、クライエントが自身の問題・課題やこれまでの生活状況をどのように感じているか、今後どのようにしていきたいと考えているかなどを、共感的な態度で傾聴するとともに、言語的な表現だけでなく、身なり、目線、態度、表情、声の調子、歩き方や座り方、話し方などの非言語的な部分から情報を得ることも大切である。

また、家族や他機関の支援者などのクライエント以外の関係者から情報収集をすることで、多面的に情報を得ることができ、情報を客観的に捉えることができる。ただし、この場合には、クライエントに対し関係者から情報を収集することを説明して了解を得るとともに、秘密の保持には十分留意する必要がある。

情報収集の方法としては、面接の他に、観察、調査、文献資料の活用などがあり、得ようとする情報の内容によって適切な方法を使い分けることが求められる。

2 情報分析

情報収集により得られた情報をもとに、クライエントが抱える問題・課題やニーズを特定し、その解決やニーズの充足に向けて有効な支援を検討する。

クライエントの抱える問題・課題は、個人と環境との相互作用によって起こるものであるため、クライエントのみに問題の原因を見出すのではなく、クライエントが生活する環境とその関係にも焦点を当て、クライエントの置かれている状況を包括的・総合的に理解し、分析・評価を行うことが大切である。

3 人と環境の相互作用から捉えた問題の特性

クライエントのみならず、人は必ず社会の環境に囲まれており、そのなかに身を置いて生活しているため、社会環境とさまざまな接点をもつなかで問題（生活のしづらさ）が生じることもある。クライエントが抱えている問題・課題は、こうしたクライエントを取り巻く環境の要因やクライエント自身の要因が複雑に絡み合って生じていることが多い。

この問題・課題を明確にしていくためには、クライエントと環境のそれぞれに関する情報を収集し、クライエントと環境の接点で何が起きているのかを分析する必要がある。

クライエントの支援を行うソーシャルワーカーは、このことを認識し、クライエントが抱えている問題・課題は、「生活者」であるクライエントと環境との相互作用により生じているという視点をもってかかわっていくことが重要である。

なお、人間の生活機能と障害の国際的な分類法として、2001（平成13）年5月に行われた世界保健機関（WHO）の第54回総会において、「国際生活機能分類（international classification of functioning,

★国際生活機能分類（ICF）
2001年にWHO(World Health Organization)により採択された障害に関する国際分類。国際障害分類（ICIDH: international classification of impairments, disabilities and handicaps）の改定版。正式名称は「生活機能・障害・健康の国際分類」。

disability and health：ICF★）」が採択されている。

ICFは、生活機能モデルの共通の考え方を示したものであり、生活機能の分類（「心身機能・身体構造」、「活動」、「参加」）および背景因子（「環境因子」、「個人因子」）で構成されている。ICFを用いることにより、クライエント自身やクライエントを取り巻く環境の状態を整理し、クライエントの障害や疾病の状態に関して、クライエントやその家族、クライエントの支援に携わる保健・医療・福祉等の幅広い分野の支援者等の共通理解を図ることができる。

4 本人に関する理解（発達・医療関係面・障害特性、心理・情緒面、ストレスコーピング、好みや価値観等）

クライエント自身に関する情報をソーシャルワーカーが把握し理解しておくことは、情報を分析してその後の支援を展開していくために欠かすことができないものである。

クライエント自身に関する情報では、クライエントの主訴の背景を探るため、クライエントの身体機能、精神心理、社会環境および社会生活（文化活動・余暇活動等）に関する情報の理解に力点を置く。また、クライエントの病理や障害あるいは生活行為が「できる・できない」という視点のみではなく、クライエントの可能性や関心ごとおよびクライエントを取り巻く環境等のストレングス（強さ）にも着目した情報の理解に努めることも大切である。

精神障害のあるクライエントの障害特性として、疾病と障害が共存していることや、機能障害・活動制限等の各障害の相互関連性がみられることがある。たとえば、意欲が極端に落ちていてやる気が出ず、体を動かすことも億劫であるため入浴や整理整頓ができない、人前で極度に緊張しやすく新しい場所に行くことへの不安も強いため、公共交通機関（バスや電車等）を利用したりスーパーマーケットなどの人が多い場所へ行くことができないなど、障害により日常生活を送るうえでの活動が制限されている場合もある。また、日常生活のなかで起きた出来事が契機となって体調や感情が不安定になり、日頃行えていた家事や外出などができなくなってしまうなど、精神障害の不安定性もその特性として挙げられる。

ソーシャルワーカーは、クライエントがもつ精神疾患とその治療（症状、服薬の状況、通院の頻度等）に関する情報について把握し理解しておくことが不可欠であるとともに、精神障害のあるクライエントを理解することや収集した情報を分析・評価していくうえで、ソーシャルワーカー自身も、精神疾患や精神障害およびその特性に関する幅広い知識を備えておくことが求められる。

クライエントの問題・課題の背景には、クライエント個人の因子と環境因子があり、とりわけ、精神障害のあるクライエントは、その特性や生活歴等によりこれらの因子が複雑にからみ合っている場合が多いことから、国際生活分類（ICF）モデルに基づいた情報の整理が望まれる。

また、地域での生活では、クライエントと環境との接点も多く、ストレスフルな場面に遭遇することもあるため、クライエントのストレスコーピングの状況（ストレスに直面したときの対処をどのようにしているかなど）についても理解しておくことが望ましい。

ソーシャルワーカーは、クライエント自身に対する理解を深めるため、クライエントとの信頼関係の構築に努めるとともに、生活者の視点からクライエントとクライエントを取り巻く環境を捉え理解する姿勢が必要である。クライエントとソーシャルワーカーの信頼関係が強固なものとなってくれば、クライエントの本音を確認することができ、それが真の情報となることも多いため、クライエントに共感しながら情報を収集し、得られた情報の理解に努めることが大切である。また、情報を収集する過程のなかで、クライエントが発した気持ちや思いを客観的情報としてクライエントへフィードバックすることにより、クライエントが自身の問題･課題に気づき、その解決に取り組む動機が高まるとともに、ソーシャルワーカーのクライエントに対する理解を深めることにもつながる。

5 環境に関する理解

クライエントを取り巻いている環境には、医療機関や福祉サービスの事業所等の物理的な環境の他に、家族、経済状況、障害福祉サービスや重度障害者医療費助成等の各種制度、近隣住民との関係、地域社会など、クライエントの日々の生活を取り囲むさまざまなものが存在する。また、この環境のなかには、クライエントの支援に携わる医療・福祉関係の従事者やソーシャルワーカーも含まれる。

Active Learning

人が生きていくうえでは環境の影響を受けているわけですが、自分を取り巻いている環境について、思いを巡らせてみましょう。

ソーシャルワーカーは、クライエントの問題・課題を、人と環境との接点における相互作用により「生活のしづらさ」が生じているものと捉え、人、環境、人と環境の接点に働きかけを行うことから、クライエントを取り巻く環境を理解することは、的確なアセスメントおよび支援を展開していくうえで非常に重要である。

環境は、当然ながらクライエントごとに異なることから、ソーシャルワーカーは、クライエントの抱えている問題・課題の解決を支援していくにあたり、クライエントが住む地域の状況やクライエントの住環境がどのようになっているかを把握し、クライエントが利用できる制度や支援に関する情報を収集し、理解しておくことが大切である。

また、精神障害のあるクライエントの環境に関する情報を理解するにあたり、これまで身近な存在としてクライエントと向き合ってきた家族や地域住民が、クライエントに対してどの様な感情を抱いてかかわっているのか、クライエントのもつ精神障害やその特性をどの程度理解しているのかということに関する情報把握にも努めることが求められる。これらの情報は、クライエントの置かれている状況の分析・評価や、その後のプランニングの際に重要かつ必要となることが多い。

地域に関する情報を収集し理解していく場合には、社会福祉調査や国勢調査などの地域の基礎的データ（人口動態・産業構造・社会資源の状況など）や、行政による各種統計資料（保健事業年報・相談内容別年報・患者統計・福祉サービス利用報告書など）の活用が有効である。

クライエントの問題・課題の解決に活用できる地域の課題解決能力や地域住民の見守りなどの社会的受容力、地域住民の意識の特性や地域住民による福祉活動の実態などを把握することが必要な場合もある。これらの情報の収集や理解に努めるため、ソーシャルワーカーには、社会調査の設計・実施スキル、地域住民へのワークショップやヒアリングを企画・開催するスキル、地域の支援者等とのネットワークを形成し活用するスキル、地域住民に啓発する広報のスキルなど、多岐にわたるスキルが求められる。

6 アセスメントツール

ソーシャルワーカーがクライエントの問題・課題等を分析するにあたっては、クライエントやクライエントを取り巻く環境、また、その関係性について把握する必要がある。これらの情報を視覚化し、問題・課題等の的確な分析をするためにさまざまなツールを用いる。ここでは、ジェノグラムとエコマップという、二つの代表的なツール（マッピング技法）について紹介する。また、これらのツールの他に、アセスメント票、タイムライン、社会資源マップ、ソーシャルサポートネットワーク用紙、SWOT分析表などがある。

1 ジェノグラム

ジェノグラムは、家族関係図や家族構成図とも呼ばれ、数世代にわたる家族関係を示す図表式の記録である（図2-1）。クライエントの家族構成について、家族の年齢や家族の状況（亡くなっている家族がいるか、子どもはいるか、婚姻歴はあるかなど）に関する情報を視覚的に把握することができるツールであり、アセスメントを行う際に有効な手法である。また、家族関係等は変化していくことから、図表には作成日および

Active Learning
マッピング技法を使用して可視化する場合と文字で示す場合で、情報の伝達や共有にどのような違いがあるか比較してみましょう。

図2-1　ジェノグラム

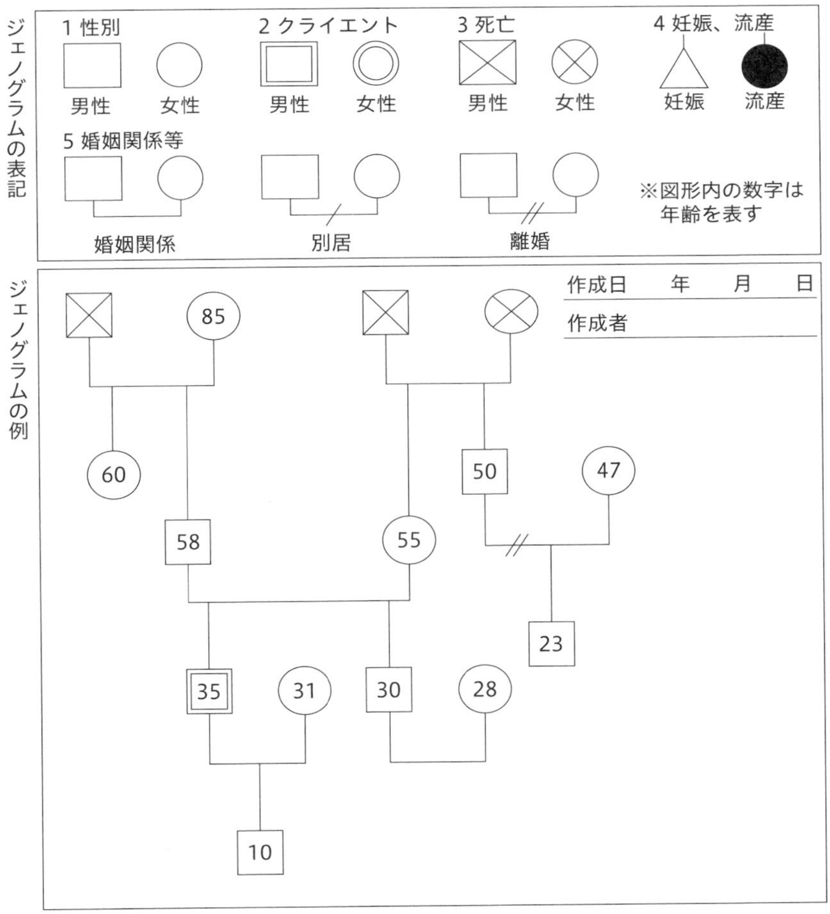

図2-2　エコマップ

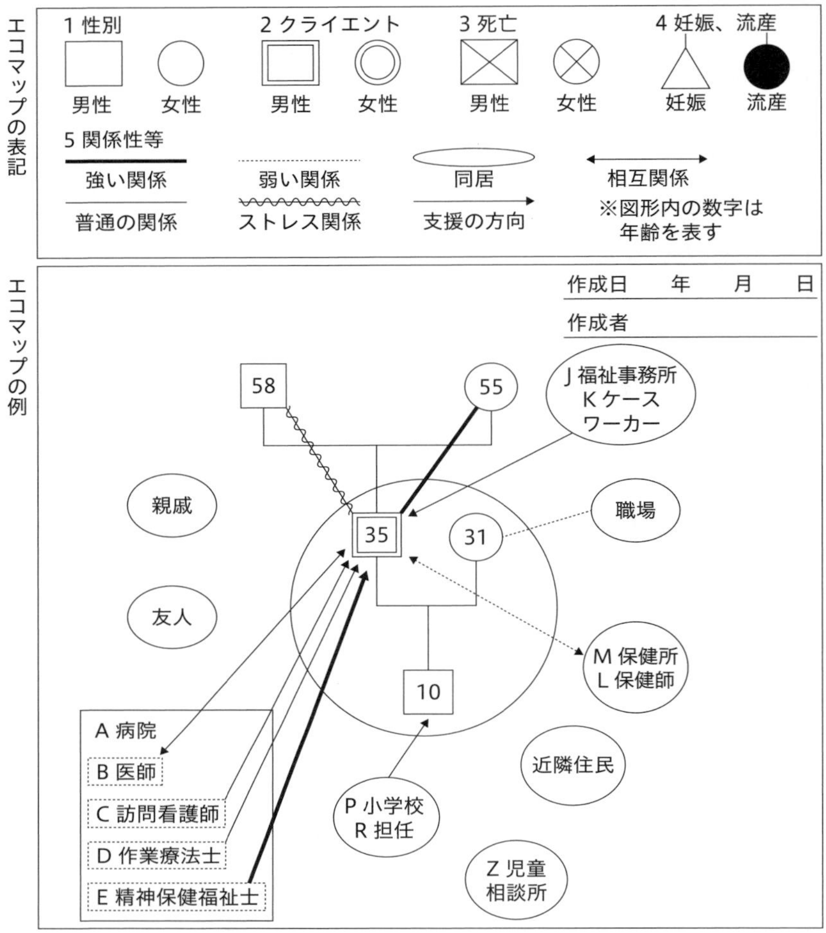

作成者を記し、記録時点を明確にしておく必要がある。

2 エコマップ

エコマップは、社会資源関係図や生態地図とも呼ばれ、クライエントの日常生活での人間関係や医療機関等の社会資源（社会環境）を視覚的に捉えるための図表式の記録である（**図 2-2**）。クライエントが抱えている問題・課題は、クライエントを取り巻く社会環境におけるさまざまな関係性が複雑に絡みあって生じていることも多く、その全体像を的確に把握できるエコマップは、アセスメントに有効な手法である。

◇**参考文献**

- 大塚達雄・井垣章二・沢田健二郎・山辺朗子編著『ソーシャル・ケースワーク論――社会福祉実践の基礎』ミネルヴァ書房，1994.
- 増井武士『治療的面接への探求１』人文書院，2007.
- L. C. ジョンソン・S. J. ヤンカ，山辺朗子・岩間伸之訳『ジェネラリスト・ソーシャルワーク』ミネルヴァ書房，2004.
- 成田善弘『治療関係と面接――他者と出会うということ』金剛出版，2005.
- 安西信雄・岡上和雄監『精神障害リハビリテーション学』金剛出版，2000.
- C. A. ラップ，江畑敬介監訳，濱田龍之介・辻井和男・小山えり子・平沼郁江訳『精神障害者のためのケースマネジメント』金剛出版，1998.
- C. A. ラップ・R. J. ゴスチャ，田中英樹監訳『ストレングスモデル――リカバリー志向の精神保健福祉サービス』金剛出版，2014.
- 武田健・荒川義子編著『臨床ケースワーク――クライエント援助の理論と方法』川島書店，1986.
- 谷中輝雄『生活支援――精神障害者生活支援の理念と方法』やどかり出版，1996.
- B. J. ホルト，白澤政和監訳，所道彦・清水由香編訳『相談援助職のためのケースマネジメント入門』中央法規出版，2005.
- F. ホリス，黒川昭登・本出祐之・森野郁子訳『ケースワーク――心理社会療法』岩崎学術出版，1996.
- 狭間香代子『社会福祉の援助観――ストレングス視点・社会構成主義・エンパワメント』筒井書房，2001.
- 三浦文夫・仲村優一他『現代社会福祉辞典 改定新版』全国社会福祉協議会，1988.
- 三浦文夫『社会福祉政策研究――福祉政策と福祉改革 増補改訂』全国社会福祉協議会，1995.
- C. トール，小松源助訳『コモン・ヒューマン・ニーズ――社会福祉援助の基礎』中央法規出版，1990.
- 足立叡・佐藤俊一・平岡蕃『ソーシャル・ケースワーク――対人援助の臨床福祉学』中央法規出版，1996.
- F. P. バイステック，尾崎新・福田久子・福田和幸訳『ケースワークの原則』誠信書房，2006.
- R. W. ロバーツ・R. H. ニー編，久保紘章訳『ソーシャル・ケースワークの理論――７つのアプローチとその比較 １』川島書店，1985.
- Z. T. ブトゥリム，川田誉音訳『ソーシャルワークとは何か――その本質と機能』川島書店，1986.

第4節 面接技術とその応用

学習のポイント

- 精神保健福祉分野におけるソーシャルワーク面接を考える
- 精神保健福祉分野で行われるソーシャルワーク面接技術を学ぶ
- 精神保健福祉分野で活用される面接技法を学ぶ

1 精神保健福祉士が行うソーシャルワーク面接

精神保健福祉士の行う面接は、活動の領域拡大に伴い、対象が拡大して幅広くなっている。また、地域に潜在化するメンタルヘルスのニーズを抱えた層へのアウトリーチ活動の場面、依存症医療チームで行われる動機づけや再発予防のための面接、司法から半強制的に治療や機関利用を勧められる人を対象とする場面、学校や企業、保護観察所など医療や福祉現場とは別の目的をもつ機関に所属して活動する場合など、精神保健福祉士が行う面接の機会は多様化している。相談面接は、目的や状況に合わせて面接の構造を変化させ、技法を柔軟に応用する必要性が高まっている。

精神保健福祉士の面接は、力動的精神医学や発達心理学の影響も受けてきた。それは精神科医療のなかで長く「患者」として過ごすクライエントを対象にしてきたからである。病棟の中で管理されるだけでなく、家族関係においても保護されるという受動的な役割に人間関係を固定されてきたクライエントの主体性を尊重し、自分らしさや希望を取り戻して生きていくことを支援するうえで、自己というものへの深い理解が必要だったからである。さらに、パーソナリティの課題をもつ人や依存症の問題のある人にかかわる精神保健福祉士にとって、援助関係を通して表出される発達課題上の問題の理解や、葛藤回避のために起きる極端な逃避や否認など力動的精神医学の視点からの理解が必要だったからである。

ここでは、特に精神保健福祉分野で重要とされる面接技術・面接技法について概説する。

2 面接の構造についての展開

目的に合わせた面接の構造

近年の精神保健福祉士の活動では精神科訪問看護や自立訓練事業に基づく定期的な訪問活動など、クライエントの生活する場所で行う生活場面面接★の機会が増えている。クライエントの生活圏に訪ねる面接は、どのような場面でもワンダウンポジション（一歩下がった立場）をとり、クライエントから教えてもらう姿勢をとることが基本になる。生活場面や自宅場面での面接は、言葉以上にクライエントとその家族の生活の仕方が表現されており、その様子からの情報も多い。クライエントがどのように自分らしく生活しているかその工夫をストレングスとして理解したうえで、家庭の雰囲気、コミュニケーション、生活空間の工夫、部屋割りなどから家族の特徴が、また、清潔状態や片づけの様子、室内の安全等生活者としての文脈を読みとることができる。

施設見学や買い物などに同行しながらの面接は、目的に向けてクライエントと協働姿勢を自然にとれるときであり、コミュニケーションも意図的にすることができる。

精神保健福祉士の相談活動には対面面接以外の方法によるものが増えている。電話については虐待対応や自殺予防のため等のホットライン、地域活動支援センターなどで行われる生活上の電話相談、企業のメンタルヘルスに関する相談にはネットによる相談やスカイプ・ZOOM（web 会議システム）などのオンライン相談が行われる。面接のコントロールのしにくさ、表情や間を互いに読み取れないために起こる齟齬などに配慮する必要がある。

面接の時間は、相手の状況や関係性のアセスメント、負担などを考えて計画する。病院の予診、偶然の機会を捉えた立ち話、グループプログラムに出たあとのフォロー面接などは、通常 15～20 分程度の短時間面接になる。主訴に基づく相談面接は、主訴と経過を聞き、アセスメントに最低限必要な情報を収集し、そのあとに続く自己決定への展開までを行うソーシャルワーク活動の最小単位になるので、まとまった時間をとる。リハビリテーションに付随して行われる面接は、継続した構造化面接で行われることが多い。

面接の構造は、構造化されれば面接そのものへの葛藤が減り、継続した面接を通してソーシャルワークを展開できる。一方、構造化面接は「約

★生活場面面接
生活場面面接はレドル（Redl, F.）らによって施設処遇における環境療法の視点から考えられたことを端緒に、ジャーメイン（Germain, C.）のライフモデルにおいて、家庭・学校・施設送迎の車中等の生活場面にて緩やかな構造で行う面接として提唱された。

束」が負担になる当事者もいるので、ある程度の柔軟性をもたせるほうがよい。

家族関係の相談面接については、まずできるだけ一人ひとりと面接することが重要である。たとえば、子どもについての相談の場合、父親と母親の意見が違っていたり、両親の関係そのものに大きな葛藤がある場合がある。また、家族内に暴力、支配的な関係が疑われる場合は、合同で面接するよりも、まず一対一で守秘義務を保証し、場の安全性を確保することが重要になる。

3 面接技術

1 精神保健福祉分野の面接で配慮すること

❶アクティブリスニング（積極的な傾聴）

クライエントは、わかってもらえるか、違和感をもたれないか、家族の意向が優先されるのではないか、自分の語る話について複雑な思いをもつことがある。傾聴は面接の基本であるが、アテンディング（肯定的注目）して聞いていることをクライエントに積極的に示す必要がある。

❷クライエントのいるところに寄り添う

面接では問題の探索に入る前に、まずクライエントの気持ちに寄り添うところから始める。たとえば、家族に強いられて相談に来た場合、面接への抵抗を読み取り、問題の探索を始める前に、まずこの状況の苦しさに焦点を当てて共有する。

また、クライエントの相談の動機づけの強弱にも着目する。クライエントの動機の強弱と問題の深刻さは一致しないことがあり、相談の動機が弱いのに問題が深刻な場合は、より積極的にかかわる必要がある。

さらに、クライエントが面接に求める期待を探ることも必要である。クライエントが即効的なアドバイスを期待したり、代わりに問題を解決してくれると思っている場合は、何をするのかを伝え、期待や落胆といった感情を共有する。

❸面接の情報から認知機能・感情機能の特徴を理解する

精神保健福祉分野において、クライエントとの面接では感情面での機能のバランスに気づくことが大切である。たとえば、感情のコントロールが崩れている場合、感情が何らかの理由で遮断されている場合、状況に対し感情の妥当性を欠いていたりする場合がある。これらは習慣的な場合もあるが、気分障害の影響を受けている場合もある。

認知機能についても、クライエントが話す状況について認知の柔軟性をもっているか、現実的な検討ができているか、自己評価についてアンバランスではないか理解しておくことが必要である。また、認知･感情･行動のバランスをとる「主体」に齟齬がないか感じとることも大切である。たとえば、つらい話をしているのに笑顔でいる、てきぱき話しているのに涙が流れている等、認知と感情の不一致に気づいた場合、まずそこに関心を寄せることが大事である。

❹暴力の問題をスクリーニングする

暴力・虐待（特に性的虐待）の問題は、表面にみえず、クライエントも語らないことがある。ソーシャルワーカーは、これらの問題を発見するゲートキーパーとしてスクリーニングする。つまり、予測されることとして当たり前に聞き、暴力の可能性をアセスメントに入れることが大切である。そのうえで、暴力被害者に暴力を受けている自覚がない場合は、暴力についての情報提供を行う。虐待行為については、通報などしかるべき措置を組織ぐるみで考える。

❺自殺の兆候や他人を傷つける可能性を感知した場合

自殺のおそれのある人に対しては、触れないようにするよりも率直に「死ぬことを考えているということですか」などと尋ねることが、危険性を下げることが知られている[1)]。そしてそうだと返ってきたとき、ソーシャルワーカーはそれを受けとめ、率直に話しあい、場合によってはクライエントの安全を図る手伝いをする。

他人を傷つける可能性を示した人に対しては、守秘義務を解除して第三者保護のために何らかの手配をするべきか、日本ではまだ法文化されていない。しかし、アメリカのタラソフの原則[★2)]を踏まえ、必要な手配を自分の所属する組織で考える必要がある。第三者を守ることは、当事者が加害者になることから守ることになる。

❻ストレングスと変化の可能性を強化する

精神保健福祉分野で出会うクライエントは、何らかのラベリングを周囲から貼られて、すでに自己効力感が低下していることが多い。問題点や病的な状態に着目するのではなく、ストレングスと変化の可能性に着目することが大切である。

❼クライエントが本人の立場でない場合

ソーシャルワーカーは、問題についてまず家族の話を通して状況をつかむことがある。そのような場合は、家族のフィルターを通した話であ

★タラソフの原則
治療者は患者により危険が及ぶ可能性がある人を守る方策をとるべきであるというアメリカの精神科医療における原則。精神科診察時に殺害予告をしていた患者について医師が被害者に通知せず殺された事件から生まれた。

ることを前提に、本人とその家族の関係性をアセスメントし、その家族の認知や情動のパターンも把握しながら臨む。

❽自己開示について

ソーシャルワーカーは、クライエントとの関係性について、協働姿勢をもって問題に取り組む関係を目指す。それは精神科医療と福祉の狭間における生きづらさをクライエントと共有する関係であり、これを表現するには専門職の衣よりも普段着に近い、「吟味した自然体[3)]」で臨むことが大切になる。これを前提にした面接では、相互に共感性を示し、時に応じて自己開示することが求められる。自己開示は、さまざまな感情表現や同じ生活者として問題解決の参考例をIメッセージ★で調整して伝えるよう気をつける。

逆に、クライエントから個人情報や問題解決の方法を「あなただったら？」と求められた場合は、すぐに開示するのでなく、その質問の動機についてまず考え、相手に確認しながら適宜応答する。

Active Learning

相談者に対して自己開示することのメリットと、注意点について考えてみましょう。

★Iメッセージ
「私」を主語にして相手のテリトリーを守りつつ、話すこと。

2 面接技法〜マイクロ技法（microskills）を理解する

マイクロ技法★とは、援助職一般が行う面接のコミュニケーションの単位をさす。精神保健福祉士の行う面接の姿勢としてバイステックの7原則★の理解と自己覚知が強調されてきた。それを基本に多様な面接場面に対応していくには、面接における応答技法を理解し、スキルを磨くことにも関心をもつことが求められる。ここでは応答技法を階層表にまとめているアイビイ（Ivey, A.E.）のマイクロ技法で、説明する[4)]。

★マイクロ技法
面接におけるコミュニケーションの技法の単位。面接をビデオや逐語にして技法を分析する面接学習の方法をアイビイらがマイクロカウンセリングとしてまとめた。

★バイステックの7原則
バイステック「ケースワークの原則」に示されたよりよい援助関係を形成するための七つの原則をいう。援助関係に生じる情緒と態度の力動的な相互作用を基本にしており、ソーシャルワーカーの援助関係に長く影響を与えている。

❶傾聴姿勢の基本となるかかわり技法（アテンディング）

かかわり行動

文化的に適した視線の位置、身体言語や声の調子に配慮して、相手に肯定的な注目をしていることを自然に伝える。相手が語った話題に関心を向け（言語的追跡）、その世界に参加（ジョイニング）する姿勢を示す。

クライエント観察技法

クライエントとソーシャルワーカーの関係において何が起こっているかを観察する。医師の診察場面で患者がまず症状を訴えるように、クライエントは“ソーシャルワーカーとの相談の場”に寄せて話している。また、繰り返し使われるキーワード、話の具体性と抽象性、語られることの齟齬や矛盾に着目する。

質問技法

閉じられた質問：必要な情報を聞き出し、客観的なことを話しあう。

開かれた質問：クライエントがより自由にオープンに話ができる。

繰り返し

相手の話の一部を受けて、繰り返したり適切に言い換えて焦点化する。

励まし・言い換え・要約技法

これらはクライエントの話す言葉を使い、聞いたことを返す、クライエントに自分がソーシャルワーカーに理解されていると感じてもらうための技法である。

感情の反映

相手の情動を反映し、クライエントが納得することばでこちらが感情を表現することをいう。

ここまでを基本的傾聴とし、精神保健福祉士の面接はこの姿勢で以下のような技法で問題の探索を行い、その解決をともに考え、自己決定を支持する。

❷内容の意味を反映、吟味、時には意味の変容を図る

① 肯定的言い換え

クライエントの意味づけた話を別の視点から肯定的に言い換え、認知の変容に働きかける。

② 解釈

現実について新しい意味づけを図る。

③ 保証／評価

相手のしようとしたことをねぎらい、肯定的に評価する。

❸相手のなかの矛盾や防衛のパターンを取り扱う

矛盾を解決するのはあくまでクライエントであるので、これは支持的な姿勢で行う必要がある。

① 直面化

クライエントが自分の問題を直視できるようにする。

② 対決

クライエントの言動と感情のずれに気づき、向きあえるように働きかける。

❹積極的技法

クライエントが新たな行動を起こせるよう促す積極的姿勢のもとで行われる教示、助言、情報提供や説明、自己開示などがある。

① 指示

相手がとるべき行動の方向を示唆する。

② 情報提供

問題解決に向けて現実的に検討するために必要な情報を示す。

③ 自己開示

これはソーシャルワーカーの「ひとりごと」であり、クライエントが話すことを励まし、クライエントの問題解決の参考にしてもらう。

④ 論理的帰結

「もしこうすればああなるだろう」という問題解決の選択を励ますことに使う。

3 必要な視点やアプローチを反映させて面接を行う

Active Learning

ソーシャルワークには多様なアプローチがあります。あなたが興味をもったアプローチについて、どのような場面で活用されるのか調べてみましょう。

精神保健福祉士は、これらの面接技法を基盤として、必要に応じて以下のようなアプローチを意識することが求められる。

❶家族療法的アプローチ

精神疾患のある人やその家族は家族内のストレスに対応し、さまざまな工夫をしている。その工夫が時として問題を継続させ、悪循環や膠着状態を起こしていることがある。その場合の相談面接を行う際は、本人の問題や家族の対応の問題を中心に行うのではなく、そうなっている家族全体を捉える視点をもち、家族のシステムを探索し、その変容に働きかける視点（家族療法的アプローチ★）が必要である。

★家族療法的アプローチ

1950年代から発展した家族という文脈から捉えて支援する対人援助の方法論。特に家族システム論は、家族のストレスを減らすための心理教育や家族システムに働きかけるなど精神科領域の家族支援に影響を与えた。

❷精神分析理論からの視点（主に発達理論と力動的精神医学）

クライエントが強い葛藤状態にある場合には、自己を守るためにそれを回避したさまざまな自己防衛的な反応が面接に現れることがある。こうした反応をフロイトは防衛機制[5)]と呼んだ。

精神保健福祉士は、抑圧・逃避・投射・取り入れ・同一視・退行・反動形成・合理化・否認・昇華などの防衛機制を理解しておくと、たとえば、酒臭をさせている本人が「まったく飲んでいないですよ」という場合（否認）や、こちらは構わないのに本人が「時間をとってもらって本当に悪くて」と頭を過度に下げる場合（投射：自身のほうが時間がない）など、本人の心情に思いを寄せることができる。

また、パーソナリティの問題がある人と面接する折に、その問題が精神保健福祉士との関係に向けられることがある。たとえば、さまざまな境遇から幼児期の発達課題の一つである愛着形成に問題がある人との面接では、約束を守れなかっただけで見捨てられる不安から、その言動を精神保健福祉士に向けることがある。これを心の発達理論から考え、人が心の発達課題をクリアしながら乗り越えようとするときの不可欠な力動であると理解することも重要である。

❸ナラティヴアプローチ

当事者および家族の面接においては、当事者のリカバリーに寄り添う援助姿勢で臨むことが求められる状況がある。そうした面接ではナラティヴアプローチの視点で当事者が生きてきた文脈をドミナントストーリー（思い込んでいる物語）として受けとめ、体験の想起・語り直しの場をつくることによって、オルタナティヴストーリー（それに代わる物語）を育むことに立ち会うことになる。

このアプローチにおいては、当事者世界を大切に聞き、当事者固有の言葉を使い、固まっている物語を対話のなかでほぐし、もう一つのストーリーに協働で気づいていくような面接のプロセスになる。たとえば、親から愛されずに虐待を受けて育ったというドミナントストーリーを語るうちに、そうした境遇を工夫して生き抜いてきた物語に転換されていくことである。

❹認知行動療法的アプローチ

クライエントの認知の変容を図ろうとする技法を認知再構成法という。その苦しい認知を「自動思考」として外在化し、バランスのとれた柔軟な考え方へ変容を図る。このため、面接では不合理な認知を表すメタファ（たとえば「白か黒か」「過度な一般化」等）を活用しながら、その考えから自由になっていくことを目指す。

また、特定の問題状況に対して、改善に向けた具体的な行動の計画を立てたり、そのための考え方を探索する技法を問題解決法という。このモデルに立脚するSST（社会生活技能訓練）が個人面接で行われることもある。また、依存症の再発防止を目的にした面接にこの技法が用いられている。

❺解決志向アプローチ

本人に動機づけがなく、周囲からの圧力で相談や治療に来るクライエントや、複合的な問題のある、キーパーソンのいない家族にアプローチする場合に工夫されたものとして、解決志向アプローチがある。

このアプローチにおいては、当事者が問題について一番よく知っており、解決のために必要な強さと資源をもっていることを前提に、過去や現在のことよりも将来へ、問題にではなく解決のほうへ焦点づけて面接する。問題を解決しようとする自分の強さと能力を発見するための四つの質問を基準に進める。

スケーリングクエスチョン

「最高によいときを10点、最低のときを1点としたら、今は何点ぐらいでしょう？」など、クライエントの見解や印象、予測を1～10の尺度で示してもらい、自身の変化や見通しを語る質問。

コーピングクエスチョン

「大変な状況だったとき、どのように対処したのですか？」と、問題へどのように対応して乗り越えたのか聞くことでクライエントの中の成功体験という資源を発見するための質問。

エクセプションクエスチョン（例外探し）

「その問題がそれほど深刻でなかったときはありますか？」など、現在の状況が存在しなかった場合の状態を特定する、問題への焦点を弱める質問。

ミラクルクエスチョン

「奇跡が起こり、問題が一夜で解決したらどのような状況になると思いますか？」など、未来志向で想像し、目標を特定する質問。

❻動機づけ面接

動機づけ面接★とは「やめたい」「やめたくない」という気持ちの綱引き状態が続いている人に、機関につながりながら両価的な気持ちを丁寧に聞き、行動変容に向かう動機と準備性を高めることを目的とする。依存症の医療現場で断酒を決意していなくても機関につながれるように面接技法が整理された。

具体的には、共感をベースに自分の現状と希望する状態の双方を聞いてその矛盾を広げ、変化の必要を感じるようにすること、その途上に起きる抵抗には意図的に巻き込まれながらも、「変化について語る」（チェンジトーク）機会を設けることなどがある。

★動機づけ面接
ミラー（Miller, W.R.）らが体系化した依存症患者たちへの面接法。断酒を説得するのではなく、人の心の両価性について話しあい、解決のための動機や活力を引き出して援助する。日本の依存症治療領域に大きな影響を与え、活用されている。

❼面接技術の研鑽～まとめに代えて

メンタルヘルス分野における面接は、治療動機づけから始まり、長くリハビリテーションの経過を見守り、継続するカウンセリングが含まれる。また、否認や拒否をスタンダードとしたクライエント層に向けた工夫が求められる。こうした面接は、従来の原則を使った受容と共感を中心とした技術だけでなく、効果性が検証されている新しい面接技術の習得が求められる。当然面接というかかわりの素材である自分自身という道具についても、対人関係の癖や面接の運び方のパターンをよく自覚する必要がある。

ここに挙げなかった、オープンダイアローグ（施策になっていないが当事者に支持されている）を意識したアウトリーチ面接、マインドフルネスや行動療法を意識した面接、司法分野で行われる修復的アプローチを意識した面接、トラウマの影響を考慮するトラウマインフォームドケアを意識した面接など、自分の実践の場に合わせ、学び活かすことが大切である。面接はソーシャルワーク活動の最小単位なのである。

◇引用文献

1）松本俊彦『もしも「死にたい」と言われたら――自殺リスクの評価と対応』中外医学社，pp.20–23，2015.
2）守秘義務の例外的状況8項目の一つとしてタラソフの原則が挙げられている。日本心理研修センター監『公認心理師現任者講習会テキスト［改訂版］』日本心理研修センター，2019.
3）尾崎新『対人援助の技法――「曖昧さ」から「柔軟さ・自在さ」へ』誠信書房，pp.22–43，1997.
4）福原眞知子・A.E.Ivey・M.B.Ivey『マイクロカウンセリングの理論と実践』風間書房，2004.
5）馬場禮子『精神分析的人格理論の基礎――心理療法を始める前に』岩崎学術出版社，pp.48–97，2016.

◇参考文献

・E.H.エリクソン『アイデンティティとライフサイクル』誠信書房，2011.
・森岡正芳編著『臨床ナラティブアプローチ』ミネルヴァ書房，2015.
・P.ディヤング・I.K.バーグ『解決のための面接技法――ソリューション・フォーカス・アプローチの手引き』金剛出版，2016.
・W.R.ミラー・S.ロルニック『動機づけ面接〈第3版〉上下』星和書店，2019.
・D.H.ヘプワース・R.H.ルーニー・G.D.ルーニー・K.シュトローム-ゴットフリート・J.ラーセン，武田信子監『ダイレクト・ソーシャルワークハンドブック――対人支援の理論と技術』明石書店，2017.

● おすすめ

・F.P.バイステック，尾崎新・福田俊子・原田和幸訳『ケースワークの原則［新訳改訂版］――援助関係を形成する技法』誠信書房，2006.

第5節 グループワーク（集団援助技術）

学習のポイント

- グループワークの概念について学ぶ
- 精神保健福祉分野におけるグループワークの意義と方法について学ぶ

1 グループワークの概念

1 グループワークの定義

グループワークは、正式にはソーシャルグループワーク（social group work）と呼ばれ、ケースワーク、コミュニティワークとともにソーシャルワークの主要な方法の一つとして位置づけられている。日本では、社会福祉士および精神保健福祉士の国家資格化に伴い、集団援助技術とも呼ばれている。精神保健福祉相談援助の実践においては、日常的に用いられている専門技術の一つである。

ソーシャルグループワークの定義は、目的、方法、時代背景等によって異なるが、❶ソーシャルワークの専門的技術であること、❷メンバー個々の成長や課題解決にグループの力動が活用されること、❸メンバーの相互作用とプログラム活動を活用すること、❹ソーシャルワーカーが意図的に介入すること、の四つの共通項があることに特徴がある。この四つの特徴によって、単なるグループ活動とは異なる。

2 精神保健福祉分野での導入

アメリカでは、グループワークは1960年代に、「初期的なモデル」として❶ケースワーク的モデル、❷臨床的モデル、❸一般的ソーシャルワーク・モデルの三つに体系化された。❷臨床的モデルは、精神科病院における集団精神療法と情緒障害児施設の児童の治療となる集団生活場面の考え方を福祉施設やキャンプにおける集団処遇として取り入れたものである。集団を個人の治療や発展の場とし、のちに治療的グループワークへと発展していくことになった。

精神保健福祉分野での導入は、リード（Reid, K. E.）によると、1945年にクリーヴランドの州立精神病院においてセツルメント・ハウスで働いていたグループワーカーを活用したのが最初とされている。また、1948年にカンザス州トピーカにある私立の精神科病院、メニンガー・クリニックで運営し始めた外来患者クラブのために1949年になってからグループワーカーが雇用されたという[1)]。

日本では、呉秀三の指示によって巣鴨病院（のちに東京都立松沢病院として移転）で1900年代初頭に開始された作業療法と、その後松沢病院においてカルフォルニア州立精神病院で行われたパイロット・スタディにならって始まった「働きかけ」と呼ばれる院内活動がグループワークの始祖である。アメリカでのグループワークがソーシャルワークの一つの技法として行われていたのに対し、日本では1960年代以降、一部の例外を除いて多職種による試行錯誤のなかで始められ、進められていった[2)]。

2 グループワークの意義

1 援助方法としてグループワークを活用する意義

Active Learning
これまで自分が経験してきたグループをイメージしながら、グループワークの有効性について考えてみましょう。

精神医療におけるグループ活動の黎明期からかかわってきた窪田暁子は、児童相談や非行少年などを対象とした実践的調査やグループワーク研究を重ね、グループワークの発展に貢献したコノプカ（Konopka, G.）の言葉を引用して、生涯を通した人間の発達には他者の存在が不可欠であること[3)]を挙げている。

ヤーロム（Yalom, I. D.）は、グループの治療的因子として、11の因子を挙げている[4)]。

まず挙げられているのは、グループは希望をもたらすということである（❶）。グループに参加することで、メンバーは共感を得て、自分の問題は自分一人のものではないと認識する（❷）。そこでは情報の伝達が行われ、自分の存在や体験が他者の助けとなることを経験する（❸）。参加者は互いに与え合う率直なフィードバックを通じて、自分一人では考えも及ばないようなことに気づき、自分の存在や体験が他者にとって意味のあるものであることを知る（❹）。

グループを通じて社会行動について学び、他の参加者の言動を模倣し（❺）、取り込んでいくことでも社会適応技術が発達する（❻）。誰にも話せないと思っていたことを言葉にし、グループでわかちあうこと、それを受容される経験は参加者の感情に働きかけ、カタルシスとなる（❼）。

また、グループにおける相互作用によって原家族における家族関係が再現され、人間関係のパターンへの気づき、修正が繰り返される（❽）。

グループの中では、生きる意味や孤独、死といった、もともと人間の存在に与えられた永久の葛藤に向きあうこともある（❾）。成功しているグループでは、凝集性（集団としてのまとまり）がある（❿）。精神科の患者は自分の所属する母体を持たない経験をしている人が多く、グループの体験と効果的なかかわり自体が治療的である。グループでは、対人関係の学習が促進されるが（⓫）、そこにはグループの**社会の縮図**としての機能が関係している。

2 生活機能にグループワークでアプローチする意義

わが国における精神障害施策は、社会治安を基盤とした長期入院が行われてきた歴史がある。その結果、疾患による「生活のしづらさ★」に加え、社会的入院★による施設症★5)といった二次的な障害の発生を招いた。

2001 年に世界保健機関（WHO）総会で採択された国際生活機能分類（ICF[6)]）は、機能、活動、参加の三つの「レベル」からなる「生活機能」というプラス面に視点を移し、この生活機能が低下した状態を「障害」と捉える生活機能構造モデルである。

精神障害のある人の社会復帰をこの ICF の視点で捉えると、他者との関係において顕在化する「機能や構造の障害」「行動の自由に対する活動制限」「社会活動への参加の制約」は、いずれも集団生活を通して明らかになるものであり、グループワークを通じて回復支援が可能になる[7)]とする見解もある。ICF でいう「環境因子」には、人的、社会環境も含まれる。また、メンバーと他者ないし環境との相互作用の再建あるいは構築を生活の回復とし、生活の回復を援助することが精神科グループワークの課題である[8)]とも考えられる。

★生活のしづらさ
「生活の仕方のまずさ」「人づきあいのまずさ」「就労能力の不足」「生活経過の不安定さ」「生きがいのなさ」など。

★社会的入院
入院による治療の必要がなくなっても社会的な要因によって退院できずに入院生活が続くこと。

★施設症（institutionalism）
治療を理由として拘束的状況を永続させることにより、患者を受身的・依存的に退行させ、荒廃状況を作り出した施設側の問題を提起した概念。

3 グループワークの方法

グループワークにおける援助目的を達成するために活用される援助媒体は、一般的には、❶メンバーとソーシャルワーカーの援助関係、❷メンバー間の相互関係、❸プログラム活動、❹社会資源が挙げられる。

1 メンバーとソーシャルワーカーの援助関係

ソーシャルワーカーには、グループの力を利用して、メンバーが目標を達成し、問題の解決が図られるよう手助けする役割が求められる。ソーシャルワーカーとメンバー関係として捉えることができるとして、❶仲介者（broker）、❷媒介者（mediator）、❸弁護者（advocater）、❹相談参加者（conferee）[i]の四つが挙げられている[9)]。

メンバーとソーシャルワーカーの関係は、相互の信頼感が強いほど有効性が高い。この関係では、ソーシャルワーカーは、援助を行う際の自分の感じ方や人への接し方、価値観などを自覚していること、つまり**自己覚知**も重要である。

2 メンバー間の相互関係

グループには、メンバーとソーシャルワーカーの関係だけでなく、複数の援助関係が存在する。シュワルツ（Schwartz, W.）は、個人と社会の関係を「共生的な相互依存関係」として規定し、「相互援助システム★」として位置づけた。

「相互援助システム」を形成するためのワーカーの方法および視点としては、❶メンバーのもつ問題の同質性と異質性をメンバー自身が認識する、❷問題の事情や背景をメンバー相互に個別化する、❸「今、ここで」の人間関係を強化する、❹メンバー間のコミュニケーションを高める、❺柔軟なグループ構造を構築する、❻ワーカーの役割を変える、の六つがある[10)]。

★相互援助システム
シュワルツによって「ある特定の課題達成に援助を惜しまぬ施設・団体にあって、お互いの存在を必要としている人たち」と定義され、目指すべき理想的なグループの状態とされている。

3 プログラム活動

「プログラム」とは、立案・計画から評価に至るまでのグループでの共通体験の全過程を意味し、個別具体的な活動や行事を「プログラム活動」と呼ぶ。プログラム活動の計画は、目的、目標、メンバー、プログラム、技能、活動過程といった要素からなる。

4 社会資源

社会資源とは、ソーシャルワークを行ううえで、利用者のニーズの充足のために用いられる人的・物的・制度的資源の総称である。ソーシャ

i 「相談参加者（conferee）」とは、目的の達成・問題解決のために、ソーシャルワーカーは専門的理論・技術を、メンバーは知恵と経験を持ちよって、共同して目的達成・問題解決ができるよう「相談」に参加するという役割のこと。

ルワーカーは、グループへの援助活動を計画するにあたり、活用できる社会資源を明確にし、その社会資源の援助の効果や限界について考慮しながら活用する。社会資源が不足する場合は、新たな社会資源を創出することも求められている。

4 グループワークの展開過程

グループワークの展開過程はモデルによって異なるが、シュワルツによる相互作用モデルで用いられる援助過程は、次のように展開される[11)]（**図2-3**）。

❶実践に備え、援助対象を定め、波長合わせを行う**準備期**、❷メンバーとの援助関係の形成、契約の作業を進め、グループの存在意義を確認する**開始期**、❸グループの共通基盤を形成し、グループの相互援助機能を活用して個々の問題解決に向けた取り組みを援助する**作業期**、❹メンバーとともにグループでの経験、参加した意義を振り返り、グループの終結と必要があれば次のグループへの円滑な移行を援助する**終結・移行期**である。

5 精神保健福祉分野におけるグループワーク

トーズランド（Toseland, R. W.）とリーバス（Rivas, R. F.）は、グループが介入対象とするグループのタイプを「課題グループ」と「治

図2-3　グループワークの展開過程

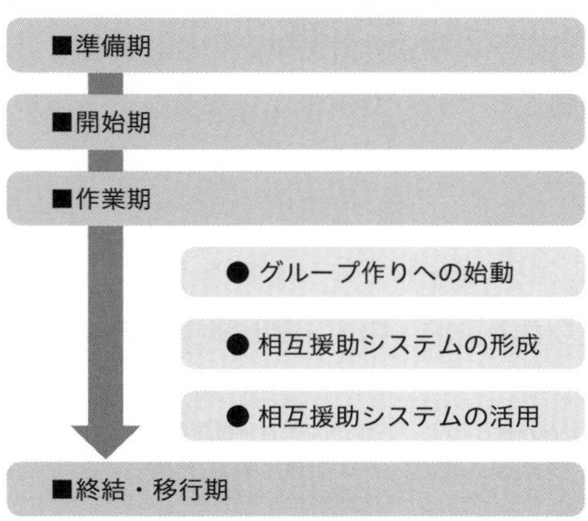

表2-2 「治療グループ」のサブタイプと目的および開催例

サブタイプ	目的	開催されるグループの例
サポート（支持）グループ	メンバーが生活上の困難に対処したり、実際の対処能力を再活性化したりすることができるように援助すること	●精神科病院を退院して間もない人が自分たちの社会復帰について話し合うグループ
教育グループ	メンバーが新しい情報や技能を学習できるように援助すること	●薬の種類や飲み方について学ぶグループ
成長を目指すグループ	メンバーの潜在的能力、気づき、洞察を発展させること	●自尊感情を高めるためのグループ
治療グループ	メンバーが自己の行動を変えたり、一人ひとりのメンバーの個人的な問題に対処したり、身体的、社会的、心理的外傷体験を受けた後に自分自身を回復させることができるようにグループ体験を通して援助すること	●外来患者のための集団精神療法 ●薬物依存問題がある人のための院内グループ
社会化を目指すグループ	メンバーが社会的な技能や社会的に容認されているような行動パターンを学べるように援助し、メンバーがコミュニティで自分の役割を発揮できるようになることを目指す	●SST（社会生活技能訓練）グループ ●施設適応グループ ●レクリエーション活動グループ

出典：R. W. トーズランド・R. F. ライバス，野村豊子監訳『グループワーク入門――あらゆる場で役にたつアイデアと活用法』中央法規出版，pp.30-44を参照のうえ整理・加筆

療グループ」に大別している。「課題グループ」は、組織的な問題への解決策を見出したり、新たな考え方を生み出したり、何らかの意思決定を組織として行うのに用いられる、処遇会議や委員会などを指す。「治療グループ」は、メンバーの社会情緒的ニーズを満たすものであり、**表2-2**のように目的別に五つのサブタイプに分類できる[12)]。

日本精神保健福祉士協会の精神保健福祉士業務指針第3版では、26ある業務の15番目に「グループ（集団）による支援・グループワーク」が挙げられている[13)]。【対象】は「共通の課題やテーマを持つ集団及び問題解決やニーズ充足を目的として形成された集団とその構成員とされ、参加者のニーズと目的に合わせて、多様な目的をもつグループの展開が求められているとも理解できる。

以下に、精神保健福祉分野で活用されているグループワークの技法のうちSSTとWRAPを、今後ますます精神保健福祉士に求められる地域に拓くグループワークの手法として現在注目されつつあるものの一つである沖縄式地域円卓会議を最後に紹介する。

Active Learning
精神保健分野のフィールドでどのようにグループワークが活用されているのか、具体例を調べてみましょう。

1 SST(social skills training)

SST は、社会生活における行動と認知の改善を目的とする社会生活技能訓練である。1950 年代のアメリカにおける脱施設化運動を背景とし、精神障害がある人の地域生活支援を目的にリバーマン（Liberman, R. P.）らが開発し、学習パッケージとして整備された。

1988（昭和 63）年にリバーマンが来日したことを契機に、精神科医とともに、社会福祉学を専門とする研究者である前田ケイらによって東京大学デイホスピタルで実践、研究が始まった。1994（平成 6）年に「入院生活技能訓練療法」として診療報酬に組み込まれ、現在では広く司法・更正分野、教育現場などでも行われている。**表 2-3** は、リバーマンによる基本訓練モデルにおける SST の流れである[14)]。

2 WRAP（元気回復行動プラン）

WRAP とは、wellness recovery action plan の略で、アメリカで精神疾患を患ったコープランド（Copeland, M. E.）氏を中心に作られた元気になり、元気であり続け、なりたい自分になるための、自分でつくる自分のための行動プランである。

2005(平成 17)年に NPO 法人 WRAP 研究会などによって導入され、全国でさまざまな人たちによって展開されている。段階に応じて、「元気に役立つ道具箱」「日常生活の管理プラン」「引き金とプラン」「注意サインとプラン」「調子が悪い時のプラン」「クライシスプラン」「クライシス脱出後のプラン」などのプランを作成していく。自分に合った対処の仕方によってつらい症状を軽減したり、予防したりする実践プランとして位置づけられている。セルフケアのツールであるが、精神科医療機関のグループワークやプログラムとしても取り入れられている。

表2-3　SSTの流れ

(1) 必要に応じてウォーミングアップ
(2) 課題の設定
(3) 場面を設定してロールプレイ
(4) 良いところをほめる（正のフィードバック）
(5) もっとよくなる改善点をあげる（修正フィードバック）
(6) 再度ロールプレイ
(7) 良いところをほめる（正のフィードバック）
(8) 宿題（現実場面でやってみる）

図2-4　沖縄式地域円卓会議の流れ

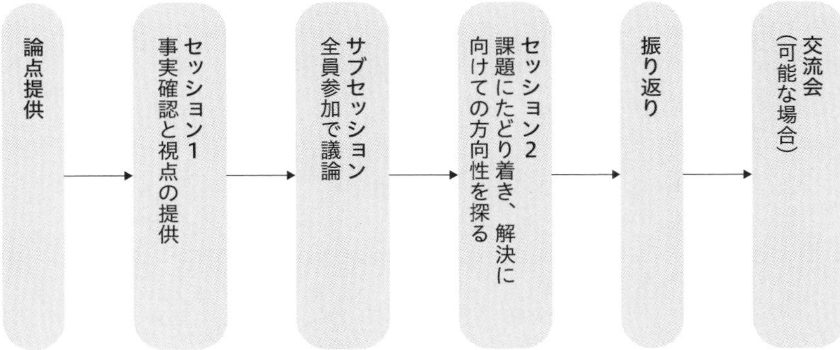

出典：みらいファンド沖縄HPより転載　https://miraifund.org/l_roundtalbes/

3 沖縄式地域円卓会議

精神保健福祉士には、社会復帰、地域定着の促進の役割を期待されている。地域に拓くグループワークの手法の一つとして、沖縄を拠点に、全国で取り組みが行われている「沖縄式地域円卓会議」を紹介する。

「沖縄式地域円卓会議」は、地域社会の課題解決のために開催される「円卓会議」に、会議を見に来た一般来場者も議論に参加するサブセッションを加えた沖縄オリジナルの地域円卓会議[ii]である。関係者が一堂に会し、それぞれの知っている情報を提示し合い、課題の本質にたどり着くことを目的として行われる「今ここにある課題」を本質から共有する対話の場である（**図2-4**）。精神科医療のユーザーが復帰していく「社会」、定着を目指す「地域」との壮大なグループワークの新たな「場」として活用が期待される。

現在、多様なアディクション（嗜癖・嗜虐行動）への依存からの回復支援のスキームとして着目され、「課題共有型“えんたく©”」の手法が開発されつつある[iii]）。

ii　詳しくは、公益財団法人みらいファンド沖縄「地域課題を共有する 沖縄式地域円卓会議 開催マニュアル」を参照。

iii　ATA-net：多様化する嗜癖・嗜虐行動からの回復を支援するネットワークの構築ホームページより、えんたく©の始め方進め方の資料がダウンロードできる。https://ata-net.jp/entaku/

◇引用文献

1）K. E. リード，大利一雄訳『グループワークの歴史――人格形成から社会的処遇へ』勁草書房，pp.162–163，1999.
2）前田ケイ「地域精神医療におけるソーシャル・グループワーク方法」『テオロギア・ディアコニア』第14号，pp.33–57，1981.
3）窪田暁子『福祉援助の臨床――共感する他者として』誠信書房，pp.171–178，2013.
4）Yalom, I. D. & Leszcz, M., *Theory and practice of Group Psychotherapy 5th*, Basicbooks(AZ)，pp.1–105，2005.
5）Wing, J. K., *Institutionalism in mental hospitals*, British Journal of Social and Clinical Psychology，1(1)，pp.38–51，1962.
6）障害者福祉研究会編『ICF 国際生活機能分類――国際障害分類改定版』中央法規出版，p.16，2002.
7）古屋龍太「精神科医療機関におけるグループワーク――精神保健福祉士の専門的視点と課題」『精神保健福祉』第30巻第１号，pp.25–28，1999.
8）尾崎新『対人援助の技法――「曖昧さ」から「柔軟さ・自在さ」へ』誠心書房，pp.143–144，1997.
9）秋山智久「18グループワーカーの機能と役割」福田垂穂・前田ケイ・秋山智久編『グループワーク教室――集団の活用による人間性の回復を探る』有斐閣，pp.72–76，1979.
10）岩間伸之『ソーシャルワークにおける媒介実践論研究』中央法規出版，pp.75–81，2000.
11）久保美紀「ソーシャルワークの専門技術」仲村優一・一番ヶ瀬康子・右田紀久恵監，岡本民夫・田端光美・濱野一郎・古川孝順・宮田和明編『エンサイクロペディア――社会福祉学』中央法規出版，pp.639–640，2007.
12）R. W. トーズランド・R. F. ライバス，野村豊子監訳『グループワーク入門――あらゆる場で役にたつアイデアと活用法』中央法規出版，pp.30–44，2003.
13）日本精神保健福祉士協会「精神保健福祉士業務指針」委員会編著『精神保健福祉士業務指針 第３版』日本精神保健福祉士協会，p.63，2020.
14）福島喜代子「精神保健福祉分野におけるグループワーク――SSTを手がかりに」『ソーシャルワーク研究』第36巻第１号，pp.15–23，2010.

◇参考文献

・M. E. コープランド，久野恵理訳『元気回復行動プラン：WRAP――不快あるいは危険な、身体の症状と感情の激しい起伏を、モニターし、軽減し、解消するためのシステム』道具箱，2009.
・みらいファンド沖縄『地域課題を共有する 沖縄式地域円卓会議 開催マニュアル』2020.
・土山希美枝「政策課題を共有する「話し合い」の場の設計――「自治の話し合い」手法としての沖縄式（課題共有型）地域円卓会議の考察」『龍谷政策学論集』第４巻第１号，pp.55–71，2014.

第6節 アウトリーチ

学習のポイント

- アウトリーチの必要性とソーシャルワーカーの役割について理解する
- アウトリーチにおける当事者等へのアプローチについて考える

1 アウトリーチとは

1 アウトリーチの必要性

近年では、生涯未婚者や高齢者の単身世帯の増加、雇用の流動化や非正規化による無就業者の増加、高齢化や過疎化による地域コミュニティにおける関係性の希薄化などによって、人と社会とのつながりが弱体化し、社会的なつながりが弱い人が増加している。そして、これらの人のなかには、地域で生活していくうえでの問題や課題を抱え、支援を必要としている人もいる。

アウトリーチとは、ソーシャルワーカーや専門家等の支援者が積極的に地域へ出向いて行き、支援が必要な対象者を発見し、対象者の生活状況等の把握やニーズの汲み取りを行いながら、適切な社会資源に結びつけていくような取り組みをいう。

地域で生活する対象者のなかには、自らが福祉サービスを必要とする立場にあると自覚しておらず支援を求めていない人や、精神障害や身体障害等により意思表示が困難な人々もいる。アウトリーチの実践により、このような対象者を地域社会で見過ごさず、潜在化した対象者のニーズを発見し、必要な支援へとつないでいくことが可能となる。また、地域には、精神疾患等により病院や診療所を受診し、必要な医療を継続して受けながら日常生活を送っている人もいる。障害をもっている人や高齢の人に対しては、可能な限り地域とのかかわりをもって生活ができる支援体制を整えることが大切であり、アウトリーチにより、実際に対象者が生活している地域の状況も確認しながら、その地域で生活するうえでの対象者のニーズを具体的かつ丁寧に把握し、対象者の状況に沿った支援計画を作成することは、対象者の地域社会での生活を支援していくうえで重要である。

アウトリーチを行ううえで、支援者であるソーシャルワーカーには、対象者との関係づくりや専門職としての役割が求められる。

2 対象者との関係づくり

アウトリーチは、対象者が生活する場に支援者が出向いて行くものであり、病院・診療所や保健所、各種の事業所等で、対象者が生活する場と切り離して実践するものではない。アウトリーチにおいて、支援者は対象者の生活空間に入らせてもらう立場であり、対象者との関係づくりは不可欠なものである。対象者との十分な関係が構築できていないと、支援者は生活空間への侵入者として対象者から捉えられ、支援者と一緒に自らが望む生活を実現していこうという気持ちになりにくく、対象者のニーズや問題・課題の把握も困難となる。そして、このことがその後の支援の継続や対象者のリカバリーを阻む要因ともなる。対象者との関係づくりの重要性は、ソーシャルワーカーのみではなく、アウトリーチにかかわるすべての職種において認識しておく必要がある。

3 ソーシャルワーカーの役割

アウトリーチにおけるソーシャルワーカーの役割は、まず、支援を行うチームメンバーの一人として、対象者への直接的なアプローチを行うことである。ソーシャルワーカーが対象者の生活する場を訪問し、地域で生活していくうえでのニーズ（住居周辺の状況、食事や清潔等の生活状況、家族との関係性など）を把握・整理したうえで、支援計画の作成や支援の実施、解決までのプロセスを他のチームメンバーと共有していくことが大切である。

次に、他のチームメンバーがアウトリーチをするなかで把握した、社会福祉の課題を抱える対象者に対して、適切な社会資源と対象者が結びつくように必要な調整を行い課題の解決を図るなどの専門性を発揮してかかわるということである。通常の訪問活動では、職種の専門性の枠を超えた生活上の問題への対処が中心となるであろう。しかし、時には各専門職が専門的知識や技術を発揮することを要求される場面があり、ソーシャルワーカーは社会福祉の課題（経済的課題、福祉サービスの利用など）が明らかになった際に課題の解消に必要かつ適切な社会資源を見極め、対象者への丁寧な情報提供を行い、利用に至るよう関係機関等との連絡調整を行うなど、その専門性を発揮して対象者を支援することとなる。

2 必要な支援にアクセスできない当事者および家族へのアプローチ

1 当事者へのアプローチ

地域には、相談の場や利用できるサービスがあることを知らない、家庭内暴力を受けているが訴えることができないなど、さまざまな理由で相談場面に訪れることができない人がいる。

とりわけ、精神障害のある人は、精神疾患の症状により日常生活において人と会うことや外出することができないなどの状況が生じてしまうと、医療を受けることが困難になり、受療中断の状態となる。こうして、さらに症状が増悪し、日常生活の困難が増大するという悪循環に陥ってしまう。このような受療中断者や、自らの意志では受診することが困難な精神障害のある人に対しては、日常生活を送るうえで生活に支障や危機的状況が生じないためのきめ細やかなアウトリーチや相談対応等を行う必要がある。

Active Learning
周囲からは生活上の困難を抱えているようにみえても本人は支援を必要としていないことがあります。その理由を考えてみましょう。

精神障害のある人へのアウトリーチにはさまざまな形態があるが、ここでは以下のものを取り上げる。

❶包括型地域生活支援プログラム（assertive community treatment：ACT）

ACTは、精神科病床を大幅に削減していったアメリカにおいて、退院後に再入院を繰り返したり、退院した人が医療につながらないなどの現象が起きていたことを背景として、1960年代後半にアメリカのウィスコンシン州から発展したものである。日本では、2003（平成15）年に千葉県市川市において日本版ACT（ACT-J）が開始され、その後、各地に広がり展開されている。

ACTでは、生物学的な脆弱性とストレスが与える影響によって精神疾患の発症や再発の危険性が高まるとするストレス脆弱性モデルとリカバリーを重視しており、脆弱性を補うための薬物療法や服薬管理、ストレスを軽減するための環境調整、生じたストレスへの対処に関する支援などにより、再発リスクを減らす介入が行われる。また、利用者が自分の生活について判断し、決定を行う権利と能力を有しているという理解のもと、利用者や利用者を取り巻く環境がもっている強さ（ストレングス）に焦点を当て、地域のなかで自分らしい生活を実現していけるよう支援が行われる。

支援にあたっては、医師、看護師、作業療法士、精神保健福祉士等の専門職によるチームが構成され、医療・保健・福祉による包括的なサービスを24時間365日の体制により当事者の生活の場で提供することができる。

ACTは、精神障害により病院に入院せざるを得なかった人や、頻回に入院を繰り返す重い精神障害のある人が、地域で生活を継続していくための効果的な支援方法となっている。

❷精神科退院前訪問指導（医療機関によるアウトリーチ）

精神科退院前訪問指導は、「入院中の患者の円滑な退院のため、患者等を訪問し、当該患者又はその家族等に対して、退院後の療養上の指導を行う」ものであり、1996（平成８）年に診療報酬★に位置づけられた。

★診療報酬
保険医療機関が保険診療を行った際に、それに要した費用の対価として、保険者から保険医療機関に支払われる費用のこと。精神保健福祉士も医師の指示にて実施した行為の一部が点数化されている。

医療機関の看護師、作業療法士、精神保健福祉士等が、アウトリーチにより､当該患者が退院後に生活する場や周囲の環境を確認したうえで、当該患者やその家族等に対して退院後の療養生活に必要なことなどの指導を行ったり、退院に向けた細やかな調整を可能にするものであり、入院中に原則３回まで算定することができる。

❸精神科訪問看護・指導（医療機関によるアウトリーチ）

精神科訪問看護・指導は、「医師の指示を受けた保険医療機関の保健師、看護師、准看護師、作業療法士又は精神保健福祉士が、精神疾患を有する入院中以外の患者又はその家族等の了解を得て患家を訪問し、個別に患者又はその家族等に対して看護及び社会復帰指導等を行う」ものであり、1986（昭和61）年に診療報酬に位置づけられた。

精神障害をもちながら地域で生活している人が安定した生活を送れるように、医療機関の看護師や精神保健福祉士等が当事者の生活の場である自宅を訪問し、当事者やその家族に対して看護や療養上および社会復帰に関する支援を行うことが可能であり、原則週３回まで（退院後３か月の間に行われる場合は週５回まで）算定することができる。

❹行政機関によるアウトリーチ

精神障害やその疑いがあり、未治療や受療中断等により地域での生活が困難になっているなどの一定の要件を満たした人を対象として、精神科医、看護師、福祉職、心理職等の行政機関の専門職によって構成されたチームが、保健所等と連携してアウトリーチによる支援を行うものである。対象者の要件は地方自治体によって異なっており、アウトリーチ支援を地域の医療機関に委託している場合もある。

❺地域によるアウトリーチ

民生委員法に基づく特別職の地方公務員である民生委員は、地域の見守りや地域住民からの相談対応など、地域を基盤とした活動を行っており、地域で精神障害をもちながら生活している人へのアウトリーチを行っている場合がある。また、地域住民も、日常生活等の手助けを行う支援者として、当事者の生活の場を訪問しているケースもある。

精神障害のある人を地域で支えている場合は、地域の支援者が困難や悩みを抱いたり、当事者の生活状況等の変化に気づいたりした際に、専門の機関等へ相談できる体制を整えておくことが必要である。併せて、ソーシャルワーカーなどの専門性をもった支援者も、地域の支援者や当事者との関係性を構築するよう努めていくことが大切である。

2 家族支援

当事者が相談等の意思表示をすることができず、家族が困り果てて関係機関に電話や電子メール等の方法でメッセージを発信する場合もある。

家族は、日常生活の世話等を行う「生活支援の提供者」として当事者にかかわっている場合が多く、当事者と長い時間をともにすることにより、身体的・精神的な負担を感じている場合もあり、関係機関へ相談することすら億劫になっていることも少なくない。

関係機関のソーシャルワーカーは、家族がやっとの思いで外部に困っていることの意思表示をしていることを理解し、家族にいつでも相談できるという安心感を与えながら信頼関係の構築に努める必要がある。そして、アウトリーチにより当事者や家族の生活状況等のアセスメントを行い、当事者や家族の理解が得られたうえで、当事者にとって必要な支援を提供していくための他機関との調整を行い、支援を実施する。当事者への支援を開始することにより、家族の負担が軽減されることも多いが、家族も病気や障害等をもっていたり、他の問題を抱えているような場合は、家族支援の必要性についても検討し、支援の実施につなげていくことが重要である。

3 支援を求めない当事者へのアプローチ

地域には、客観的には支援が必要と思われるが相談窓口に訪れないなど、当事者が支援を求めていないケースもある。とりわけ、精神障害のある人の場合、自ら相談窓口へ相談に訪れる人は多くなく、実際の生活上の困難もみえないことが多い。このような場合には、家庭訪問等のアウトリーチを通して、実際の生活の場で生活状況やニーズを把握することも必要である。

ただし、家庭訪問等については事前にその必要性を説明し、当事者（必要に応じて家族または当事者が信頼する人）の了解を得たうえで実施することが望まれる。

また、当事者が家庭訪問等を拒否した場合は、無理矢理に実施することはせず、当事者が「話してみてもいい」と思えるまで、必要性等を繰り返し語りかける姿勢が大切である。家族等の当事者が信頼する人物とのかかわりがあれば、その人物からソーシャルワーカーを紹介してもらうことも有効である。

当事者がアウトリーチを受け入れた後も、すぐに当事者と意思疎通が図れるとは限らないため、まずは、訪問や対話を重ねながら信頼関係を構築していくことを優先し、当事者が自身の問題・課題に対する気持ちを表出しやすい雰囲気を作っていくことが必要となる。

4 多問題を含む家族へのアプローチ

地域で生活している人のなかには、その人自身のみならず家族内の複数がそれぞれ問題を抱えている場合もある。身体障害や精神障害、貧困、ひきこもり、介護等の複数の問題を抱え、それらが複雑に絡みあって、ネグレクトや虐待等の家族機能の不全、アルコールや薬物依存等の問題を引き起こしている状態であり、周囲からの理解が得られにくく、当事者は自己肯定感の低下や対人不信などの悪循環に陥ってしまうことになる。

ソーシャルワーカーは、クライエントの問題・課題を、人と環境との接点における相互作用により「生活のしづらさ」が生じているものと捉え、人、環境、人と環境の接点に働きかけを行う。このため、当事者やその家族からの話を傾聴しながら、当事者やその家族自身の情報および家族全体を取り巻く環境について情報収集を行い、複雑に絡みあっている要因を分析し、紐解いていくことが必要である。この過程を経て、当事者やその家族個人と取り巻く環境との間で生じている問題のそれぞれを取り除いていく支援計画を作成し、支援を実施していくことが重要である。併せて、緊急時の介入方法についても他の関係機関を含めて検討しておく必要がある。

なお、複雑に絡みあっている問題は、介入することにより状況がこまめに変化する可能性があることから、ソーシャルワーカーは、当事者やその家族が相談したいときに相談できる体制を整えるとともに、相談があればその状況に応じて適宜支援内容を検討・修正していくことが必要である。

また、自己肯定感の低下や対人不信、過去の経緯等により、相談機関への相談をためらったり、当事者や特定の家族からのみの情報では他の家族の実際の状況がみえてこないこともあるため、当事者や家族の了解を得たうえで、家庭訪問等のアウトリーチにより、実際の生活状況の把握に努めていくことも大切である。

5 社会的孤立とセルフネグレクトへのアプローチ

人は、社会環境のなかに身を置き、家庭、職場、地域コミュニティなど多くの社会資源との接点をもって日常生活を送っている。この接点が少なくなることにより社会的なつながりが弱くなり、その状態（社会的な承認が得られない状態）が長く続くと、孤独感が増加して自尊感情や自己肯定感が低下する。そして、社会的つながりを回復していこうとする意欲がなくなり、さらなる孤立に陥ってしまうことで、ホームレスになったり自殺（孤立死）を図ったりするリスクも抱えている。

また、社会的孤立の深まりが要因の一つとなり、必要な医療や福祉サービスなどを繰り返し拒否する、食事や水分を摂らない、生活環境が著しく不衛生など、「自分自身による世話の放棄・放任」にあたる**セルフネグレクト**の状態となることもある。セルフネグレクトでは、生活行為や心身の健康維持ができなくなっている可能性が大きく、緊急の対応を要するケースもある。

社会的孤立やセルフネグレクトの状態にある人の状況の把握・分析、適切な社会資源へとつなげる支援の方法として、アウトリーチは有効である。しかしながら、権利侵害に関する問題や現行の法整備上の課題、本人の自己決定を尊重する社会背景などから、本人が拒否すれば介入は難しく、早期からの支援が届きにくい状況があり、対応の遅れにつながっている。

このような場合のアウトリーチでは、生命の危機があると判断されるときは救急車を呼ぶなどの緊急対応をすることになる。また、そのような危機的状況ではないが、生命や身体に影響を及ぼす恐れがあると思われるときには、QOL（quality of life：生活の質）の尊重などさまざまな切り口で、時間をかけて繰り返し本人へ語りかけることにより、本人の意識や行動に変化が現れるよう働きかけていくことが重要である。

また、ソーシャルワーカーは、このようなかかわりのなかにおいても、本人が話を始めたら共感的態度で傾聴をし、信頼関係の構築に努めながら、「この状況になっている背景は何か」「生活のしづらさを感じているか、あるいは感じていてもそれを意思表示できないのか」という生活者の視点を忘れず、得られる情報から、生じている問題とその原因の把握や適切と思われる支援の内容について、他の専門職や関係者ともコミュニケーションを図りながら、可能な限り検討する必要がある。

6 障害福祉サービスにおけるアウトリーチ

地域で生活している精神障害等のある人のなかには、障害者の日常生活及び社会生活を総合的に支援するための法律（障害者総合支援法）に基づく障害福祉サービスによる訪問（アウトリーチ）を利用して生活を継続している人もいる。障害福祉サービスによるアウトリーチとしては、以下のものが挙げられる。

❶相談支援専門員による訪問

相談支援専門員は、障害福祉サービスなどの利用計画の作成（計画相談支援）や地域生活への移行・定着に向けた支援（地域移行支援・地域定着支援）、成年後見制度利用に関する支援など、障害のある人が自立した日常生活や社会生活を営むことができるよう全般的な支援を行う。

利用者の居宅を定期または随時に訪問（アウトリーチ）することにより、利用者の生活状況の確認や地域生活を継続していくうえでの課題等を把握し、その内容をサービス等利用計画の作成等の支援に反映させ、利用者が住み慣れた地域での生活を継続できるよう支援を行っていく役割を担っている。

❷訪問による自立訓練

自立訓練には、理学療法、作業療法その他必要なリハビリテーションを行う機能訓練と、入浴、排せつおよび食事等に関する自立した日常生活を営むために必要な訓練を行う生活訓練がある。また、これらの訓練には、障害福祉サービス事業所等で行うものと、利用者の居宅を訪問（アウトリーチ）して行うものがある。いずれの場合も、施設や病院に長期入所または長期入院していた障害のある人などが対象となっている。

入浴、排せつ、食事等の地域で自立した日常生活を営むために必要なことを中心に訓練を行い、地域生活への移行を支援していくものであり、サービスを提供する事業所のスタッフが、必要な訓練と併せて生活等に関する相談および助言や、その他の必要な支援についても実施していく。

❸地域定着支援事業

地域定着支援事業は、「居宅で単身等で生活する障害者であって、地域生活を継続していくための常時の連絡体制の確保による緊急時等の支援体制が必要と見込まれる者について、常時の連絡体制を確保し、障害の特性に起因して生じた緊急の事態等に緊急訪問や緊急対応等の各種支援を行う」ものであり、サービスを提供した事業者に対しては地域定着支援サービス費が支給される。

入所施設や精神科病院から退所または退院した人や、地域で安定した生活を営むことが困難な人などに「見守り」としての支援をアウトリーチなどにより行い、地域での生活の継続を目指すものであり、利用期間は1年以内となっている（ただし、地域生活を継続していくための緊急時の支援体制が必要と見込まれる場合には1年以内で更新可能）。

❹自立生活援助

自立生活援助は、「施設入所支援又は共同生活援助を受けていた障害者等が居宅における自立した日常生活を営む上での各般の問題につき、厚生労働省令で定める期間にわたり、定期的な巡回訪問により、又は随時通報を受け、当該障害者からの相談に応じ、必要な情報の提供及び助言その他の厚生労働省令で定める援助を行う」ものであり、2018（平成30）年の障害者総合支援法の改正により創設された。

自立生活援助事業所のスタッフが、地域で単身生活を希望する人やすでに地域で単身生活をしており支援が必要な人などに対し、定期的な居宅訪問や随時の対応等により相談・助言等を行うことで、自立した日常生活や社会生活を営むことができるよう支援するものであり、利用期間は1年以内である（ただし、1年を超えてサービスが必要であると認められた場合に限り、1年以内で更新可能）。

❺インフォーマルなアウトリーチ

前掲した障害者福祉サービスによるアウトリーチ以外にも、精神障害等のある人に対し、家族が日常生活を手助けする支援者としてアウトリーチを行っている場合がある。また、民生委員や地域住民も、アウトリーチにより見守りなどを行っていることがあり、ソーシャルワーカーはこうした地域の支援者や当事者との関係性の構築に努めていく必要がある。

◇参考文献

- 高木俊介『ACT–Kの挑戦――ACTがひらく精神医療・福祉の未来』批評社，2008.
- 「アウトリーチで変わる精神科臨床サービス」『精神科臨床サービス』第11巻第1号，星和書店，2011.
- 足立叡・佐藤俊一・平岡蕃『ソーシャル・ケースワーク――対人援助の臨床福祉学』中央法規出版，1996.
- F. P. バイステック，尾崎新・福田久子・福田和幸訳『ケースワークの原則』誠信書房，2006.
- R. W. ロバーツ・R. H. ニー編，久保紘章訳『ソーシャル・ケースワークの理論――７つのアプローチとその比較 1』川島書店，1985.
- Z. T. ブトゥリム，川田誉音訳『ソーシャルワークとは何か――その本質と機能』川島書店，1986.
- 北島英治・副田あけみ・髙橋重宏・渡部律子『ソーシャルワーク実践の基礎理論』有斐閣，2002.
- 柏木昭編著『新精神医学ソーシャルワーク』岩崎学術出版社，2002.
- L. C. ジョンソン・S. J. ヤンカ，山辺朗子・岩間伸之訳『ジェネラリスト・ソーシャルワーク』ミネルヴァ書房，2004.
- 武田健・荒川義子編著『臨床ケースワーク――クライエント援助の理論と方法』川島書店，1986.
- 谷中輝雄『生活支援――精神障害者生活支援の理念と方法』やどかり出版，1996.
- B. J. ホルト，白澤政和監訳，所道彦・清水由香編訳『相談援助職のためのケースマネジメント入門』中央法規出版，2005.

第7節 支援の展開（人・環境へのアプローチ）事例分析

学習のポイント

- 実践モデルが実際の精神保健福祉士の実践にどう活用されているかを知る
- エコロジカルアプローチを理解し、その具体的な展開過程を学ぶ
- エンパワメントアプローチを理解し、その具体的な展開過程を学ぶ

一言で「ソーシャルワークにおける実践モデル」といっても、その捉え方はさまざまである。歴史的に概観すると、診断主義ケースワーク、機能主義ケースワークと双方の折衷派が登場した草創期を経て、社会的な問題が噴出し、ソーシャルワークへの批判が集中した1960年代以降、実践理論やモデルは多様化へと向かう。**課題中心アプローチ**、**危機介入アプローチ**、**家族療法アプローチ**などが新たに登場した。

1970年代には、生態学に影響を受けたエコロジカルアプローチ（生活モデル）が提唱され、1990年代には**ストレングス視点**、エンパワメントアプローチ、**ナラティヴアプローチ**といったクライエントの力や視点を尊重するアプローチが隆盛し、それらは日本でも広く知られるところである。多様な社会問題への対応をめぐって、個別の治療に着目した医学モデルの限界が認識され、社会改良★との二者択一が議論された時代から、個人と環境との交互作用に着目した方法論へとその関心が移り変わってきた。

★社会改良
革命や階級闘争を否定し、資本主義社会の社会問題を部分的な修正と漸進的な方法を積み重ねることによって解決することができるという考え方。

本節では、そのなかのエコロジカルアプローチ（生活モデル）とエンパワメントアプローチを取り上げる。

1 エコロジカルアプローチ（生活モデル）の展開

1 エコロジカルアプローチとは

生態学は、生態系における動植物と環境との関係、交互作用に焦点を当てた学問体系である。ジャーメイン（Germain, C. B.）とギッターマン（Gitterman, A.）の『ソーシャルワーク実践のライフモデル』（1980年）によって提唱されたエコロジカルアプローチは、生態学を背景理論とし、医学モデルを基礎とする援助関係・過程から、生活を利用者中心

に据えるパラダイムへの転換を印象づけた。

生態学では、有機体と環境はお互いに影響を与え合い、相手あるいは自身を変化させるという関係性のなかで存在すると考える。その結果、人も交互作用を通して生活を営む存在であり、人と環境はこの交互作用を通して適合しているのである。

2 エコロジカルアプローチの手法

人が生活環境と共存するための能力をコーピングというが、コーピングとは、生活過程で生起するストレス状況においてストレッサーを回避したり、自身が利用可能な社会資源を駆使することによってストレッサーに対抗しようとする対処行動である。

これには、個人の対処資源だけでなく、多様な社会資源や援助技法の活用、ネットワークなども含まれる。そして、環境が人間のニーズに適応することを応答性（レスポンス）と呼び、対処能力が弱かったり応答性が親和しない場合に生活ストレスが発生するとした。問題の発生している人と生活環境の接点（インターフェイス）を明確にし、生活ストレスを生み出しているストレッサーを解明（アセスメント）するものとしている。

また、環境に働きかける役割として、仲介者の役割、代弁者の役割、組織者の役割を強調したが、精神保健医療福祉領域では、精神保健福祉士等が負う役割として捉えられる。

3 受験がきっかけで発病したAさん

それでは、エコロジカルアプローチに基づいた支援の展開を事例から具体的にみていく。

事 例

発症の経緯

Aさんは20歳の男性で、３歳年上の兄と公務員の両親の４人暮らしである。両親は共働きで、小さいときから兄と二人で過ごす時間が多く、仲のよい兄弟だった。兄は成績がよくスポーツも万能で、Aさんはそんな兄に憧れ、いつも後ろをついてまわっているような子どもだったそうである。

兄が有名大学に進学し、Aさんも同格の大学を目指して受験したが、志望校に合格することができなかった。浪人し、勉強を続けたが、成績は思うほどは伸びず、12 月には予備校の教師からもこのままでは志望校に合格するのは難しいと言われた。そのショックで不眠が続き、教師の声が自宅でも聞こえるようになった。「お前はダメなやつだ」「しっかりしろ」というような叱責が聞こえ、教師に見張られているという恐怖感から、外に出られなくなったのである。

部屋にひきこもり、独り言を言うようになったＡさんを心配した家族が無理やり車に乗せて病院に連れていったところ、診察で「これは予備校の先生の陰謀だ」と叫びだし、そのまま医療保護入院となったのである。

入院直後はＡさんも興奮状態が続いたが、治療が進むにつれ、徐々に落ち着きをみせてきた。統合失調症という病名の告知を受けた際にはショックを受けていたが、退院後はデイケアでリハビリテーションを受けることを条件に退院できることになった。

Ａさんへの精神保健福祉士のアプローチ

デイケアでは、Ｂ精神保健福祉士が担当となった。病気になったことで焦燥感や絶望感を覚えている様子で、「こんなところで遊んでる場合じゃなくて、勉強しなきゃいけない」というのがＡさんの第一声であった。幻聴はまだ続いており、主治医に薬の調整を依頼したが、入院中から薬の調整をしてきたが、服薬自体がなくなることは難しいということであった。

定期的に行っている面接のなかで、いろいろな話を聞いたが、優秀な兄と常に比較されてきて、兄のようにならなければ家族のなかで認められないとずっと考えてきたそうである。Ａさんが勉強に固執するのは、家族に認められるには勉強をしなくてはならないという強迫観念からであり、自尊感情の低さが目立った。

利用から１か月が経過した頃、デイケアの家族会があり、Ｂ精神保健福祉士はＡさんの母親と面談を行った。母親の話を聞いても、Ａさんの兄が家族の中心であり、家族の関心事であったことがわかった。Ａさんについてかろうじて聞き出せたエピソードは、兄には芸術的なセンスはなかったが、Ａさんが小学生のとき、絵で賞をもらったときには驚いたという話だった。そこにたどり着いたとき、母親自身もこれまで優秀な兄とＡさんを無意識のうちに比較してしまい、Ａさんと向き合ったことがなかったことに気づいたようであった。

その後、Ａさんの父親と兄にも来院してもらうことができた。両親ともに高学歴で、有名大学に入ることが当たり前という家族のなかの価値観がＡさんのストレスになっていることを理解してもらい、今後は、Ａさんが自分に自信をもてるように、家族でサポートしたいと話してくれた。

それからＡさんにはデイケアのいろいろなプログラムにも出てみて、勉強以外に自分のやりたいことをみつけてみるように勧めた。戸惑いながらではあるが、自分から絵画や工芸のプログラムに顔を出し始めた。すると、プログラム講師や参加したメンバーたちからもＡさんの描く絵に賞賛の声が聞かれるようになった。その評価に後押しされ、家族にしばらくは大学受験のことは考えないことを伝えることができた。また、描いた絵を自宅に持ち帰ったところ、家族に褒められたと顔を輝かせて報告してくれた。

Ａさんは少しずつ自信を取り戻し、自分を非難する幻聴に聞き入ることも少なくなっていった。数か月後、開催された障害者の絵画展にも入賞した。その絵画展に家族で出かけて、Ａさんのお祝いをしてくれたそうである。「自分がこれまでみてきた風景が違ってみえる」というくらい自分の視野が開けたと話しており、今後はパソコンを使ってイラスト作成をすると張り切っている。

Active Learning

Ａさんの事例を読んで、Ａさんを取り巻く環境のストレングス（強み）を探してみましょう。

4 事例分析

❶アセスメント

Ａさんのこれまでの生活状況を見渡したときに、最も大きな影響を与えてきたのは、家族である。そして、一見家族関係は円満であるが、家族との関係性をひも解いたときに、高学歴で優秀な両親と兄という存在そのものがＡさんの焦燥感や挫折感に結びついていることが理解できる。今回、受験の失敗によりＡさんが大きなストレスを抱え、それが、発病の引き金になったことは誰の目にも明らかである。家族は受験に失敗したＡさんを精神科病院に入院させたことにより、家族の中の落伍者というスティグマを彼に与える結果となったのである。

Ｂ精神保健福祉士は、それでも家族の価値観に適合したいという焦りがＡさんのなかにあること、そのプレッシャーがストレスになっていることにＡさんも家族も無自覚だったことが一番の課題だとアセスメントした。

❷介入

そこで、Ｂ精神保健福祉士は、デイケア家族会に参加した母親にまず面接を行った。息子が統合失調症になったことを冷静に受けとめられる親は少ない。精神疾患そのものに偏見をもつ人も多く、現実を受けとめることに苦痛を感じることもある。病気になったことが自分たち家族の責任だと考える人もいる。そんな若い患者の家族に対して、まずは、Ａさんの生い立ちを一緒に振り返ることから話を始めていき、Ａさんの話と照合していったのである。

母親の話は、Ｂ精神保健福祉士の予想どおり、そこそこの大学に入り安定した職を得ることが家族のなかでの当たり前の価値観であり、兄はそれを親の予想以上に完璧にこなしており、同じように育てたのに、どうしてＡさんはこんなことになってしまったのか……というのが母親の気持ちであった。

そこでＢ精神保健福祉士が問いかけたのは、Ａさんはどういう子どもで何が好きで、何が得意だったのかということである。その答えを探そうとした母親は、自分が兄にばかり気を取られ、Ａさんのことを十分に理解してこなかったことに気づいた。父親と兄に対しても、同じように家族のなかで何の疑問もなくもち続けてきた価値観がＡさんを苦しめてきたことを理解してもらうことができた。

この面接を踏まえ、多様なプログラムのなかで、Ａさん自身の興味・関心を広げてもらおうと試みたのである。最初は戸惑っていたＡさんだったが、自分の判断でプログラム選択を行い、評価されたことで、少しずつではあるが、自信を取り戻すことができた。ストレッサーが家族のもつ価値観であったことに家族も理解を示してくれ、Ａさんの意思を尊重し、支えるかかわりをしてくれている。

また、もう一つ重要なことは、服薬内容が変わっていないのに、幻聴が気にならなくなってきたという効果である。環境が変化し、自分が変わっていくなかで、自分を非難する幻聴にもう耳を傾けなくてもよくなったということも一因であろう。

5 人と環境の交互作用の活用

エコロジカルアプローチによって、クライエントの問題や課題を環境との関係性のなかで捉える視点（状況の中の人）が定着した。それは、医学的な治療のみで環境への適応を目指すのではなく、人と環境の交互作用を重視するエコシステム視座によって、人は環境を変えるとともに、環境によって人は変わるという発想に基づいている。その人の生活のしづらさの原因がどこにあるのかを探り、その人が望む生活の実現を精神保健福祉士がサポートしていくのである。

いうまでもなく、人と環境は多様であり、また複雑なものである。その実践を支えるのは、精神保健福祉士の正確なアセスメントであり、クライエントとの信頼関係であることは、他のアプローチと共通しているといえる。人や環境が変化することによって人は変わる、変わっていくことができると、その可能性を信じることもまた、信頼関係を構築するうえで重要な要素であろう。

2 エンパワメントアプローチの展開

1 エンパワメントアプローチの起源

エンパワメントは、アメリカにおける1950年代から60年代の**公民権運動**、黒人に対する差別・偏見を除去するための**ブラック・パワー運動**に始まったといわれている。ソーシャルワークの分野では、ここ2、30年の間に定着したアプローチである。今やその対象は拡大され、幅広い運動と実践が続けられている。

エンパワメントを提唱したのはソロモン（Solomon, B. B.）である。ソロモンは、スティグマ化された人々が否定的な評価によって社会的にパワーレスな状態に置かれている現状から、パワーの障壁を取り除き、パワーを増強していくための援助過程としてエンパワメントを位置づけた。以後、エンパワメントは人種問題に留まらず、女性や子ども、ホームレス、エイズ患者、高齢者、障害者などの社会的弱者を支援していくソーシャルワークの主要な方法論として取り上げられるようになったのである。

2 エンパワメントアプローチの手法

エンパワメントとは、利用者が生活の主体として自己決定能力を高め、自己を主張し、生きていく力を発揮していくことであり、援助者にとっては利用者の潜在する力を肯定的に評価し、力の発揮を促進するあらゆる支援が含まれる。主体性の回復を志向するリカバリー概念、ストレングスやレジリエンスとも関連している。そして、その実践展開の基盤には、クライエントと精神保健福祉士のパートナーシップが必要不可欠である。精神保健福祉士はクライエントに寄り添い、伴走しながらさまざまな情報や知識、スキルを提供して支援する。

また、エンパワメントは、前述したようにマイノリティの権利回復のための運動に端を発しており、個別支援のなかだけで取り上げられているわけではない。1986年11月21日にオタワで開かれたWHOの第1回ヘルスプロモーション国際会議は、すべての人に健康を実現するための活動を求めて、**オタワ憲章**（Ottawa charter for health promotion）を採択した。そのなかで、「コミュニティ活動の強化」として、ヘルスプロモーションが効果を上げていくためにはコミュニティ活動が不可欠なこと、また、組織やコミュニティをエンパワメントするプロセスについて言及している。

エンパワメントアプローチは、ミクロ、メゾ、マクロの各次元に介入し、課題の解決にチャレンジしていく方法論でもあり、アドボカシー活動、コミュニティワーク、ソーシャルアクションなどにも活用されるのである。

3 長期入院から地域に退院したCさん

続いて、エンパワメントアプローチに基づいた支援の展開を事例から具体的にみていく。

事例

相談の経緯

Cさんは58歳の男性で、調理師として働いていた20歳代で統合失調症を発症し、入退院を繰り返してきた。最後の入院が20年前で、その後、両親が相次いで他界し、一人っ子だったCさんはそのまま長期入院となってしまったのである。住民票も病院にあり、生活保護を受給しているので、生活に不自由はないし、開放病棟にいて、日中は特に行動を制限されることもない。時々、もし病気になってなかったら、今頃は孫でもいただろうかと空想することはあるが、病院で一生を終える覚悟はできていた。

そんなCさんが入院している病棟に、突然、外から人が来て、何か話をしてくれるから外出しないで聞くようにと、病棟師長から言われた。みんな何だろうというような顔でデイルームに集まったが、そこに来たのは、隣の市の福祉施設のＤ精神保健福祉士とこの病院から２年前に退院したというＥさんだった。

はじめにＤ精神保健福祉士が入院患者に「長い時間、お待たせしました。皆さんを迎えにきました。退院を希望する方を支援します」と呼びかけた。続いて、Ｅさんが自身のリカバリーストーリーを語り、「自分にもできたので、皆さんにもできるはず。一緒に地域で生きがいを持って暮らそう」と話したのである。

話の後、茶話会となり、最初は怪訝に思っていた入院患者から、次々に質問が出た。Ｃさんも一番心配だった退院先について質問した。Ｄ精神保健福祉士は、病院からいったん少人数で暮らすグループホームに退院してからアパートを探してもいいし、保証人がいなくても貸してくれる物件もあると説明した。両親が死んでから遠のいた「退院」という二文字がもう一度、現実味を帯びて現れ、帰り際に電話番号を渡してくれ、ＤさんとＥさんが握手してくれたとき、目頭が熱くなった。

Active Learning

Ｃさんの事例を参考にしながら、自分が誰かから、何かから力をもらえたと感じた経験があれば、その理由を考えてみましょう。

ピアサポーターとしての活動〜何の取柄もない自分だからできることがある

Ｄ精神保健福祉士とＥさんは、定期的に病棟に足を運ぶようになった。何人かの患者が退院を希望し、そのなかにＣさんの姿もあった。Ｃさんは60歳近くになり、退院することに対して不安もあった。その一つひとつにＤ精神保健福祉士は丁寧に対応し、グループホームへの試験宿泊にはＥさんが同伴した。しかし、Ｃさんは一人で暮らした経験がなく、外泊訓練などでは夜が長く感じられることもあった。Ｄ精神保健福祉士は、「Ｃさんは調理の仕事をしていたことがあるのだから、自炊してみてはどうですか？ お金も浮くし、メニューを考えるのも楽しいし、暇つぶしにはなりますよ」と助言した。

今はスーパーにいろいろな食材があり、Ｃさんはそれをみているだけでも楽しかった。どうしても不安が強くなったときにはＤ精神保健福祉士の所属する事業所が24時間携帯電話で対応した。問題は、日中をどうするかということであった。病院は隣町だが駅から遠く、デイケアに毎日通うのは大変だった。ＣさんはＤ精神保健福祉士の勤務する法人の就労継続支援B型の事業所を見学し、とりあえず下請け作業をしてみることとなった。

駅や銀行でタッチパネルのやり方を学んだり、携帯電話を買ったり、社会の変化に戸惑いながらも、退院してから2、3か月があっという間に過ぎていった。しかし、夜寝る前になると、病棟で長年一緒に過ごしてきた仲間の顔が浮かび、寂しさもあるとのことだった。毎日の生活に充実感はあったが、自分だけがこんな暮らしをしていていいのかという疑問もどんどん膨れ上がるとのことだった。

D精神保健福祉士は、「Cさんも仲間を病院に迎えに行くピアサポーターになりませんか」と誘ってみた。Cさんは、自分は口下手でEさんみたいなことはできないと最初は躊躇していたが、「そんなCさんだからできることがある」という言葉が背中を押した。今では自分が入院していた病棟を訪れ、「何の取柄もなかった僕でも生活できてるんだから、大丈夫」と、仲間に働きかけを続けている。

D精神保健福祉士は、教育委員会や社会福祉協議会にも働きかけ、市内の小中学校で福祉教育の一環としてピアサポーターの活動を広く知ってもらおうと活動を始めた。精神障害に対して正しい理解をしてもらい、退院者が同じ生活者として地域で暮らし続けていける仕組み作りに取り組んでいる。

4 事例分析

❶アセスメント・介入

日本の精神科病院における長期入院者の地域移行の問題は、国策としても大きな課題となっている。2004（平成16）年9月に厚生労働省精神保健福祉対策本部が提示した「精神保健医療福祉の改革ビジョン」以降、長期入院者の地域移行のためのさまざまな施策が実施されている。その実践の一環として、精神保健福祉士とピアサポーターが医療機関と連携しながら、退院支援を進めている事業所も多い。窓口となる精神保健福祉士が長期入院を経験した当事者と一緒に病院を訪問し、グループ療法の一環として退院希望者を募ったり、病院の精神保健福祉士と連携して、退院に向けた個別支援の計画を立てたり多様な実践が行われているのである。

専門職だけが退院を勧めるのではなく、入院経験があり、現在地域で一人暮らしをしているピアサポーターがその経験を語ることで、入院患者のモデルとなる。それは同時に病院スタッフへの啓発となり、退院を希望する患者への後押しとなる。

Ｃさんの場合は、Ｄ精神保健福祉士が以前の職歴を活かして、生活上の楽しみを再発見するような助言をしたり、誰かの役に立ちたいというＣさんの気持ちを受けとめ、「何の取柄もない僕でも退院できた」ことを強みに転換するかかわりを行った。それは、Ｃさんが自分への自信を回復し、もてる力を発揮していこうという意欲を高めることにつながっていったのである。

❷ピアアドボカシーとソーシャルアクション

個人を資源に結びつけることを通して、サービスの拡大に向けた行動を促していくことがソーシャルワーカーの役割でもある。Ｄ精神保健福祉士は、Ｃさんが長期入院している仲間の退院を支援することを支援したが、Ｃさんのピアサポート活動はピアアドボカシー★にも結びつく。また、そうした精神保健福祉士としての実践の広がり自体が、Ｄ精神保健福祉士自身のエンパワメントにもつながり、当事者と精神保健福祉士はそのプロセスのなかでかかわりあいながらパートナーシップを形成していくのである。

★ピアアドボカシー
同じような経験をもつ仲間（ピア）が仲間のために代弁したり、自分の意見が表出できるように励ましたりすること。経験を共有することにより、共感やより現実的な助言を得ることができる。

厚生労働省は、2017（平成29）年に、「精神障害にも対応した地域包括ケアシステム」の構築を目指すことを新たな理念として公表した。実現に向けて、市民の理解と協力を得ていく必要があるが、それは専門家だけが声を発してもなかなか届かない。精神障害者が地域のなかで受け入れられていくには、精神保健福祉士を中心とする専門職とピアサポーターのパートナーシップに基づいたソーシャルアクションが求められているのではないだろうか。

第8節 支援の展開（ケアマネジメント）

学習のポイント

- ケアマネジメントの概要およびプロセスを知る
- ストレングスモデルについて知る
- ストレングスモデルに基づくケアマネジメントの実際を学ぶ

1 ケアマネジメント

1 ケアマネジメントとは

ケアマネジメントにはさまざまな定義がある。マクスリー（Moxley, D. P.）は、「多様なニーズをもった人々が、自分の機能を最大限に発揮して健康に過ごすことを目的として、フォーマル及びインフォーマルな支援と活動のネットワークを組織し、調整し、維持することを計画する人（もしくはチーム）の活動[1]」と定義している。

2 ケアマネジメントの構成要素

ケアマネジメントの構成要素には、①対象者（要援護者）、②社会資源、③ケアマネジャー、④ケアマネジメントの過程、が挙げられる[2]。特に③のケアマネジャーには重要な役割がある。

ケアマネジャーは、対象者のニーズを把握し、ニーズの充足のために必要な社会資源★を選択し連結する。さらに対象者の意思決定支援にかかわり、各社会資源の調整や情報の「ハブ」（中心点）となる。

★社会資源
利用者がニーズを充足したり、問題解決するために活用される各種の制度・施設・機関・設備・資金・物質・法律・情報・集団・個人の有する知識や技術等の総称。社会福祉制度や公的サービスなど、多くの人が利用可能なものは「パブリックな社会資源」であり、家族、友人、地域住民などは「プライベートな社会資源」である。

3 ケアマネジメント過程（プロセス）

障害者ケアガイドラインにおけるケアマネジメントの過程は、以下のとおりである（図 2-5）。

図2–5　障害者ケアガイドラインにおけるケアマネジメントの過程

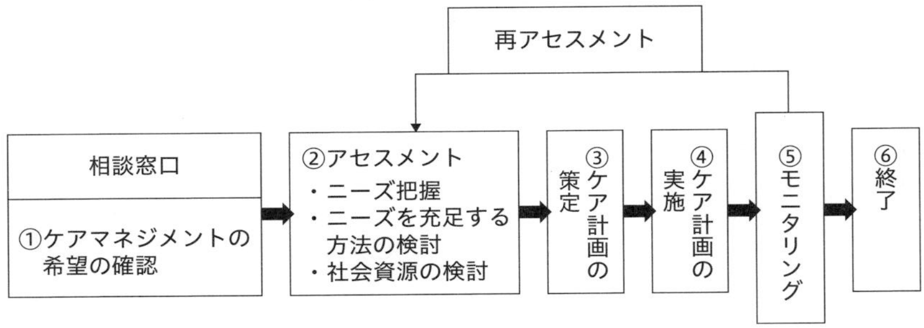

2 ストレングスモデルに基づくケアマネジメント

1 ストレングスモデルとは

従来の支援では、クライエントの否定的側面「弱み」に着目し、「弱み」への治療や改善を行うのが一般的だった。現在、ケアマネジメントによる支援では、本人の「ストレングス」（強み）や「ポジティブな特性」をみつけ、それらを中心にしてケア計画を作成する。

一般的に、クライエントは、機能低下やそれに伴う失敗体験により、自尊心や自己効力感が低下している。ストレングスモデルは「強み」を支援し、成功体験を増やし、自尊心や自己効力感を向上させ、望ましい変化を生む。

ストレングスモデルの効果性について、ストレングスモデルの提唱者であるラップ（Rapp, C. A.）らは、近年の研究成果として「ストレングスモデルが人々の生活に肯定的な違いを創り出すことができることが、研究において少しずつ蓄積され始めているのである[3)]」としている。

ストレングスモデルによる望まれる成果[4)]として、①生活の質、②達成、③有能感、④生活の満足、⑤エンパワメントが促進されるという。また、「リカバリー概念」や「エンパワメントアプローチ」との関連性が深い。

2 ストレングスモデルの視点

ストレングスで注目すべきは、「関心」や「願望」の重要性である。後述する事例では、幻聴などの症状が続いている女性が「ボランティアをしたい」という願望を述べたのに対し、当初、両親は「自分の身辺整理ができるようになってからやりなさい！」と否定的であった。たしかに他者からみれば、そのような意見もあるかもしれない。また、症状の悪化も心配であろう。

しかし、あえてストレングスとして捉えるのである。その目標が現状と乖離していると支援者が思ったとしても、ストレングスモデルに基づいたケアマネジメントでは否定しない。仮に目標を見直すことになる場合も、アセスメント場面や計画策定を支援者と協働するプロセスで、当事者自身で気がついていくことが望ましい。

逆に、支援者からみて、まったく願望がみえない人もいる。初めからないわけでなく、失敗体験から願望をもつことをあきらめてしまっている場合も少なくない。潜在化してしまった願望を、顕在化することも支援のテーマになるだろう。ささやかなものであっても、何らかの願望がかなったとき、自身の能力への自信が生まれてくる。

また、環境面にもストレングスを探すことができる。「社会資源を適切に使える」ことは有益であり、「ワーカビリティ★（workability）」の重要性がみえてくる。

★ワーカビリティ
ワーカビリティは支援者活用能力と訳される。クライエント自身が、社会資源を活用して自らの問題解決に向けて、積極的に関与していく能力を指す。支援者はクライエントのワーカビリティが高まるように働きかける。

3 ストレングスのリスト

ここでは、ストレングスの例として以下を挙げる。

・性格：正直、熱心、意思を貫く、思いやりがある、慎重、決断力、我慢強い、繊細、気さくなど

・技能・才能：記憶力がよい、外国語ができる、イラストが得意、料理が得意、SNSで発信している、車の運転ができる、友人が多いなど

・関心・願望：美味しいラーメン屋を探す、お笑いタレントになりたい、結婚したい、異性の友人が欲しい、海外旅行に行きたいなど

・環境面：快適な家に住んでいる、経済的に安定している、家族仲がよい、ペットに癒される、主治医への信頼感がある、アイドルの後援会に入っている、町内会で活躍しているなど

上記のように、決して特別なものではない。また、通常なら弱点と捉えられるものもある。例示すれば、「お笑いタレントになりたい」との願望は、現実離れしていて「弱み」との見方もあろう。しかし、ストレングスモデルでは、あえて「強み」とするのである。ヘレンケラー（Helen, A. Keller）は「希望は人を成功に導く信仰である。希望がなければ何事も成就しない」と述べている。

3　希望を叶えるために、計画的に障壁を乗り越える

それでは、ストレングスモデルに基づいたケアマネジメントの展開を事例から具体的にみていく。

事 例

事例の概要

Ａさんは、Ｂ精神科病院に統合失調症で入院し、退院後は外来通院と週２回の院内のデイケアに通所している30歳の女性である。主治医の勧めにより、病院の地域支援課（相談室）を訪ねた。

主治医からの情報では、Ａさんは「おまえはダメな奴だ！」との持続的な幻聴に苦しんでいるが、現状、徐々に安定してきている。

Ｃ精神保健福祉士が、Ａさんから相談の動機を聞くと、高齢者施設の対話ボランティア募集の張り紙をみて、やってみたいと両親に再三伝えているが、「何でボランティアにこだわるの？」「自分の身辺整理ができるようになってからやりなさい！」と否定されてしまっているという。

Ａさんは、「本当につらかった」と涙ぐみ、「今後どうしたらよいのか相談にのってほしい」という。

Ｃ精神保健福祉士は、ケアマネジメントによる支援をＡさんに提案し、時間をかけて説明を行った。そして、Ａさんは合意した。

Ｃ精神保健福祉士は、Ａさんの同意を得たうえで、Ｄ精神保健福祉士とともにケア会議に向けた情報収集のため家庭訪問を行うこととした。

アセスメント

・家庭訪問を行った結果、両親が対話ボランティアに賛成しなかった理由は、発病時のＡさんは混乱状態で「自宅２階から身を投げた」ためだった。このエピソードからの不安だと確認できた。
・両親はストレスから再発の危険があるので、ボランティアへの参加は賛成しかねると頑なであった。また、ボランティアにこだわることに対して首をかしげている。
・同病院のデイケアスタッフは、「Ａさんは、楽しい会話をすると

幻聴が軽減されるようだ」とみている。しかし、一方的に話してしまう傾向があること、病状悪化時の対応にも不安があると述べる。

・Aさん自身も「自分のことは億劫だが、他者を手伝うのは好き」と話している。「介護施設でボランティアをしたい」と希望を述べるも、「不器用なので迷惑をかけるのでは……」と不安もある。

情報収集後、主治医、地域支援課（C精神保健福祉士、D精神保健福祉士）、Aさんを知るデイケアスタッフでアセスメント会議を行った。司会はケアマネジャーのC精神保健福祉士が行った。

アセスメント会議の内容

○Aさんの希望「高齢者施設でボランティアをしたい」
○「本人の希望・意思を阻むもの」
①発病時のエピソードから強く反対（両親の意見）
②親への説得材料がない（本人・スタッフの意見）
③ボランティア施設への交渉ができない（本人の意見）
④病状悪化時の対応や体制整備（スタッフの意見）
○Aさんのストレングス（強み）
①「ボランティアしたい」という強い願望
②楽しい会話をすると幻聴が軽減する
③最近症状は減少傾向
※さらに主治医から、Aさんの幻聴の根底には自尊心の低下があり、幻聴の軽減には自尊心の回復が必要との意見があった。

ケア計画案の作成とケア会議

C精神保健福祉士は、上記のアセスメント会議での内容およびAさん、関係者と相談しつつ、ケア計画案を作成した（**表2-4**）。

このケア計画案をケア会議で検討した。特に両親への不安解消のため、ボランティア開始直前から週１回（従来は月１回程度）の診察を行うこと、D精神保健福祉士の携帯電話に相談を随時行えること、夜間の診察や往診も可能であるとした。これは「ハイリスクにはハイサポート」の対応を行うことで、再発リスクを軽減する目的である。

計画の実施

1　短期目標達成への介入

・目標：両親の同意と応援を受ける

Ｄ精神保健福祉士はＡさんの自宅を訪問し、ケア計画書を提示してストレス軽減のための方策と体制整備を伝えた。また、両親の不安を受けとめ、今までの努力を讃えた。そしてＡさんを支える「チーム」としての協力を仰いだ。両親からは「そこまで体制を取ってくれるなら」と了解をいただけた。

最初の障壁が突破され、短期目標達成への介入を行う合意が得られた。

2　中期目標達成への介入

・目標：事前準備と支援体制を構築したうえで試行的に実施

Ｄ精神保健福祉士とＡさんは、ボランティア希望先施設を訪問し、Ａさんの状況を伝え、参加の意向を伝えるとともに「優しさ」「面倒見のよさ」をアピールした。「まず半日から」と試行的開始となる。大きな障壁であったボランティア先の了解が得られたことで、Ａさんの動機がさらに高まった。事前に対話スキルを学ぶために、外来看護師からロールプレイを行った。主治医は外来診察を増やすなど、弾力的な対応を行った。

Ｄ精神保健福祉士は、ボランティア終了後にＡさんの携帯電話や両親に電話を入れるなど、安心感の保障と状況把握に努めた。その結果、試行的実施は成功し、施設から今後も続けてほしいとの希望があった。

１か月後にＡさんとケアマネジャー（Ｃ精神保健福祉士）が面接し、その後ケア会議を行った。ケア会議では短期目標が達成されたことを参加者で共有した。さらに長期目標である週２日安定してボランティアを行うため、活動日数を徐々に増やしていくとの合意が得られた。

3　長期目標達成への介入

・目標：週２日ボランティアを安定して行っている

２か月ほど経過した頃、施設からＡさんの「無断欠勤」の連絡があった。Ｄ精神保健福祉士はＡさんに連絡し、翌日の外来診察後に面接を行った。Ａさんは、ここ数日幻聴も強くなったが、主治医には言わなかったという。「申し訳ないのでボランティアは辞める」と泣き出す。

話し合いの結果、Ａさんは活動の継続を選択し、主治医から頓服用に追加薬を処方された。経過について、本人の了承を得て両親とボランティア先の施設担当者に伝えた。さらに、Ａさんには今後不安なことや体調の変化がある場合は、必ず主治医や支援者に相談するよう再確認を行った。数日後の面接では「辞めなくて本当によかった」と笑顔で述べた。

モニタリング

３か月経過後、ケアマネジャーは面接を行った。週２日のボランティアは順調に継続中である。「高齢者の方々との対話が楽しい。やりがいがある」と満足感を述べる。計画どおりに進んでいることを確認し、支援者間で共有した。

さらに、当初予定の６か月が終了したため、Ａさん、両親を含め、主な支援者が集合し、面接および会議を行った。Ａさんも両親も目標が達成されたことで満足とのことだった。一方で、Ａさんは「将来ホームヘルパーの資格を取得したい」「アルバイト勤務の提案もされている」という。そこで新たなニーズが出現したとして、次の支援計画のため再アセスメントを行うこととなった。

本事例のポイント

Ａさんの一番のストレングスは「ボランティアへの願望」であった。さまざまな障壁がそれを阻んでおり、一つひとつ障壁を支援者と協働して乗り越えた。Ａさんは一時的に迷いも出現し「辞める」と述べたが、支援者はその迷いに寄り添いつつも、「真の希求」を支援した。その支援とは「ハイリスクにはハイサポート」で対応することである。

Active Learning

「自分がＣ精神保健福祉士だったらどのような支援を展開できるだろうか」という視点で、事例を読み込んでみましょう。

表2-4　ケア計画案の概要

目標（達成期間）	目標達成の手段・方法	担当・努力する主体 / 期限
長期目標(半年後) 週２日ボランティアを安定して行っている	・病状変化への対応 ・ボランティア施設との連絡・調整 ・不安なことを相談する	・主治医 / 半年後まで ・D精神保健福祉士 / 半年後まで ・Aさん、両親 / 半年後まで
中期目標(１月後) 事前準備と支援体制を構築したうえで試行的に実施する	・ボランティア施設への連絡・交渉 ・事前に会話スキルを学ぶ ・Aさんの診療体制の整備 ・緊急相談への対応	・Aさん、D精神保健福祉士 / ２週程度後までに ・デイケアスタッフ、Aさん / ３週程度後までに ・主治医、外来看護師 / ２週程度後までに ・相談室、D精神保健福祉士 / ２週程度後までに
短期目標（10日程度後までに） 両親同意と応援を受ける	・両親に同意と応援をもらうため、ケアプランを持参し根拠を提示しお願いする	・Aさん、D精神保健福祉士 /10日程度後まで

4　よりよいケアマネジメントのために

有名な社会福祉活動家であるヘレン・ケラーは、「物事を成し遂げさせるのは、希望と自信です」との言葉を遺している。事例のＡさんは、「ボランティアがしたい」という希望があり、その希望を叶えるために支援を開始した。さらに挫折がありつつも、周りの激励を受けて立ち直り、ボランティアを継続することができた。また、施設の職員や施設利用者からよい評価をもらえたことは、Ａさんにとって大きな自信になったことだろう。

その後、施設からアルバイトでの勤務が提案されている。仮に、最初の支援計画が「苦手なことを克服する」だったらどうだろう。おそらく現在のＡさんはなかったのではないだろうか。ヘレン・ケラーの「物事を成し遂げさせるのは、希望と自信」との言葉はまさに至言であろう。

◇引用文献

1）D. P. マクスリー，野中猛・加瀬裕子監訳『ケースマネジメント入門』中央法規出版，p.12，1994.
2）白澤政和『ケースマネージメントの理論と実際』中央法規出版，p.13，1992.
3）C. A. ラップ・R. J. ゴスチャ，田中英樹監訳『ストレングスモデル――精神障害者のためのケースマネジメント』金剛出版，p.101，2008.
4）同上，p.60

第3章

精神保健福祉分野における家族支援の実際

本章は、精神保健福祉分野における家族支援について理解することを目的としている。精神保健福祉士は、精神障害のある本人はもとより、その家族にも支援を展開する。その際に、家族とは何か、精神障害者の家族はどのような生活上の課題や困難に直面しているのかなどを理解しておくことが重要となる。

そこでまず、精神障害者家族の課題を学ぶ（第１節）。法による家族の位置づけや、根底にある家族主義的福祉、ケアラーのニーズなどを理解したうえで、今まで精神障害者の家族がどのように理解されてきたかという変遷を学ぶ（第２節）。これらの理解をもとに、家族支援の具体的な方法を学んでいく（第３節）。

第1節 精神障害者家族の課題

学習のポイント

- 精神障害者家族を理解する三つの次元を理解する
- 精神保健福祉法と家族について、法の変遷と現状を理解する
- 精神障害者家族のケアラー支援のあり方を考える
- ヤングケアラー問題を理解し、支援のあり方を考える

1 精神障害者家族とは

1 「精神障害者」の「家族」

精神障害者家族とは、いうまでもなく「精神障害者」の「家族」のことである。「精神障害者」の法による定義は、「統合失調症、精神作用物質による急性中毒又はその依存症、知的障害、精神病質その他の精神疾患を有する者」（精神保健及び精神障害者福祉に関する法律（精神保健福祉法）第５条）と記されているので、その家族ということになる。

ただし、近年の精神保健（以下、メンタルヘルス）に関するニーズの高まりから、精神疾患・障害によって医療や福祉の支援を必要とする人だけではなく、医療を受けてはいないがメンタルヘルスのニーズがある人（顕在的あるいは潜在的）への支援の必要性も指摘されている[1)]。

したがって、精神障害者の家族といった場合には、統合失調症や気分障害、依存症などのいわゆる精神疾患のある精神障害者のほか、医療や福祉の支援を受けてはいないが、顕在的あるいは潜在的にメンタルヘルスのニーズがある人の「家族」を含めて広く理解する必要がある。

また、「家族」といっても親、配偶者、きょうだい、子などさまざまな立場がある。同居の場合もあれば､同居していない場合もあるだろう。さらに、親子など血縁の場合も、配偶者など血縁ではない場合もある。ここでは、以上の内容を踏まえて広く「精神障害者家族」と理解する。

2 精神障害者家族を理解する三つの次元

精神障害者家族を理解するにあたり、押さえておきたい三つの次元がある。一つ目は、**図 3-1** のⅠ「ケア提供者・治療協力者としての家族」

図3-1　精神障害者家族の位置づけ

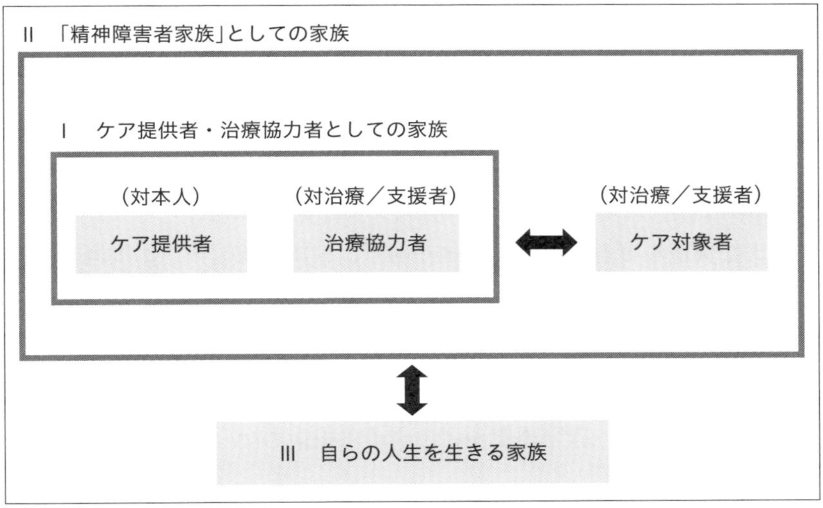

にあるように、法的な義務規定に影響を受けたものである。「**保護者**」制度が廃止となった現在でも、医療保護入院の同意において「家族等」の記述が法的に残されており、「**ケア提供者**」や「**治療協力者**」としての家族の役割は大きい現状がある。

二つ目は、「「精神障害者家族」としての家族」である。上記の「ケア提供者・治療協力者としての家族」を中心としながらもそれだけではなく、さまざまな負担や不安、ニーズを抱える家族を支援対象として位置づける次元である。支援者からすると、家族はケアの担い手でもあり、支援の対象者でもある。家族にはこの両方の立場がある。この次元がケアラー支援である。

三つ目は、「**自らの人生を生きる家族**」である。IIの「「精神障害者家族」としての家族」のなかだけで理解するのではなく、家族が自らの人生を生きる個人として、精神障害者本人との適切な関係性を保ちつつも、本人との関係性に縛られることのない生活や人生を生きる家族としての次元である。

以下では、Iに大きく影響を与える精神保健福祉法と家族の関係、IIに関しては精神障害者家族の現状やニーズを捉えたうえでケアラー支援のあり方をみていく。そして、IIIに関しては、ケアラー支援を超えて何が求められるかについて考えていく。

Active Learning

家族が自らの人生を生きることを支援するために、精神保健福祉士はどのような役割や機能を果たすことができるか考えてみましょう。

2 精神保健福祉法と家族

1 法による家族の位置づけ

精神障害者家族は、近代における最初の精神病者に関する法律「**精神病者監護法**」(1900(明治33)年) 以来、本人の治療・入院等に関する過大な責任を背負ってきた歴史があり、**家族の義務規定**の問題は相当長い歴史的経過を有している。精神障害者家族への支援を考えるにあたってまず理解すべき点が、法における家族の義務規定の歴史理解と、そのことへの問題意識である。**表3-1**は「精神病者監護法」以降、現在に至るまで家族の義務規定がどのように位置づけられてきたのかを示したものである。

表3-1　精神障害者の家族の法的位置づけの変遷

年	法律名	名称	主な法的内容
1900(明治33)年	精神病者監護法	監護義務者	警察へ届出て行政の許可を得て監置する責任と権限、監護費用の負担
1950(昭和25)年	精神衛生法	保護義務者	私宅監置廃止 保護義務者制度の創設、保護義務者の義務として、治療を受けさせる義務、自傷他害を起こさないよう監督、財産上の利益保護、診断や医療について医師に協力、医療を受けさせるにあたり医師の指示に従う、退院・仮退院の引き取り義務、本人が入院拒否しても家族の同意によって入院できる(同意入院)
1965(昭和40)年	精神衛生法改正	保護義務者	保護義務者による保護拘束の規定の削除
1993(平成5)年	精神保健法改正	保護者	保護者に名称変更 (追加) 措置解除により退院した場合等において、必要に応じて精神科病院及び社会復帰施設等に対して支援を求めることができる
1999(平成11)年	精神保健福祉法改正	保護者	(削除) 自傷他害防止監督義務の削除、任意入院患者と通院患者の保護義務対象から除外 (追加) 保護者に成年後見制度の保佐人を加える
2013(平成25)年	精神保健福祉法改正	家族等	保護者制度の廃止、家族等*には医療保護入院の同意 *家族等とは配偶者、親権者、扶養義務者及び後見人又は保佐人

出典：以下の文献をもとに作成
- 厚生労働省精神・障害保健課「保護者制度について」第1回保護者制度・入院制度に関する作業チーム, 資料2, 2010.
- 伊藤千尋「第1章 社会制度からみる精神障害者家族」『精神保健福祉領域における家族支援のあり方——統合失調症の子をもつ母親の語りから』萌文社, pp.17-35, 2019.

このように、基本的には1950（昭和25）年の精神衛生法に定められた「保護義務者」制度を中心にそれを修正する形で、精神保健法、精神保健福祉法へと推移し、2013（平成25）年の精神保健福祉法一部改正によって、ようやく「保護者」制度は廃止となった。家族に求められていた義務規定の内容をみると、精神障害者の治療や保護に関して家族にいかに大きな責任と負担が与えられてきたかが理解できる。

2 家族と法的責任

先述したように、現在、保護者制度は廃止となっているが、医療保護入院において入院を最終的に決定するのは精神保健指定医でありながらも、「家族等」の同意が求められる条項は残った。これにより入院後の本人と家族の関係性が悪化し、深刻な軋轢（あつれき）を生むことや家族の心理的負担が増すという状況が、精神衛生法（1950（昭和25）年）の「保護義務者」制度以降、変わっていない現実として重く受けとめる必要がある。

さらに、精神保健福祉法において保護者制度は廃止されたが、民法（第714条）では家族など扶養義務者の監督義務者の責任が定められている。たとえば、何らかの疾患を有していて責任能力がない人が第三者に損害を与えた場合、その監督義務者がなすべき行為をしたかどうかによっては損害賠償の責任を負うことになる。生活全般にわたり監督義務を果たすことが求められる民法上の家族に対する法的義務は検討すべき点が多い。

3 社会福祉に共通する家族主義的福祉

ここまで、精神障害者家族に法の義務規定が重い負担を与えてきた歴史的経過を捉えてきたが、社会福祉全体に視野を広げて考えると、障害児者、要介護の高齢者など、ケアが必要な人に対する社会福祉に共通する問題といえる。

つまり、何らかのケアやサポートが必要な個人がいた場合に、家族内での対処を最大化することが社会から期待され（制度や規範を通して体現される）、それを前提とした施策や支援が補助的に展開されてきたということである。これを一般に家族主義的福祉★という。そして多くの場合、ケアを担う家族は母親や妻、娘など女性というジェンダーに割り振られてきたことは「近代家族★」における家族規範ということができる。ケアを中心的に担う人が社会的に脆弱な立場に置かれやすいという二次的依存★の問題（たとえば「貧困の女性化★」やヤングケアラーの「貧困の

★家族主義的福祉
福祉（ケア）が第一義的には家族の責任としてゆだねられるあり方のこと。エスピン＝アンデルセンの福祉レジーム論の類型のひとつ。

★近代家族
近代社会における家族のあり方のことで、性別役割分業と公私分離（男は仕事、女は家事・育児）がその特徴であり、その様態が人々にあるべき姿として規範化される（家族規範）。

★二次的依存
フェミニズムの立場からキテイ（Kittay, E. F.）やファインマン（Fineman, M. A.）らによって提唱された概念で、ケアを中心的に担う人（多くは女性）が、社会的に脆弱な立場に置かれやすいという問題のこと。

★貧困の女性化
1987年にピアース（Pearce, D.）がアメリカの貧困と女性を結びつけた論文で「貧困の女性化」（Feminization of Poverty）が注目されその後、各国で研究された。性別役割分業により女性は家族（なかでも父や夫、成人した息子）に養われることが社会的な前提とされているため、そこから周辺化された女性（シングルマザー、高齢単身女性）の貧困率が高いこと。

連鎖」）が起こっている現実もある。

大事なことは、家族主義的福祉がもたらすものが、家族の負担の大きさやケアを担う人への影響ということのみならずケアを家族に委ねてきたために、本人主体の支援体制の法的整備が遅れをとってきたことである。

「ケアの社会化」のもと各種の法制度が整備されてきたとはいえ、日本において家族主義的福祉は根強い。今、求められていることは、新たな社会的関係や支援のつながりのなかでケアを必要とする人と家族が、無理なく「家族であること」を支えていく社会的包摂の実践である。

3 精神障害に関連したケアラーのニーズ

精神障害者家族は、どのようなケアラー（支援者）としてのニーズを抱えているのだろうか。「公益社団法人全国精神保健福祉会連合会（みんなねっと）[i]」（以下、「みんなねっと」）による「平成29年度　精神障がい者の自立した地域生活の推進と家族が安心して生活できるための効果的な家族支援等のあり方に関する全国調査」から一部をみていく[2)]。

本人が医療につながり、病院家族会あるいは地域家族会などに所属している家族がアンケートに協力したもので比較的、支援や情報が届きやすい家族による回答結果だが、それを加味したとしても家族の置かれている苦しい実情が浮かび上がる。回答者は親の立場が多く（特に母親）、本人の疾患では通院加療中の統合失調症が多い。

1 本人と家族の生活

全国精神保健福祉会連合会所属の会員等、47都道府県の精神障害者家族を対象にした無記名の自記式質問紙調査（調査対象7130名で回収は3129通、回収率は43.8％）では、本人と家族が同居している割合は76％と非常に高い（**図3-2**）。本人や家族の年齢等を考慮すると、発症からの年数や経過も長いことが推察される。

本人の状態では、精神保健福祉手帳を取得している人は90％、障害者総合支援法の障害支援区分認定を受けている人は12％、サービス利

i　2010（平成22）年に設立された精神障害者家族の全国組織。精神障害者本人と家族が安心して暮らせる社会をめざして機関誌発行、国や行政への働きかけ、普及啓発、相談活動などを展開している。

図3-2　本人と家族の同居状況

本人年齢（年代）

	回答数	%
0～9歳	2	0.1%
10～19歳	12	0.4%
20～29歳	171	5.6%
30～39歳	723	23.8%
40～49歳	1,293	42.5%
50～59歳	517	17.0%
60～69歳	199	6.5%
70～79歳	96	3.2%
80～89歳	25	0.8%
90歳以上	2	0.1%
合計	3,040	100.0

本人との同居状況

	回答数	%
同居している	2,314	75.6%
同居していない	745	24.4%
合計	3,059	100.0

本人との同居家族について

	回答数	%
親	1,949	65.7%
きょうだい	560	18.9%
子	462	15.6%
夫	117	3.9%
妻	97	3.3%
その他	294	9.9%
同居家族はいない（一人暮らし）	254	8.6%
合計	2,966	100.0

出典：平成29年度日本財団助成事業『精神障がい者の自立した地域生活の推進と家族が安心して生活できるための効果的な家族支援等のあり方に関する全国調査 自由記述・分析 平成30年度報告』全国精神保健福祉会連合会 平成29年度家族支援のあり方に関する全国調査委員会，2018.

用で多いのは就労継続支援Ｂ型（28％）である。本人の日中の活動状況（複数回答）は**図3-3**のとおりで、通所の事業利用が67％であった。

家族の精神的な健康状態では、無回答を除くと73％の人が日常的にストレスを感じていた。

図3-3　本人の日中の活動状況

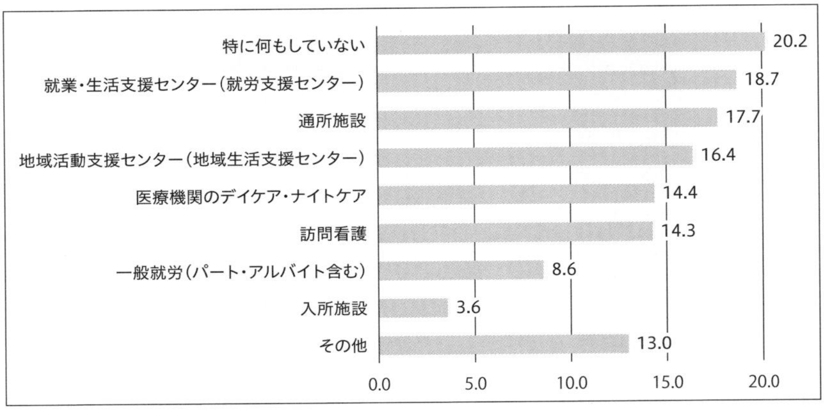

出典：平成29年度日本財団助成事業『精神障がい者の自立した地域生活の推進と家族が安心して生活できるための効果的な家族支援等のあり方に関する全国調査 自由記述・分析 平成30年度報告』全国精神保健福祉会連合会 平成29年度家族支援のあり方に関する全国調査委員会，2018.

2 本人の病状が悪化したとき

本人の病状が悪化したときの状態としては「意思疎通がうまくいかない」(60%)、「家族に暴言を言ったり、暴力がみられるようになった」(51%)、「部屋に閉じこもるようになった」(41%)、「飲食をとらない、眠らないといったことがみられた」(40%) など家族の苦慮がうかがえる。

また、本人の病状が悪化して危機的状況になったときに受けた暴力や暴言の経験は、言葉による精神的暴力 (40%)、身体的暴力 (39%)、激しい暴言 (35%) などであり、これらの状態になったことがないのは27%だった。家族が暴力や暴言を受けることもめずらしくない状況が、本人の症状悪化によってもたらされている現状にあることがわかる。

図3-4　危機的状況での必要な支援

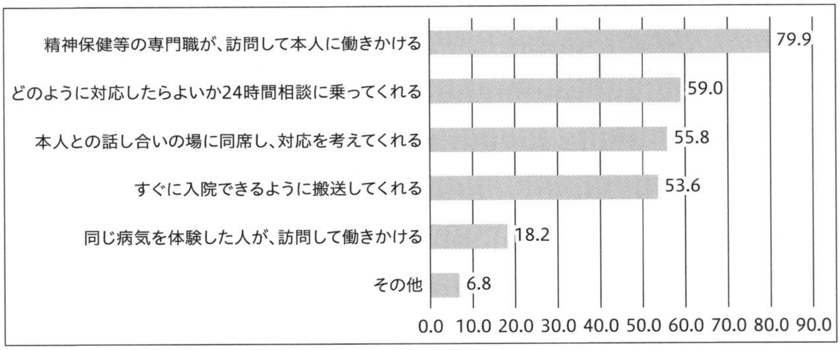

出典：平成29年度日本財団助成事業『精神障がい者の自立した地域生活の推進と家族が安心して生活できるための効果的な家族支援等のあり方に関する全国調査 自由記述・分析 平成30年度報告』全国精神保健福祉会連合会 平成29年度家族支援のあり方に関する全国調査委員会，2018.

危機的な状況において家族が必要と感じている支援は、**図 3-4** のとおりである。

3 調査結果から求められている支援

以上の結果から、「みんなねっと」では、病状悪化時の対策として「急性期精神病状態の予防（再発予防）、急性期精神病状態の本人の精神科受診への支援」が政策的課題であるとし、「①本人および家族を対象に、病状悪化を予防するための服薬管理や疾病教育を医療機関が責任を持って行うこと、②意思疎通困難な急性期精神病の本人に対し、保健所などの行政機関と精神科外来、移送体制整備が必要[3)]」だとしている。

さらに、「みんなねっと」では、2009（平成 21）年度調査結果のもと「わたしたち家族の７つの提言」（2010）をまとめている。現在においても意義ある提言といえ、実現にむけた関係者の取り組みが求められている。

①本人・家族のもとに届けられる訪問型の支援・治療サービス実現
② 24 時間・365 日の相談支援体制の実現
③本人の希望にそった個別支援体制の確立
④利用者中心の医療の実現
⑤家族に対して適切な情報提供がなされること
⑥家族自身の身体的・精神的健康の保障
⑦家族自身の就労機会および経済的基盤の保障

このように、**アウトリーチ**★の支援や本人の病状が悪化したときの柔軟な相談体制、医療とのつなぎ、本人の希望に添った支援が求められている。

これらのニーズに関しては、障害者総合支援法の**地域相談支援**（地域移行支援と地域定着支援）と**自立生活援助**が活用可能である。

地域移行支援は、障害者支援施設や精神科病院等からの地域生活移行を支援するもので、地域定着支援は主として一人暮らしの障害者に対して常時の連絡体制を確保し、障害特性に起因する緊急事態に相談等の支援を提供するサービスである。障害や疾病等のある家族と同居の場合で家族による緊急時の対応が見込めない場合にも利用可能となっている。

また、障害者総合支援法改正により 2018（平成 30）年４月から施行されている自立生活援助は、障害者支援施設や精神科病院等から一人暮らしに移行した障害者で、知的障害や精神障害により理解力や生活力等が十分ではない人や、障害や疾病等のある家族と同居していて一人暮ら

★アウトリーチ
本人・家族等からの相談を待つのではなく、問題や課題を抱えているにもかかわらず支援が届いていない人のところへ出向いて支援していくこと。

しをしようとする人が一定期間利用できるサービスで、居宅訪問での生活支援や随時の相談において支援を受けることができる。

4 ケアラーの支援

1 精神障害者家族の負担やストレスに影響を及ぼす要因

精神障害者と家族の高い同居率は、過去の実態調査からも確認されている。日本では障害者等に対する「住まい」の支援（住宅政策）が非常に限定的であり、家族との同居率の高さを改善する施策が不可欠であるが、同時に家族に対するケアラー支援をニーズに応じたものへと充実させていくことも重要な課題といえる。

なぜ、これほどに家族に強い負担やストレスがかかるのか。その背景にはいくつかの要因を見出すことができる。まず指摘できるのは、長らく続いてきた**法による義務規定**である。そのほか、**疾病特性**（若年が発症好機、再発のしやすさ、長期の経過、対人関係や社会生活への影響の大きさ）も家族への負担を増大させやすい。さらに、精神障害者の医療や生活支援に関する**支援体制の不足**、また、**社会的な偏見の強さ**（精神病や精神障害への偏見）による本人・家族の孤立や、日本社会における**家族役割期待の大きさ**（家族規範の強い社会文化的背景）などがある。

以上を踏まえて、ケアラー支援として重要なことは４点である。

①過剰な負担を強いられている精神障害者家族の状況を理解したうえで個々の経験を理解してねぎらい、家族のニーズを理解すること。

②家族全体を視野に置いた柔軟な**アウトリーチ型支援**によって、適切な知識・情報提供を行いつつ、関係者とともに継続した家族支援体制をつくり、本人の病状悪化時にも積極的に対応すること。

③家族が同じ立場にある他の家族と出会える場をつくること。

④本人主体の支援体制を積極的に進めていくこと。

加えて、一つ留意したいことがある。それは、過剰な負担を強いられている精神障害者家族をさらなる役割期待で追い詰めないように支えることである。家族が、家族役割を過剰に内面化し（自己に取り入れ）、社会から孤立していくことは、家族にとっても本人にとってもよい結果を生まないことは歴史がすでに証明している。

2 ヤングケアラーの支援

ヤングケアラーとは、「家族にケアを要する人がいるために、家事や家族の世話などを行っている、18歳未満の子ども[4)]」のことである。そもそもヤングケアラーの実態や研究は、コミュニティ・ケア政策を展開する1980年代末のイギリスにおいて始まり、それらの影響を受けて日本でも2000年頃から研究者の間でヤングケアラー問題が認識された。

親やきょうだいが精神障害などの場合や、要介護・要支援の祖父母を介護する場合などが想定される。

ヤングケアラーの問題は、ライフサイクルや個々の状況によって異なるが、子の学びや成長に否定的な影響をもたらすこと、遅刻や不登校など子の「問題」とされる状況が恒常化しやすいこと、子の孤立感や劣等感を高めること、問題状況を子が認識しにくいこと、何が起こっているかを言語化しにくいこと、支援が得にくいことなどである。

また、ケアは必ずしも否定的な経験というだけではなく、意味ある重要な経験ともなり得ることが、大人になったヤングケアラーの語りから理解できる。ケアが本人にとって意味ある経験となるために重要なことは、家族全体に視野を置いた具体的な支援と、子どもの経験を共有し理解しようとする仲間や支援者・関係者との出会いである。

ヤングケアラー支援として求められることについて、「成長期の子どもであることを考慮し、その健やかな成長と教育の機会をしっかりと保障したうえで、介護者としての部分をサポートすることがポイントとなってくる[5)]」との見解がある。安心して話せる相手と場所をつくること、ケアの軽減、社会の意識向上が、カギをにぎっているといえる。

Active Learning

日本におけるヤングケアラーについて、その現状を調べてみましょう。具体的な例も調べてみて、精神保健福祉士が支援する際の役割や機能を考えてみましょう。

3 ケアラー支援を超えて

精神障害者家族への支援において大切なのは、家族一人ひとりが「自らの人生を生きる家族」として生活できるよう支えることである。家族はすでに法的にも実態的にも過大な負担や苦悩を抱えている。家族は「精神障害者家族」だけを生きているのではない。一人の人として、生活や仕事を楽しみ、自分の時間や余暇活動をもち、自らの人生を生きている。病気や障害を抱えた本人と家族が良好な関係と適切な距離をもてるように支えていくことも支援者の役割である。

◇**引用文献**

1）精神保健福祉士の養成の在り方等に関する検討会『精神保健福祉士の養成の在り方等に関する検討会 中間報告書』p.9，2019.
2）全国精神保健福祉会連合会・平成29年度家族支援のあり方に関する全国調査委員会『平成29年度 精神障がい者の自立した地域生活の推進と家族が安心して生活できるための効果的な家族支援等のあり方に関する全国調査報告書』全国精神保健福祉会連合会（みんなねっと），2018.
3）同上，p.25
4）澁谷智子『ヤングケアラー――介護を担う子ども・若者の現実』中公新書，p. i，2018.
5）同上，p. v

◇**参考文献**

・全国精神保健福祉会連合会『家族相談ハンドブック』全国精神保健福祉会連合会，2014.
・全国精神保健福祉会連合会『精神障がい者家族相談事例集』全国精神保健福祉会連合会，2016.
・伊藤千尋『精神保健福祉領域における家族支援のあり方――統合失調症の子をもつ母親の語りから』萌文社，2019.
・横山恵子・蔭山正子『精神障がいのある親に育てられた子どもの語り――困難の理解とリカバリーへの支援』明石書店，2017.
・E. F. キテイ，岡野八代・牟田和恵監訳『愛の労働あるいは依存とケアの正義論』白澤社，2010.
・M. A. ファインマン，穐田信子・速水葉子訳『ケアの絆――自律神話を超えて』岩波書店，2009.
・P. Diana, 'The Feminization of Poverty: Women and Welfare', *Urban and Social Change Review*, 11(1-2), 1978.

● **おすすめ**

・中村ユキ『わが家の母はビョーキです』サンマーク出版，2008.

第2節 家族理解の変遷

学習のポイント

- 精神障害者の家族理解の変遷を学ぶ
- 家族病因論の意義と問題点を学ぶ
- 感情表出研究、家族システム論、ストレス・コーピング・モデルを学ぶ
- アルコール依存症の家族について、ジャクソンの7段階説などを学ぶ

本節では、精神障害者の家族理解のための重要な研究に光をあて、その変遷をみていく。

1 家族病因論

家族病因論とは、統合失調症の発病の原因が家族、特に親にあるとする理論で、1950年代から1970年代のアメリカで広く唱えられた。

1 フロム・ライヒマンと統合失調症を作る母

家族病因論の代表的な説はフロム・ライヒマン（Fromm-Reichmann,F.）の「統合失調症を作る母」である。フロム・ライヒマンは「精神分析的精神療法による統合失調症の治療に関する覚書」で、「統合失調症者は、幼児期と児童期の重要な人々、一般的には統合失調症の原因となる母親から経験させられた、初期のはげしい歪曲と拒否によって、いたましくも他人を信ぜず、またうらんでいる（傍点は筆者による）[1]」とした。

この当時、クロルプロマジンのような抗精神病薬はまだ出現しておらず、統合失調症は不治の病とされ、アメリカでは多くの患者が巨大な州立精神科病院に収容され、現在では人権上禁止されるロボトミー手術が盛んに行われていた。フロイト（Freud,S.）を開祖とする精神分析は、それまで主に神経症を対象とし、統合失調症には適用されなかったが、アメリカでは高名な精神科医サリヴァン（Sullivan,H.S.）などが、洞察的精神療法による統合失調症の治療を開始していた。こうした時代に真摯に統合失調症患者と向き合った姿勢は、記憶されるべきだろう。

「統合失調症を作る母」の社会的背景には、20世紀に入り、アメリカの女性の社会的進出があった。世界大戦や世界大恐慌によって、社会は女性の働き手を求め、それまでの家事や育児を中心とした女性の役割が大きく変動した。家事役割を担わない「冷たい」母親や家庭の外で働きたいのに働けない「欲求不満」の母親がその代償に息子に支配的になるために、「統合失調症を作る母」といわれた[2)]。

2 家族病因論としてのダブルバインド説

家族病因論には、ほかにもボーエン（Bowen,M.）の多世代間伝達説やウィン（Whynne,L.C.）の偽相互説などがあるが、ダブルバインド説が有名である。

●ベイトソンのダブルバインド（二重拘束：double bind）説

ダブルバインドはアメリカの文化人類学や精神医学の研究者ベイトソン（Bateson,G.）によって生み出された概念である。

たとえば､親が子どもに「おいで」と（言語的に）言っておきながら、子どもが近寄ると突き飛ばす（非言語的であり、最初の命令とは階層が異なるため、矛盾に気づかない）。呼ばれてそれを無視すると怒られ、近寄っても拒絶される。これが習慣化すると、子どもは次第にその矛盾から逃げられず疑心暗鬼となり、家庭外をそのような世界と認識し、他人に対しても同じように接する。そして統合失調症を発症する[3)]。

3 家族病因論のその後

家族病因論はその後衰退した。一つには、理論的基盤であった精神分析による統合失調症の治療が成果を上げなかったからである。もう一つの要因は、クロルプロマジンの発見に始まる抗精神病薬による統合失調症の治療が効果を表し、生物学的な研究が病因論に多大な影響を及ぼしたからである。

実際の臨床場面で「親の育て方が統合失調症の原因ではない」という説明は、親の罪悪感や自責感を解き、周囲や患者本人からの親への責任追及をかわすために大切である。また、責任を感じた親が患者を過保護にするような不適切な関係に陥るのを防ぐ。しかし、「それなら何が原因なのですか？」という家族や本人からの質問には、確かな答えを用意しておかなくてはならない。

2 家族システム論

家族システム論は、一般システム理論からの影響を受けて、家族を個々の家族メンバーが互いに影響を与え合う一つのシステムとして考える理論である。

家族システム論では、一人の家族メンバーに生じた問題は、その人に属する単一の原因に起因するものではなく、家族が互いに影響を与え合うなかで、問題を維持する原因と結果の悪循環を引き起こすと考える。そのため、問題を抱えた家族メンバーを、従来のように患者やクライエントと呼ばず、家族を代表して問題を表現している人という意味で、IP（identified patient：患者と見なされた人）と呼ぶ。

家族システム論では、家族は「生き物」としての恒常性（ホメオスタシス：homeostasis）と変化（モルフォジェネシス：morphogenesis）があると捉え、因果関係を直線的（リニアー：linear）でなく、円環的（サーキュラー：circular）な視点でみる。

システム論には、ダブルバインドのベイトソンの貢献もあり、ベイトソンは1956年に発表した「分裂病の理論の確立に向けて[4)]」によって家族療法への道を開いたと評価されている[5)]。この後、システム論によって家族療法の多彩な流派が発展した。

3 感情表出研究と家族心理教育

1 感情表出研究の始まり

統合失調症の家族理論に画期的な発展をもたらした感情表出[★]（EE：expressed emotion）は、ロンドンの「精神科病院から……退院後に両親あるいは配偶者と生活した患者は、退院後一人で生活した患者より予後が悪かった[6)]」という事実から始まった。

イギリスの研究者たちは「統合失調症の発症の要因は何か」ではなく、「統合失調症発症後は、どのような要因が病気を悪くしたり、よくしたりするのだろうか」と考えた。

★感情表出
感情の表し方（表情、口調、態度など）を指す。ここでは家族の精神障害者に対する接し方に焦点が当てられている。

2 感情表出の内容

感情表出研究を進めたレフ（Leff,J.）とヴォーン（Vaughn,C.）は、次のように感情表出の評価尺度を定めた[7]。それは声の調子、話の内容、仕草などが基準とされ、「批判的コメント・情緒的巻き込まれ過ぎ・敵意・暖かみ・肯定的言辞」の五つの尺度が設けられた。批判的コメントと情緒的巻き込まれ過ぎが統合失調症の再発にとって重要である。

Active Learning

批判的コメント、情緒的巻き込まれ過ぎ、敵意、暖かみ、肯定的言辞について、ここに示されている例を参考にしながら、ほかの例を考えてみましょう。

批判的コメントは、「患者の行動や性格に対して、好ましくないとコメントする陳述、そしてその実現の仕方である」と定義されている。たとえば、「彼が仕事を続けてくれたらねえ。どんな仕事でもよいから」などである。

1976年の研究では、批判的コメントは30％が急性・陽性症状に対するもので、70％が陰性症状の無感情、不活発、感情の欠如と関連していた。家族にとって、陽性症状は異常行動により病気の一部として認識しやすいが、陰性症状は正常行動の欠如として現れるため、患者がやる気になればコントロールできる、性格的特徴として捉えがちであった。

情緒的巻き込まれ過ぎは、家族の報告する行動と面接中の家族の行動によって評価される。報告された行動として、大げさな情緒的反応、自己犠牲と献身的行動、極端な過保護行動がある。面接中の行動として、態度表明、情緒表出、ドラマ化がある。母親の発言の一例として「今考えることはすべて、彼の病気のことよ。それがいつも心にあるの」などである。

敵意は、否定的な感情が、批判的コメントにみられるように、患者の特別な行動や性質ではなく、患者の全体に対して表出される形である。父親の発言の一例として「あいつみたいな奴がそばにいると、息もできないんだよ」などである。

暖かみは、特定の人物に対して面接中に表出された暖かみのみを評価する。声の調子、自発性、思いやり、気遣い、共感、当人への関心などが基準である。たとえば、「みんなとうまくやっているわ。実際、みんな彼を好きなのよ」などの発言である。

肯定的言辞は、患者の行動や性格を賞賛し、是認し、認めるような陳述である。たとえば、「彼女は、本当によく家事をやってくれるよ。すべてきちんと。そして、素晴らしい母親さ。ずっとね」などの発言である。

3 感情表出と再発

感情表出研究では、高い感情表出の家族と患者との直接接触が長い家族の場合、再発率が上がるとされた。低い感情表出の家族では直接接触の時間の長さと再発率に差はなかった。直接接触の時間は週 35 時間以上を「長い」とし、35 時間未満を「短い」とした。

感情表出研究では、薬物療法の役割についても検討された。低い感情表出の家庭の患者は、薬物療法の有無にかかわらず再発率が低かったが、高い感情表出の家庭の患者の再発は、薬物療法を受けた場合のほうが低かった。

感情表出に関する二つの研究をまとめ、家族の感情表出の高いグループと低いグループ、直接接触時間の長さ、薬物療法の三つの要素から、次の図に示す結果となった[8]（図 3-5）。

4 感情表出研究から家族心理教育へ

感情表出は、家族特性として不変ではなく変化することもわかり、家族への心理教育が有効と認められた。特に、陰性症状を「なまけている、やる気を出せばいい」と誤解するのではなく、統合失調症の症状として捉えること、薬物療法の必要性を知ってもらうことが重要とされた。

5 アンダーソンと家族心理教育

アメリカのアンダーソン（Anderson,C.M.）らは、**家族心理教育**★を開発したが、1960 年代初頭には、家族の相互作用を変える治療法を実施し、「成果は上がらず、実際には事態が悪化したこともあった」と振り返っている。アンダーソンが行った家族セッションの記録には、過去

★家族心理教育
精神障害者の家族に対して心理面での配慮を行いつつ、病気や障害についての正しい知識や情報を伝えることにより、生活上の問題や困難によりよい対応が可能となるように支援する方法。個別で行う場合とグループで行う場合がある。

図3-5　統合失調症の 9 か月後の再発率

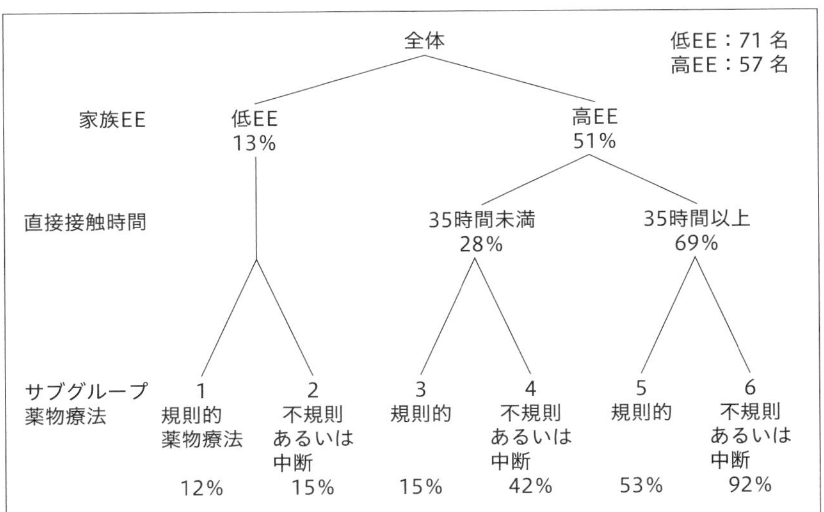

出典：Brownら（1972）とVaughnとLeff（1976a）の研究

の家族療法で傷ついた経験を語る家族が何組も出てくる。

アンダーソンは、「経験の教えるところでは、対決させたり、家族の間に存在するうっ積した感情を表出させせようとしたりする未構造の治療法は問題を生みやすいようである[9]」とまとめている。

6 家族との関係づけ（初回家族評価）・家族心理教育・家族セッション

アンダーソンの家族支援は、一貫してよく構造化されている。インテーク面接は、**家族との関係づけの初回家族評価**として次のように行う。

第１部　危機評価　患者以外の家族の気持ちや要求に焦点を当てる

第２部　疾患および治療に対する家族の反応の評価　疾患の影響や過去に受けた治療に対する家族の反応を聞く

第３部　家族全般についての評価　家族図を取り、世代境界を知り、家族内コミュニケーションや家族と地域社会の関係を明らかにする

家族心理教育は、サバイバル・スキル・ワークショップとも呼ばれ、家族だけのグループとして病院で行われ、１日で次の内容を学ぶ。

❶統合失調症とはどういうものなのか

❷統合失調症の治療（抗精神病薬と心理社会的治療）

❸家族と統合失調症（過剰な刺激を避ける方法や家族の日常生活を平常化するなど）

ワークショップ終了後、患者を含む**家族セッション**が危機のときを除き２～３週間ごとに行われる。

アンダーソンの家族心理教育を中心とした家族支援の理論と方法は、アメリカにおいて1970年代から1980年代にかけて確立されたが、現在でも模範的であるといえよう。

4 ストレス・コーピング・モデル

1 ストレス・コーピング・モデルとは

ストレス・コーピングとは、ストレスへの適切な対処を図ることを意味している。このモデルは、統合失調症者の家族が患者の症状や社会生活の困難さという「ストレッサー」によってストレスを与えられる一方、それを緩和する家族関係、友人関係、専門家のサポートといった社会的サポートの「介入因子」によって、よい影響を受ける。そして、家族が

それらを「評価」し、「対処行動（コーピング）」をとっていき、その結果が家族の「心身の健康状態」に影響を与えるというものである。

ストレス・コーピング・モデルは**図 3-6** のように図式化されている[10)]。

感情表出研究では、家族は患者の再発や悪化を防ぐ支援者として位置づけられたが、やがて「高い感情表出」が家族の属性ではなく、家族の発する危険信号であると認識され、家族もまた患者とともに支援される存在として位置づけられるようになった[11)]。

ストレス・コーピング・モデルに立つジョイス（Joyce,J.）らは、統合失調症の家族の心身の健康状態を改善するためには、家族心理教育により、家族の対処技能を向上するだけでは不十分で、専門家や同じ経験をもつ家族のグループによる社会的サポートが大切であり、長期的には家族の負担感を減少させるとした[12)]。

2 高い感情表出を示す家族とストレス・コーピング

この点に関連して、次のような指摘がある[13)]。

❶高 EE は、慢性疾患患者を身内に抱えたことに伴う一般的な情緒反応で、一種の対処スタイルである。

図3-6 ストレス・コーピング・モデル

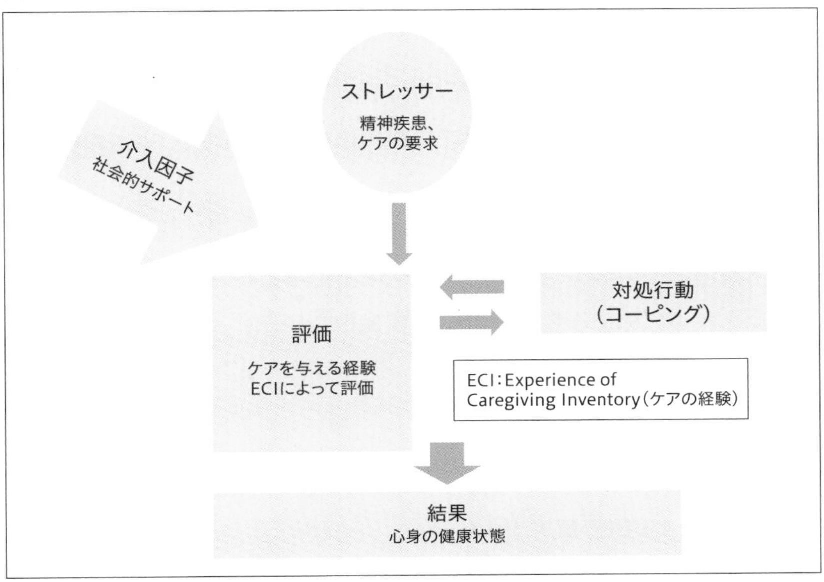

出典：Szmukler, G. I., Burgess, P., Herrman, H., Bloch, S., Benson, A. and Colusa, S., 'Caring for relatives with serious mental illness: the development of the Experience of CaregivingInventory,Social Psychiatry and Psychiatric Epidemiology', *The International Journal for Research in Social and Genetic Epidemiology and Mental Health Services*, 31(3-4), p.139, 1996.をもとに作成

❷高 EE は、病気や症状、治療法、社会資源・対処資源に対する知識・情報の不足によってもたらされる。
❸高 EE は、不慣れな対処方法、不適切な対処技術の結果もたらされる。
❹高 EE は、家族資源の貧困によってもたらされる。
❺高E E は、家族の主観的な生活負担のバロメーターである。

かつては病気をつくる（家族病因論）といわれていた家族は、高い感情表出による再発を防ぐ対応を学ぶようになり、ケアラー（carer）としての十分な支援が必要とされるという位置づけに至った。

5 アルコール依存症の家族研究

1 不安定パーソナリティ説とジャクソンの７段階説

アルコール依存症の家族研究は1950 年代のアメリカで盛んになったが、その対象は夫がアルコール依存症の妻であった。この研究からは、アルコール依存症者の妻にみられる異常性についての不安定パーソナリティ説（disturbed personality theory）が登場した[14)]。

1954 年に社会学者のジャクソン（Jackson,J.）は、それまでの研究を次のように批判した。

❶高い比率で離婚する妻たちを研究対象としていない。
❷アルコール依存症者と同居する妻たちのパーソナリティの困難を、結婚前からか結婚後からかを明らかにしていない。
❸夫のアルコール依存症の回復プロセスに積極的な役割をとった妻たちを研究していない。

そして３年間にわたる調査をもとに、ストレス学説に基づく家族の対応の７段階説を発表した[15)]。ジャクソンは、結婚当時の夫の飲酒は社会的に容認される状態で、妻もそれを問題視しておらず、アルコール依存症者の妻にみられる偏った言動は、夫のアルコール依存症の進行によるストレスの結果であると主張した。

ジャクソンの７段階説

第１段階　問題を否認する試み

夫が飲酒問題を起こしても、妻はそれを正常であると思い、世間でいう「アル中」ではないと否認する。

第２段階　問題を取り除こうとする試み

妻は夫の飲酒が正常ではないと考え始め、どのように対応してよいかわからないなかで、何とか問題を取り除こうとする。

第３段階　解体

妻は夫の飲酒問題の理解と解決をあきらめ、公的機関に助けを求める。

第４段階　問題があるにもかかわらずの再統合の試み

さまざまな危機が生じるので、家族は生き延びるための行動を強いられる。この時点で多くの妻たちが夫と別れる。夫は無視されるか、扱いにくい子どもとみなされる。夫が飲酒問題を認め、入院することもある。

第５段階　問題からの逃避の試み

妻は問題飲酒を続けるような夫、特に暴力をふるう夫はいないほうが家庭はうまくいくと思うようになり、別れることを決心する。

第６段階　（アルコール依存症者抜きの）家族の再統合

妻は飲酒を続ける夫と別れ、夫抜きで家族の再統合を行う。

第７段階　（アルコール依存症者が回復しての）家族の再統合

夫が飲酒をやめて回復に向かえば、夫を含めた家族全体の再統合が行われる。しかし、夫が飲酒をやめた後でも問題は残る。妻は一度引き受けた夫の役割や父親の役割を夫に返すことになるが、夫の再飲酒や回復途上で起こりがちな心身の不調を心配する。ストレス説はアセスメントの基準となるが、第７段階の回復期の過程が不十分だと批判されることがある。

近年、治療への導入や家族と依存症者のコミュニケーションの改善のためのプログラムとして、クラフト（CRAFT：community reinforcement and family training：コミュニティ強化法と家族トレーニング）が紹介されている[16)]。

2 アラノン家族グループとその目的

アルコール依存症家族の支援では、家族の自助グループのアラノン家族グループ（Al-Anon Family Groups）が重要である。

アラノンは、アルコホーリクス・アノニマス[★]（AA：alcoholics anonymous）の共同創設者ビル・W.（Bill Wilson）（もう一人の共同創設者はドクター・ボブ（Bob Smith））の妻ロイス・W.（Luis Wilson）とアン・S.（Anne Smith）によって、1951年に始められた。夫のビルが1935年にAAを始め、アルコール依存症から回復してから16年後であった。日本では1979（昭和54）年に始まった。

アラノンの目的は、次のとおりである。「アラノンの目的は、アルコー

★アルコホーリクス・アノニマス
1935年にアメリカのオハイオ州アクロン市において、２人のアルコール依存症者ビルとボブの出会いから始まり、世界中に広がった、飲酒をやめたいと願う人たちの集う自助グループ。直訳すると「匿名（無名）のアルコール依存症者たち」となるが、略してAAと呼ばれる。日本では1970（昭和45）年に始められた。

ル依存症者の家族を助けることです。私たちは12のステップ★を実践し続けることによって、同じ問題を持った人を慰め理解し、さらにアルコール依存症者の助けとなることができます[17]」

アラノンに参加した家族のよい変化によって依存症者本人の回復に役立つことが期待できる。薬物依存症者の家族のためのナラノン（Nar-Anon）、ギャンブル依存症者の家族のためのギャマノン（Gam-Anon）も同じ機能をもっている。

★12のステップ
AAの草創期のメンバーたちが試行錯誤を経て回復にたどり着いた道程や、酒を飲まない生き方を続けていくうえで取り組むべき姿勢を具体的に記したもの。「生き方のプログラム」「成長のためのプログラム」ともいわれる。

3 イネイブリング（イネイブラー）と共依存

アルコール依存症の家族を論じる際のキーワードにイネイブラー（enabler）・イネイブリング（enabling）と共依存（co-dependency）、そしてアダルト・チルドレン（adult children：ＡＣ）がある。どれも1980年代にアメリカの依存症臨床現場から出てきた概念である。

イネイブラーとは、依存症者である夫が引き起こした問題（たとえば「深酔いで会社を休む」）の責任を肩代わりして（会社に欠勤の電話を夫の代わりに入れる）、依存症者が問題に直面することを妨げて、問題を助長する人（行動はイネイブリング）を指す。

飲酒問題に対する家族の懸命な対応をむやみに非難してはいけないが、イネイブラーを続けていけば、家族の苦しみは増すばかりであり、支援者は「愛情をもって手を放す」対応を勧める。

Active Learning
「愛情をもって手を放す」対応とは、具体的にはどのような対応でしょうか。考えてみましょう。

共依存は、そうした過剰な世話焼きが生き方になってしまい、絶えず依存症者のことが気になり、自分を失ってしまう状態のことを指す。

アダルト・チルドレンとは、アルコール依存症など機能不全家族（dysfunctional family）の家庭で生まれ育った子どもたちが、そのときに身につけた生き延びるための適応の形によって、成人に達してから生きづらさを抱えてしまう人たちのことを指す[18]。

アダルト・チルドレンもイネイブラーと同様に、サバイバルするなかで身につけてきた生き方であるので、本人にはその自覚と生きづらさからの回復を関係者からの支援やグループによる仲間同士の経験の分かちあいによって、進めていくことが望まれる。

◇引用文献

1）Fromm-Reichmann, F., *Notes on the development of treatment schizophrenia by psychoanalytic psychotherapy in Psychoanalysis and Psychotherapy*, 1948.（早坂泰次郎訳「精神分析的精神療法による精神分裂病者の処置の発展に関する覚書」『人間関係の病理学』誠信書房，pp.196-215，1963.）

2）Hartwell, C. E., *The Schizophrenogenic Mother Concept in American Psychiatry Psychiatry* ; Fall 1996 ; 59, 3 ; ProQuest Social Science Journals, 1996.

3）Bateson, G., Jackson, J. Haley, et al., *Towards a theory of Schizophrenia Behaving Science 1*, pp.251-254, 1956.（佐藤良明訳「精神分裂病の理論化に向けて」『精神の生態学』思索社，1990.）

4）Bateson, G., et al., 1956.

5）得津愼子「家族援助における家族のレジリアンスという視点――システム論に基づく家族療法の実例を通して」『関西福祉科学大学紀要』第３号，pp.35-50，1999.

6）Leff, J. & Vaughn, C., *Expressed Emotion in Families*, 1985.（三野善央・牛島定信訳『分裂病と家族の感情表出』金剛出版，1991.）

7）同上

8）同上

9）Anderson, C.M., Reiss, D. J. and Hogarty, G. E., *Schizophrenia and Family*, 1986.（鈴木浩二・鈴木和子監訳，松永宏子・鈴木孝子・村部妙美訳『分裂病と家族――心理教育とその実践の手引き上・下』金剛出版，1988・1990.）

10）Szmukler, G. I., Burgess, P., Herrman, H., Bloch, S., Benson, A. & Colusa, S., *Caring for relatives with serious mental illness: the development of the Experience of Caregiving Inventory, Social Psychiatry and Psychiatric Epidemiology: The International Journal for Research in Social and Genetic Epidemiology and Mental Health Services,* 31(3-4), 1996.

11）牧尾一彦・西尾雅明・小原聡子・大島巌・伊藤順一郎「医療における精神分裂病家族教室の効果――生活者としての家族機能に焦点を当てて」『精神医学』第43巻第8号，pp.841-847，2001.

12）Joice, J., Leese, M., Szmukler, G., *The Experience of Caregiving Inventory: Further evidence Social Psychiatry and Psychiatric Epidemiology* 35(4), pp.185-9, 2000.

13）大島巌・伊藤順一郎・柳橋雅彦他「精神分裂病者を支える家族の生活機能とEE（Expressed Emotion）の関連」『精神経誌』第96号，pp.493-512,1994.

14）Whalen, T., Wives of Alcoholics, *Four Types Observed in a Family Service Agency Q J Stud Alcohol*, 14 (4), pp.632-641, 1953.

15）Jackson, J. K., *The Adjustment of the Family to Alcoholism. Marriage and Family Living* Vol.18, No.4, pp.361-369, 1956.

16）Meyers, R. J. and Wolfe, B. L., *Get Your Loved One Sober Hazelden Foundation*, 2004.（松本俊彦・吉田精次監訳『CRAFT 依存症者家族のための対応ハンドブック』金剛出版，2013.）

17）アラノンとは　www.al-anon.or.jp/about/

18）Black, C., *It Will Never Happen to Me*, 1982.（斎藤学監訳『私は親のようにならない――嗜癖問題とその子どもたちへの影響』誠信書房，2004.）

◇参考文献

・Leff, J. & Vaughn, C., *Expressed Emotion in Families*, 1985.（三野善央・牛島定信訳『分裂病と家族の感情表出』金剛出版，1991.）

・Anderson, C.M., Reiss, D. J. and Hogarty, G. E., *Schizophrenia and Family*, 1986.（鈴木浩二・鈴木和子監訳、松永宏子・鈴木孝子・村部妙美訳『分裂病と家族――心理教育とその実践の手引き 上・下』金剛出版，1988・1990.）

おすすめ

・精神科臨床サービス編集委員会「みんなが元気になれる家族支援Ⅰ」『精神科臨床サービス』第17巻第１号，2017.

第3節 家族支援の方法

学習のポイント

- 家族支援の対象と機能、方法の全体像を理解する
- 家族支援の代表的な方法を理解する
- 家族のリカバリーを理解する
- 家族関係における暴力への介入について理解する

1 家族支援の対象と機能、方法

家族支援とは、家族内で生じている生活問題に対して、家族（相談者や家族全体）の解決能力や対処能力を高めるよう支援を行うことである。家族支援の「機能」と「支援対象」を分類したものが**表 3-2** である。その実践は多様で、この表のように明確に区分できるものばかりではなく、複数の機能を同時にもった柔軟な対応がなされることも多い。基本的な理解の枠組みとして、まずはこれをみていく。

家族支援の機能は、主として五つに分類できる。❶問題解決能力や対処能力を高めるための**相談機能**、❷正しい知識・情報の提供や対処法の選択肢を広げる**心理教育的機能**、❸家族システムへの介入や家族カウンセリングといった主に心理面・関係面への**治療的機能**、❹家族内や他の家族同士の相互支援関係を支援する**相互支援促進機能**、❺家族のニーズに添った制度や施策の改善・発展、社会変革を促すための**開発機能**である。

家族支援の対象は、主として四つに分類できる。一つ目は、❶精神障害者の家族の立場にある人（個人）への**個別支援**で、家族相談はこれが多い。二つ目は、❷同一家族の複数の家族メンバーあるいは全員（**単家族**）を対象にした家族面接を行って支援する場合である。❶と❷は、いずれも必要に応じて利用者本人を含む場合と含まない場合がある。三つ目は、❸同じ問題・課題を抱える異なる家族が複数参加する**複合家族**へのグループを活用した支援（グループワーク）である。四つ目は、❹**グループを組織化**して支援や活動を行う場合である。

このように、家族支援といっても「機能」と「支援対象」はさまざま

表3-2　家族支援の機能と支援対象

機能＼支援対象	①家族の立場にある個人	②単家族（例：夫婦、親子、家族全員）	③複合家族（グループ）	④地域、社会におけるグループの組織化
①**相談機能**（家族の問題解決能力・対処能力の向上）	家族相談	家族相談	家族グループワーク 例：家族教室、家族会	
②**心理教育的機能**（正しい知識･情報の提供と、対処の選択肢拡大）	個別の家族心理教育	単家族の家族心理教育	グループでの家族心理教育	
③**治療的機能**（家族システムへの介入やカウンセリングなど）	家族療法、家族カウンセリングなど	家族療法、家族カウンセリングなど	家族療法、家族カウンセリングなど	
④**相互支援促進機能**（家族内・外での相互支援関係を支援）		家族相談、家族療法など	家族グループワーク 例：サポートグループ、セルフヘルプグループ	家族グループワークの連携、組織化
⑤**開発機能**（家族のニーズに添って制度や施策の改善・発展、社会変革を促すための活動）			家族グループワーク 例：サポートグループ、セルフヘルプグループ	家族のセルフヘルプグループ等による協働活動

で、家族支援の方法も**表3-2**にあるように**家族相談**、**家族療法**、**家族カウンセリング**、**家族グループワーク**（サポートグループやセルフヘルプグループ）、**家族心理教育**などがある。

これらは、ソーシャルワークの共通基盤でもある**生態学**的な視点や**システム理論**（システムズ・アプローチ）――なかでも家族に焦点を当てた**家族システム論**――が有用である。また、近年では**エンパワメント**、**ナラティヴ**、**リカバリー**、**レジリエンス**の理論および概念も実践を導く考え方として注目されている。さらに、利用者主体の**セルフヘルプグループ**への理解や連携も重要である。

以下では、家族支援の代表的な方法と、近年の理論動向から家族支援において重要となるリカバリー概念、さらに大きなトピックスである「家族と暴力」についてみていく。

2 家族支援の代表的な方法

1 家族相談面接

精神保健福祉領域における家族相談面接は、精神障害やメンタルヘルスの問題・課題を抱える人の家族に対する相談面接のことである。共感的傾聴をもとに主訴となる問題・課題を整理し、「全体としての家族」の視点からアセスメントを行って、利用可能な制度・サービスの情報提供や調整・連携を行い、家族の問題解決能力、対処能力の向上を図る。

精神障害やメンタルヘルスの課題を抱えた人の家族は、第1節で述べたように病気や障害に対する偏見を背景に社会的に孤立しがちな状況のなか、比較的長い経過のなかで、自らを責めがちで不安やストレスを抱えている。したがって、家族の思いや苦労を十分にねぎらい、家族の**ストレングス**（力・長所・能力）を引き出し、**エンパワメント**するかかわりを行う。

また、本人主体の自立支援や地域生活支援と並行してなされるように展開することが望ましく、それに向けたかかわりも必要である。

さらに、平常時だけではなく、病状悪化や危機介入が必要な場合には関係者が連携をとり、チームで積極的に支援する訪問支援型の家族支援を行う。近年では、**ACT**★や**オープンダイアローグ**★などの実践が注目されている。

このように、家族相談面接では主に問題解決や対処能力向上のために働きかけていくが、家族システム全体の関係性やコミュニケーションへの介入が必要な場合には家族療法的アプローチに基づく支援を行うことが望ましい。また、病気・障害の正しい知識と対処方法を学ぶことが必要な場合には家族心理教育、さらには他の家族との経験交流的な出会いによって相互支援関係をつくっていくことが有用な場合には、家族のサポートグループやセルフヘルプグループへの紹介など、家族のニーズに応じて支援を行っていく。

2 家族療法的アプローチ

家族療法（family therapy）あるいは**家族療法的アプローチ**とは、家族を相互作用しあう一つのシステムと捉え、家族全体のコミュニケーションに介入していく支援方法である。家族療法の理論は一つではなく、さまざまな理論や学派があるが、最も重要なのがシステム論に基づく家族システム論である。

その最大の特徴は、家族を一つのシステムとして捉え、そこでの相互作用を**円環的認識論**★によって理解する点である。これによると、個人の問題とされてきたこと（たとえば、長引くひきこもり）は、個人を取り巻く家族との関係性のなかで再定義され、家族全体が問題（家族メンバー

Active Learning

家族のストレングスを引き出し、エンパワメントするかかわりとは、どのようなものでしょうか。具体的な方法を考えてみましょう。

★ACT
Assertive Community Treatmentの略。包括型地域生活支援という。日本でも各地で取り組まれている訪問型の治療システム。

★オープンダイアローグ
1980年代にフィンランドの西ラップランド地方のケロプダス病院で始まった対話を中心とする精神科治療のアプローチ。家族支援の知識・技術を有する専門家が訪問の要請を受けて、本人や家族らと対等に話しあうことで支援する。

★円環的認識論
連続した相互作用を捉えていくものの見方で、「原因―結果」を一対一で捉える直線的認識論とは対極にある。

のひきこもり）を含む相互作用を――望むか望まないかは別として――維持してきたと理解する。

つまり、問題の原因追及ではなく、家族というシステムのなかで問題が維持されるような相互作用のパターンがあると考えると同時に、家族外の環境との間においても（学校や友人など）、それらが問題をどう維持してきたのか、あるいは維持してこなかったのかを探るのである。そのうえで、さまざまな技法（ジェノグラム、リフレーミング、問題の外在化など）を用いて問題を維持してきた相互作用を変えていく支援をする。家族の変化する力を信じて原因探しや悪者探しをせず、結果として問題を含まない関係性をつくるという点で実践的な効用がある。

近年では、1980年代の**社会構成主義**★の影響を受け、1990年代には**ナラティヴアプローチ**(narrative approach)や、**ソリューションフォーカストアプローチ**（solution focused approach：解決志向アプローチ）などが登場している。

精神保健福祉領域では、家族の相談から支援が始まることも多く、家族療法的アプローチにおいても、家族の相談内容や不安、思いを丁寧に聞くことから出発する。ジェノグラムやエコマップなどを活用して、本人を含む家族全体がどのような状況に置かれているのか、そして日々、どのようなコミュニケーションや役割、情緒のやりとりがあるのかを具体的なエピソードを聴きながら円環的に理解する。そして家族で共有されている相互作用のパターンや信念などを捉え、どうすれば状況をよくすることができるかについて、相談者とともに考えていく。その際、家族内システムにとどまらず、家族を取り巻くシステム（医療・保健機関、教育機関、福祉機関、職場や親せきなど）への働きかけや活用が目指される。

★社会構成主義
社会構築主義ともいい、客観的かつ絶対的な事実というものに懐疑の目を向け、現実は人々の間でかわされる言葉やその関係性においてつくられると考える認識論。そのため、現実は唯一のものではなく、さまざまに語られ得る。

3 家族心理教育

心理教育（psychoeducation）とは、利用者に正しい病気や障害の知識・情報を伝えるとともに、利用者の置かれている個々の状況や経験、情緒を理解・共有し、適切な対処法の選択肢を広げるためのかかわりである。

家族心理教育は、家族療法の一形態として日本に紹介され、現在は精神保健福祉における「一般的な支援技術と考えられており、また多くの疾患において再発予防に効果が確認されている『**科学的根拠のある実践(Evidence Based Practice; EBP)**』の一つである」とされ、「精神科疾患に限らず、慢性身体疾患、発達障害、不登校やひきこもりといった行動上の問題などにも適応されて[1]」いる。家族の**EE（expressed emotion：感情表出）研究**の成果を踏まえた家族心理教育の有効性が検証されていることから、家族支援の方法として注目される。

家族心理教育は、共通の枠組みとなる三つの要素がある。❶病気や治療法に関する知識を伝達すること、❷家族ケアにかかわる対処方法やコミュニケーション技術を練習すること、❸家族のストレス軽減を行うことである[2]。

対処方法の検討・練習の要素では、ロールプレイやSST、ミーティング（問題解決アプローチによる話し合い）などの方法で対処法を検討する。いずれの要素も、一方向的な支援ではなく参加者の個別状況に応じた質疑・検討や、経験交流などのグループワーク的要素が取り入れられており、**グループワーク**の諸技法が有効である。

グループで行う場合は、開催にあたって対象者の範囲やねらい、頻度や開催回数、開催時間、オープングループかクローズドグループかなどを検討して、事前に利用希望者と参加の目的や状況を個別に確認したうえで実施する。典型的な例としては、月に1回程度、約2時間程度の開催で、メンバー間のface-to-faceの関係が成立する小グループ（数名から20名程度）での開催、スタッフは複数配置で実施する形式が多いと思われるが、目的や状況に合わせて企画することが求められる。

日本では、統合失調症患者家族への標準的な家族心理教育が**国府台モデル**をもとに開発されている[i]。また、イギリスで開発された**メリデン版訪問家族支援**は、本人と家族を全体として支援する行動療法的な単家族心理教育を訪問型で行うものとして日本でも取り組みが始まっている。さらに、近年では精神障害者家族の「**家族による家族学習会**★」の取り組みも始まっている。

★家族による家族学習会
地域精神保健福祉機構（通称：COMHBO：コンボ）らが開発し、現在は公益社団法人全国精神保健福祉会連合会（「みんなねっと」）で普及事業を実施。

4 家族のサポートグループとセルフヘルプグループ

家族支援では、同じような経験をもった他の家族と出会うことで共感しあい、互いの経験やそれに関する情報を得て支えあうことが相談者のエンパワメントにつながる。個別の家族相談で問題解決を図ることは重要ではあるが、他の家族と出会い経験交流することは、孤立しがちな精

i　「心理教育の立ち上げ方・進め方ツールキットⅡ　研修テキスト編」（伊藤順一郎監修、心理教育実施・普及ガイドライン・ツールキット研究会 大島巌・福井里江編集）が出版されている。

神障害者の家族にとって意義が大きい。

このような経験交流や相互支援関係の構築をねらいとして実施されるのが、小グループを用いた家族のサポートグループと、自助組織としてのセルフヘルプグループである。

家族の**サポートグループ**では通常、家族の立場の複数のメンバーを対象に、支援者がグループを運営（ファシリテート）する形態をとって活動を行う。家族のニーズに応じて、自由な雰囲気のなかで話し合いや交流が行われるよう、グループワークにおける**相互作用モデル**★的なかかわりをとることになる。

家族の**セルフヘルプグループ**は自助組織と位置づけられることから、基本的には家族が主体的・自発的に活動を行い運営するグループである。支援者が参加する場合もあるが、側面的な支援にとどまる。セルフヘルプグループは、支援者による専門的知識・技術を基盤とした支援とは違い、メンバーが互いの経験的知識・技術に価値を見出し、互いに支えあう活動である。支援者は、家族にセルフヘルプグループの情報提供を行うとともに、参加を希望した場合には仲介・媒介的な役割を担う。

★相互作用モデル
グループの理論の一つでメンバーの相互支援関係を促進するために支援者が媒介的な役割を担う支援方法。

Active Learning
家族のセルフヘルプに対する支援として、精神保健福祉士が行うことにはどのような支援があるでしょうか。具体的に考えてみましょう。

3 家族のリカバリー

精神保健福祉領域では、近年、さまざまな研究成果からリカバリーという概念が注目されており、この考え方を家族に適用することが有用である。

リカバリーという概念は、アメリカ等の精神保健福祉において1980年代後半から用いられ、1990年代から広く知られるようになった概念である[3)]。アンソニー（Anthony, W.A.）によれば、リカバリーとは精神疾患や精神障害による症状や苦しみが消えたりなくなったりすることではなく、「病気が原因となって生じる制限があるにしろないにしろ、充実し、希望に満ち、社会に貢献できる人生を送ることである。リカバリーは、人が精神疾患からもたらされた破局的な状況を乗り越えて成長するという、その人の人生における新しい意味と目的を発展させること[4)]」だとされる。

リカバリーを志向する精神科リハビリテーションの方法として、**ACT（包括型生活支援プログラム）**、**IPS（個別援助つき雇用）**、**IMR（リカバリーに基づく疾病管理）**、**FPE（家族心理教育プログラム）**、

WRAP（元気回復行動プラン）、ストレングスモデルのケースマネジメントなどがある[5)]。

家族の誰かが精神疾患や精神障害を抱えるという経験は、それ自体が家族にとって大きな困難である。家族はさまざまな内的・外的資源を起動させながら、その困難な状況からリカバリーのプロセスを行きつ戻りつし、それぞれの家族のペースで進むことになる。

また、家族は、個人のレジリエンスを育む環境の一つとして重要な影響をもつと同時に、家族全体としてもレジリエンスを有する。家族レジリエンスとは、「家族がもともとのその家族なりのウェルビーイングな状態に戻る力があると仮定し、家族機能を病理的な面からでなく、健康さの面から捉えること[6)]」である。精神障害者の家族が有するレジリエンスに着目し、その力をさらに発揮できるように支援することが求められる。

4 家族関係における暴力への介入

1 家族と暴力

家族に生じる暴力問題は、子ども虐待、高齢者虐待、障害者虐待、ドメスティック・バイオレンス（domestic violence：DV）などがあり、法整備も進んできた。

家族という親密な関係のなかで長期にわたり継続して問題事象が生じていることが多いため、「原因—結果」「被害—加害」がクリアに分けられるものではなく、時にトラウマ反応★を介しながら、「問題—結果」「被害—加害」の連続性・重層性が生じている。暴力の背景として個人・家族に何が起こっているのか、起こってきたのかを、身体・心理・社会的にアセスメントすることが重要である。そのうえで、危機介入、被害者支援、加害者への心理教育的介入、包括的な生活支援などが展開される必要がある。

★トラウマ反応
暴力下におかれている人は、安全な場面・空間でも危険を感じて怯えたり、誰も信用できないと思い過剰な防衛に出ることもある。またトラウマとなる場面を再演するような行動をとることもある。これをトラウマ反応という。

ここでは、家族などの親密圏で生じる暴力問題への支援として、DV問題への支援（被害者支援／加害者更生プログラム）と、精神障害者による家族への暴力問題への支援についてみていこう。

2 DVに関する被害者支援と加害者更生プログラム

DVとは、配偶者や恋人などの親密な関係にある（または過去にあった）人から振るわれる暴力のことで、身体的暴力、精神的・心理的暴力、性的暴力、経済的暴力、社会的隔離、子どもを使った暴力などがある。

暴力は、親密な人間関係における支配と抑圧のなかで生起し、被害者の心身、ソーシャルネットワークなどに否定的な影響を与え、精神科医療につながるケースや適応障害を生じる場合が少なくない。

国は増え続けるDVの相談件数の実態を受け、2001（平成13）年に「配偶者からの暴力の防止及び被害者の保護等に関する法律」（通称、DV防止法）を制定して改正を加えてきている。

DV被害者支援として特に重要なことは、生じていることがDVだと認識するための知識や情報提供による認知変容と次の3点の支援である[7)]。

❶介入：避難や司法対応の支援、生活の支援など現実課題へ取り組む。

❷希望を示す：暴力からの脱出の選択を支持し予測可能な希望を提示して勇気づける。

❸自責感の払拭：加害者の被害者意識（加害者が暴力の理由として「自分こそ被害者だ」と考えていること）と対になっている被害者の加害者意識（被害者が暴力を受けた理由として「自分が悪かったから」と考えていること）を心理教育的アプローチで変容するように支援する。

他方、まだ十分には広まっていないが、**DV加害者更生プログラム**も実施されるようになってきており、そのねらいは主に二つである。❶加害者としての責任を自覚すること、❷加害の理由として有する強い被害者意識の認知・行動を変容することである。

支援方法は、動機づけ面接法などを用いた認知行動療法的なかかわりが一定期間、定期的に行われる。加害者更生プログラムは被害者支援の一貫としてなされ、被害者の安全が最優先される[8)]。

3 精神障害者による家族への暴力問題への支援

精神障害者の暴力問題は、社会的偏見により強調されがちだが、社会全体の暴力発生率と比較してもその割合は低く、その対象は家族に向きやすいことが知られている[9)]。

精神障害者（主として統合失調症者）による家族への暴力の実態の調査研究[ii]では、約6割（60.9％）で身体的暴力があったことが示されている[10)]。同調査研究では、暴力の実態を質問紙とインタビューから明らかにしたうえで、家族への暴力の発生機序を提示している。

それによると、暴力の原因としては「陽性症状」「認知機能障害」「苦悩、トラウマ」があり、これが「家族とのコミュニケーション」をきっかけとして家族への暴力が起き、それが連鎖・継続する場合がある[11]としている。暴力は精神障害者本人のSOSであるとともに、家族にとってもSOSである。そして、本人や家族を取り巻く精神科医療や、地域での支援体制の問題でもある。

暴力問題が生じている精神障害者家族への支援において必要なことは、以下の7点である[12]。❶予防的支援（暴力が起こり得ると支援者が認識し、家族にもその認識をもってもらうこと、服薬中断のリスクや暴力場面から逃げるなどの対処方法を伝えるなど）、❷アセスメント（なぜ暴力が起こったのかを本人と家族それぞれから話を聞き、5W1Hに基づいて具体的に把握する）、❸家族を継続的に支援する（解決に向けて支援を継続する）、❹家族の認識を変える（家族として耐え続けることは、本人のリカバリーを遅らせてしまうことに気づいてもらう）、❺本人の一人暮らしを支援する、❻家族の社会的孤立を防ぐために家族会につなぐ、❼家族教室などで対処方法を伝える。

これらの支援の具体的な方法としては、前述した各種の家族支援がここでも有用である。さらに、前述した**ACT**や**オープンダイアローグ**は、訪問型の危機状況にも対応する方法である。

ii　埼玉県精神障害者家族会連合会の協力を得て2014（平成26）年に実施された無記名の自記式質問紙調査。866世帯を対象とし、有効回答は介護者346世帯463名、きょうだい124名。介護者は親が95%で平均年齢は70歳近い。本人の９割は統合失調症でほとんどが服薬通院。

◇**引用文献**

1）後藤雅博「第３節 第三世代（第８章 家族療法の代表的モデル）」日本家族研究・家族療法学会編『家族療法テキストブック』金剛出版，p.129，2013.

2）大島巌『マクロ実践ソーシャルワークの新パラダイム――エビデンスに基づく支援環境開発アプローチ――精神保健福祉への適用例から』有斐閣，pp.184－5，2016.

3）新海朋子・住友雄資「精神障害をもつ人のリカバリー概念に関する文献検討」『福岡県立大学人間社会学部紀要』第26巻第２号，p.71，2018.

4）W.A.アンソニー，濱田龍之介訳「精神疾患からの回復」『精神障害とリハビリテーション』2，pp.145–154，1993.

5）田中英樹『精神障害者支援の思想と戦略――QOLからHOLへ』金剛出版，p.33，2018.

6）得津慎子「レジリエンス（第２章 家族療法の基礎概念 第２節 家族理解の視点）」日本家族研究・家族療法学会編『家族療法テキストブック』金剛出版，p.66，2013.

7）信田さよ子「DVと家族への支援」『こころの科学』第155号，p.32，2011.

8）同上，p.33

9）蔭山正子「第１章 精神障がい者から家族が受ける暴力の実態と結末」蔭山正子編著『精神障がい者の家族への暴力というSOS――家族・支援者のためのガイドブック』明石書店，p.24，2016.

10）同上，p.27

11）同上, p.79

12）同上, pp.143–149

◇**参考文献**

・久保紘章・副田あけみ編著『ソーシャルワークの実践モデル――心理社会的アプローチからナラティブまで』川島書店，2005.

・C.A.ラップ・R.J.ゴスチャ，田中英樹監訳『ストレングスモデル――リカバリー志向の精神保健福祉サービス 第３版』金剛出版，2014.

・全国精神保健福祉会連合会『家族相談ハンドブック』全国精神保健福祉会連合会，2014.

・全国精神保健福祉会連合会『精神障がい者家族相談事例集』全国精神保健福祉会連合会，2016.

・信田さよ子・S.キャンベル・上岡陽江『被害と加害をとらえなおす――虐待について語るということ』春秋社，2019.

第4章

コミュニティワーク

本章では、精神保健福祉分野におけるコミュニティワークについて学んでいく。高齢者福祉に端を発した地域包括ケアシステムの構築は、地域共生社会の実現という国が掲げる目標に向かう大きなうねりとなり、障害福祉領域にも浸透しつつある。精神保健福祉分野においても、「精神障害者にも対応した地域包括ケアシステムの構築」が叫ばれ、従来から取り組まれている長期入院者の地域移行に向けた支援はもとより、誰もが安心して自分らしく暮らし続けることができる仕組みづくりが目指されている。

他方、地域におけるメンタルヘルスの課題も広がりをみせている。フォーマルな資源にとどまらず、インフォーマルな社会資源を活用しながら、地域における多様なニーズに対応していくための基本的な事柄を学んでもらいたい。

第1節 精神保健福祉分野における コミュニティワークの意義

学習のポイント

- 精神障害者の地域での生活を想像する
- 精神障害者の置かれている環境を考える
- 精神障害者が地域生活をおくるうえで、課題となるものを考える

1 コミュニティワーク

1 コミュニティワークとは

コミュニティワークは、対象とする地域で生活する人々のさまざまな社会集団を組織化することや新たな集団形成を援助する。また、地域福祉政策（プランニング）とそのために必要な社会調査、地域福祉の福祉ニーズや社会問題解決に対応する社会資源のネットワークを構築する。さらに、フォーマル・インフォーマルの集団やボランティア団体などの活動促進などを行い、ケースワークやグループワークが展開しやすいように環境を整えることも含む技術である。住民が地域生活のなかで起こるさまざまな問題に主体的・組織的に取り組めるように環境を整えることが重要である。

日本のコミュニティワークは、アメリカから導入されたコミュニティオーガニゼーションと同意語で用いられてきた。さらに、イギリスの地域社会開発、ボランタリー・アクション等を含むことを意味している。1980年代以降、地域福祉政策を実現するための援助技術としてコミュニティワーク概念が普及した。2000（平成12）年6月の社会福祉法の改正では「地域福祉の推進」が明記され、自治体による地域福祉計画策定義務や社会福祉協議会、共同募金、民生・児童委員の活性化など具体的な活動が求められている。

コミュニティワークを進めるうえで、精神保健福祉士が大切にするものとして、以下が挙げられる。

・コミュニティワークは、地域に働きかけ、環境を整える。
・コミュニティワークの原則は、地域住民の尊重。
・コミュニティワークは、住民とパートナーとして協働する働きかけ。

・地域特性を把握し、地域に合った計画策定、実践。

2 精神障害者の地域生活支援におけるコミュニティワークの必要性

精神障害者は長年、医療の対象と捉えられてきたが、障害者基本法の改正により障害者福祉の対象と位置づけられた。日本の精神科病院の長期入院患者が多いことは、国の長年にわたる課題となっている。施策として地域移行・地域定着支援事業等もあるが、実際にはまだ多くの入院患者が退院できないままになっている。そのなかには、住まいや支援があれば退院可能な人たちもかなりいる。地域での生活環境や支援体制が整えば退院できるのである。その環境づくりをしていくことが精神保健福祉士の役割の一つになる。

精神障害者の生活のしづらさの一つに、人権に関するものがある。住民として、生活に困窮する場合や医療や福祉サービス等を受ける権利がある。長期入院や家族に生活を支えられてきた人たちが、一人暮らしを始めるには、誰かに相談できることや情報を得ることが重要になる。しかし、インターネット等の情報へのアクセスは難しい場合が多く、必要なサービスを利用することができないこともある。何らかのかたちで誰かとつながることができないと、社会から孤立した生活を送ることになる。

さらに、精神障害者に対する差別・偏見がある。差別や偏見により、住居を借りることや就職活動をするときに不利益を被ることがある。精神障害については、表面的にわからない部分も多く理解しづらいことがある。住民が精神障害についてわからない、知らないことが差別や偏見がなくならない要因の一つである。

現在は、精神障害者が家族研修や住民のメンタルヘルス研修等に講師として活動している。また、大学等の教育機関では、講師として教育に携わっている。差別や偏見を少なくするために、精神障害者が地域で役割をもつ機会をつくることも重要である。

また、社会の一員としての役割の一つに「働く」ことがある。障害者就労支援事業所や企業と連携し、情報共有や生活支援、就労支援を行うことで継続的に活動に結びついている。企業の精神障害者への理解や協力を広げるために、教育、保健、医療、福祉とともに企業等との相互支援活動も大切である。

現代は、子ども、高齢者、障害者への虐待やひきこもり、自殺、働く人たちのメンタルヘルス等、多くの精神保健福祉に関する課題があり、精神疾患は誰もが罹患する可能性がある。

障害の有無にかかわらず、住民として安心して暮らす地域づくりには、不安や孤立感を抱え、日常生活が困難になりそうなときに、身近なところで相談ができ、自分の人生を自分で選択決定し、応援してくれる仲間の存在が大切である。

コミュニティワークは、誰もが住みやすい環境をつくるために、地域の**社会資源**★を活用・開拓し、連携し、ネットワークを構築することが求められる。基本となるのは、人と人との関係性であり、お互いや地域に関心を向け、さらに住民参加型の活動が地域づくりを発展させていくことになる。

★社会資源
利用者のニーズや問題を解決するために活用される制度・施設・機関・設備・資金・物質・法律・情報・集団・個人の有する知識や技術等。地域で誰もが利用できるもの。

精神保健福祉士には、精神障害者の地域生活の環境づくり、住民の精神保健福祉に関する基盤づくりを行うことが求められている。

2 コミュニティワークの実践

1 地域社会のニーズの発見

Active Learning
地域共生社会を目指す流れのなかで、精神障害者が地域で暮らし続けるためには、どういうサポートが必要なのか考えてみましょう。

「地域生活」とは何か。「どのような地域が住みやすいのか」。私たちが安心して暮らすためには何が必要なのか。私たちの日常生活を考えると、住むところ、働くところ、学ぶところ、集うところなどが必要である。これらの環境を整えることにより、人は安心して暮らすことができる。そのとき、一人ひとりが望む環境は違う。また、場はあればよいのではなく、かかわる人も重要である。地域生活は、障害の有無にかかわらず、誰もが地域の一員として自分らしく暮らすことが望ましい。

精神障害者の生活は、障害と疾病を併せもつこと、長期入院による施設症や生活能力の低下があること、社会の偏見・差別等により「生活のしづらさ」を抱えていることを踏まえることが必要である。

たとえば、「どこに住まうか」。アパートなのか、グループホームなのか、入所施設なのか。アパートを借りるにも保証人が必要になる。家族と疎遠になりやすい精神障害者には保証人を探すことも難しい。グループホームは、本人が住みたい地域にあるとは限らない。入所施設は精神疾患があることにより入所を断られることもある。

「どこで働くか」。精神疾患があることをオープンにして求職活動をすることは、就職したときに職場の理解が得られ、不安な部分はかなり軽減されるが、限られた求人になる。クローズで求職活動をすると、求人数は多岐にわたるが、職場で理解を得ることが難しくなるので、通院等にも影響が出る。

「学び続けることはできるか」。精神疾患を発病することで学業の継続が難しくなることもある。国の施策である障害を理由とする差別の解消の推進に関する法律（障害者差別解消法）等により少しずつ改善はみられるが、精神障害者の生活のしづらさは社会の変化とともに内容も変わる。

住民たちの抱える課題に対し、解決するための環境が整えられているか。調査等を行うことで､地域のニーズの発見につながっていく。コミュニティワークは、環境に働きかけていくことが重要である。

2 地域共生社会

厚生労働省は、「地域共生社会」の実現を掲げ、「ニッポン一億総活躍プラン」（2016（平成28）年6月2日閣議決定）や、「『地域共生社会』の実現に向けて（当面の改革工程）」（2017（平成29）年2月7日「我が事・丸ごと」地域共生社会実現本部決定）に基づいて、その具体化に向けた改革を進めている。

精神保健福祉の歴史や精神障害者が置かれてきた状況、環境の変化等を考え、「共生社会の実現」にはどう進めていくことが必要なのか。

❶ソーシャルインクルージョン（社会的包摂）

我が国の社会福祉に関する諸制度は、社会変化とともに施策整備がなされてきた。歴史的には、精神障害を社会モデルとして捉えず、社会防衛的な視点からの隔離・排除政策が行われてきた背景がある。精神保健医療福祉の分野で人権侵害は今も繰り返されている｡精神障害者を隔離･排除してきた考え方から、社会の構成員として捉える考え方に至るまでには長い年月がかかっている。

厚生労働省の定義によると、ソーシャルインクルージョンとは、「すべての人々を孤独や孤立、排除や摩擦から援護し、健康で文化的な生活の実現につなげるよう、社会の構成員として包み支え合う」こととされている。

また、ソーシャルワークの見地からは、「誰もが社会の構成員として参加・参画し、学び合い支え合う責任を分かちもつ人間尊重の社会をともに創る。生活のしづらさの課題に挑戦している人に、人間の仲間（peer）として信頼のつながりを築き、より広い人間の輪につなぎ問題解決を図る[1]」との提唱もある。

❷精神障害者の地域共生社会実現に向けての取り組み例

「コミュニティサロンの開催」

地域住民と学生が毎月定期的に集い、サロンを開催している。そこでは、傾聴と情報提供を技術の基盤としたピアカウンセリング★を学び、参加者一人ひとりの人生経験を聴き、お互いに学びあい、分かちあう時間をもつ。そこでは、疾患や障害から影響を受けた経験、生活のしづらさ、仲間の大切さ等の経験が語られる。お互いが尊重される権利を守られることが重要である。学びを継続し、参加者の地元で自らサロンを開催することは、差別や偏見を解消するためにお互いを知る機会になる。また、住民が抱えている精神保健福祉に関するニーズ等を発見する機会にもなっている。このようなサロンを継続維持していくためには、住民とともに協働し、施策や事業としても位置づけられるよう社会福祉協議会、行政等と連携することが必要であり、そのことが地域づくりにつながっていく。

★ピアカウンセリング
お互いに対等で平等な立場で傾聴しあい、お互いの経験から情報提供し、学びあい、分かちあう、地域での自立生活を実現する方法。

3 精神障害にも対応した地域包括ケアシステム

❶システム構築が求められている背景

我が国の精神保健医療福祉は、入院中心医療が行われてきた歴史的な経緯がある。精神科病院の平均在院日数は約 270 日と諸外国と比較しても長期間である。入院の長期化により、病院内での食事や風呂等の提供、一人ではない安心感等から退院意欲の低下が起こり、退院が難しいことも多い。さらに、退院後の生活の場の確保の難しさや生活の不安、社会の偏見差別により退院を難しくしている。我が国の地域精神保健医療について、2004（平成 16）年の「精神保健医療福祉の改革ビジョン」において「入院中心医療から地域生活中心へ」という理念が明確にされ、さまざまな施策が行われてきた。

国は、精神障害者の地域移行を進めるための地域づくりの観点から「精神障害にも対応した地域包括ケアシステム」を目指すことを明確化した。精神障害者が社会の一員として安心して暮らせる環境づくり、そのためには医療、障害福祉・介護、社会参加、住まい、地域の助けあい等を包括的に確保することが必要とされた。

各自治体も精神障害者にかかわる障害者福祉計画の実現のために具体的な取り組みも始まった。一つ目に、地域特性を活かした「精神障害にも対応した地域包括支援システム」の構築に向け、地域体制整備コーディネーターや地域移行推進員を配置することとした。二つ目に、未受診者、受診中断者へのアウトリーチ支援を行い、早期発見、早期介入が可能な支援体制づくりも重要とされた。三つ目に、地域移行支援事業を進めるためのピアサポーターの活動費を計上することにした。四つ目に、長期入院精神障害者の地域移行への取り組みについても検証を行うことになった。

❷精神障害にも対応した地域包括ケアシステム

精神障害にも対応した地域包括ケアシステムの構築に向けて、どのような地域づくりを行うことが必要なのか。地域づくりとして、各自治体に障害者自立支援協議会が設置されている。

ある自治体では、行政と**基幹相談支援センター**★等が会議を主催し、障害者・保健医療従事者・社会福祉関係者が参加し、その地域の障害者福祉に関して協議をする。個別支援でみえてきた課題を地域全体の課題として捉え検討する。方法として部会形式をとり、相談支援、権利擁護、就労支援、地域移行・定着支援、医療的ケアが必要な重度障害児者などについて分野ごとに具体的な取り組みをし、全体で協議をしている。特に障害者の参加は率直な意見を聞くことができ、重要である。部会にはさらに協力員等も参加し、可能な限り地域に即した内容で検討ができるように工夫されている。また、協議会では障害者福祉計画等の作成や評価等について行政と連携し検討を進めている。障害者福祉計画等が地域福祉計画の一つに位置づけられている。

相談支援については、障害者が気軽に相談ができる体制を整えるために、相談事業所のネットワークづくりや研修等を行い、障害者だけではなく支援者も孤立しない体制をつくることを行っている。例えば、相談支援事業所の不足は大きな課題となっている。障害者が障害者の日常生活及び社会生活を総合的に支援するための法律（障害者総合支援法）のサービスを受給するためにはサービス等利用計画が必要であるが、計画を作成する計画相談員が少ないとサービス利用が遅れてしまうことがあり、障害者に不利益が生じてしまう。また、地域全体で取り組まないと解決できないものである。そのため、福祉分野のみではなく、教育や医療との連携を深めるために交流会等の企画を行い、日頃から顔のみえる関係づくりを行い、交流を図っている。

権利擁護については、障害者や家族自身が自らの権利について考えるイベント等を開催している。障害者からは「相談したいけど、忙しそうで悪いから相談できない」、「相談したけど、今忙しいからあとでお願い、

★基幹相談支援センター
障害者やその家族の相談窓口として、地域の障害福祉に関する相談支援の中核的な役割を担う機関。障害種別や手帳の有無に関係なく、相談者に必要な支援などの情報提供や助言を行う。

と言われるが、そのままにされてしまう」など実際の生活のなかでの困っていることや不満も表現されている。「相談員や施設のスタッフが相談にのってくれて助かっている」ということもある。

協議の場は、地域の課題を解決するだけではなく、地域に向けてさまざまな研修やイベント等の企画を行うことで、参加者のネットワークづくりにつながっている。

さらに、精神障害にも対応した地域システムづくりを進めるために、地域体制整備コーディネーターの配置や地域移行推進員の配置等がされた。医療機関、保健所、相談事業所、福祉サービス事業所等が連携をとり、入院中から退院に向けて支援を行うことを進めている。退院することに不安を抱える患者に対して、地域移行支援チームが医療機関に出向き、退院の不安の軽減や退院後の生活のイメージづくり等を行う。地域移行支援チームのピアサポーターは、ピアサポーターに必要な研修を受け、各地域に登録し、自分の経験を活かし支援をしている。地域移行支援にかかわる職員、ピアサポーターには交流の場やスキルアップ研修等も用意され、継続的な活動がしやすい環境を整えている。

地域住民も「コミュニティサロン」（前掲）を開催し、システムづくりを担っている。

精神障害にも対応した地域包括ケアシステムづくりは、地域特性に合わせ、フォーマルなものとインフォーマルなものを含め、相互支援体制をつくることが重要である。そのためにはお互いが理解しあうことが基本である。このシステムづくりが進むと、精神疾患の予防や早期発見、早期介入につながり、住民すべての精神保健福祉に発展していくことが可能になる。

コミュニティワークは、個別の課題を通して地域のニーズを発見し、解決のために調査をし、福祉計画等を立案、具体的な方法を示し、暮らしやすい地域をつくる働きかけである。

精神保健福祉士は、精神障害者の生活に視点を置き、支援をすることが基本である。そのためには地域社会に目を向け、社会の変化、環境の変化に着目し続けることが大切である。

図4-1　精神障害にも対応した地域包括ケアシステム

精神障害にも対応した地域包括ケアシステムの構築（イメージ）

○ 精神障害者が，地域の一員として安心して自分らしい暮らしをすることができるよう，医療，障害福祉・介護，住まい，社会参加（就労），地域の助け合い，教育が包括的に確保された地域包括ケアシステムの構築を目指す必要がある。
○ このような精神障害にも対応した地域包括ケアシステムの構築にあたっては，計画的に地域の基盤を整備するとともに，市町村や障害福祉・介護事業者が，精神障害の程度によらず地域生活に関する相談に対応できるように，圏域ごとの保健・医療・福祉関係者による協議の場を通じて，精神科医療機関，その他の医療機関，地域援助事業者，市町村などとの重層的な連携による支援体制を構築していくことが必要。

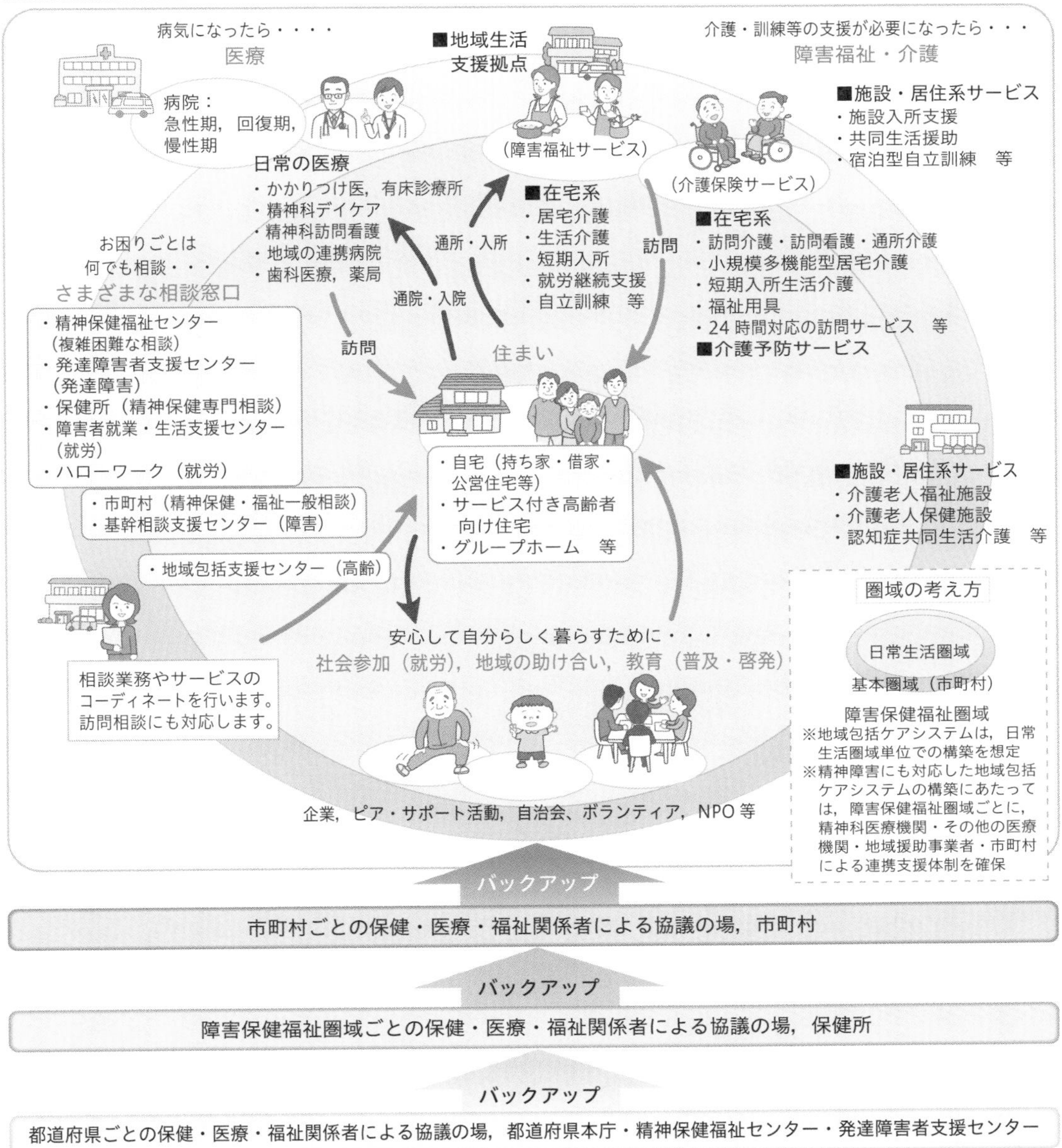

出典：厚生労働省

◇**引用文献**

1）日本ソーシャルインクルージョン推進会議編「ソーシャル・インクルージョン――格差社会の処方箋」中央法規出版，2007.

◇**参考文献**

・厚生労働省資料
・寺谷隆子『精神障害者の相互支援システムの展開――あたたかいまちづくり・心の樹「JHC板橋」』中央法規出版，2008.
・東徹『精神科病院で人生を終えるということ――その死に誰が寄り添うか』日経メディカル，2017.

第2節 地域における精神保健福祉の向上

学習のポイント

- 地域におけるメンタルヘルスの課題を学ぶ
- 地域のメンタルヘルス課題の解決に向けて、地域住民や障害当事者の参加の必要性について学習する
- 地域における予防的アプローチの重要性について理解する

1 地域における精神保健福祉の向上

1 地域におけるメンタルヘルスの課題

2004（平成16）年9月に厚生労働省精神保健福祉対策本部が提示した「**精神保健医療福祉の改革ビジョン**」では、「国民意識の変革」「精神医療体系の再編」「精神保健医療福祉施策の基盤強化」という柱が掲げられ、入院中心だった仕組みを見直し、精神保健医療福祉施策の改革が進められてきた。ノーマライゼーションからソーシャルインクルージョンへという流れのなかで、単に障害者の生活支援をすることにとどまらないコミュニティワーク実践が求められている。それは、地域包括ケアシステムの構築に象徴されるように、障害のある人もない人も、すべての人が安心して生活できる地域づくりに集約される。しかし、その実現のためには多様なニーズに対応する重層的な仕組みが求められているのである。

今や精神障害者の問題は、長期に精神科病院に入院している患者の地域移行にとどまらない。2011（平成23）年に地域医療の基本方針となる医療計画★に盛り込むべき疾病として指定してきたがん、脳卒中、急性心筋梗塞、糖尿病の4大疾病に、新たに精神疾患を加えて「5大疾病」とすることが決定され、2013（平成25）年から五疾病五事業および在宅医療に係る目標、医療連携体制および住民への情報提供推進策が示された。

「患者調査」によると、1996（平成8）年には43.3万人だったうつ病等の気分障害の総患者数は、2017（平成29）年には127.6万人と21年間で2.9倍に増加している。自殺予防対策、虐待数の増加、災害等によるPTSD（心的外傷後ストレス障害）、薬物依存症の増加、刑務

★医療計画
各都道府県が、厚生労働大臣が定める基本方針に即して、かつ、地域の実情に応じて、当該都道府県における医療提供体制の確保を図るために策定する計画である。二次医療圏ごとの病床数などを管理し、地域の医療連携体制を構築することを推進している。

所出所者支援など、社会の変化とともに国が抱えるメンタルヘルス課題は多様である。

以下にいくつかの今日的な課題を記しておく。

❶うつ病の増加

精神疾患のなかで最も増加しているのがうつ病であり、2017（平成29）年には400万人を超え、ここ20年間で約3倍に増加した。うつ病はそれだけ多くの人がかかる病気であるが、仕事や日常の生活に支障が出る場合もあり、自殺死亡者で、特に中高年の自殺ではうつ病が背景に存在していることが多いといわれている。労務災害としての認定は、2018（平成30）年で1820件あり、6年連続で増加している。そのなかで、精神疾患の労災認定★（過重労働だけではなく、ハラスメントを含む）は465件となっている。

★労災認定
死んだり、病気になったり、けがをしたなどの場合で、その原因が仕事にある場合、労働災害として認定されることにより、補償を得ることができる。その調査は労働基準監督署が実施し、けがをしたときに仕事をしている状態だったかどうかという「業務遂行性」と、仕事をしていたことが原因で生じたといえるかどうかという「業務起因性」により、判断される。

❷自殺

1998（平成10）年以降、14年連続して3万人を超える状況が続いていたが、2012（平成24）年に15年ぶりに3万人を下回り、2018（平成30）年は2万840人で1981（昭和56）年以来37年ぶりに2万1000人を下回った。しかし、依然として、2万人を超える自殺者がおり、先進諸国のなかでは自殺率が高い国だと指摘されている。20歳未満は自殺死亡率が1998（平成10）年以降横ばいの状態が続いており、20歳代や30歳代においては、死因の第1位が自殺である。若者の自殺予防対策も我が国の大きな課題となっている。

❸薬物依存

覚醒剤、麻薬、シンナーなどの有機溶剤等による薬物依存は、精神疾患に含まれており、治療も精神科医療機関で行われてきた。その一方で、違法な薬物の使用は犯罪でもあり、最近では芸能人が薬物の使用により逮捕される事件が相次いでいる。検挙者数は諸外国と比較するとまだまだ少ないが、SNSの普及などによりお金さえあれば、簡単に手に入るようになっており、若者がファッション感覚で使用したり、薬物の危険性・有害性についての認識不足から、安易に使用し始める例も増えている。

最初は自分が薬の使用をコントロールできると思っているが、そのうちに使用しないといられなくなり、金銭的にも困窮し、仕事や家庭を含めた社会生活が破綻してしまうことになる。自分の意思では薬物の使用をコントロールできなくなり、徐々に精神だけでなく、身体的にも蝕まれていき、性格変化を引き起こしたりもする。

❹刑務所出所者の支援

近年、ホームレスや刑務所を出所した人たちのなかに知的障害や精神障害がある人の存在が知られつつある。また、そうした人たちが生活に困窮したことが再犯のきっかけであることも多い。そこで、地域生活定着支援センターを中心として、出所後の生活や就労の支援が行われている。これまで法務省の管轄下で対応されていたが、福祉的な支援がないと生活が立ち行かない人たちがいることについての認識が共有されたのである。

しかし、地域社会における差別や偏見だけでなく、受け入れが可能な社会資源が少なく、福祉サービス事業所でも犯した犯罪行為によっては対応が難しいという理由で断られてしまう状況もある。

❺PTSD（心的外傷後ストレス障害）

最も代表的なものは、神戸・淡路大震災や、9年前に東日本地域で起こった東日本大震災の際のPTSD治療であった。PTSDとは、生命の危険を伴うか、それに匹敵するような強い恐怖をもたらす体験の記憶が心的トラウマになって、それによって生じるトラウマ反応の一つである。

体験のありありとした光景と恐怖などの感情がフラッシュバック★し、強い不安に襲われたりする。震災以外にも台風被害や列車事故、犯罪被害など、多くの人命が失われ、危機に瀕するような状況下で心に大きな問題を抱えた人たちのケアが課題となっている。また、家庭や職場など、日常生活の場所で繰り返し行われる虐待により、PTSDを抱えるようになった例もある。

★フラッシュバック
強い心的外傷を受けた場合に、後にそのときの記憶を突然、鮮明に思い出したり、夢にみたりすることによって再現されること。

2 心の健康を取り戻すための対策

先述してきたように、さまざまなメンタルヘルスにかかわる課題があるが、それぞれに対応策がとられている。

うつ病に関しては、TVコマーシャルや有名人のカミングアウトにより、他の精神疾患よりも共感的に理解されるようになってきている。対岸の火事ではなく、誰もがなり得る病気という認識がさらに広まることが期待される。そのためには、医療や福祉関係者だけではなく、地域でうつの予防や早期発見に取り組む必要があり、病気への正しい理解や、対応がさらに普及するためのネットワークづくりが求められている。企業における働き方改革も過重な労働そのものを防止するためのものである。

政府が推進すべき自殺対策の指針として、**自殺対策基本法**の改正や我

Active Learning
昨今の日本におけるメンタルヘルスの課題のなかで一つを取り上げ、どのような対策が考えられるかなど、少し踏み込んだ学習をしてみましょう。

が国の自殺の実態を踏まえ、2017（平成29）年7月に「自殺総合対策大綱～誰も自殺に追い込まれることのない社会の実現を目指して～」が閣議決定されている。自殺総合対策大綱では、地域レベルの実践的な取り組みのさらなる推進、若者の自殺対策、勤務問題による自殺対策のさらなる推進、自殺死亡率を先進諸国の現在の水準まで減少させることを目標としている。自治体でも早期発見のための啓発活動が行われており、保健所を中心とした相談や講演会なども開催されている。

薬物も若い人たちに違法ドラッグ★の使用が拡大しつつあり、その対応に迫られている。薬物依存を治療する特効薬はなく、これまでの関係性を断ち、ダルクなど薬物依存症のリハビリテーション施設や自助グループを活用しながら薬物を使用しない生活を地道に継続していくことになる。自分だけ、あるいは家族だけで抱え込むのではなく、本人が専門家や回復者に助けを求め、回復していくための環境づくりをしていくことが重要である。若者が安易に薬物を使用しないための地域や学校などでの啓発活動に回復者が参画し、その困難な道のりについて、リアリティをもって語ってもらうことも今後いっそう求められる。

★違法ドラッグ
研究用化学試薬と称して販売されるものや、亜硝酸エステル類を含んだ芳香剤やクリーナーと称して販売されるもの、ハーブ系の植物など、違法ドラッグには多くの種類がある。薬事法上の「無承認無許可医薬品」に該当するものは、取り締まりの対象となっている。

残念なことであるが、薬物を使用したことやその他の犯罪行為により刑務所に入った人、犯罪行為は行ったが不起訴になった人、心神喪失者等医療観察法の対象となった人などの生活支援もまた、大きな問題となっている。障害があることでの生きづらさに加えて、犯罪行為を行った人というラベリングがなされたりするためである。支援のための社会資源が不足していることを社会に訴えることも含め、関係者や地域社会の人たちの力を借りながら、サポートしていくことが必要である。

PTSDについては、国がPTSD支援を行う専門職の研修を開始しており、大規模な災害等が発生した地域には、民間団体も含め、専門家を派遣し、その治療にあたっている。2003（平成15）年に出された「**災害時地域精神保健医療活動ガイドライン**」では、ファーストコンタクトから実際の活動展開についても詳述されている。しかし、それらは起こった出来事に対する対応であり、大きな災害等、地域住民全体への対策が必要となるような場合を想定した準備も、防災計画を中心として整えておく必要がある。

3 多領域の専門家と地域住民の協働

社会の変化とともに、個別的な対応だけでは解決が困難な課題も増えている。医療や福祉の専門職だけでなく、教育、心理、法律などの専門家や行政、警察、児童・民生委員、自治会、ボランティアなど、地域で活躍する人たちの力を結集して、実践を展開していくことが求められている。顔が見える関係のなかで協議を行いながら、その地域に適合した精神障害にも対応した地域包括ケアシステムを構築していくことが求められている。

現実として、福祉サービス事業が開設されるとなったとき、反対する住民との間の**施設コンフリクト**もまだ各地で起こっており、差別や偏見の存在を浮き彫りにする問題だといえる。障害者差別に関しても、民間事業所の理解と協力が求められているが、多様な障害への理解と対応が追いついていない状況である。専門家の支援は個人から始まり、環境に働きかけることによって、その人の生きづらさを解消し、もてる力を最大限に発揮できるように調整していくが、そのプロセスで、多くの人が環境に対して同じような困難を抱えていることを知ることになる。

たとえば、精神科病院や刑務所等から地域に移り住む場合に、住む場所がないという課題がある。その課題に対して、グループホームなどの社会資源があればと考えるが、実現していくためには、地域住民に障害のある人を身近に感じてもらい、同じ住民として暮らしていく権利があることを共有してもらえる働きかけが必要となる。

個人から出発した支援が、同じような課題を抱える個人を支える地域づくりへと広がりをもち、住民との協働が必要不可欠な要素となる。発見した個々のニーズという点と点を結んで、地域ニーズとして把握し、充足に向けて啓発したり、新たなサービスを創出したりする実践は、ミクロ、メゾ、マクロを視野に入れ、地域との相互作用を活用する点で、精神保健福祉の専門性だけでなく、その基盤としてジェネラリスト・ソーシャルワークの視点が必要とされる。

2 地域における精神保健福祉の向上と住民参加

1 住民参加

精神障害にも対応した地域包括ケアシステムの構築に示されるように、地域における精神保健福祉実践の一番の特徴は包括的アプローチである。住民一人ひとりのニーズを取り上げ、個別的に対応することももちろん重要であるが、その地域をより住みやすい環境に改善していくことを目指すという点が強調される。そして、そのような視点で実践展開していくうえで、欠かせないのは、住民参加である。地域の特性を把握したうえで、フォーマルな支援と、住民を中心とするインフォーマルな支援を統合していくところに、メンタルヘルス課題の解決の糸口が見出せる。

住民参加には、サービスの利用過程への参加、サービス提供過程への参加、意思決定過程への参加といったレベルがあるといわれる。しかし、精神障害の場合、他の障害と比較して住民参加が難しい面がある。それは、事件報道などの影響もあり、「何をするかわからない」といった誤ったイメージが先行していることや、歴史的な隔離収容政策によって精神障害者への福祉領域でのサービスが後発となり、障害者というよりも病者という認識が根強く残っていることにも起因している。

実際には、精神疾患や精神障害は「誰にでも起こり得る」のであるが、精神障害者に接してもらう機会を増やすことによって、正確な障害理解を得ることができる。地域や商店街のお祭りなどに障害者団体として参加して、住民との交流を図ったり、逆に福祉サービス事業所の行事や啓発のための講演会などに町会の役員や民生・児童委員を通じて、地域住民の参加を依頼したり、相互交流を行うことによって、お互いの敷居が低くなり、自然と障害当事者とのかかわりのなかで、同じ住民であるという意識が生まれていく。そのなかには、不動産をもっている人もいたり、実は身内に障害者を抱えてこれまで苦労してきた人もいたりする。地域でさまざまな活動が行われていることを知って、新しい福祉サービス事業所の活動場所を提供してくれたり、時間の経過とともに、多様なかかわりあいが生まれてくることもある。

そうした活動がお互いのエンパワメントにつながり、協働することによって、新たなサービスが生み出されていくこともあるのである。

2 精神保健福祉ボランティアとしての参加

精神保健福祉領域の地域実践への住民参加の方法として活用されるのが、ボランティア活動である。社会福祉協議会などの活動の一環として精神保健福祉領域のボランティア育成を行っているところもある。あるいは、社会福祉協議会のボランティアセンターや大学を通じてボランティアを募集し、イベントや日常の活動にボランティアとして参加してもらうことにより、障害理解が進み、コンフリクトの突破口になることがある。

ボランティアを募集する際には、保険への加入やボランティアの目的、手伝ってもらいたいことなどを明示し、精神保健福祉分野のボランティアの魅力が伝わるような広報も必要である。単なる労働力としての活用や、ボランティアとしての役割が不明確な場合、せっかくボランティアをしたいと申し出てくれても、長続きしない場合もある。かかわってくれるボランティアが地域への啓発に一役買ってくれ、地域でのネットワークが広がる場合もある。人材も貴重な資源であり、その育成も地域の精神保健福祉の向上につながる要素だといえる。

3 当事者参加

行政、福祉サービス事業所、社会福祉協議会などの専門的な支援機関と、住民を中心とする自治会やボランティア団体などの地域の社会資源の力が交わるところに、その地域独自の強みが発揮されるが、住民参加と並行して、もう一つ重要なキーワードは当事者参加である。

精神障害者の家族の活動には歴史があり、各地域でも家族会が結成されており、病院や社会福祉法人などでもサービスを利用する家族の組織をつくって、活動しているところもある。2014（平成 26）年に精神保健及び精神障害者福祉に関する法律（精神保健福祉法）上の**保護者制度**が廃止されたが、その背景には、長年にわたり保護者制度に反対してきた家族の運動があった。

そうした家族の活動と同様に、当事者が地域や所属する病院、福祉サービス事業所などを起点に活動するセルフヘルプグループ★も、地域で精神保健福祉に関する啓発を行っていくうえで重要な資源である。日本におけるセルフヘルプグループの活動は、1980 年代以降に活発化し、NPO 法人全国精神障害者団体連合会といった全国組織も活動を続けている。

★セルフヘルプグループ
同じような経験をもつ仲間（ピア）が主体的に集まり、対等な関係性のなかで支えあう活動。障害当事者の活動はもとより、最近ではがん患者など同じ病気をもつ人たちのグループや犯罪被害者の家族会など、多様なセルフヘルプ活動が展開されている。

SNS が発達した今日では、当事者からの多様な情報発信も行われている。セルフヘルプグループとしての活動という形ではなくても、当事者がその経験を学校の授業や市民講座、保健所が主催する講座等で語ることによって、住民の障害への理解が深まり、身近なこととして捉えてくれる機会ともなり得るのである。

Active Learning
地域における福祉を促進していくうえでは、フォーマルな資源だけでなく、インフォーマルな社会資源の活用が求められます。その理由について考えてみましょう。

3 予防的アプローチ

カプラン（Caplan, G.）は、一次予防は一般市民全体を対象とし、問題の発生を予防すること、二次予防は早期発見、早期治療により、問題が深刻化することの予防を行うこと、三次予防は再発の予防で、対象は問題発生状況にある人、その人が住むコミュニティであるとした。ソーシャルワークの領域でも予防的アプローチの重要性は認識されているが、実際のかかわりは難しい部分も多い。

先に述べてきたように、地域におけるニーズは多様化し、複雑化している。また、メンタルヘルス領域では、当事者がニーズを意識化していなかったり、かかわりを拒否するという状況もあり、顕在化しないニーズも存在する。判断能力が不十分な人たちの孤立（セルフネグレクト★を含む）や虐待に関しては、どこまでを本人の意思として尊重するのかという判断が難しい。地域住民がごみ屋敷で暮らしている人や虐待をしている人、受けている人を心配してかかわろうとする際に、行政や専門機関がつかんでいる個人情報をどこまで住民と共有すればよいのかという点でも葛藤が生じる。うつ病などの精神疾患に関しても早期発見といわれるが、本人が否認しているために介入できない例も多いのである。

★セルフネグレクト
人間が生きていくための基本的ニーズに対して発生するネグレクト行為のこと。生活環境や栄養状態が悪化しているのに、それを改善したり、助けを求めようとしないために、孤独死に至ったり、家がごみ屋敷になってしまうこともある。

では、地域のメンタルヘルスを考えたときに、現状でできることはないのかという点であるが、すでにかかわってきた人たちの再発防止の点では、かかわりが続く限り支援できることが挙げられる。それは、カプランがいうところの三次予防にあたる部分であろう。また、一次予防としては、市町村や保健所と連携しながら、うつ病、自殺、薬物依存などに関する正確な理解の周知、啓発にかかわることもできる。

予防的アプローチがソーシャルワークのなかでしっかりと根を下ろすまでには、地域の仕組みづくりを含めてまだ時間がかかると考えられるが、多職種・多機関がかかわるメンタルヘルス領域の課題については、予防においても統合的・包括的なアプローチがどこまで機能するかが鍵を握っているのである。

◇参考文献

・平野隆之・宮城孝・山口稔編『コミュニティとソーシャルワーク 新版』有斐閣，2008.
・厚生労働省ホームページ『知ることからはじめよう みんなのメンタルヘルス』 https://www.mhlw.go.jp/kokoro/
・精神保健医療福祉白書編集委員会編『精神保健医療福祉白書 2018/2019――多様性と包括性の構築』中央法規出版，2018.
・岩田正美監『リーディングス 日本の社会福祉 第6巻 地域福祉』日本図書センター，2010.

第5章

ソーシャルアクションへの展開

本章は、精神障害者の社会的復権に向けた精神保健福祉士の重要な実践であるソーシャルアクションについて理解することを目的としている。精神障害者やその家族は、権利や尊厳を侵害される場面に直面することがあり、精神保健福祉士は権利擁護の機能を果たすために、ソーシャルアクションを効果的に展開することが必要となる。

まず、ソーシャルアクションの基本的な視点を学ぶ（第1節）。次に、ソーシャルアクションの歴史を理解し、そのさまざまな形態と展開過程から、当事者が参加する意義を学ぶ（第2節）。そして、ソーシャルアクションにおける政策提言・政策展開について、その必要性とあり方を学ぶ（第3節）。最後に、事例を通して精神保健福祉士が行う包括的なアプローチを学ぶ（第4節）。

第1節 ソーシャルアクションの基本的視点

学習のポイント

- ソーシャルアクションの基本的な視点と必要性を理解する
- ソーシャルアクションの具体的な展開過程を理解する

ソーシャルアクションにおいては、ミクロ（個人）やメゾ（組織）レベルでは解決が難しい精神障害者のニーズを解決するために、マクロ（地域・制度等）レベルでアプローチを行う。しかし、ソーシャルアクションとして突然にマクロレベルの実践が行われるわけではない。ソーシャルアクションがソーシャルワークの援助技術である以上、精神障害者の個別ニーズが支援の出発点であることに変わりはない。精神障害者や家族の願いを中心に据えて、ミクロ・メゾ・マクロの各レベルにおける連続した実践としてソーシャルアクションを展開していくことが求められる。それでは、具体的にどのような支援展開が求められるのだろうか。本章第1節～第3節を通じて、ソーシャルアクションの基本的視点から地域における体制整備、政策提言への展開について解説する。

1 ソーシャルアクションとは

ソーシャルアクション（社会活動法）は、国や地方自治体等に働きかけて、社会資源の開発をはじめ、社会福祉関連制度や施策・サービス等の社会変革を促すソーシャルワークの間接援助技術である。理論の提唱者は、アリンスキー（Alinsky, S. D.）とクロワード（Cloward, R. A.）とされる。ソーシャルアクションは、権利が侵害されている当事者の組織化を通じて、社会の権力構造を変革することを目的としている。精神障害当事者の声なき声を代弁する権利擁護の機能を果たすためのマクロソーシャルワークの一技術である。

ソーシャルアクションの基本的な視点

ソーシャルワークにおけるソーシャルアクションの基本的な視点として、以下の３点を理解しておく必要がある。

① ソーシャルアクションが、ソーシャルワークの援助技術である以上、精神障害当事者の主体的な社会参加や協働実践が必要不可欠である。

② ソーシャルアクションの成功の鍵は、当事者をはじめとした地域住民との組織的な合意形成ができるかどうかである。

③ 時代とともに物理的な社会資源は整ってきたが、それらの社会資源を活用する地域住民の価値観等の変革も視野に入れる必要がある。

Active Learning

ソーシャルアクションにおいて、当事者をはじめとした地域住民との組織的な合意形成の方法には、具体的にはどのようなものがあるでしょうか。考えてみましょう。

2 ソーシャルアクションの歴史

1 日本におけるソーシャルアクションの歴史的背景

第二次世界大戦後の復興に向けて、社会福祉制度に働きかけていく技術として、1950（昭和25）年に初めてソーシャルアクションが紹介された。この時期の具体的な実践として、朝日訴訟★や保育所づくり運動等が挙げられ、組織的活動だけではなく、ソーシャルアクションが社会福祉運動として位置づけられていた。このように、ソーシャルアクションは戦後直後から、社会福祉運動の意味合いも含みながら、組織的活動として論じられた。

★朝日訴訟
1957（昭和32）年、国立岡山療養所で結核患者として療養中であった朝日茂が日本国憲法第25条の生存権を保障するよう求めた裁判。「人間裁判」と称され、その後の社会福祉制度のあり方に大きな影響を与えた。

その後、1960年代～1970年代の高度経済成長期から1980年代にかけて、公害反対運動など政策との対立を背景に、ソーシャルアクションが注目された。この時期には、クライエントの権利を獲得するために、**闘争・葛藤モデル**のソーシャルアクションが展開された。当時は、ソーシャルワーカーという専門職が定着しておらず、ソーシャルアクションが社会福祉運動と同じ意味で示されていた。

ほぼ同時期に、アメリカで起こった貧困問題等の解決を目指して、**ロスマン（Rothman, J.）**は、コミュニティ・オーガニゼーションの3モデルの一つとして、ソーシャルアクションを体系化した。日本において、ロスマンのモデルが紹介されて以降は、コミュニティ・オーガニゼーションにおける技術・機能としても、ソーシャルアクションが理解されるようになった。

1990年代以降になると、社会変動による国民の生活問題が多様化し、これらの課題に対応するためにソーシャルワークの統合化が進んできた。また、ソーシャルワーカーの国家資格化や公的な社会福祉サービスの充実などを背景に、ソーシャルアクションのあり方も多様化してきた。従来の社会福祉運動といわれる闘争・葛藤モデルだけではなく、近年では行政や地域住民とのパートナーシップを重視した住民・行政パートナーシップモデルや市民・行政協働モデル、多様な主体と協働関係を構築する**協働モデル**など、地域の実情に応じた多様な実践モデルが明らかにされてきた。

2 精神保健福祉領域におけるソーシャルアクション

近年に求められる協働モデルに基づくソーシャルアクションは、日本の精神保健福祉領域において、かねてより実践されてきた。それは、精神障害者が世界でも稀にみる特殊な歴史のなかで、社会的入院者の地域移行や地域定着支援、精神科医療における非自発的入院や障害福祉制度等の改善・充実化など、さまざまな精神保健福祉の課題が背景にある。

また、生活者である精神障害者が地域でその人らしい当たり前の生活を送ろうとしても、精神障害者や家族に対するいわれもない偏見や差別はいまだ根強い。こうした歴史的背景から、精神保健福祉領域のソーシャルワーク実践では、精神障害当事者の権利擁護や家族のリカバリー志向、行政とのパートナーシップが特に重要視されてきた。

そのようななか、1980年代を中心に、**精神障害者共同作業所**★設立運動が展開された。そこには、当事者や家族と協働する精神医学ソーシャルワーカー（以下、PSW）の主体的かつ側面的なかかわりによって、全国的な補助金制度の創設という具体的な成果へつながった。また、家族会と協働して作業所設立にかかわったPSWを中心に、地域精神保健福祉のモデルとなる事業が全国各地に展開された。JHC板橋会（東京都）や十勝・帯広圏域の取り組み（北海道）、やどかりの里（埼玉県）、じりつ（埼玉県）、麦の里（和歌山県）など先駆的な地域実践が展開されている。

そして、2017（平成29）年度からは、**精神障害にも対応した地域包括ケアシステムの構築**を目的とし、各都道府県にモデル圏域を設定し、精神保健福祉士等をアドバイザーとして派遣する支援事業が開始した。このように、精神保健福祉領域においても、ソーシャルワーカーと当事者・家族が協働した多様な実践がみられる。

★精神障害者共同作業所
地域の精神障害者が仲間とともに交流する居場所や働く機会を提供する事業所。1974（昭和49）年に東京で設立された「あさやけ作業所」がその始まりといわれている。

3 ソーシャルアクションの必要性

日本における地域共生社会の実現に向けて、複合的な生活ニーズに対応するため、地域課題を地域の力で解決できる必要がある。その目標に向けて、特に地域の橋渡しとなるソーシャルワーク機能が求められる。ソーシャルワーカーは、制度の狭間にある人々を支援する専門職であるため、ソーシャルワークにおける社会資源の活用・開発機能が重要であり、地域住民と協働し、精神障害者など社会的排除の状況に置かれている人々のニーズに応じた社会資源の開発等の社会変革を目指した働きかけができるソーシャルワーカーが求められている。

精神障害当事者や家族は、偏見や差別などの問題から、発言力が十分に発揮できないことも多い。そのため、精神保健福祉士としては、アドボカシーの機能を発揮し、彼らのニーズをみえる化し、行政機関等にニーズへの対応を求めるソーシャルアクションを展開する必要がある。また、地域住民のニーズを十分に反映できるよう、住民懇談会などを開催して意見を集約し、地域福祉計画を議論する機会などにその声を届ける必要がある。

2006（平成18）年に障害者自立支援法が施行され、現在は障害者の日常生活及び社会生活を総合的に支援するための法律（障害者総合支援法）となった。身体・知的・精神3障害の福祉サービスが一元化され、ノーマライゼーションという障害者総合支援法の理念を建前ではなく、より実践的なものに昇華していくためにも、障害によって制度・サービスの運用が変わらないように声を上げていくことが求められる。

また、**ソーシャルワーク専門職のグローバル定義**においても、ソーシャルアクションの重要性が示され、ソーシャルワークの職能団体が採択するソーシャルワークの定義に「社会の変革」と明示されている。また、ソーシャルワーカーの倫理綱領には、ソーシャルアクションが「職責」と位置づけられ、ソーシャルアクションを行う社会福祉専門職の養成が社会福祉教育に求められている。

4 ソーシャルアクションの目的は精神障害者の社会的復権

とりわけ精神保健福祉領域のソーシャルアクションにおいては、公益社団法人日本精神保健福祉士協会の目的にも示されている「**精神障害者の社会的復権**」の視点が重要である。「精神障害者の社会的復権」は、1982（昭和57）年に表明された日本精神医学ソーシャルワーカー協会の**札幌宣言**による基本方針であり、1973（昭和48）年のY問題を契機

Active Learning
精神障害者の社会的復権とは何か。自分の言葉で説明してみましょう。

に、PSW自身の存在意義を再考した結果、協会の目的に位置づけられたものである。

この「精神障害者の社会的復権」という言葉には、PSWの先達のどのような思いや願いが込められているだろうか。そして、「精神障害者の社会的復権」は、すでに成し遂げられているといえるだろうか。札幌宣言からまもなく40年が経過しようとするなか、先達が精神障害者の社会的復権という言葉に込めた思いを継承していくことが、今まさに求められている。

精神保健福祉士一人ひとりの願いや思いこそが、ソーシャルアクションの原点となり得る。そして、こうした共通課題をもつ複数の精神保健福祉士が、思いを一つにしてソーシャルアクションを展開することで、アクションの原動力や社会に対する発信力を高めることにつながる。

5 ソーシャルアクションの機能と展開過程

1 ソーシャルアクションの機能

ソーシャルワーク研究の見地からソーシャルアクションの機能をみていく。

★地域を基盤としたソーシャルワーク
コミュニティソーシャルワークや総合相談とも呼ばれており、日本における「総合的かつ包括的な相談援助」の実践理論として位置づけられる。

地域を基盤としたソーシャルワーク★の八つの機能として、❶広範なニーズへの対応、❷本人の解決能力の向上、❸連携と協働、❹個と地域の一体的支援、❺予防的支援、❻支援困難事例への対応、❼権利擁護活動、❽ソーシャルアクションが示されている[1)]。本節のテーマであるソーシャルアクション機能については、「クライエントの声を代弁する形でのソーシャルアクションの展開、住民の参画と協働による地域福祉計画の策定、新しい社会資源の開発と制度の見直し、ソーシャルインクルージョンの推進」が求められる。

また、精神保健福祉士の権利擁護の実践モデルとして、❶発見・アセスメント機能、❷情報提供機能、❸代弁・代行機能、❹調整機能、❺教育・啓発機能、❻ネットワーキング機能、そして❼ソーシャルアクション機能が示されている[2)]。ソーシャルアクション機能には、法制度の改正・改革に向けた活動、新たなサービスづくりや地域における資源の開発などが含まれる。所属する機関の枠組みを越えた活動が求められるため、ソーシャルワーカーの自律性が問われる。

そして、コミュニティソーシャルワークにおける社会資源の活用や開発について、❶ソーシャルアクション型、❷福祉教育型、❸ソーシャルプランニング型、❹既存制度活用型、❺ソーシャルサポートネットワーク活用型の５タイプに整理されている[3)]。ソーシャルアクション型は、社会資源としての制度設置を要求するための伝統的な方法の一つである。社会資源の開発においては、利用者のアドボカシーを守ることが強調されており、アドボカシーの連続で捉えられている。

このように、ソーシャルアクションは権利擁護の実践モデルやアドボカシーの一機能としても論じられている。そのため、ソーシャルアクションは権利擁護機能と連動して展開していくことが重要である。主な機能としては、社会資源の開発や活用、社会福祉制度・施策の改善や開発、権利擁護が強調されている。

2　ソーシャルアクションの展開過程と求められる援助技術

ソーシャルアクションの展開過程は、❶多種多様な個別ニーズの把握、❷法制度等の課題と地域ニーズのみえる化、❸関係機関等との連携・協働、❹制度化やサービス改善・開発の交渉、❺アクションの成果や課題の共有化[4)5)]である（**図 5-1**）。

ソーシャルアクションを展開するプロセスにおいては、当事者や家族と信頼関係を築いていくための基本的な面接技術やコミュニケーション技術に始まり、関係専門職・非専門職等と協働関係を構築するためのファシリテーションやネットワーキング、行政機関等と社会福祉制度・施策を変えていく交渉を行うためのネゴシエーションなど、ソーシャルアクションの各段階で包括的なアプローチを行うための技術が求められる。そして、ソーシャルワークにおけるソーシャルアクションである以上、その根底には精神障害者の社会的復権と福祉という精神保健福祉士としての価値・倫理が常に意識されていることを忘れてはならない（**表 5-1**）。

図5-1　ソーシャルアクションの展開過程

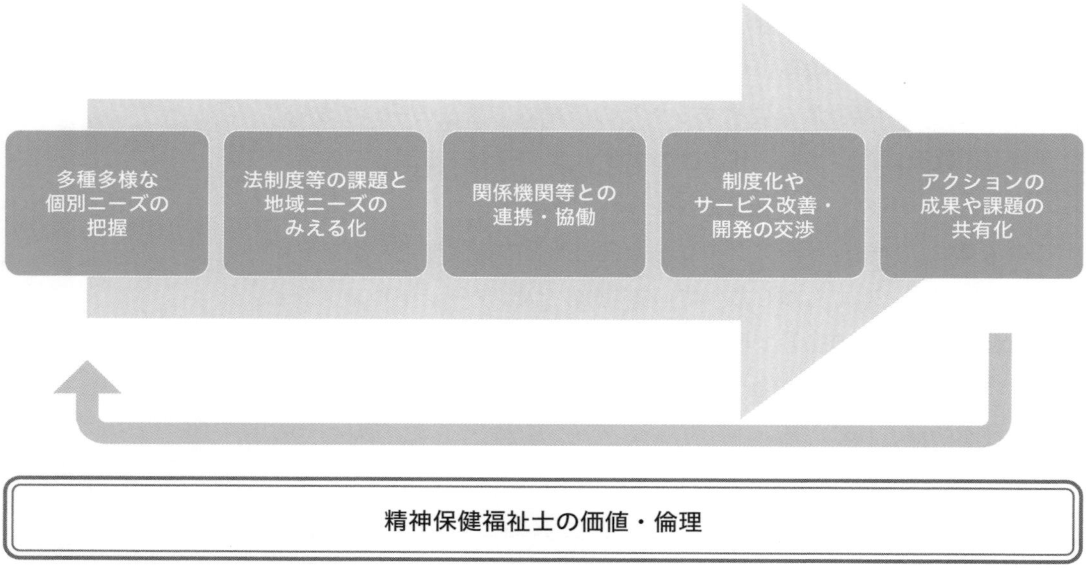

表5-1　ソーシャルアクションの展開過程と求められる主な援助技術

ソーシャルアクションの展開過程	求められる主な援助技術
①法制度等の課題とニーズの明確化	コミュニケーションスキル・面接技術
②法制度等の課題とニーズの可視化・共有化	ファシリテーション・ソーシャルリサーチ
③組織化	ネットワーキング ソーシャルアドミニストレーション
④非営利部門サービスやしくみの開発	社会資源の活用・開発
⑤制度化交渉・協働	ネゴシエーション

出典：髙良麻子『日本におけるソーシャルアクションの実践モデル――「制度からの排除」への対処』中央法規出版，pp.155-169，2017. をもとに作成

◇引用文献

1）岩間伸之「地域を基盤としたソーシャルワークの特質と機能——個と地域の一体的支援の展開に向けて」ソーシャルワーク研究所編『ソーシャルワーク研究』第37巻第１号，p.11，2011.
2）岩崎香『人権を擁護するソーシャルワーカーの役割と機能——精神保健福祉領域における実践過程を通して』中央法規出版，pp.165–184，2010.
3）田中英樹「コミュニティソーシャルワークの概念とその特徴」『コミュニティソーシャルワーク』編集委員会編『コミュニティソーシャルワーク』創刊号，中央法規出版，p.16，2008.
4）岩間伸之「生活困窮者支援制度とソーシャルアクションの接点——地域を基盤としたソーシャルアクションのプロセス」ソーシャルワーク研究所編『ソーシャルワーク研究』第40巻第２号，p.13，2014.
5）髙良麻子『日本におけるソーシャルアクションの実践モデル——「制度からの排除」への対処』中央法規出版，pp.155–169，2017.

◇参考文献

・岩間伸之「生活困窮者支援制度とソーシャルアクションの接点——地域を基盤としたソーシャルアクションのプロセス」ソーシャルワーク研究所編『ソーシャルワーク研究』第40巻第２号，pp.113–123，2014.
・加山弾「コミュニティ実践の今日的課題——近年のソーシャル・アクションの動向」『関西学院大学社会学部紀要』第95号，pp.203–215，2003.
・孝橋正一「社会事業の基礎理論」社会事業研究会・一番ヶ瀬康子・井岡勉・遠藤興一編『戦後社会福祉基本文献集６ 社会事業の基礎理論』日本図書センター，2000.
・髙良麻子『日本におけるソーシャルアクションの実践モデル——「制度からの排除」への対処』中央法規出版，2017.
・厚生労働省「地域力強化検討会最終とりまとめ——地域共生社会の実現に向けた新しいステージへ」地域における住民主体の課題解決力強化・相談支援体制の在り方に関する検討会（地域力強化検討会），2017.
・室田信一「特集：社会福祉と社会変革——ソーシャルアクションをどう展開するか——≪総論≫社会福祉におけるソーシャルアクションの位置づけ」鉄道弘済会社会福祉第一部編『社会福祉研究』第129巻，pp.23–32，2017.
・小沼聖治「ソーシャルワークにおけるソーシャルアクションのコンピテンシーに関する文献検討」『鴨台社会福祉学論集』第28号，大正大学社会福祉学会，pp.19–26，2020.
・大島巌『マクロ実践ソーシャルワークの新パラダイム——エビデンスに基づく支援環境開発アプローチ——精神保健福祉への適用例から』有斐閣，2016.
・阪田憲二郎「精神保健福祉士によるソーシャルアクションに関する考察」『社会福祉科学研究』第５号，pp.163–170，2016.
・沢田清方「第８章 社会活動法の理論と技術」福祉士養成講座編集委員会編『新版 社会福祉士養成講座９ 社会福祉援助技術論Ⅱ 第４版』中央法規出版，pp.309–317，2007.
・精神保健医療福祉白書編集委員会編『精神保健医療福祉白書2018／2019——多様性と包括性の構築』中央法規出版，2018.
・横山壽一・阿部敦・渡邉かおり『社会福祉教育におけるソーシャル・アクションの位置づけと教育効果——社会福祉士の抱く福祉観の検証』金沢電子出版，2011.

●おすすめ

・髙良麻子『日本におけるソーシャルアクションの実践モデル——「制度からの排除」への対処』中央法規出版，2017.

第2節 個別支援から地域における体制整備

学習のポイント

- ソーシャルアクションの展開過程における当事者参加の意義を理解する
- 協議会を活用したミクロからマクロへのソーシャルアクションの展開を理解する

前節で述べたとおり、ソーシャルアクションはマクロソーシャルワークの一技術であるが、最初からマクロ実践が始まるわけではなく、ミクロからマクロへの連続的な展開が特徴である。本節は、ソーシャルアクションのミクロからマクロへの展開がテーマとなる。

ソーシャルアクションにはさまざまな形態があり、精神保健福祉士からの発信や協議会、専門職団体のアクションなど多種多様である。ここでは、代表的なソーシャルアクションのプロセスについて、説明する。どのように体制整備が図られていくのかについて、❶精神障害者の地域生活における個別支援から地域ニーズへと昇華させていくソーシャルアクション、❷障害者の日常生活及び社会生活を総合的に支援するための法律（障害者総合支援法）における協議会の機能を活用したソーシャルアクションの展開に着目しながら解説する。

1 個別支援から地域ニーズへのソーシャルアクションの展開

1 個人の課題＝地域社会の課題というまなざしをもつ

Active Learning

「個人の課題＝地域の課題」とはどういうことでしょうか。具体的な例を挙げてみましょう。

★精神病者監護法
1900（明治33）年に公布された、日本初の精神障害者の保護に関する法律。社会防衛的な思想に基づき、監護義務者による私宅監置が公認された。

精神障害者の生活支援において、ミクロレベルでは多種多様な生きざまや生活課題がある。統合失調症や気分障害など同様の診断名だとしても、病気の症状や捉え方、個人の生活への影響はそれぞれ異なる。

しかし、こうした生活状況や課題に影響を与えている社会構造や取り巻く環境といったマクロレベルでは共通点がある。たとえば、精神障害者は生活保護の受給率の高さが指摘されており、精神疾患を発症したことによる就労の困難さから生じる貧困の問題という連鎖が、今なお続いている。

また、1900（明治 33）年の**精神病者監護法**★以降の社会防衛的な施策の影響が今なお色濃く残り、地域住民の精神障害に対する理解が十分とは言いがたい。そのため、精神障害者や家族に対する差別・偏見や社会的排除の問題は、個人の意識にとどまらない、社会構造的に生み出されているという認識をもつ必要がある。こうした視点が、ソーシャルアクションを展開する出発点となる。

2 ソーシャルアクションにおける行政機関の役割

社会福祉関連の制度・政策に働きかけていくソーシャルアクションにおいて、行政機関との連携・協働は必要不可欠といえる。非営利部門サービスの開発等においては、民間事業所の制度化に向けた活動をサポートする役割が期待される。また、障害者総合支援法における協議会では、都道府県や市区町村が事務局としての役割を果たすことが求められる。ソーシャルアクションにおいては、このような官民協働のネットワーク活動がどれだけ機能するかが問われる。

3 個別支援の蓄積による地域課題の発見と情報共有

❶個別支援会議を通じた地域課題の集積

個別支援会議（ケア会議）を通じて、たとえば、いじめが原因で不登校となり自宅にひきこもりがちとなったＡさん、精神科病院に長期入院し退院を間近に控えているＢさん、過労によるメンタルヘルス不調により離職したＣさんが抱える日中活動支援の課題が把握される。これらを個別課題で終わらせるのではなく、地域課題として関係機関で共有し共通認識を図る。地域には、医療・保健・福祉・就労・教育などのさまざまな分野で共通課題が存在する。そのため、個別支援会議で把握された個別の課題を地域課題として集積していくことが必要となる。

❷潜在的なニーズのみえる化

当事者ニーズを中心とした地域生活支援を推進するためには、ニーズに基づく地域課題の共有が必要となる。地域には、精神科医療の未受診者やひきこもりで生活のしづらさを抱えている人々など、いまだ隠れているみえないニーズが多く存在する。ニーズが潜在化したままでは対応が困難なため、ニーズを「みえる化」する必要がある。そのためには同じ情報を土俵にして協議することが重要である。

精神保健福祉士は、クライエントの所属や世代を越えて、地域のあらゆるメンタルヘルス課題に対応する役割を担うため、多種多様なニーズに触れる。個別ニーズの対応については、個別支援会議における情報と課題の共有が可能である。しかし、日常の相談活動や個別支援会議の内容は参画していない機関や人には十分届かない。個人のプライバシーに十分配慮しながら、個別ニーズへの対応から明らかになった地域課題を中心に、情報共有をすることが重要である。このような「みえる化」によって、初めて個別ニーズが地域課題として共通認識され、地域づくりの大きな原動力となる。

❸地域の社会資源の機能共有と評価

地域にはフォーマル・インフォーマルによらず、さまざまな**社会資源**が存在する。しかし、精神保健福祉士が所属する機関の役割・機能に直接的な関連がない社会資源に関しては、十分な理解が得にくい。しかし、精神障害者一人ひとりの人生に思いを馳せたとき、ライフステージのどこかで、所属機関との接点が生まれるはずである。たとえば、人は誰しも年老いるわけで、それは精神障害者も同様である。決して他人事ではなく、我が事として、ともに考え、ともに歩む姿勢が求められる。

また、精神保健福祉士の所属機関の機能に役割を求められたときは、積極的に参画する意識が求められる。そして、所属機関の機能を情報開示することによって、相互理解や機能評価につながっていく。

4 地域アセスメントのために、さまざまな調査法を駆使する

当事者個人のプライバシーに配慮したうえで、地域生活支援で把握されたすべてのニーズを情報発信することが重要である。発信された情報が、地域で暮らす精神障害者の生活ニーズを明らかにし、地域がそのニーズにどこまで対応できたか、現在の限界も含めた地域アセスメントにつながる。

地域ニーズの把握に際しては、精神保健福祉士が積極的にアウトリーチを行うことが重要である。精神保健福祉分野の課題は、地域で潜在化する傾向があるため、精神障害者や家族が直面する多種多様なニーズを把握するには、アウトリーチが必要不可欠となる。

地域アセスメントのためには、精神障害当事者や地域住民等に対して、さまざまな調査法を駆使していくことも有効である。調査法としては大きく**量的調査**と**質的調査**に分けられる。

量的調査とは、調査対象者の集団から一定程度の規模のデータを収集し、統計学的に集団の性質を探索する調査方法である。量的調査には、全数（悉皆（しっかい））調査（調査対象者の全員をくまなく調査：国勢調査等）や標本（サンプリング）調査（標本抽出法という客観的な手続きに基づき対象集団の一部を抽出）などがある。

質的調査とは、特定の調査対象者の体験や価値観等をある認識論に基づいてデータの意味内容を解釈していく調査方法である。質的調査は主にインタビュー調査があるが、自由面接調査法（話の流れや状況に応じて、臨機応変に質問を変えて、会話のなかで情報収集するもの）や個別面接調査法（対象者の自宅等に直接訪問し、口頭で調査票どおりに質問をして、回答を記入する方法）などがある。

また、地域アセスメントとして、地域の状況を把握する段階では、地域のニーズを正確に把握・分析することが求められる。その際、地域特性（歴史や文化、地理的な条件、産業・経済等）を十分に考慮することが必要である。既存資料による実態把握も可能であるが、地域の強み（strengths）・弱み（weaknesses）・外部環境の機会（opportunities）・脅威（threats）を把握するために、**SWOT 分析**も有効とされる。こうした分析手法を駆使することで、❶計画作成の前提条件の分析、❷計画目標の設定と計画実施の役割分担の確定、❸計画作成への住民参加の促進へとつなげることが可能となる。

精神保健福祉士としての生活支援を通じた感覚的な気づきも重要であるが、研ぎ澄まされた感覚から得られた気づきを、より科学的な手法を活用し明確化することで、**根拠に基づく実践**★（**evidence based practice：EBP**）へとつながっていく。

★**根拠に基づく実践**
クライエントの支援効果を高める科学的根拠（エビデンス）に基づく実践。近年、精神保健福祉領域でも注目されており、家族心理教育プログラムなどが挙げられる。

5 地域におけるネットワークの構築

精神保健福祉分野において、精神保健福祉士・社会福祉士・介護福祉士・公認心理師・保健師・看護師・作業療法士などフォーマルな専門職、民生委員・児童委員・ボランティアなどインフォーマルな非専門職が存在する。また、同じニーズを有しながら、相互に助けあい支えあう存在としてピアサポーターが重要な役割を担っている。そして、地域住民も地域課題を解決する主体者として生活している。

このように、保健・医療・福祉・教育・労働などさまざまな分野のネットワークの構築を通じて、それぞれにどのような専門性や社会資源を有しているかの認識の共有化を図る。こうしたプロセスは、分野間で重複または不足する社会資源を精査することになり、利用者のニーズに沿った統一的・一体的な支援を行う社会資源として再構築される。

こうした連携・協働体制が構築されることで、これまで支援困難事例と捉えられていたケースについても、アプローチが可能となる。たとえば、医療的なケアの必要な重度精神障害者に対して、精神科訪問看護や

Active Learning

「地域住民も地域課題を解決する主体者として生活している」とはどういうことでしょうか。自分の住むまちで地域住民が地域課題の解決に取り組んでいる事例を調べてみましょう。必ずしも精神保健福祉に関係することでなくてもかまいません。

リハビリテーションなど医療的なアプローチと、訪問介護や生活介護、グループホームなどの福祉的なアプローチを包括的な支援として再構築することが可能になる。

6 地域課題の集約から体制整備へ向けて

第1節でも述べたとおり、これまでの精神障害者の生活支援においても、個別支援から抽出された地域ニーズを集約し、新たな支援プログラムや福祉サービス・事業、そして精神障害者福祉関連の施策を生み出し、ノーマライゼーションを実現するための地域づくりが展開されてきた。しかし、時代の変化とともに精神保健福祉士に求められるメンタルヘルスの役割が多種多様化し、日々の業務に追われ、解決に至っていない課題も山積している。精神障害者の社会的入院の解消は、まさに喫緊かつ重要な課題であろう。

特に、精神障害者は障害者福祉施策の対象に位置づけられてから30年弱であり、身体・知的障害者の福祉施策と比較しても歴史が浅い。そのため、障害福祉サービスが一元化されたとはいえ、議論が遅れがちになることも少なくない。精神保健福祉士として、精神保健福祉に関する課題が協議の土俵にあげられているかをモニタリングし、必要に応じて提言していくことが求められる。

2 協議会を活用したソーシャルアクションの展開

1 地域における協議会の機能

★協議会
障害者総合支援法に基づき、障害児・者に対する相談支援の課題や情報を共有し、その体制整備に取り組む機関。都道府県・市町村に設置の努力義務があり、構成員として当事者や家族が位置づけられている。

協議会★には、都道府県単位と市町村単位ならびに市町村共同で設置されているものがある。協議会には、保健・医療・福祉・教育・労働等のさまざまな分野の関係者が枠を越えて、相互の連絡調整や情報共有を図ることで、障害者等の支援に関する地域課題を共通認識として明確化し、官民協働で協議・解決していく機能がある。また、関係機関等の連携を密に図ると同時に、地域の実情に応じた体制整備について協議する場となる[1)]（**図5-2**）。精神障害者の地域移行支援や地域定着支援の課題解決に向けても、このシステムを有効に活用していくことが重要である。

相談支援事業における**基本相談支援**・**計画相談支援**と協議会は、車の両輪のような関係といえる。個別の相談支援体制が機能しなければ、地域の課題は集約されず、協議会の機能も十分に果たされることはない。

図5-2　協議会のプロセス（個別課題の普遍化）

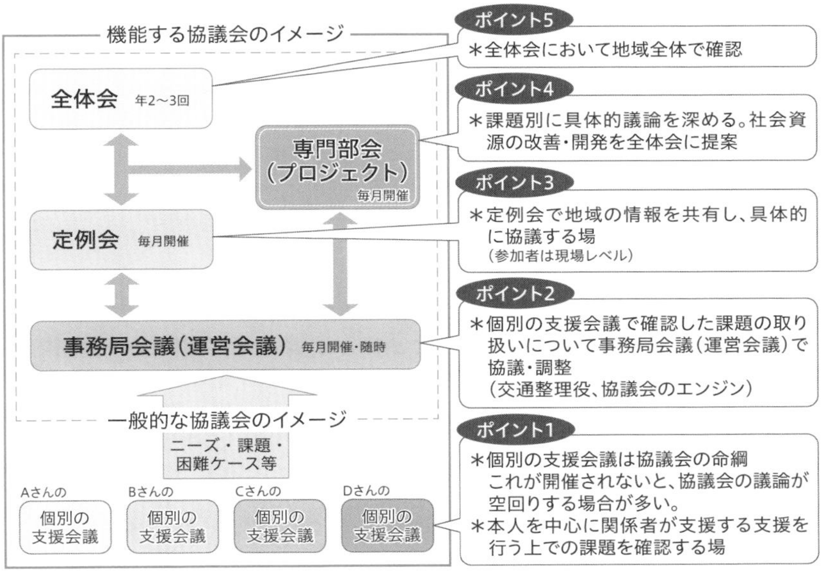

出典：自立支援協議会の運営マニュアルの作成・普及事業企画編集委員会編『自立支援協議会の運営マニュアル』日本障害者リハビリテーション協会，p.31，2008.

逆に、協議会が形骸化してしまえば、相談支援は個別支援で完結してしまうことになる。精神保健福祉士が所属する地域の協議会では、どのような現状や課題があるのかに関心を抱き、状況を把握しようとするアンテナを張る努力をすることが重要である。そして、誰もが暮らしやすい地域づくりのために、協議会を最大限に有効活用することが求められる。協議会はソーシャルアクションを展開していくためのシステムともいえ、どのように活用できるかが、精神保健福祉士の腕の見せ所であろう。

2 個別支援会議は協議会の生命線

協議会を活用したソーシャルアクションのスタートであり中核となるのが個別支援会議であり、厚生労働省も「個別支援会議は協議会の命綱」と銘打っている。

個別支援会議では、精神障害当事者や家族を中心とした必要な関係者が集まり、思いや情報を共有し、本人のニーズに基づく支援を検討していく。また、すぐに実行可能な支援と時間を要する支援に分けて、すぐにできる支援の役割分担を行う。このような個別支援会議を通じて、関係者のネットワークが構築されると同時に、会議メンバーに支援の追体験が可能となり、地域の相談支援体制の質が向上する。

また、会議を当事者中心とするために、当事者参加を原則とする必要がある。障害者自立生活運動のスローガンに掲げられている「**私たちを抜きに私たちのことを決めないで**」を念頭に、直接的に当事者の生の声を聴くことが、ソーシャルアクションを展開する原動力につながっていく。そして、個別支援会議においては、「個人のニーズは地域のニーズ」という視点に立ち、個人の課題で終わらせずに、地域の課題として抽出することに意義がある。これらの課題は、障害者総合支援法における「協議会」で検討される。

協議会はソーシャルアクションのシステムともいえる。これらの活動が形骸化することなく、活性化させることが精神保健福祉士の役割であろう。

3 基幹相談支援センターの役割

地域格差や多様化・複雑化する生活ニーズへ適切に対応するために、市町村は**基幹相談支援センター**を設置することができる。基幹相談支援センターは、障害種別にかかわらず、相談支援事業所等で支援が困難な事例への対応や権利擁護(障害者虐待防止や成年後見等)、地域移行支援・地域定着支援など、地域のセーフティーネットとして総合的な相談支援を行う。また、地域課題を把握し解決するために、地域ネットワークの強化や社会資源の開発といった地域づくりの役割も担う。

そして、これらを実現するために、協議会の直接的な運営が期待され、官民協働をコーディネートし、より効果的に協議会を機能させるためのエンジン役が求められる。基幹相談支援センターが十分に機能することで、相談支援の質の標準化や向上が図られ、適切にケアマネジメントが実践される仕組みが確立されていくことが必要である。精神障害者の社会的復権と福祉のための専門的・社会的活動を推進するためにも、精神保健福祉士が基幹相談支援センターに配置されることが望ましい。

4 世代・分野を越えたネットワークの構築

精神保健福祉士は、所属する機関の機能や自身の専門性、精神保健福祉分野に関連する社会資源のみで、利用者個人や地域の課題に対応しがちである。しかし、協議会が機能することで、世代・分野を越えた**ネットワーク**の構築が可能となる。こうしたネットワークが広がることで、精神保健福祉分野にとどまらない、企業・司法等の新しい分野とのネットワークの構築を志向していくことが可能となる。この世代・分野を越えたネットワークの構築は、これまで支援困難事例とされ、地域での暮らしをあきらめざるを得なかった重度精神障害者の人々に対する地域生活支援の可能性を広げることにつながる。

ネットワークの構築や多職種連携の必要性は幅広く認識されているが、その実現の困難さも実感する精神保健福祉士は多いであろう。真のネットワークや多職種連携の構築に向けては、チームアプローチを機能させる要素を意識した実践が必要となる。個別のニーズに対して、どの機関がどの役割を担うのかといった協議を丁寧に行い、支援体制を構築するプロセスこそが、相互理解を促して Win-Win の関係を築くことにつながっていく。その意味でも、個別支援会議は協議会のベースとなる重要な会議といえよう。

5 地域における社会資源の開発・改善

❶地域の社会資源を有効に活用する

利用者の地域生活を支える社会資源★には、フォーマルな社会資源とインフォーマルな社会資源があり、そのなかにも医療機関（フォーマル）や家族・友人（インフォーマル）など形のある社会資源、資源情報の共有（フォーマル）や個人の夢や目標（インフォーマル）など形のない社会資源などさまざまである。予算化されたものや建物などのハード面のみが社会資源ではなく、ソフト面にも着目することが重要である。

特に、これまでは精神保健福祉分野における関連制度やサービスが十分ではなく、常に社会資源が不足しているとの指摘がなされている。そのため、精神保健福祉士には「使えるものは何でも使う」といった柔軟かつ臨機応変な姿勢が求められる。たとえば、現代社会の課題とされる空き家や空き店舗などの有効活用も視野に入れることが重要である。

❷協議会を活用した社会資源の開発・改善

個別支援会議を通じて、自宅にこもりがちな精神障害者に対する地区民生委員の見守り支援や友人の励ましなどインフォーマルな社会資源、高齢者分野の居宅介護事業所が新たに精神障害者を対象としたホームヘルパー派遣を行うといったフォーマルな社会資源の開発・改善がなされることは、精神障害者のケアマネジメントにおいても大変意義深い。

しかし、個別支援会議を通じた社会資源の開発・改善のみでは、支援が困難な事例も数多く存在する。その際、地域にさらなる社会資源の開発や改善の取り組みが求められ、その足がかりとなるのが協議会である。

共有化された地域課題の解決に向けては、課題解決に向けた専門部会（プロジェクト）を設置し、どのような社会資源の開発・改善が必要か

★社会資源
クライエントのニーズを満たすために活用される多種多様な制度・サービス・知識・技術等の総称。社会資源には、フォーマル（公的）なものとインフォーマル（公的でない）なものがある。

Active Learning
「精神保健福祉士には『使えるものは何でも使う』といった柔軟かつ臨機応変な姿勢が求められる」とありますが、たとえばどのような社会資源を有効活用できるでしょうか。身近にある社会資源を一つ挙げて、その活用の方法を考えてみましょう。（例：コンビニエンスストア、地域のスポーツサークルなど）

を検討する。検討された内容は、全体会を通じて報告・提案し、今後の方向性について確認する。また、社会資源の開発・改善に向けては、予算化や事業化にかかわる市町村や事業主体等に提案し、実現に向けたソーシャルアクションを展開していくことが求められる。

そして、策定された**障害福祉計画**を基本にした具体的な取り組みや、計画の達成状況、地域課題に対する適切な対応ができているかなどのモニタリングが求められる。

3 地域住民への普及啓発と住民参加

精神障害者の社会的復権を目指すことが精神保健福祉士の実践目標であるならば、その具体的な目標の一つとして、精神障害者や家族に対する偏見・差別の解消が求められる。その前提として、地域住民個人の意識というレベルではなく、これまでの政策的な背景によって、偏見や差別が生み出されてきたという認識が重要である。

偏見や差別の軽減・解消は並大抵のことではないが、精神障害者と地域住民がともに活動するなかで、相互理解が深まっていく。そのプロセスをサポートするためにも、協議の場への精神障害当事者や地域住民の参画を念頭に置くことが重要である。精神障害者の普及啓発活動を積極的に行い、地域のよき理解者・協力者を増やすことによって、協働モデルに基づくソーシャルアクションを展開するための土壌を地域に築くことへつながっていく。

上述のように、精神保健福祉士には社会資源の開発・改善が専門的な役割として求められるが、地域住民による**施設コンフリクト**★の問題が発生することもある。施設コンフリクトに影響を及ぼす要素には、❶施設コンフリクト問題における仲介者の重要性、❷コンフリクト・マネジメント手法、❸「信頼」の重要性、❹行政の役割、❺地域特性の影響、❻施設の積極的側面の六つが挙げられる。また、施設コンフリクトの解消に向けては、リスクコミュニケーション手法を用いた信頼の醸成に合意形成システムが挙げられる[2)]。施設コンフリクト問題の解決には困難を伴うが、精神保健福祉士として、地域住民との合意形成に向けて、長い時間をかけて信頼関係を構築していくことが求められる。

★施設コンフリクト
精神障害者が活動する居場所や就労、住まいなどの創設に際し、地域住民の反対運動によって、事業所設立の実現に至らず、当初の目標と異なる状況が生まれることがある。このような施設と地域の葛藤や対立をいう。

4 地域生活支援拠点等の整備と精神障害にも対応した地域包括ケアシステム

地域共生社会の実現に向けては、第４期障害福祉計画（2015（平成27）～2017（平成29）年度）の基本指針で、各市町村または各圏域に少なくとも一つは**地域生活支援拠点等の整備**★を行うことが示された。この基本指針は、第５期障害福祉計画（2018（平成30）～2020（令和２）年度)にも引き継がれている。地域生活支援拠点等の整備にあたっては、❶相談、❷緊急時の受け入れ・対応、❸体験の機会・場、❹専門的人材の確保・養成、❺地域の体制づくりの５機能をすべて備えることが原則とされている。

また、2017（平成29）年２月の「これからの精神保健医療福祉のあり方に関する検討会」報告書において、地域生活中心を基軸とした**精神障害にも対応した地域包括ケアシステム**★の構築を目指すことが示された。この理念を踏まえ、2017（平成29）年度より、精神障害にも対応した地域包括ケアシステムの構築推進（構築支援）事業が開始された。実施主体である都道府県等は、実践経験が豊かな広域アドバイザーの助言を受けながら、都道府県等密着アドバイザーと連携して、地域包括ケアシステムの構築推進に取り組んでいる。

これらの整備を進めている国レベルの動きは、障害福祉サービスでは重要な事業であり、ソーシャルアクションとの関係性も深い。地域生活支援拠点等の整備状況を見据えながら、協議会等を活用し、地域の実情に応じたソーシャルアクションを展開していくことが求められる。

★地域生活支援拠点等の整備
障害児・者の重度化・高齢化や「親亡き後」を見据え、地域の実情に応じた創意工夫により、居住支援のための機能を整備し、障害児・者の生活を地域全体で支えるサービス提供体制を構築すること。

★精神障害にも対応した地域包括ケアシステム
精神障害者が地域で安心して自分らしい生活ができるよう、医療・福祉・教育・地域の助けあい等の必要な支援を包括的に確保・提供するという考え方である。高齢期の地域包括ケアシステムを精神障害者支援に応用した。

◇引用文献

1）自立支援協議会の運営マニュアルの作成・普及事業企画編集委員会編『自立支援協議会の運営マニュアル』日本障害者リハビリテーション協会，pp.26–32，2008.

2）野村恭代『精神障害者施設におけるコンフリクト・マネジメントの手法と実践――地域住民との合意形成に向けて』明石書店，pp.231–232，2013.

◇参考文献

・髙良麻子『日本におけるソーシャルアクションの実践モデル――「制度からの排除」への対処』中央法規出版，2017.

・日本精神保健福祉士協会 相談支援政策提言委員会『精神保健福祉士のための相談支援ハンドブック』日本精神保健福祉士協会，2013.

・野中猛・野中ケアマネジメント研究会『多職種連携の技術（アート）――地域生活支援のための理論と実践』中央法規出版，2014.

・阪田憲二郎「精神保健福祉士によるソーシャルアクションに関する考察」『社会福祉科学研究』第５号，pp.163–170，2016.

●おすすめ

・中西正司・上野千鶴子『当事者主権』岩波新書，2003.

第3節 政策提言・政策展開

学習のポイント

- ソーシャルアクションにおける政策提言・政策展開の必要性とそのあり方を理解する
- 精神保健福祉士が取り組むソーシャルアクションの実際を理解する

本節では、個別支援を基礎とした地域の体制整備に昇華されるなかの一つとして、あるいは体制整備の次の段階として、国や地方自治体の政策へ展開させていくことの必要性とその際の取り組みについて解説する。

1 国および広域圏において共通する課題の抽出・分析

日本におけるメンタルヘルスの課題は、国が取り組むべき重点的な施策である。2013（平成25）年度より、地域医療の基本方針となる医療計画に盛り込むべき5大疾病として、「精神疾患」が追加されたことからも、そのことがいえるだろう。また、2017（平成29）年の患者調査によれば、日本の精神障害者は400万人以上とされ、30人に1人は何らかの精神疾患があると考えられる。これらのことから、日本で最も身近な病気または障害は、精神障害といっても過言ではないだろう。こうした量的な課題は、**630調査（精神保健福祉資料）**や**ReMHRAD（リムラッド：地域精神保健医療福祉資源分析データベース）**を活用することで、入院患者や精神科デイケア利用者、地域の社会資源の状況などの実態を把握することができる。

630調査とは、各自治体が毎年6月30日時点の統計数値を厚生労働省に報告し公開される統計資料である。国や都道府県単位での地域課題の把握や医療計画等の策定、施策推進のための基礎資料とされる。こうした医療機関の実態を概観することで、課題分析や実践のエビデンス（根拠）として活用することができる。

また、ReMHRADとは、都道府県・市区町村別に、障害者の日常生活及び社会生活を総合的に支援するための法律（障害者総合支援法）における障害福祉サービス事業所等の設置状況や、精神科病院に1年以上入院している人の状況（今所在する病院や以前の住所地の市区町村）、救急医療体制の整備状況等がデータベース化されている電子システムである。市区町村の入院患者数や障害福祉サービスの必要な数値を想定するための基礎データとなり、協議会での地域アセスメントや障害福祉計画の策定に向けて、具体的な数値を把握することができる。これらのデータは、精神保健福祉士がどこにいても検索することができ、国または広域に共通した課題として取り組む根拠を得ることが可能である。

一方、行政データだけではなく、精神保健福祉士が多職種と連携・協働をして、必要なデータを集めて政策提言を行うこともある。たとえば、成年後見制度では、社会福祉士や弁護士、司法書士等のかかわりも増加しており、保健・医療・福祉だけではなく司法など他分野の専門職と連携を図ることで、多面的なデータを得ることができる。障害者総合支援法に基づく協議会において、専門部会を立ち上げ、関連する専門職同士の意見交換の場を設定することで、現場の生の声を集約することが可能となる。

しかし、対象者の数のうえでは最も多く、身近なはずであるにもかかわらず、精神障害者や家族に対する偏見や差別的な感情は、地域住民のなかで緩和・解消されたとはいえない。精神科患者の身体疾患の治療に関する受け入れの難しさや経験則ゆえの長期入院者に対する退院のあきらめなど、ステレオタイプな見方も散見される。医療従事者の専門性ともいえる治療モデルは、クライエントの課題を客観的な因果関係に基づく視点で明確にできる。

その一方、クライエントの抱える生活問題が病気や障害によるものと捉えられやすい。生活環境や社会的な背景に目を向けられるよう、精神保健福祉士として生活モデルに基づくコンサルテーション★も重要な役割であろう。

精神障害者の理解促進に向けた普及啓発の難しさは、精神障害が目にみえず、生活のしづらさが視覚化されにくいところにある。こうした量的には把握しきれない質的な課題について、日々の相談援助を通じたアセスメントによって、多角的に分析していくことも必要である。精神科病院における長期入院や社会的入院の問題は、多様かつ複雑な要因がからみあって、長期化し今なお重要な課題として十分な解決に至っていない。

そのほかにも、日本におけるメンタルヘルス課題は、個人のライフサイクルやライフステージによって、さまざまな様相をみせる。たとえば、

★コンサルテーション
専門職同士の対等な関係において、他職種よりクライエントの支援に関する助言・指導を求めて連携する活動。たとえば、精神保健福祉士が精神科医より医学的な知見より助言を受けるなど。

Active Learning

精神障害者の理解促進に向けた普及啓発活動の難しさには、具体的にどのようなことがあるでしょうか。また、それを乗り越えるための方策（方法、工夫など）を考えてみましょう。

子どもなら不登校の問題が、青年期になるとひきこもり、両親が高齢化すると8050問題★となる。また、高齢の単身生活者になれば、社会的孤立や孤独死に至るというように、メンタルヘルス課題は連続性をもったものである。また、家族の問題として、夫婦間のDVが子どもの心や人生そのものに、長い間大きな影を落としていくこともあれば、虐待する親がかつて虐待を受けてきたという世代間連鎖もある。表面化したニーズの背景には多様な社会的課題が存在するため、顕在化した一部の問題だけではなく、全体像を俯瞰(ふかん)することが大切である。

★8050問題
近年、80歳代の親と50歳代の子どもが社会的に孤立し、病気・介護・貧困など複合的な生きづらさを抱えることで、これまでみえにくかった地域課題（8050問題）が顕在化するようになった。

こうした現状は、社会福祉制度、施策等における取り組みの限界を示しているともいえ、精神保健福祉士として、人と状況の全体関連性の視点を発揮し、精神障害者の地域生活を支える重要な局面となろう。

このように、日本のメンタルヘルス課題の解決に向けて、量的・質的両面から多角的な分析を行うことによって、所属機関や地域または法制度・福祉サービスの限界に直面することがある。この限界は、社会資源の開発・改善や政策提言のエビデンスとなり、ソーシャルアクションの糸口を発見することにもつながっていく。

2 職能団体・関係団体間での課題の共有とエビデンスの集積

精神保健福祉士は、日常的な相談支援を通じて、精神障害当事者や家族の生活実態や個別ニーズを把握する立場にある専門職である。これら個別のニーズや生活課題を一般化・社会化していくためには、先述したとおり協議会を活用すると同時に、日本精神保健福祉士協会など職能団体による調査研究や協会による行政機関等へのロビー活動が有効である。また、精神障害当事者団体や家族会、他の専門職団体など組織レベルでの連携・協働体制を構築することが重要である。

近年では、2017（平成29）年12月に日本精神保健福祉士協会は、厚生労働省に対して、「生活保護引き下げに関する要望書」を提出した。同時に、日本ソーシャルワーカー連盟の加盟団体とともに、「生活保護基準額の引き下げに関する緊急声明」を発信している。また、2018（平成30）年9月には、「生活保護制度における夏季加算新設及び冷房器具購入費等の支給に関する通知の周知・改善に関する要望書」を提出した。

要望書の提出に向けては、都道府県支部・都道府県協会等と連携し、各都道府県におけるソーシャルアクションも展開されている。こうしたアクションには、関係団体との連携や各都道府県支部に対する意見聴取によって、エビデンス（根拠）が集まり、実際のアクションが展開される。

直近では、協会構成員を対象に、2020（令和２）年の新型コロナウイルス感染症（COVID-19）の影響により、現場で直面している問題・課題についての声を聴くためのWEBサイトを開設している。現場一人ひとりの声を集約することで、地域社会への発信や関係省庁に対する必要な要望を検討している。こうしたボトムアップ型の意見集約が、現場のリアリティのあるエビデンスとなり、実態に即したアクションの展開へとつながっていく。

また、他団体との連携においては、日本精神保健福祉士協会は1986（昭和61）年に発足した精神保健従事者団体懇談会に加盟し、精神障害者の権利擁護に向けたさまざまな法改正や政策への要望・提言を行っている。また、日本の精神科医療施策の改善や政策提言に向けた活動において、精神科医療機関の全国組織や支部との連携は必要不可欠である。日本精神科病院協会や日本精神科診療所協会は、精神科病院・精神科診療所の横のつながりを支える組織であり、情報集約や定期的な会議による情報提供、意見集約に取り組んでいる。精神保健福祉士が所属する都道府県支部の現状を把握し、必要に応じて連携・協働体制を構築することが求められる。

そして、2019（令和元）年６月に超党派の国会議員による「地域共生社会推進に向けての福祉専門職支援議員連盟設立総会」が開催された。本議員連盟は、地域共生社会の推進に向けて、精神保健福祉士・社会福祉士・介護福祉士等の人材を確保し、さまざまな領域で配置・活用がなされ、社会的な評価を高めるとともに活動を支援することを目的に、設立時の重点課題として、次の５点を挙げた。

1　福祉専門職の人材の確保、育成・定着等の対策の抜本的強化（福祉専門職の処遇改善、制度への配置）
2　児童相談所及び学校教育を中心とした児童福祉分野、学校教育分野における社会福祉士及び精神保健福祉士の活用
3　コミュニティソーシャルワーカー（社会福祉士及び精神保健福祉士）の市町村での必置化
4　専門性の高い介護福祉士を確保し、介護のリーダー機能を果たせる仕組みづくり
5　災害時における福祉専門職の制度的位置づけの確立

このように、団体レベルでのソーシャルアクションにおいては、政治的な活動を含めたさまざまな関係団体との連携・協働によって、社会的な課題の共有と課題解決に向けたエビデンスの集積につながっていく。しかし、かかわる団体が多ければ多いほど、各団体の思いが錯綜する。そのような状況であるからこそ、精神保健福祉士として、誰のための何のための組織的活動なのかを常に考え、社会的な情勢に注目し続けることが重要である。

3 法制度上の課題の解決に向けたアクションプランと実施

精神保健福祉士が日々の実践を通じて、法制度上の課題を把握し分析した結果として、全国や都道府県単位の精神保健福祉士協会にバックアップを求めることも、ソーシャルアクションとしての重要な取り組みである。

こうした国や広域で共通する精神保健福祉分野の課題を解決するために、日本精神保健福祉士協会は、**中期ビジョン2020**（計画年度：2016（平成28）～2020（令和２）年度）を策定している。協会の目的を実現するための活動を推進し、実行するための本ビジョンでは、「あらゆる分野の精神保健福祉士が『ソーシャルワーク』を強力に展開し、啓発活動や権利侵害に立ち向かうことを通じて、精神障害者をはじめとするすべての国民が人としての尊厳を保持できる社会を実現する」ことを目的としている。そして、本ビジョンの３本柱として「政策提言」「人材育成」「組織強化」を位置づけている[1)]。

本節のテーマである政策提言については、具体的な項目として、❶精神保健医療福祉・労働・司法・教育等の多様な実践に基づく政策提言、❷実践的知見の集約と調査研究に基づくソーシャルワーク人材のあるべき姿の提言、❸ソーシャルワーク関係団体との協働による要望活動の拡充と福祉文化の普及啓発を掲げている。

日本精神保健福祉士協会中期ビジョン2020の３本柱を成り立たせるものとして、協会の各種の取り組みは、精神保健福祉士一人ひとりの日々の実践のもとに成り立っていることを前提としている。こうした日々の実践における課題意識を組織的に集約し、制度改正や社会資源の創出などの政策提言につなげることができる。また、要望活動を行うときには、全国組織である利点を活かして実態把握を広域的に行うことができるとしている。

このように、日本の社会的な制度・施策に影響を与え、精神障害者の社会的復権と福祉を実現するためのソーシャルアクションは、全国レベルでの組織的な活動が求められる。現場で活躍する精神保健福祉士は、医療・保健の専門職と比較すると数が少ない現状がある。だからこそ、日本精神保健福祉士協会や各都道府県の協会に加入し、研修や協会活動への参画を通じた自己研鑽やネットワークの構築を図ることが重要である。こうした地道な積み重ねが、所属する地域でソーシャルアクションを展開するための土台となる。

4 改善・創設された法制度の活用と評価

1918（大正７）年に呉秀三らが「精神病者私宅監置ノ実況及ビ其統計的観察」を報告し、「我が国十何万の精神病者は実に此の病を受けたるの不幸のほかに、この邦に生れたるの不幸を重ぬるものと云うべし」という言葉を残してから、100年が経過した。精神保健福祉士は、人とその生活にかかわる専門職として、この国に生まれたる不幸を解決していく役割への期待を背負っている。

精神保健福祉士は、精神障害者一人ひとりの個別性を尊重し、その人に向きあい、その人の生活に寄り添う専門職である。個人が抱える精神疾患とそのための生活のしづらさへの洞察と同時に、精神障害者を取り巻く日本特有の歴史を理解することが重要である。精神障害者は自分自身の固有の歴史だけではなく、精神障害者が背負ってきた負の歴史を併せもつことを忘れてはならない。

また、家族も国の施策のなかで重い責任を背負ってきた。2013（平成25）年の精神保健及び精神障害者福祉に関する法律（精神保健福祉法）改正によって、文言上は保護者制度が廃止された。しかし、どれだけ家族の負担が軽減されているのだろうか。改善や創設された法制度によって、精神障害者のごく当たり前の生活がどれだけ保障され、家族が人生の主人公として自分らしい生活を送ることができているのだろうか。法制度のモニタリングや事後評価においては、当事者や家族の全国組織との交流を通じて、直接的に生の声に耳を傾けることが重要である。そこに答えがあり、今後のソーシャルアクション実践のヒントが隠されている。

5 精神保健福祉士が身近にできるソーシャルアクションとは何か

Active Learning

学生ができる身近なソーシャルアクションには、どのようなものがあるか考えてみましょう。それをほかの学生と共有してみましょう。

法制度を変革するための組織的なソーシャルアクションは、全国レベルの活動展開が求められる。マスコミを賑わせているようなソーシャルアクションの実践例は稀であろう。それでは、精神保健福祉士が身近にできるソーシャルアクションとは何だろうか。ここで、精神保健福祉士がかかわったソーシャルアクションの実践例を紹介する。

1 愛媛県精神保健福祉士会のソーシャルアクション

一般社団法人愛媛県精神保健福祉士会では、県内の精神障害者の交通に関するニーズを把握し、精神障害者の路線バス利用の割引を実現している。2017（平成29）年当時、愛媛県では路線バスを運行するすべての事業者が、運賃の障害者割引制度を精神障害者に適用していなかった。そこで、本協会は精神障害者の公共交通機関の利用に関するアンケート調査を行い、外出時のバス等の利用状況や主に利用する交通機関を把握した。アンケート結果を根拠に、2017（平成29）年6月以降、県バス協会や事業者に割引を求める要望書を提出した。これらの取り組みを通じて、県内にある複数の路線バス会社が、精神保健福祉手帳所持者に運賃割引を適用することを発表した。こうして、県内の精神障害当事者の社会参加の支援につながっている。

2 京都精神保健福祉士協会のソーシャルアクション

京都精神保健福祉士協会は、精神障害当事者・家族・精神科医と連携・協働したソーシャルアクションを展開している。この連携チームは、「関係5団体」と呼ばれ、2005（平成17）年の障害者自立支援法案提出を契機に設立された。障害者自立支援法成立により、精神障害当事者の不利益が想定されるなか、当事者・家族・支援者が強い危機感を抱き、専門性や立場を越えて、勉強会や署名活動、市民対象のシンポジウムを開催した。このときに「関係5団体」が連名で京都市や関係部局に要望書を提出し、懇談会が開催された。その後も継続的な要望活動を行い、京都府・市独自の自己負担軽減策やイギリスのケアラー制度をモデルにした家族支援強化事業が展開されている。

3 精神保健福祉士が身近にできるソーシャルアクションを考える

これらの都道府県レベルの先駆的な実践から、ソーシャルアクションの具体的な方法論を学ぶことが求められる[2)]。そして、国や地方自治体等への陳情やマスメディアへの取材依頼、Twitter・Facebook・InstagramなどのSNSを活用した発信等、活動にはさまざまなバリエーションがあることを理解し、現実的に可能なアクションから実践を試みることが重要である。

また、ソーシャルアクションを❶法律、❷状況（状態）、❸慣習、❹人々の意識という四つの視点で整理し、これらを「社会を変える」ための一要素・一手段とする指摘もある[3)]。このように、法律や制度にコミットするだけが、ソーシャルアクションではない。

大風呂敷を広げる必要はなく、まずは日々の報道などを通じて、「何となくこのままではいけない」と身近に感じるニュースを探すことから始めてみることが大切である。結果的にソーシャルアクションの具体的な成果につながらなくとも、そのプロセスで形成された地域ネットワークは、次の支援に活かされていく。このように、小さなソーシャルアクションの積み重ねが、やがては大きなソーシャルアクションへとつながっていく。

◇引用文献

1）柏木一惠「精神保健福祉士に求められる役割について」第2回精神保健福祉士の養成の在り方等に関する検討会資料，2019.
2）原昌平「精神保健福祉士は変革者になれるか」「精神医療」編集委員会編『精神医療』第95号，p.88，2019.
3）木下大生・鴻巣麻里香編著『ソーシャルアクション！あなたが社会を変えよう！——はじめの一歩を踏み出すための入門書』ミネルヴァ書房，pp.207-218，2019.

◇参考文献

・日本精神保健福祉士協会監，田村綾子編著『精神保健福祉士の実践知に学ぶソーシャルワーク3 社会資源の活用と創出における思考過程』中央法規出版，2019.
・加納光子『改正精神衛生法時代を戦った保健所のPSWたち——萌芽するコミュニティソーシャルワークを支えた開拓型支援モデル』ミネルヴァ書房，2017.

●おすすめ

・木下大生・鴻巣麻里香編著『ソーシャルアクション！あなたが社会を変えよう！——はじめの一歩を踏み出すための入門書』ミネルヴァ書房，2019.
・仁藤夢乃『難民高校生——絶望社会を生き抜く「私たち」のリアル』英治出版，2013.

第４節

精神障害者の地域移行・地域定着に関わる展開（事例分析）

学習のポイント

- 人と環境の相互作用の視点からクライエントのニーズを理解する
- 地域移行支援・地域定着支援に向けた精神保健福祉士の包括的アプローチを理解する
- 協議会や職能団体を活用したソーシャルアクションの展開過程を学ぶ

1 事例を通したソーシャルワークの展開

本節では、第１～第３節の学習内容を踏まえ、精神障害者の地域移行支援・地域定着支援の事例を通して、精神保健福祉士の包括的アプローチやソーシャルアクションの展開をみていく。

1 登場人物

・A精神保健福祉士　精神科病院に勤務する２年目の精神保健福祉士
・Bさん　45歳男性　統合失調症
・E精神保健福祉士　基幹相談支援センターに勤務する５年目の精神保健福祉士

2 精神保健福祉士の状況

A精神保健福祉士は、福祉系大学を卒業後、地元の精神科病院に就職して２年が経つ。病院は駅から送迎バスにて15分の距離にあり、交通アクセスがよいとはいえない。統合失調症を中心に入院が長期化している患者が多い。精神保健福祉士は４人と少なく、A精神保健福祉士は一番の若手である。精神保健福祉士の業務については一通りこなせるようになったが、日々の対応に追われ、退院支援は思うように進んでいない。

2 事例の経過

1 Bさんとの出会いからニーズの理解まで

事例

Bさんとの出会い

A精神保健福祉士が担当している病棟で七夕会が行われた。病棟の入口の笹には、入院患者の願い事を書いた短冊が吊るされている。A精神保健福祉士は、ある短冊に目がとまった。「両親のお墓参りをしたい。彦星がうらやましいBより」と書かれてあった。A精神保健福祉士は短冊の内容が気になり、Bさんに「彦星がうらやましいってどういう意味なのか、教えてもらえませんか？」と声をかけた。

Bさんの生活歴

Bさんは、精神科病院があるC県D市の生まれで、両親は飲食店を経営していた。Bさんは外交官になるため東京の大学への進学を目指して受験勉強をしていたが、合格は叶わず、一年後に再受験するも不合格となった。この挫折体験を機にBさんは家にひきこもるようになった。この頃、父親が交通事故で他界し、母親はお店を切り盛りすることで精一杯な状況となり、Bさんは次第に孤立を深めていった。

Bさんが21歳のとき、「母が別人とすり替わっている」「隣家の人が毒をまいている」などの発言をするようになり、隣人とトラブルになることが増えた。見かねた母親に付き添われ、Bさんは精神科病院を受診。同日、母親の同意で医療保護入院となった。その後は何度か入退院を繰り返し、現在の入院は5回目で、Bさんが30歳のときであった。この15年の入院期間中に母親はがんで他界している。また、自宅は売却され、Bさんは母親が残した遺産で入院費を支払っている。

Bさんのニーズをさぐる

A精神保健福祉士に声をかけられたBさんは、少し驚きながら

「毎年同じことを書いているけど、意味を尋ねられたのは初めてだよ」と苦笑いをした。「自分は長いこと入院していて、両親の墓参りすらできない。織姫星と彦星は年に１回は会うことができるんだよ。だから彦星がうらやましいっていう意味だよ」と続けた。

Ａ精神保健福祉士は、Ｂさんが落ち着いているため、「なぜ入院が続いているのだろうか」と疑問を感じた。看護師に尋ねると、「いつもベッドの上にいるし、退院への自発性は感じられない」と関心のない返答であった。また、主治医からは「病状は安定しているが、本人が退院したくないと言っている。お墓はタクシーで行けるから、看護師付き添いなら検討してもいい」との返答であった。

Ａ精神保健福祉士は、Ｂさんに「主治医が看護師と一緒なら外出してもいいと言っています。お墓参りできますね」と提案したが、Ｂさんは「外出したいとは言ってません。墓参りがしたいと言ったんです」と少々怒り気味な返答をした。Ａ精神保健福祉士はＢさんの返答の意味が理解できず、かかわりに行き詰まりを感じ、上司に相談した。

すると、上司より「Ｂさんにとってお墓参りがしたいってどういう意味なのだろうね。以前は退院したいってよく言っていたけど」と投げかけられた。Ａ精神保健福祉士は支援記録を読み返し、Ｂさんには当初退院する意思があったが、長い入院中の環境の変化がＢさんの言動に影響を与えているのではないかと考えた。

このような見立てのもと、Ｂさんとのかかわりを丁寧に続け、ある日、Ａ精神保健福祉士は「Ｂさんにとってのお墓参りがしたいっていう意味は、退院して両親のお墓参りがしたいっていうことでしょうか」と切り出した。Ｂさんはしばらく沈黙したあと、「家もお金も、頼る人もいない自分がもう一度退院のことを考えてもいいですか」と吐露した。

●事例分析

この場面における精神保健福祉士として大切な視点について確認していこう。

①　社会的な長期入院の問題の捉え方

我が国では、本事例のような長期入院者がいまだ多い現状にある。精神保健福祉士は、社会的な理由による入院の長期化を我が国の精神保健福祉施策の変遷を踏まえて理解し、「人権侵害としての**社会的入院**を解消するという姿勢が求められる[1)]」ことを再確認しておきたい。

② ニーズを理解するための視点

精神保健福祉士の支援は、クライエントのニーズの充足にある。そのため、ニーズを理解することから始まる。本事例においては、Bさんの発言とA精神保健福祉士の外出提案に齟齬（そご）が生じているが、これはデマンドとニーズ[★2)]の違いからくるものである。

ニーズを理解するためには、クライエントの生活歴を紐解き、どのような環境で、どのような人間関係を築いてきたのか、そしてどのような人生上の出来事を経験して現在に至るのか、時間軸でクライエントを理解していく。そして、過去・現在から未来へ向けてクライエントがどのような人生を歩んでいきたいのか、ともに考える姿勢が求められる。

そのうえで、**人と環境の相互作用の視点**も重要となる。本事例では、Bさんが長い入院生活の間に「退院」を口にしなくなったとあるが、このようなBさんの言動の変化を人と環境の相互作用の視点で理解していく。つまり、生活歴から読み取れるように、入院中の母親の他界、家の売却といった環境の変化がBさんに大きな影響を与えているのではないだろうか。また、退院に消極的な病院スタッフ・体制なども環境であり、入院医療中心の精神障害者施策も影響しているのである。このように、クライエントの言動に影響を与える環境をミクロ・メゾ・マクロの連続性の視点、相互作用の視点から理解することが真のニーズの理解に必要となる。

★デマンドとニーズ
デマンドが「あれが欲しい、これも欲しい」と次々に積み上げられる欲求であるのに対し、ニーズ（social needs）とは、その時代のその地域において、「人としてふさわしい生活（decent life）を送ることから欠けた部分への要求」をいう。

2 協議会への参画とBさんへのアプローチ

事例

協議会への参画

Bさんとの出会いから半年が経過した頃、D市の**協議会**に障害者地域移行推進部会が設置された。この部会は、長期入院患者の地域移行のほか、施設入所中の身体障害者や知的障害者の地域移行など幅広く検討していくことを目的に設置された。D市から精神科病院も協議会に参画してほしいと依頼があり、A精神保健福祉士が出席することになった。

なお、協議会は、障害福祉課を中心に、保健所、精神保健福祉センター、基幹相談支援センター、福祉事務所、精神科病院、障害者入所施設、障害福祉サービス事業所、相談支援事業所、身体障害者当事者団体、知的障害者の親の会、精神障害者家族会の代表者で構成された。

初回の部会では、地域移行の促進に向けた課題の共有と体制整備について意見交換が行われた。A精神保健福祉士は、基幹相談支援センターのE精神保健福祉士から地域移行促進のために、**ピアサポーター**による**地域相談支援**（**地域移行支援・地域定着支援**）の説明会を病院で開催したいと提案された。A精神保健福祉士は、病院の管理者の了承を得た。

説明会は、A精神保健福祉士が担当している病棟で行われ、E精神保健福祉士から地域相談支援の内容と利用方法について説明があり、ピアサポーターが制度を利用した感想や地域生活の魅力を語った。ピアサポーターの話を聞いた入院患者からは多くの質問が出され、看護師からも「退院の可能性をもう一度検討したい」と前向きな感想が寄せられた。

Bさんへのチームアプローチ

Bさんは、ピアサポーターからグループホームやヘルパー等のサービス、障害年金や生活保護などの制度について知り、「やはり私は退院したいです。両親のお墓に近いところに住んで毎日お墓参りがしたいです」と、A精神保健福祉士に話した。

A精神保健福祉士は、Bさんの退院に向けたカンファレンスを開催した。カンファレンスには、Bさん、院内の他職種のほか、基幹相談支援センターのE精神保健福祉士も出席した。市内のグループホームの空き状況についてはE精神保健福祉士が調べてくれたが、数が少なく、どこも空きがない状況であった。A精神保健福祉士は、Bさんのように退院を目指す人のためにも住居の確保は喫緊の課題と認識し、E精神保健福祉士と協力して、障害者地域移行推進部会の議題として提出することにした。

●事例分析

ここでは、A精神保健福祉士の協議会参画の意義や包括的アプローチについて確認していこう。

①　協議会参画の意義

クライエントのニーズは多様であり、所属機関の機能だけでそのニーズを充足できるとは限らない。精神保健福祉士は、所属機関が提供できるサービスのみならず、地域にあるさまざまな社会資源について熟知し、関係機関とネットワークを構築することが重要である。

このネットワークの構築は、所属組織にいるだけでは広がらず、協議会や関係者会議等の場を活用して、お互いに顔のみえる関係をつくっておくことがクライエントの利益につながることになる。また、組織を代表して参画することにより、地域が所属機関に期待していることや課題を把握することもできる。把握したことを所属機関へもち帰り、検討することで、地域の社会資源の一つとして貢献することにもつながる。

②　包括的アプローチ

精神保健福祉士は、クライエントのニーズを人と環境の相互作用の視点から捉え、環境との不具合により問題が生じていると理解する。そして、クライエントにのみ働きかけるのではなく、クライエントを取り巻く環境にも働きかける（包括的アプローチ）。

本事例のように、Ｂさんが入院している病棟で説明会を行うこと（働きかけ）が、他の入院患者や看護師に影響を与えていることがわかるであろう。このようにクライエントを取り巻く環境へ働きかけることで、クライエントが力を発揮できるようになり、環境との不具合の解消につながる。

3　地域生活支援の体制整備とＢさんの退院

事 例

地域課題の共有と社会資源開発の検討

Ａ精神保健福祉士の議題提出を受け、部会では市内の社会資源について検討を重ねた。親の会からは、親亡き後の生活が心配であり、グループホームを増やしてほしいと意見が出された。また、家族会からは緊急対応が可能なレスパイト機能を併せもつグループホームも必要であると意見が出された。

Ｅ精神保健福祉士からは、基幹相談支援センターに寄せられたさまざまな相談を踏まえて、どのような障害を抱えていても安心して地域で生活することができるよう、国が提唱する地域生活支援拠点

★地域生活支援拠点等の整備

障害児者の重度化・高齢化や「親亡き後」を見据え、居住支援のための機能（相談、緊急時の受け入れ・対応、体験の機会・場、専門的人材の確保・養成、地域の体制づくり）を、地域の実情に応じた創意工夫により整備し、障害児者の生活を地域全体で支えるサービス提供体制を構築すること。

等の整備★3)とからめてグループホームの整備を検討してはどうかと提案があり、協議会としてこの方向性で意見をまとめ、D市へ要望を提出することになった。

グループホームの整備とBさんの退院

協議会の要望を受けたD市は、基幹相談支援センターが中心となって地域生活支援拠点等の整備について具体的に検討を進め、既存の社会資源を有効活用した面的整備型の拠点整備を進めた。また、緊急時の受け入れ・対応が可能となるショートステイを併設したグループホームの整備については、廃校となった小学校の活用が検討され、6人定員のグループホームと2人定員のショートステイのほか、地域活動支援センター、市民も使える会議室を備えた建物へのリノベーションが進められた。

こうした動きに住民から不安の声が市へ寄せられたが、当事者団体、家族会が中心となって住民と交流する機会を設け、少しずつ理解を深めていった。その結果、ボランティアとして協力を申し出る住民も現れ、グループホームの食事作りに協力してくれることになった。

こうした社会資源の整備と並行して、Bさんの退院支援も進み、グループホームの体験入所を経て退院した。Bさんは毎日両親のお墓参りをし、デイケアや地域活動支援センターを利用しながら生活を送っている。

●事例分析

ここでは、個別支援の蓄積（ミクロレベル）から地域の課題（マクロレベル）へと問題を社会化する視点、インフォーマルな資源の活用について確認していこう。

①　問題を社会化する視点

この事例では、Bさんの退院先（住居）の問題について、A精神保健福祉士が協議会へ議題提出をしている。それを受けて家族等からも要望が出されている。このように協議会では、各関係機関が日々の個別支援を通して把握した課題を共有することで、その課題を地域の抱える課題（地域ニーズ）として昇華させることが重要である（問題の社会化）。その際には、当事者や家族の立場からの意見も反映させていくことが求められる。

②　地域生活を支える体制整備

地域生活には、医療や住居、相談窓口、日中活動の場や社会参加の機会などさまざまな社会資源が必要となる。既存の社会資源の強みを活かした多機関連携が重要であり、量的に不足している資源については開発を検討していく。このような体制整備においては、フォーマルな社会資源の活用が中心となりがちだが、障害があっても排除されずに地域で暮らすことができる社会を目指していくためには、地域住民の理解と助けあいが欠かせず、このようなインフォーマルな社会資源は柔軟性に富んでいる。本事例のように、地域住民への普及啓発活動においては、当事者や家族と交流できる場をもつことでお互いの理解が深まることにつながる。こうした地域への働きかけも精神保健福祉士による包括的アプローチである。

4　自治体や国への働きかけ（ソーシャルアクション）

事例

自治体への働きかけ

Ｂさんの退院を機に、精神科病院は長期入院患者の地域移行支援に力を入れるようになった。個別支援の蓄積を通じて、Ａ精神保健福祉士は、D市にはグループホームがまだ量的に不足していること、障害者の高齢化により、通院や日中活動場所への交通手段の確保の問題があることに気づいた。協議会は引き続き検討を重ね、市の障害福祉課と協力して障害者に対するニーズ調査を実施することとなった。

その結果、社会資源の不足に加え、交通アクセスの整備に関するニーズが高いことが明らかとなり、協議会はこれらのニーズについて次期**障害福祉計画**への反映を市へ要望した。また、Ａ精神保健福祉士は協議会のメンバーと協力して、障害者福祉の研究者から専門家としての意見をヒアリングし、ニーズ調査の結果とともに要望書を作成し、市議会議員へ陳情を行った。

職能団体を活用した課題の共有と政策提言への展開

こうした自治体への働きかけのほか、Ａ精神保健福祉士はＥ精神保健福祉士と共同で職能団体の学術集会で地域移行支援の実践報告を行った。特に、地域移行支援を申請するまでの利用者への動機づけや制度周知、相談支援事業所の病院訪問などの取り組みについてのシステム化・報酬化の必要性について強調して報告した。すると、参加者からも同様の意見が表出され、法制度の課題として学術集会で共有するに至った。

このような流れを受け、職能団体に調査部門が立ち上がり、全国規模で地域移行支援・地域定着支援における課題について調査を実施することとなった。この調査メンバーには、Ａ精神保健福祉士やＥ精神保健福祉士のほか、各地で地域移行支援に取り組むベテランの精神保健福祉士や学識経験者らが参画し、サービスの利用者から丁寧にヒアリングを行うとともに、会員に対する質問紙調査を実施した。

そして、調査結果を踏まえて、①医療機関と相談支援事業所の連携による地域移行支援プログラムの開発と報酬化、②グループホーム等の量的整備を後押しするため自治体への国庫補助の増額、などを提言としてまとめ、国会議員へのロビー活動を展開するとともに、厚生労働省へ要望書を提出した。

●事例分析

最後に、自治体や職能団体を活用した国に対する政策提言について確認していこう。

①　当事者のニーズの把握と地域特性を踏まえた働きかけ

協議会の機能として、地域特性を踏まえた社会資源の開発や法制度の不備等の改善を自治体へ要望することは重要である。こうした自治体への働きかけにおいては、福祉計画に関する理解が欠かせない。たとえば、障害者の日常生活及び社会生活を総合的に支援するための法律（障害者総合支援法）においては、３年ごとに障害福祉計画の策定が行われる。この策定プロセスにおいて、自治体によっては、障害者に対するニーズ調査を実施し、そのうえで企画立案、計画策定へ進むことになる。この一連の流れと協議会での議論を連動させていくことが重要となる。

②　職能団体の意義と国への働きかけ

個別支援を通じて、法制度の課題がみえてくるが、そうした課題に対して精神保健福祉士個人が国に働きかけることには限界がある。そのような場合には、職能集団である**公益社団法人日本精神保健福祉士協会**の活用が重要である。

本事例のように、学術集会などの場で実践報告を行うことで、取り組みや課題を共有し、他の都道府県においても同様の課題が生じているのであれば、それは法制度の課題と捉えることができる。職能団体として国への政策提言に向けたエビデンス（根拠）の集積を行い、他の職能団体等とも協力して国に働きかけることは、包括的アプローチのマクロレベルの取り組みとなる。サービスの利用者であるクライエントの声を反映し、協働して臨むことも重要である。また、精神保健福祉士が職能団体に加入し、組織率を上げて活動することが、クライエントのウェルビーイングの増進、権利擁護活動へとつながることを認識しておきたい。

◇引用文献
1）日本精神保健福祉士協会「精神保健福祉士業務指針」委員会編著『精神保健福祉士業務指針 第３版』日本精神保健福祉士協会，p.90，2020.
2）岡本民夫監，平塚良子・小山隆・加藤博史編『ソーシャルワークの理論と実践――その循環的発展を目指して』中央法規出版，p.32，2016.
3）厚生労働省障害保健福祉部障害福祉課『地域生活支援拠点等について――地域生活支援体制の推進 第２版』p.1，2020.

◇参考文献
・岩上洋一・全国地域で暮らそうネットワーク『精神障害者の地域移行支援・地域定着支援・自立生活援助導入ガイド――地域で暮らそう！』金剛出版，2018.
・厚生労働省障害保健福祉部障害福祉課『地域生活支援拠点等について――地域生活支援体制の推進 第２版』2020.

第6章

多職種連携・多機関連携（チームアプローチ）

精神保健福祉分野におけるソーシャルワークの展開過程では、対象者の支援を要するニーズが多元的であることから、福祉、医療、保健、教育、労働、司法など、多面的な視点による包括的な評価と介入が不可欠である。その実践は、医師や看護師などの他の保健医療専門職、他分野のソーシャルワーカー、法律家や教育者など異業種の専門職、障害当事者、地域住民など、多様な人々との連携・協働によって成立する。

本章では、多様な職種、属性にある人々と連携・協働しながら、支援課題にアプローチするための概念、方法について「チームアプローチ」の展開を基軸にして解説している。

前章までのソーシャルワークの対象を捉えるための視座や概念を捉えて、学習を深めることが重要である。

第1節 連携の意義と目的

学習のポイント

- 連携とそれに関連する用語について整理する
- 連携が必要となる背景と、意義や目的について理解する

多くの職種や機関は、クライエントが抱える課題の解消や緩和、必要とするニーズの充足を支援するために、それぞれの力を合わせて援助を行っている。これが多職種・多機関連携と呼ばれる。その一員である精神保健福祉士には、連携を有機的に機能させることが、クライエントや他職種から期待されている。

1 連携とは

用語の整理

ソーシャルワークの基盤である社会福祉学において、連携の学術的な定義は未確立である。「連携・協働」と類似する用語で併記される場合もあるなど、連携に関連する用語との違いが不明確であるため、現場ではさまざまな用語が混同されて用いられている。用語の曖昧さによって、必要な支援の詳細を埋没させてしまうことが危惧されるため、連携の概念が共通認識となることが望まれる。

連携とは、一般的には「同じ目的をもつ人たちがつながり、協力しあって物事を行うこと」と説明されている。英語表記では「linkage（連結）」「cooperation（協力）」と示され、さらに「対等の立場で役割分担にもとづき協力する」ことを意味する「partnership（共同）」が含まれている場合もある。このように連携は幅広い概念とされているが、ソーシャルワークとして共通する要素は、

・目的は個人・組織・地域などを援助すること
・２人以上の異なる機関や組織、個人が結集すること
・双方向的なかかわりがあること

である。また、連携の常用性は法律レベルにも反映されている。精神保健及び精神障害者福祉に関する法律（精神保健福祉法）や社会福祉法、

障害者の日常生活及び社会生活を総合的に支援するための法律（障害者総合支援法）などに、連携志向が明文化されたことで、役割や業務としても位置づけられるようになった。

連携は「機関間連携」や「専門職間連携」と修飾または補足されて使用されることも多く、それぞれの職種や機関同士がつながる行為、あるいはつながっている関係やその状態を表す多義的な用語として捉えることができる。そこで、本稿においては、総体的な意味合いは「つながり」とし、関係や集合体を表す場合は「連携体制」と用いて、ここでいう連携とは「主体的に活用できる多様なサービスや資源を有機的に結びつける技術や技法」と定める。

2 連携と類似する用語との整理

1 協働

協働という用語は、近年では連携と併記して用いられている。政治学者のオストロム（Ostrom, V.）氏による「co-production」の考え方、つまり、複数の主体が何らかの目標を共有し、ともに力を合わせて活動することを意味した造語として使われ始め、2000年前後の地方分権改革★以降、地方自治における公共政策場面で使用され始めてから社会に広まったとされている。一方、精神保健福祉士にとっての協働とは、クライエントの自己決定の尊重を支援の価値の中心において、当事者の生活課題をともに考え、その問題解決の方法をともに探索して取り組んでいくことであると、専門性に基づく固有の価値として据えられてきた。

★地方分権改革
国による中央集権体制から、住民に身近な行政をできる限り地方公共団体が担えるように権限移譲を推進させた一連の制度改正のこと。これにより地域住民が行政に参画・協働していくことができる仕組みづくりも進められた。

しかし、協働とはクライエントとの相互関係における技法だけを意味するのではない。連携の定義にジャーメイン（Germain, C. B.）の協働の概念が活用されるなど、協働の考え方はしばしば連携にも含められ、

・対象がクライエントとクライエントにかかわる人や機関であり、
・その全員が主体的かつ対等な立場であり、
・共有化された目標の達成に向けて協力して活動する、

という特徴を有している。つまり、協働とは連携に内在するプロセスであり、専門性が異なる複数の主体が「対等な関係」「主体性をもった参画」「責任を伴った合意形成」「具体的な実行」といった、いくつかの条件が整った状況で生じるものと捉えることができる。このような相互関係によって、より生産的な成果をもたらす技法と考えられる。

2 ネットワーキングとチームアプローチ

連携や協働と同義に使用されているカタカナ（外来語）表記の用語も多い。ここでは、**ネットワーキング**と**チームアプローチ**について整理する。ネットワーキングといえば、「前向きな連携づくり」と言い表すことがあり、ネットワーク自体は「人のもつ対人関係や相互のつながりの総体」を意味している。そこから、ネットワーキングとは、共通の関心や目的のために結集した人たちによる、主体間で自由かつ創発的に協議をするための動的なプロセスと捉えられている。実際には、地域の課題解決のために必要な場を創出したり運営したりする際によく用いられている。

チームアプローチについては、チームの意味合いが特定の目的達成のために統合や調整等の活動をするシステムであり、協働と類似した概念とも考えられる。この用語は、その場限りではなく継続的な実行を伴った援助手法として用いられることが多い。本節においても支援チームが協働的かつ継続的な援助を実施することをチームアプローチと表記する。

以上が、本節における連携と関連する用語の整理となる。多様なサービスを提供する職種や機関による連携や協働等は、クライエントが抱えるさまざまな生活課題の解決や、地域づくりに向けた総合的かつ包括的な支援を効果的に実行するための重要な手法であるといえる。

3 連携が必要とされる背景

1 人口動態の変化、社会構造の変化

我が国の人口が減少傾向にあるなか、65歳以上の高齢者の割合は増加し、2017（平成29）年では27.7％と３割に近づきつつある（「日本の将来推計人口（平成29年推計）」）。また、世帯構造をみると、2018（平成30）年では単独世帯や核家族世帯が全体の約９割を占め、高齢者世帯や母子・父子世帯はそのうちのおよそ３割となっている（「平成30年国民生活基礎調査」）。年少人口は世界と比較してもその割合は小さく、生産年齢人口においては、未婚化、晩婚化、非正規雇用者の増加が進んでいる。このような人口・社会構造のなかで、家族間で支えあう力は弱まり、地域のつながりも希薄になっているため、コミュニティに培われてきた共同体としての機能は低下してきている。

2 治療構造の変化

医療の目覚ましい発展によって、急性疾患だけでなく慢性疾患へのケアにも力点が置かれるようになった。医療の目標も「命をどのように助けるか」から、「どのように生きていくか」へと拡大し、医師や看護師が居宅に訪問する在宅医療も進展を遂げている。これにより医療活動と生活支援活動との境目がつきにくくなり、双方の領域で連携の必要性が高まってきた。2013（平成25）年から指定難病を抱える人が障害福祉サービス等の利用対象者に含まれるようになったことも、このような治療構造の変化の一環として考えられる。

3 価値観の多様化・複雑化

ICT★（情報通信技術）の発展が日常生活におけるデジタル化を急進させ、私たちは国や地域を超えたつながり（**グローバリゼーション**）を身近に感じられるようになった。その影響を受けて、年齢や性別等を問わず、住民のライフスタイルは一層多様化することになった。

一方で、生活福祉課題に目を向ければ、経済的な貧困とともに、社会的孤立など関係性の貧困化、ダブルケアやいわゆる**8050問題**などといった複合的かつ複雑化した課題が地域に顕在化している。個人や世帯が抱える生きづらさやリスクは範囲を広げ、もはや他人事ではなくなってきている。このような多様化したニーズや複雑にからみあった問題は、さまざまな社会保障制度や公的サービスなどを活用しても解決に至らない場合も多い。

★ICT
「information and communication technology」の略語。「ヒトとヒト」、「ヒトとモノ」それぞれの間で情報や知識を共有することを意味する。ソーシャルワーク実践にも今後活用される見込みであるが、情報格差や情報漏洩などの課題がある。

4 単一の機関や個人で対応できないニーズへの対応

このように、さまざまな影響を受けて、クライエントやその家族、地域住民等が抱える生活上のニーズは高まり続けている。もはや自助、互助、共助、公助が分断されていては支援に統一性がなくなり、その狭間は広がるばかりである。部分的ではなく一体的な援助を展開していくためには、生活福祉課題を含むニーズの深刻さや範囲の大きさなどを総合的にアセスメントしたうえで、単一職種や機関ではなく多職種・多機関による包括的な援助が必要となる。

続いて、精神医療保健福祉領域における連携がどのように必要とされてきているのかについて確認する。

Active Learning
単一の職種や機関では対応が難しいクライエントや家族、地域住民の生活課題を具体的に考えてみましょう。

4 精神保健医療福祉領域における連携の必要性

1 施策の変遷と多職種・多機関連携

精神障害者が利用できる福祉サービスが法的に規定されていない時代は、保健所や医療機関が中心となり、法定外施設の作業所等との連携によって社会資源の乏しさを補いながら、クライエントの地域生活を支えてきていた。そこから、精神保健法の施行により社会復帰施設が創設され、約15年後の2004（平成16）年には「**精神保健医療福祉の改革ビジョン**」において「入院医療中心から地域生活中心へ」の基本方針が打ち出された。そして、権利侵害として当時から大きな問題となっていた、社会的入院者の退院促進・地域移行支援が医療機関と地域機関との間で取り組まれるようになった。

その後、障害福祉分野では2006（平成18）年に障害者自立支援法（現：障害者総合支援法）が施行され、サービスは事業化されて、障害者ケアマネジメントの手法が導入されると同時に民間企業の事業参入が進んだ。精神医療分野では、2014（平成26）年施行の改正精神保健福祉法により策定された「**良質かつ適切な精神障害者に対する医療の提供を確保するための指針**」に基づき、医療計画と連動させた精神病床の機能分化が本格的に着手され始めた。2017（平成29）年には「**精神障害にも対応した地域包括ケアシステム**★」の構築が理念に掲げられ、あらゆる人が共生できる包括的な地域づくりを強化するため、狭義の精神保健医療福祉の活動だけでなく、関連する領域との横断的な支援が着目されている。このような施策の変遷に呼応するように連携のあり方も変化している。次に、分野・領域別の連携における状況について概観する。

★精神障害にも対応した地域包括ケアシステム
高齢期へのケアを念頭に置いた、必要な支援を地域のなかで包括的に提供して地域での自立した生活を支援する「地域包括ケアシステム」の考え方を、精神障害者のケアにも応用した国の政策理念。

2 精神医療と保健福祉との連携

精神医療は、クライエントが望む医療の実現のために、多様な精神疾患ごとに医療機関の役割分担が期待され、認知症、依存症、児童思春期、ストレスケアなど専門疾患別、対象別とした病床の機能分化が進んでいる。そこに、それぞれの業務ガイドラインや診療報酬が反映し、医療機関内における多職種連携が標準化されつつある。

一方、地域における精神保健福祉活動においては、精神障害者の住まいや生活支援、就労などを中心に、法律で定められた在宅福祉サービスが拡張されるとともに、在宅医療ケアを行う訪問看護事業所が急増した。

クライエントの環境面では、地域のサービスが身近になったといえるが、利用面ではサービスが細分化されたことによって包括的な支援を受けにくくさせる要因にもなっている。ケアマネジメントの手法によってサービスを選択して提供する体制は整ったが、単に法定サービスの仲介や調整を行うブローカリングを行うだけのケースも散見される。現行のサービス提供システムにおいては、多職種や多機関による有機的な連携ができるかどうかで、生活全般のニーズを捉えた総合的な援助となるかどうかが決まるとも考えられる。

このように、精神医療と保健福祉ではそれぞれの領域で連携が図られているが、依然、相互の連携には困難が生じている。その最たるものが長期入院者の地域移行の未解消であるといえる。そもそも、医療と保健福祉におけるサービスの利用は、その圏域に違いがある。保健と福祉は基本的に市町村単位だが、医療は広域的に利用できる特徴があり、この違いが連携体制の構築を難しくさせ、生活圏域による格差も生んできた。さらに精神科病院からの地域移行支援とは、精神科病院内の集合的・一体型のアプローチから、在宅サービス等を組み合わせた個別的・連結型のアプローチへの変更でもあり、クライエントにとっても支援者にとっても、乗り越える課題は多い。その解消に向けて、医療と保健・福祉分野の専門職員を対象にした研修を国が事業化し、各地域で行われるようになってきているが、今後も、両分野の有機的な連携をなくしては、この精神保健医療福祉の根本的な課題を解消することはできない。

3 関連領域（介護、司法、教育、産業）との連携

まずは、介護分野との連携があげられる。日本全体の高齢化は精神障害者の高齢化でもあり、65 歳以上の精神障害者における障害福祉サービスと介護保険によるサービスとの連携はこれまでも課題とされてきた。たとえば、65 歳を迎える障害者が引き続き在宅サービスを利用する際、根拠法令が異なる両サービスの調整に難航してしまう。また、介護保険サービスを提供する職員のなかには、精神障害者への専門知識や支援経験が乏しい者もいる。このように、サービスの継続性だけでなく、支援の質の担保という点においてもクライエントが不利益を被らないように密な連携が必要とされる。

また、司法分野では 2005（平成 17）年に施行された心神喪失等の状態で重大な他害行為を行った者の医療及び観察等に関する法律（医療観察法）により、精神保健福祉士が**社会復帰調整官**★として関与するように

★社会復帰調整官
医療観察制度の対象となった人の社会復帰を促進するため、全国の保護観察所に配置される専門職。役割は関係機関と連携して、対象者の生活状況を見守りつつ、地域生活に必要な支援を確保する調整等である。

なった。それ以降、これまで支援が届きにくかった触法精神障害者や軽犯罪等を繰り返す累犯精神障害者への社会復帰支援がすすみ、刑事司法と福祉との連携が色濃くなってきている。さらには、児童生徒の生活課題を調整・介入するスクールソーシャルワーカーが配置され始めた教育との連携、経済問題や家庭問題などを抱える労働者への自殺予防の取り組みから広がった産業との連携など、あらゆる世代や領域におけるメンタルヘルス課題に対応するための手法として連携が重要視されている。

4 垂直的連携と平行的連携

精神保健医療福祉に関連する連携の動向を概観したが、そこから二つのベクトルに分けて連携のありようを整理する。一つは、クライエントの生活する拠点、ケアにおけるステージごとで捉える垂直的連携である。精神障害者の場合、精神科病院に入院している段階から、地域生活への移行、そして定着までの段階で連携の目的や構成が変化する。近年では、ヘルスケアの観点から予防的支援にも力点が置かれているため、さらにケアのステージは増えてきている。

もう一つのベクトルは、連携に関係する職種や機関の広がりで捉える平行的連携である。これまでは精神障害者の地域生活支援を行う専門職・専門機関によって連携体制が構築されてきた。今後は、ライフステージごとのメンタルヘルス課題に対応すべく関連するさまざまな領域で働く、精神障害者支援の専門ではない機関とのつながりを深めていくことになる。このように支援の対象範囲が拡大している状況のなかで、精神保健福祉士には必要な連携の方法をクライエントとともに考え、連携体制を整えていくマネージャーのような働きがいっそう求められてくることになる。

Active Learning

精神障害者の地域生活支援を展開するうえで、連携が必要となる精神保健福祉分野以外の機関、専門職について考えてみましょう。

5 連携の目的と意義

1 連携の目的

連携には、そのための目的が常に存在しており、総じていえば「クライエントの生活環境に対して援助を行うこと」である。ただし、連携の対象とする規模や範囲によってさまざまであり、個別性が高いものである。ここではいくつかの目的を大まかに分類したものを例示する。

・クライエントの抱える課題が単一機関や職種との関係では解決できな

い状態にあり、迅速かつ効果的に複数のサービスを提供すること
・ニーズに応じた多様なサービスを円滑かつ継続的に提供できる準備として地域に点在するインフォーマルな社会資源を相互に確認すること
・新たなニーズに対応できるサービスを創出するために、既存の制度やサービス等を評価・点検しあうこと
・誰もが排除されないまちづくりを目指し、それぞれの立場の意見を反映させる総合計画を策定すること

このように、連携はミクロ・メゾ・マクロのどのレベルの成果を目指すのかによって、その方法等が異なることを認識しなくてはならない。

2 連携の特徴

機関や組織そのものは、元来その業務がほかと重ならないように設計されている。さらに、近年では機能分化が強調されており、組織間・機関間が連携することは容易ではない。そこで、目的に続いて、連携の構造について詳しくみていく。ここでは、ヘルスケアの領域において地域包括ケアシステム構築のキー概念として用いられる「integrated care (インテグレーテッドケア)」で用いられる整理を参考に説明する。

❶連携の段階：３段階に分けられる

①つながり　特定の決まりごとや調整はされない
②調整・協調　ケアの提供のための調整はされるが、システムは別々
③協働・統合　多様なシステムによる要素が結集した体系的なサービス提供

❷連携の範囲：３つのレベルがある

①クライエントレベル　クライエントに提供する直接支援
②コミュニティレベル　機関や組織が所在する地域の資源開発、調整
③ポリシーレベル　社会制度・自治体政策の計画や評価

❸構成主体：３種類に分けられる

①専門職チーム　機関・組織に所属する専門職のみで構成
②非専門職チーム　地域住民、ボランティア等の非専門職のみで構成
③専門職・非専門職チーム　①と②を含めた関連する多様な人材で構成

それぞれに特性があり、状況や目的で使い分けられるため、優劣は存在しない。クライエントへの支援を行うために催すカンファレンスを行う際には、これらを想定して連携体制を設計していくことが必要となる。

3 連携の意義

クライエントに質の高い包括的なケアをどれだけ提供できているかが、連携における重要な評価軸となる。一方で、連携体制をマンパワーを含めた資源の集合体と捉えれば、その構築には時間や労力等の経済的なコストがかかることも事実である。その両面での効率性を勘案しつつ、経済面を上回るだけの成果を生み出そうとすることは必要な視点である。それでは、連携による効用が発揮されるとはどういう状態を指すのか。端的にいえば、チームの成員による援助の総和よりも高まること、つまり１＋１＝２で終わらない、チーム間の交互作用により総合的な成果が高まることであると考えられる。

たとえば、クライエントにとっては、次のようなことである。

❶各機関や職種によるサービスがニーズに対応した一貫性のある支援に感じられる。

❷機関や職種の働きを理解したうえで相談相手を選択でき、希望すれば必要な情報が共有される安心感が得られる。

❸自発的なチームへの参画と責任の共有により自尊心が高まる。

などである。

また、サービスを提供する支援者にも影響が生じる。

❶クライエントとその環境を多面的に理解でき、援助の効率性が高まる。

❷他職種からコンサルテーションを受けるなど援助の客観的な評価が得られる。

❸それらが専門職としての成長につながる。

さらに、地域にとっても機関等のつながりが強まることによって、新たなクライエントへの支援の際に迅速な関与ができ、地域課題の早期発見にも役立つこともある。このような成果を明確化し周囲に発信していきながら、連携を促進する意義を地域全体に浸透させていく。最終的には各地域に所在する人や機関を有機的に結びつけ、包括的な地域生活支援が恒常的に提供できるようになることが大きな目標となる。

◇**参考文献**

・荒木昭次郎『参加と協働——新しい市民＝行政関係の創造』ぎょうせい，1990.
・吉池毅志・栄セツコ「保健医療福祉領域における「連携」の基本的概念整理——精神保健福祉実践における「連携」に着目して」『桃山学院大学総合研究所紀要』第34巻第3号，pp.109-122，2009.
・松岡克尚『ソーシャルワークにおけるネットワーク概念とネットワーク・アプローチ』関西学院大学出版会，2016.
・柏木昭・佐々木敏明・荒田寛『ソーシャルワーク協働の思想“クリネー”から“トポス”へ』へるす出版，2010.
・髙橋紘士・武藤正樹共編『地域連携論——医療・看護・介護・福祉の協働と包括的支援』オーム社，2013.

第2節 多職種連携・多機関連携の留意点

学習のポイント

- 多職種・多機関連携に必要な協働体制を成立させていくための留意点を整理する
- 精神保健福祉士が協働体制において求められる役割を理解する

1 今、求められる多職種・多機関連携のあり方

1 施策とニーズとの乖離にどう向きあうか

クライエントが自らの望む地域で生活し続けられるように、近年、施策や制度が矢継ぎ早に講じられ、多くの支援メニューが創出されてきた。ただし、それらのほとんどは機能別・対象別に細分化されているため、たずさわる専門職による支援は専門的に特化され、援助の範囲も分業化された狭い範囲に限定されてきている。

一方、クライエントが抱える生活福祉課題は多様化・複雑化し、ある部分を改善や緩和できたとしても、彼らのニーズを満たすことには至らない。だからこそ、クライエントの生活を多面的に理解して、全人的なアプローチを行うことが重要視されている。そこには多職種やさまざまな専門機関による連携や協働が必要となる。

ところで、近年では当事者が主体となる社会参画（コンシューマー・イニシアティブ）が、地域精神保健福祉活動において大きな推進力となっている。これまで、精神障害者やその家族らは草の根的な当事者活動を継続し、互いを支援しあうセルフヘルプ機能を高めてきた。それがピアサポート事業として国の施策に組み入れられたことを機に全国的な広がりをみせており、それぞれの参画が連携体制にも反映されてきている。

Active Learning
精神障害者が主体となって展開している社会参画の活動事例とその活動における人々の協働について調べてみましょう。

施策とニーズとの乖離が生じている状況において求められていることは、制度化された専門サービスによる課題別の「点での援助」ではなく、生活全般や世帯など包括的に捉える「面での援助」である。これから目指していく地域包括ケアシステムの構築とは、総合的かつ包括的な援助を提供できる体制づくりであり、それにはクライエントや家族らが中心となった多職種・多機関連携によるチームを創りあげていくプロセスが重要だといえる。

2 協働体制とは

第1節で説明した連携等に関する目的や意義に照らすと、連携によって創られたチームがクライエントにとって有機的な支援に至るかどうかは、協働体制が培われるかどうかによるところが大きい。そこで、ソーシャルワークにおける協働体制について、福山和女による定義[1)]を引用し、本節で用いることとする。

> ソーシャルワークの実践現場で、施設・機関内及び外で、部門・専門職・機関間で複数の専門職がチームを形成し、利用者本人や家族とともに、援助・支援という特定の目的に向かい、方針を計画する作業に参画し、それぞれの責任、役割、機能を果たし、設定したそれぞれの目標を達成するためのチームとしてのアウトカムを生むプロセス。

この定義をもととして、次に、クライエントを中心とした多職種・多機関による協働体制はどのようにすれば成立または維持向上できるか、その留意点を説明する。なお、想定する場面としては、協働体制を要する機会である個別ケア会議や、障害者の日常生活及び社会生活を総合的に支援するための法律（障害者総合支援法）に基づく協議会など、ある目的に沿って多職種・多機関が集う場面などである。

2 協働体制を促進するためのポイント

1 目標が明確であり、共有し続けられること

クライエントが抱える複合的な生活福祉課題に対して、単一機関ではなく、多様な主体が集ったとしても、それだけで協働体制を築くことにはならない。それは各機関や組織の行動原理はそれぞれであり、役割や機能の範囲等に違いがあるからである。

我が国では人が集う機会に対して、情緒的な一体感を重視する傾向がある。そのため、目的が曖昧となって必要な合意形成に至らない場合も少なくない。協働体制とは、クライエントにかかわる専門職や機関等が各々の業務を果たすために調整する機会だけを指すものではない。多職種・多機関が援助の共通基盤のうえに立った役割と方法を共有し、チームとして総和を高めるための統一的な実践が行えるようになるプロセスである。

そのためには、具体的に設定した援助の目標がクライエントを含めた

全体に共有され、その達成に向けた支援計画がともに見通せることが必要となる。たとえば、クライエントが抱える当面の困難さに名前をつけることで、取り組むべき課題を限定し、チームが了解できる共通用語にする方法などをとることがある。

また、チームが継続的に機能するためには、支援経過に応じて柔軟に目標を見直していくことが必要である。たとえば、精神障害者の相談援助の一環で行われるモニタリングは、相談状況やサービス利用状況を把握・評価するために定期的に行われる。その際、一度立てた目標に固執してしまえばチーム自体が形骸化してしまう恐れがある。目標や支援方針が常にチームの共通理解となるように、精神保健福祉士にはその時々のニーズに応じて柔軟な調整が求められる。

2 クライエントが中心であること

協働体制は、クライエント自身が活用しやすいものでなくては成立しない。当たり前のことであっても、支援者は常に意識しておかなければならない。なぜなら、体制づくりの中心がクライエントから支援者へと容易に変わってしまうことがあるからである。目的達成のために形成されたチームの一員である個人や機関は、それぞれの専門的機能を最大限に発揮し、最善の援助を提供したいと願うものである。

しかし、それが経営的な効率を高めることに主眼が置かれてしまうと、たとえクライエントがその場にいたとしても支援者主導の議論になってしまいかねない。クライエントの立場や状況によっては、その場にいても「当事者不在」になってしまうのである。たとえば、精神科病院に入院中で自身の権利が制約されているなかで参加している人や、サービスを受けることへの戸惑いや遠慮から意見の表明を躊躇(ちゅうちょ)する人、カンファレンスなどの経験に乏しく緊張や不安のさなかにいる人などは、安心して話し合いに参加しづらいであろう。まず支援者はこのようなクライエントの思いを正しく理解していなければならない。クライエントの参加とは、場を共有することだけでなく、周りで決まったことに同意することだけでもない。自身の希望を表明すること、専門職や機関によるサービスを選択すること、支援内容を計画策定の段階からかかわれること、そして、援助の成果を一緒に評価することが含まれているのである。

診療報酬やサービス報酬体系などの政策的な影響も受け、医療現場や地域において、クライエントや家族を含めた多職種・多機関による体制づくりの機会は増えている。その際、クライエントにとって適切な参加となっていなければ、自己決定の機会を奪ってしまうことにもなりかねない。さらには、支援の不都合さをクライエントが抱える問題の困難性に帰してしまうといった、人としての尊厳を大きく傷つけることも憂慮される。

協働体制におけるチームの一員となる精神保健福祉士は、クライエントとの援助関係を深めながら、クライエント自身が適切にチームに参加しているかを評価し、さらに権利擁護の視点に基づく点検を十分に行うことを、重要な役割として認識しておきたい。

3 他の職種や機関の専門性を理解し、尊重すること

揺るがない協働体制を創ることには、チームにおける安全性の確保と信頼感の醸成が欠かせない。安心感を得られる環境には、異なった専門職や機関がお互いの専門領域を侵さず、違いを認めて対等性を保つことが前提にある。クライエントへの支援のために、さまざまな分野や領域の専門職や専門機関が参集することになるが、各個人の専門性には特有さがあり、機関ごとでも果たすべき任務が異なる。そのことへの無理解は、協働体制の成立や維持を難しくさせてしまう。

たとえば、チーム内で各々が提供する援助だけでは行き届かない範囲の課題が生じたとき、無理に補充させようとして他機関に責任以上の役割を要請してしまうことが起こり得る。そうならないためには、お互いの専門性を理解しあいつつ、問題解決のための見解は十分に伝えあっても、具体的な対応方法はそれぞれの方針を尊重する。このような態度を保持することがチームの安心感を高めていくことにつながる。

また、信頼とはいわゆる「顔の見える関係」を築くことから芽生えると考えられている。ただし、この関係性は、単に各機関の業務内容や個人の名前と顔がわかるという理解では不十分である。これまでの実践での経過を踏まえ、それぞれの連携の経験値や必要性の理解度を把握したうえで、その機関が有する特殊性や個人でいえば価値観を含めた「人となり」までもわかりあうことを意味している。

4 主体性をもって参画すること

カンファレンスが催される場合、参加者は招集する者と招集される者とに分かれる。参加形態は違えど、各機関や人同士が支援の権限と責任を等しくもちあい、それぞれが支援主体であるという当事者意識をもっ

て役割を遂行していくことができれば、協働体制を築くことにつながる。この状況が整わない場合、ともすると、カンファレンスの招集者が単独で考えた支援内容を事前の他機関への了解なしに分担しようとする、あるいは、具体的な援助計画が合意されないままに一方的に終了になってしまうなど、総合的な援助の提供に支障が生じてしまう。

各機関に所属する専門職がカンファレンスに参加する場合、その参加者は所属の代表とみなされる。そのため、責任をもって判断し、決定に合意するためには、事前に所属からの了解を得ておくことが原則とされている。この前提を理解し、それぞれが参加にあたっての事前調整を行うことによって、機関や個人はより主体的となり、それぞれがもつ専門性や機能を十分に発揮することが可能になる。さらに、それぞれが互いの働きを補完しあえる相互関係が高まる成果も期待できる。このことからも、協働体制の基盤には役割と責任の明確化と併せて、主体的な参画の意識を高めることが必要になる。

5 守秘義務が徹底されたうえで情報が取り扱われること

協働体制のなかで、より効率的な支援を進めていくためには情報の一元化は重要である。そのため、それぞれの機関や個人が把握しているクライエントに関する情報はカンファレンスや申し送り等の機会などで日常的に共有されている。しかし、**個人情報保護法**で厳格な規定が設けられているとおり、個人の情報に関する発信や収集を含めた情報交換の扱いについては、特に慎重に議論していくべきである。

個人情報とは範囲が広く、個人に関する情報、又は特定の個人を識別できるものがすべて対象とされている。情報を扱う者は、その範囲を正しく認識したうえで、情報は誰のものであって何のために利用するのかを常に念頭に置くこと、そして何よりもクライエントの了解を得る姿勢を徹底することが求められる。

守秘における仕組みとして、近年では、個人情報の共有等に関する承諾書をクライエントに記載してもらう例が見受けられる。ここで重要なことは、専門職らがクライエントに説明したことを書面に残すかどうかではない。クライエントのプライバシーに関する情報を共有することについて、クライエント自身が正確に判断し、合意する方法がとられているかということにほかならない。守秘についての安全性を最大限に高める仕組みはそのうえで整えていくことである。

ここで、実践上の課題を二点紹介する。一点目は、地域住民やボランティア等の人たちとの情報共有をどうするかである。いわゆるインフォーマルな人たちには守秘義務が法的に定められていない。とはいえ、プライバシーに関する取り扱いの遵守は概ね理解されていることがほとんどである。しかし、「よかれと思って」などの過度な親切心から、了解なくチーム以外の他者に情報を伝えてしまうことが懸念される。そのため、個人で判断することがないよう守秘に関するルールづくりを十分な時間を確保して行うことが必要となる。

もう一点は、個人情報に関する伝達手段である。一般的な業務では利便性の観点から、ファックスやメールなどの電子通信機器による情報交換が行われる。しかし、とかく個人情報を伴う場合は、安全性を最優先し、それらの方法での対応は避けることが望ましいと考えられる。いずれにしても精神保健福祉士としては、クライエントのプライバシーが十分に保護されるような配慮を行う必要がある。

3 精神保健福祉士と多職種・多機関連携

1 精神保健福祉士にとっての連携

精神保健福祉士の根拠法令である精神保健福祉士法の「第４章　義務等」では、連携を次のとおり定めている（下線は筆者により追記）。

（連携等）
第41条　精神保健福祉士は、その業務を行うに当たっては、その担当する者に対し、保健医療サービス、障害者の日常生活及び社会生活を総合的に支援するための法律第５条第１項に規定する障害福祉サービス、地域相談支援に関するサービスその他のサービスが密接な連携の下で総合的かつ適切に提供されるよう、これらのサービスを提供する者その他の関係者等との連携を保たなければならない。

この条文から、精神保健福祉士はサービス提供機関同士の連携を図るという、機関間連携の視点と、提供機関の担当者との連携を保つという、対人間での連携の視点に留意して実践を行うことと理解できる。このような多職種・多機関との連携や調整等の役割については、2020（令和２）年にとりまとめられた報告書「**精神保健福祉士資格取得後の継続教育や人材育成の在り方について**」のなかでも、その力量を高めていくことが提起されている。もっとも、精神保健福祉士の行動規範を表す倫理綱領では、他の職種や機関の専門性と価値を尊重し、クライエントや機関間、ソーシャルワーカー同士で協働することが示されている。つまり、精神保健福祉士にとって多職種・多機関との協働体制を形成することは、専門職としての実践の中核をなしているのである。

2 精神保健福祉士に寄せられる期待

地域をフィールドとした精神保健福祉士の活躍の場が増えている。司法・教育・産業関係など、精神保健医療福祉との関連領域で、社会福祉の専門職としての力を発揮していくことが求められている。クライエントの課題解決には領域を越える有機的な連携が必要とされており、精神保健福祉士にはその実現への期待が寄せられているといえる。しかし、連携や協働の体制を創るための働きは、精神保健福祉士などのソーシャルワーカーの専売特許ではない。だからこそ、リーダーシップを発揮して他の専門職を先導していくことができるかどうかが問われている。

クライエントのなかには、精神障害による生きづらさだけでなく、家族が抱える生活困窮などの困難さや、地域からの孤立など複合的な問題を抱えている人が数多く存在している。そのような人たちが地域住民として生活を続けるには、多くの苦労や困難が伴う。それでも自らが望む暮らしや希望の実現のために、必要な支援が提供できるよう各種制度によるサービスは拡充されてきた。しかし、現状の社会保障制度では、生活福祉課題を抱えた人たちの多様性を帯びたニーズは十分に網羅することはできない。いつの時代においても制度の狭間は存在してしまうが、サービス等が専門分化した現代において、それはより顕在化しているようにも思える。それでも、制度の狭間を繕いながら、社会生活を総合的に捉えて支援する実践こそがソーシャルワークの固有性である。生きていくための課題が多様化・複雑化した今だからこそ、クライエント個人やその環境の特性に応じることができる、生活モデルに準拠した支援があらゆる地域で提供されるようになることが望まれる。

精神保健福祉士は、これまでもクライエントとの専門的援助関係を培いつつ「**個人と環境との交互作用**」などを活用した、生活モデルに基づく支援を行ってきている。クライエントとの協働的なかかわりを積み上げながら、同時に地域住民等とのつながりも創るなど、地域を視野に入れたジェネラルなソーシャルワークを展開してきた。だからこそ、協働体制の一員となる精神保健福祉士は、専門性を活かした直接的な援助を行うことだけでなく、適切な協働体制が保ち続けられるよう、俯瞰(ふかん)的な視点に立ってクライエントとともにチームが形成されるよう働きかける。さらには、地域の精神保健福祉活動の向上のために、一つひとつの協働体制をその場限りにせずに、ケアの継続性と生活を営む地域への働きかけを行うケアの包括性を高めるシステムづくりに尽力していく。そのような貢献が地域包括ケアシステム構築の実現に一歩ずつ近づくことになるに違いない。

3 今、精神保健福祉士に必要な知識と技術

これまで、協働体制の構築における留意点と、そこでの精神保健福祉士の働きに焦点をあてて説明してきた。あえて端的にまとめるならば、多職種・多機関による連携体制は戦略的に取り組まなければ構築されないといえる。そこで、精神保健福祉士が中心となって有機的な連携を図るために、今備えておくべき知識や技術について触れておきたい。

まずは、WHO により提唱された IPE と IPW の概念を理解し、実践に活用していくことである。IPE（interprofessional education）とは、「複数の異なる領域の専門職者が連携およびケアの質を改善向上するために、同じ場所で共に学び、お互いから学びあうこと[2)]」を意味する。分野や領域を越えた連携・協働が不可欠になっている現在、専門職同士の理解を深めあうためにも、精神保健福祉士がそのような機会に積極的に参画していく。そのうえで、IPW（interprofessional work）、つまり相互尊重、互恵関係による協働実践が、各地で提供できるような環境を整備していくことを期待したい。

さらに、連携・協働を推進していくための専門技術を獲得することである。ビジネスの領域では複数の個人や機関等で取り組むプロジェクトを達成するために、チーミング理論を導入している。このような他領域で発展している理論やスキルも積極的に取り入れていくことが必要になるであろう。

クライエントのごく当たり前の生活を支える精神保健福祉士は彼らが本来有しているべき、日常的な地域とのつながりを再構築していくための支援ができるよう、ソーシャルワークにおける連携・協働の理論の体系化と実践の積み上げにこれからも尽力していかなければならない。

Active Learning

自分の学校や職場で行われているIPE、IPWに関連した取り組みとその効果について考えてみましょう。

◇**引用文献**

1）福山和女「ソーシャルワークにおける協働とその技法」『ソーシャルワーク研究』第34巻第４号，pp.278-290，2009.

2）埼玉県立大学編『IPWを学ぶ――利用者中心の保健医療福祉連携』中央法規出版，2009.

◇**参考文献**

・猪飼周平「「制度の狭間」から社会福祉学の焦点へ――岡村理論の再検討を突破口として」『社会福祉研究』第122号，pp.29-38，2015.

・田中英樹『精神障害者支援の思想と戦略――ＱＯＬからＨＯＬへ』金剛出版，2018.

・E. C. エドモンドソン，野津智子訳『チームが機能するとはどういうことか――「学習力」と「実行力」を高める実践アプローチ』英治出版，2014.

第3節 チームビルディング

学習のポイント

- グループとチームの違いについて学ぶ
- チームの形成過程とリーダーの役割について把握する
- ファシリテーターのスキルについて理解する

1 チームとは

日本でチーム医療が積極的に議論されるようになってきたのは、1970年代前半といわれている。2011（平成23）年に厚生労働省から出された「チーム医療推進のための基本的な考え方と実践的事例集」では、「医学の進歩、高齢化の進行等に加えて患者の社会的・心理的な観点と生活への十分な配慮が必要である[1]」と述べられている。

また、チーム医療を推進する目的として、「専門職種の積極的な活用、多職種間協働を図ることで医療の質を高め、効率的な医療サービスを提供することにある[2]」とされている。さらに、チームアプローチの質を向上するためには、「互いに他の職種を尊重し、明確な目標に向かってそれぞれの見地から評価を行い、専門的技術を効率良く提供する[3]」ことが重要と示された。

そして今日では、DMAT★（disaster medical assistance team、災害派遣医療チーム）やDPAT★（disaster psychiatric assistance team、災害派遣精神医療チーム）のように、災害地に派遣されるチームが存在するなど、チーム医療がなくてはならないものとなっている。現在の支援は、個人へのアプローチによる支援だけではなく、多職種等が連携したチームアプローチが有効とされている。しかし、チーム構成員の凝集性が高まらなければ、チームアプローチの効力が発揮できない。

チームは、人の集まりのなかでつくられる。人の集まりという意味では、一つのグループと捉えることができる。しかし、どのようなグループでもチームと呼べるわけではない。グループ等の結果は、個々のメンバーがどのような業務を担当するか、個人の成果の足し算によって成り立っている。また、ほかのメンバーへの責任を負うことも少ない。一方、

★DMAT
医師、看護師、業務調整員（医師・看護師以外の医療職および事務職員）で構成され、大規模災害や傷病者が発生した事故などの現場に、急性期（おおむね48時間以内）から活動できる機動性をもった専門的な訓練を受けた医療チーム。

★DPAT
精神科医師、看護師、業務調整員で構成され、自然災害や航空機・列車事故、犯罪事件などの集団災害のあと、被災地域に入り、精神科医療および精神保健活動の支援を行う専門的なチーム。

チームでは個人の責任とともにチーム全体の責任も要求される。このように、チームは単なる集団ではなく、組織としての機能が必要となってくる。

バーナード（Barnard, C. I.）は、チームの要素として、❶共通の枠組み、❷協働する意欲、❸コミュニケーションを挙げている。共通の枠組みとは目的、目標、規範、段取り、役割など、多くの人を一つにまとめるために、何らかの枠組みを共有することである。チームとして統率のとれた活動をするために必要な要素である。

協働する意欲とは、一つの目的、ゴールに向かい、チームを構成するメンバーが各々自己の領域内の仕事にとどまらず、ほかのメンバーへの配慮やフォローを行い、目的を達成するための意欲である。そして活発なコミュニケーションを通して、考え方や、やるべきことの意思や行動を調整していくことである。

2 チームビルディング

先ほど述べたように、グループとチームは明確な違いがある。集まった職種をチームとして機能させていくことが必要であり、そのためにチームを形成していくことをチームビルディングと呼んでいる。チームビルディングでは、チームリーダーやファシリテーターが、いかに短時間で効果的にチームとして活動できるようになるかを考えなければならない。さらに、チームの状態は変化するため、常に観察し、チームの力を高める働きかけをしていかなければならない。

チームビルディングについて、心理学者のタックマン（Tuckman, B. W.）は５つの形成段階を示している。形成期（forming）、混乱期（storming）、統一期（norming）、機能期（performing）、散会期（adjourning）である（**図6-1**）。

1 形成期

形成期は、チームを構成するメンバーが決定した段階であり、まだメンバーはお互いのことをあまり知らず、チームのビジョン、目標、課題なども理解されていない時期である。この時期は、リーダーからチームのビジョンや目標、課題などを示すことが重要である。

また、メンバー間のコミュニケーションを促進することも必要であ

図6-1　チームビルディングの発展段階

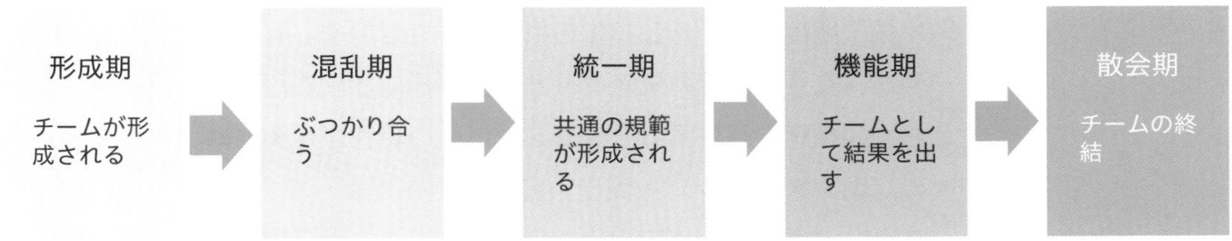

る。形成期には、メンバーはリーダーに説明や指示を求めようとする。ほかのメンバーに対して遠慮が発生し、不安や内向性、緊張感がある。和やかにみえるケースもあるが、チームワークが醸成されているとは限らないといった特徴がある。

形成期で求められるリーダーの役割は、❶コミュニケーションと情報の「量」を共有する、❷お互いを知るための短時間で気軽に楽しめるゲーム交流会を開催する（アイスブレイク★）、❸メンバーにプロジェクト趣旨を説明する、❹明確な指示を出し、課題を進めることが求められる。

★アイスブレイク
初めて出会った人同士や会議の緊張をときほぐすための手法。コミュニケーションをとりやすい雰囲気をつくり、そこに集まった目的の達成に積極的にかかわってもらえるよう働きかける技術。

2 混乱期

混乱期は、チームのビジョン、目標の達成方法、課題解決の方法を模索する段階であり、チームの目的・目標に対する意見の食い違いや、人間関係、具体的な業務の進め方について対立が生まれる段階である。

形成期で明らかになった課題を解決する方法を模索していくなかで、メンバー同士が課題に対する姿勢や考え方で衝突することも想定される。個人が、それぞれのやり方で課題に向かって動き始める。「私だったらこうするのに」「私はこうしたい」といった意見やアイデアが出され、個人が主張することで、考え方や行動への対立、衝突が生まれる。

また、チーム内のヒエラルキーを気にする動きが表出し、メンバーのエネルギーはチーム内部の競争に向けられ、チーム全体でモチベーションが下がるといった特徴がある。しかし、各メンバーの考え方を顕在化させ、メンバー間での相互理解を促すために、衝突をただ抑えるだけではなく、率直な意見を出しあうことも重要である。この段階でのお互いの考え方を十分に理解せずに進めると、今後のメンバー同士の不満や不信感を解消できず、チームとしての活動に影響が出る可能性が高まる。リーダーは、❶チームとしての活動方針、❷役割分担の見直しなどの再設定が必要となる。

3 統一期

統一期は、チームとしての目指すべき目的や、各メンバーの役割や特徴が共有され、行動規範や役割分担が形成される段階である。チームとしての課題を解決する方法やメンバーの特性が理解され、チームとしての活動方針やメンバー同士の役割分担が定まってくる。それとともに、各メンバーの能力が発揮され、モチベーションが高まる。リーダーは、相互に助けあえるような関係性を構築できるよう、お互いの仕事の内容を紹介するなど、メンバー間のより深いコミュニケーション活動を推進していくことが重要である。

4 機能期

機能期は、チームとして機能し、成果を創出する段階である。ここまでの３段階を超え、チームが一体となって目標達成に向けて活動する時期である。

この時期の特徴として、共通のゴールに向かって、メンバーのエネルギーが外に向けられる。チームが一致団結して機能する、指示されなくても自ら意思決定し、率先して行動する。個々のメンバーが能力を発揮し、パフォーマンスとモチベーションが高く、目的やミッションを達成することで、成功体験を共有する。そして、チームは課題を解決し、成果を生み出せるようになっているといった強い信頼関係が生まれている。

ただし、リーダーはメンバー同士の役割を統一期の状態で固定するのではなく、目標達成状況や各メンバーの活動状況を継続的に把握し、状況に合わせて活動方針や役割分担を見直すことが重要である。

5 散会期

散会期は、目的の達成、もしくは時間的制約により、チームが解散する時期である。各メンバーは、別のミッションに向けて動き出す時期である。グループは、各メンバーがやりたいことにずれが出てくる。さらに上を目指そうとするメンバーが現れ、退職や異動を考えるメンバーが現れるといった特徴が出てくる。リーダーは、チームの目標達成度と**チームマネジメント**について評価を行い、新たな目標設定とチーム構成を考えることが重要である。

このようにチームの形成プロセスを整理したが、精神保健福祉士が実践のなかで遭遇するチームビルディングとして、精神科病院内で開催される退院支援委員会や地域で実施される市町村協議会★といった定常的なチームや、ソーシャルアクションにつなげていく勉強会、ワークショップ等の一時的なプロジェクトチームが挙げられる。

いずれの場合においても、精神保健福祉士には調整・仲介的な役割が求められ、経験によってはリーダーとしての役割も求められる。チームが効率的、有効的に機能するためにはリーダーの役割は重要である。できれば嵐のような混乱期を避けて機能期が来ることを期待する。

実際には、対立や衝突のおそれから、多くのチームが形成期を脱することができないといわれている。しかし、混乱期や統一期を経験し、機能期に到達しなければ、チームの力は十分に発揮されない。統一期のステップが完全に成し遂げられないと、チームは混乱期に逆戻りすることもある。そうならないために、混乱期を一つの機会とし、チーム内のコミュニケーションを活発化させることが重要である。

精神保健福祉士は、クライエントとのコミュニケーションをもとに支援を行っていく職種であり、そうした点からも、この部分は精神保健福祉士がスキルを発揮できるところであると考えられる。

★協議会
地域関係者が集まり、個別の相談支援の事例を通じて明らかになった地域の課題を共有し、その課題を踏まえて、地域のサービス基盤の整備を着実に進めていく役割を担う。

3 リーダーシップとファシリテーション

現在、厚生労働省が実施している医療施設（動態）調査・病院報告の概況において、職種別にみた病院の従事者として28の職種を挙げている。この報告書に示された職種数からもわかるように、多職種間チームは確実に広がりをみせている。また、診療報酬★においても、いくつかの項目で複数の職種が協働でサービス提供することによって認められるものもある。

先に述べたように、このようなチームのなかで精神保健福祉士がもつコミュニケーション能力は大きな期待を寄せられるものである。しかし、チームを運営していくためにはコミュニケーション能力以外に、チームマネジメントできるリーダーシップやグループを適正な方向へ導くためのファシリテーション力が求められる。

リーダーシップにはいくつかの定義が存在するが、一般的に「方向性を示すこと」や「率先して行動すること」「目標達成に導く力」といわれている。具体的なリーダーシップの力として、主に四つの視点が必要とされる。一つ目はビジョニング、二つ目はチームビルディング、三つ

★診療報酬
保険医療機関および保険薬局が保険医療サービスに対する対価として保険者から受け取る報酬。個々の技術、サービスを点数化（1点10円）して評価する。

Active Learning

チームビルディング、ファシリテーションに際して、精神保健福祉士が発揮すべき専門性について考えてみましょう。

目はコミュニケーション、そして四つ目が意思決定である。チームビルディング、コミュニケーションについては前述した通りであり、ここではビジョニングと意思決定について説明する。

ビジョニングとは、将来どのような発展を遂げていたいかについての未来像をもっていることである。チームのビジョンや戦略を踏まえ、チームに期待されている事柄を明確に理解し、戦略に対する戦術をもち、進むべき方向性を定める力をもつことが必要である。

意思決定とは、チーム内でのリーダーに求められる「決定する力」である。リーダーは、メンバーの育成、部門間での調整など、多岐にわたる判断が求められる。その判断がチーム全体の行動に影響を与える。チームにとって最適な意思決定を行うためには、高い情報収集能力と全体を俯瞰（ふかん）する視点が必要である。

リーダーシップのスタイルとして、ゴールマン（Goleman, D.）は、❶トップ・ダウン、❷人間重視、❸個々の意見尊重、❹新ビジョンとイニシアティブ、❺支援の５つの分類で整理されると述べている。チームの形成段階によって、その使い分けが必要である。初期段階はトップ・ダウン、混乱段階は新ビジョンとイニシアティブ、統一段階は個々の意見の尊重、機能段階は支援、終了段階はトップ・ダウンが主として求められる。

4 ファシリテーション

ファシリテーションとは、チームによる活動が円滑に行われるように支援することで、チームが目標を達成するために、中立的な立場でチームのプロセスを管理し、問題解決・合意形成・学習などを支援し促進する。ファシリテーション技術を用い、チームをマネジメントし、会議等の進行役を担う者をファシリテーターと呼ぶ。ファシリテーターは、メンバーそれぞれの専門知識と技術を発揮できる関係づくり、これらを最大限に引き出し、メンバー間の相乗効果を促し、チームとして掲げた目標を達成することが求められる[4)]。また、ファシリテーターは以下に説明する四つのファシリテーションスキルを用い、チームの活性化を図り、凝集性を高めることが必要である。

1 場のデザインのスキル

ファシリテーションは、何を目的に、どのような人を集めて、どのような議論を進めていくのかを考えるところから始まる。ファシリテーターには、場をつくり、つなげる役割が求められる。そのため、ゴールを明らかにし、そのプロセスをつくり上げるスキルや、チームの関係性を築き上げていくスキルが必要となる。

2 対人関係のスキル

話しあいが始まると、同じ人が発言する、議論がみえにくいという事態が起こりかねない。参加者から、会議はつまらないといったマイナス感情が生まれ、マンネリ化することで新しい意見が出にくい環境となっていく。ファシリテーターは、参加者が主体的に会議に参加できるように、それぞれの発言を受けとめ、意見を引き出すための促しなどの行動が必要となる。

そのためには、発言者の意見を傾聴し共感すること、相互作用を観察すること、質問を駆使するといったスキルが求められる。また、新たな考えを打ち出し、議論を活性化していく際には、ブレーンストーミング法を用いるなどして、チームの発散を促していく。

3 構造化のスキル

チームのなかで話しあいが進むと、議論がさまざまな方向に行ってしまうことがある。ファシリテーターは、それぞれの主張を明確にし、かみ合わせ、整理する役割が求められる。そのうえで議論すべき論点を絞り込んでいくことが必要となる。

さらに議論を整理していくために、ファシリテーターは、議論を「見える化」するためにロジックツリー★やマトリックス★、SWOT★などのフレームワークやホワイトボードを用いたファシリテーショングラフィック★を活用することが有効である。

4 合意形成のスキル

議論が成熟し、結論の方向性が絞られてくると、ファシリテーターは何を基準に意見をまとめるのか、その意思決定手法を選ぶことが求められる。このような場合、職種による価値観の対立、役割境界に関する対立などが浮かび上がり、葛藤や矛盾の顕在化により、敵対的な雰囲気となってしまうことがある。こうした状況をコンフリクトと呼ぶ。コンフ

★ロジックツリー
思考のプロセスを可視化した思考整理の手法。一つの事柄が上位概念から分解し、枝分かれするように整理していく。

★マトリックス
あるテーマについて細かく内容を掘り下げていく際に、関連する情報を縦軸と横軸に分類することで、それらの相関関係やポジショニングを捉えることができる思考整理の手法。

★SWOT
strength（強み）、weakness（弱み）、opportunity（機会）、threat（脅威）の四つの要素とそれに関連する内部環境、外部環境を合わせた分析手法。

★ファシリテーショングラフィック
何について議論されているか参加者の理解を進めるために発言をホワイトボード等に記録し、図式化したものをいう。議論の図式化ではKJ法やマインドマップといった手法も用いられる。

リクトはチームの形成が順調にいっている証拠でもある。ファシリテーターには対立を解消し、プロセスを共有し振り返ることができるマネジメントスキルが求められる。

このようにチームをつくるためのチームビルディング、チーム運営に必要なリーダーシップ、ファシリテーションについて述べてきたが、これらの技術を理解していくためには、グループの力動を理解することが必要である。グループで「今、何が起きているのか」を、単なる事象と捉えるのではなく、前後の出来事と関連づけて理解することによって、チームを俯瞰してみていくことができる。そのために精神保健福祉士はグループに関する技術・知識をしっかりと身につけておくことが重要であり、機会があればグループリーダーに対する**スーパービジョン**への参加も必要である。

◇**引用文献**

1）チーム医療推進方策検討ワーキンググループ「チーム医療推進のための基本的な考え方と実践的事例集」p.1，2011． https://www.mhlw.go.jp/stf/shingi/2r9852000001ehf7-att/2r9852000001ehgo.pdf

2）同上，p.1

3）同上，p.1

4）篠田道子『多職種連携を高める チームマネジメントの知識とスキル』医学書院，2011.

◇**参考文献**

・中原淳・中村和彦『組織開発の探求――理論に学び、実践に活かす』ダイヤモンド社，2018.

・中島明彦「ヘルスケア・マネジメント――医療福祉経営の基本的視座」同友館，2007.

・ハーバード・ビジネス・レビュー編集部編「チームワークの教科書」ダイヤモンド社，2019.

・眞﨑大輔監，ラーニングエージェンシー編著「人材育成ハンドブック新版――いま知っておくべき100のテーマ」ダイヤモンド社，2019.

・堀公俊・加藤彰・加留部貴行「チーム・ビルディング――人と人を「つなぐ」技法」日本経済新聞出版社，2007.

・堀公俊「ファシリテーション入門 第2版」日経文庫，2018.

第4節 チームの形態と特徴

学習のポイント

- チームの形態と特徴について学ぶ
- チームのモデルを理解する
- 精神保健福祉士がかかわる領域のチームの特性を理解する

1 チームの形態

ソーシャルワークが医学モデルから生活モデルへと変遷をたどってきたように、チームの概念も伝統的な医師優位の構造から、チームの有効性が認識され、新しい専門職の登場により、急速に拡大していった。さらに近年では、チームアプローチのダイナミックスと資源コスト対有用性の観点から、その内容はエビデンスを伴ったものとなっている。

対人援助サービスを行う多職種チームについて、菊地和則は「分野の異なる専門職が、クライエントおよびその家族などのもつニーズを明確にしたうえで共有し、そのニーズを充足するためにそれぞれの専門職に割り当てられた役割を、他の専門職と協働・連携しながら果たしていく少人数の集団[1)]」と定義した。そのうえで多職種チームについて、「専門職間の協働・連携の程度」と「チーム内での役割解放の程度」の二つの軸を使ってマルチディシプリナリー・モデル、インターディシプリナリー・モデル、トランスディシプリナリー・モデルの三つに類型して、そのチームの形態について説明している（**図6-2**）。

ただし、マルチディシプリナリー・モデル、インターディシプリナリー・モデル、トランスディシプリナリー・モデルに分化するためには、五つの前提が必要といわれる。それは、専門職としての役割の進展（role expansion）、強化（role enrichment）、拡幅（role expansion）、解放（role release）、支援（role support）である。これらの前提条件がそろったなかで、チームアプローチは分化していることを理解しておかなければならない。

図6-2　三つのモデルの関係

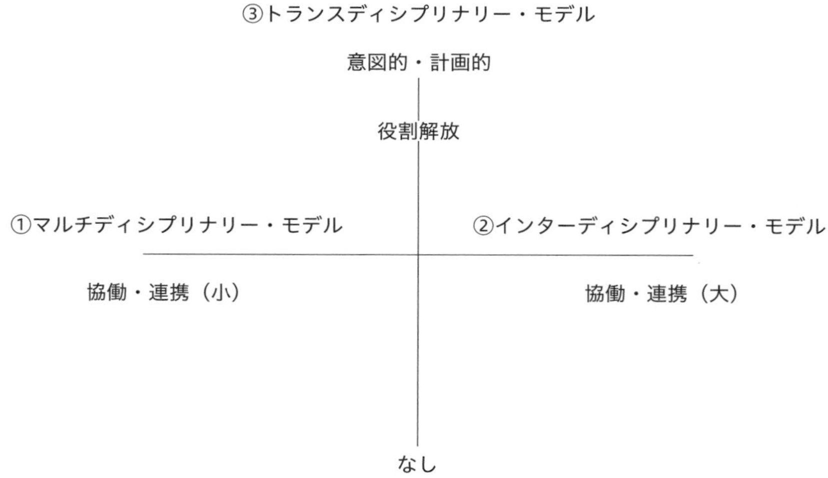

出典：菊地和則「多職種チームの３つのモデル――チーム研究のための基本的概念整理」『社会福祉学』第39巻第２号，p.283，1999.

図6-3　マルチディシプリナリー・モデル

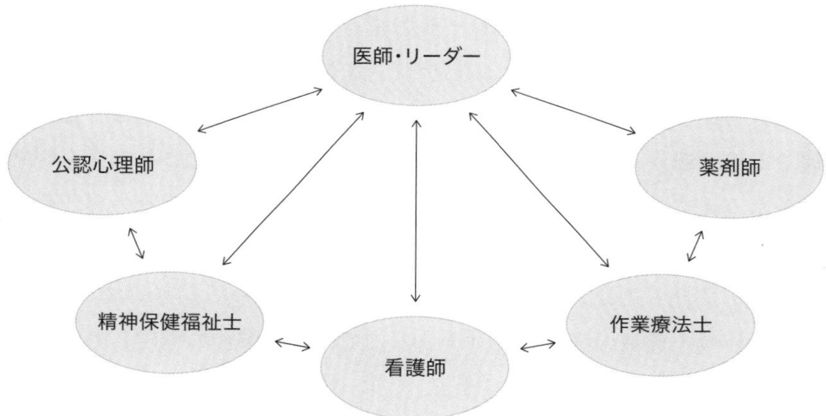

1 マルチディシプリナリー・モデル

Active Learning
三つのモデルにある多職種チームにおける精神保健福祉士の役割と実践課題について考えてみましょう。

マルチディシプリナリー・モデルとは、医師を中心とする専門職種間に階層性があるチームのことで、短期間に集中的な治療を必要とする患者の治療場面で生じやすい形態である。自分の役割に限定し、それぞれが独立した業務を行うため、連携や協働の機能は弱い。医師がリーダーとなって指示に従って各々が仕事をすることで階層性（ヒエラルキー）が生じやすいのが特徴である（**図 6-3**）。

精神保健福祉領域では、精神科医療機関などの多くはこのタイプになることが多いと考えられる。法律上、医師に管理責任があることがその要因となるが、特に精神科救急や急性期状況にある患者へのアプローチは、医師を中心としたチームによってアプローチが実施されるため、マルチディシプリナリー・モデルに該当しやすくなる。

2 インターディシプリナリー・モデル

インターディシプリナリー・モデルとは、チームの構成員間の階層性がなく、構成員間の相互作用が高く、各職種が自身の役割を果たすような、慢性疾患の患者のケアの場面に適しているチームモデルである。各専門職が協働・連携してチームのなかで果たすべき役割を担いながら、目的・目標を共有していく。チームメンバーは、各専門職の視点でアセスメント等を行う。その結果が包括的に議論されることによって、役割固定ではあるが、相互作用の大きなチームとなる（**図6-4**）。

精神保健福祉領域では、地域移行支援会議や医療保護入院者退院支援委員会などを含むケア会議全般がこのような形態をとっている。また、サービス等利用計画に基づいた支援を実施する場合も、このチームとなることが多い。

3 トランスディシプリナリー・モデル

トランスディシプリナリー・モデルとは、インターディシプリナリー・モデルにおいて生じやすい職種間の役割の重複を解消したり、相互に参加したり、ケアに必要とされる職能の不足をカバーするために、それぞれの職種がケアの範囲の過不足を調整して、必要に応じて患者・利用者

図6-4　インターディシプリナリー・モデル

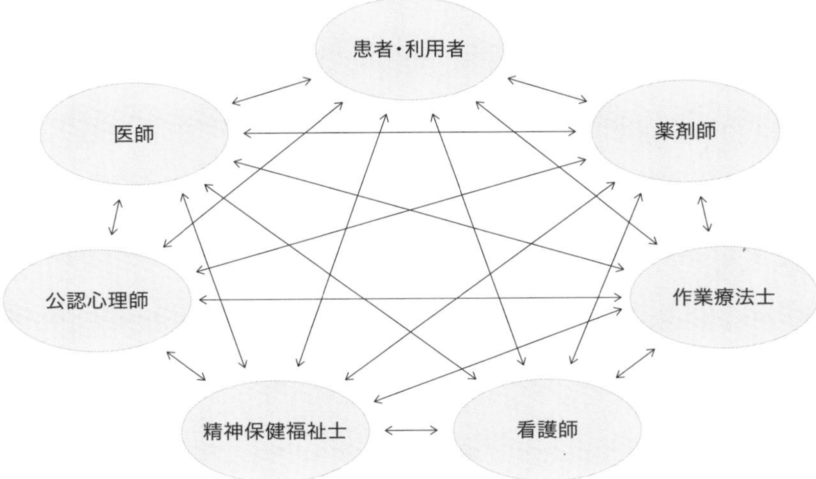

へのかかわりをするチームである。

たとえば、日常生活動作等のリハビリテーションを精神保健福祉士が担う、また場面・ケースによっては看護師が担うなど、役割解放が加わる。各専門職のアイデンティティの境界が不鮮明になるという点を、常にチームリーダーが意識していかなければならない（**図 6–5**）。

精神保健福祉領域では、精神科デイ・ケアや精神科訪問看護、**ACT**（**包括型地域生活支援**）といったチームや障害者の日常生活及び社会生活を総合的に支援するための法律（障害者総合支援法）における施設のチームがこの形態になりやすい。

三つのモデルを紹介したが、そのほかにもアメリカのテキサス大学で実践されているABC概念モデルやアメリカ医療研究・品質調査機構が医療のパフォーマンス向上と患者の安全を高めるために開発したMTSモデル等が実践されている。

ABC概念モデルとは、がん医療の多職種協働によるチーム機能を区分したもので、アクティブケア（A）、ベースサポート（B）、コミュニティサポート（C）の三つで構成されている。MTSモデルは、患者の直接ケアを行うチーム、緊急対応を行うチーム、日常的なケア調整を行うチーム、臨床検査や病理、放射線などの治療サポート、それぞれのチームが役割を果たせるような枠組みを提供する管理チームで構成されている。

また、日本でも篠田道子らは、連絡モデル、連携・協働モデル、ネットワークモデルとして整理をしている。

チームの形態はいくつかあるが、基本的には優劣をつくるものではな

図6–5　トランスディシプリナリー・モデル

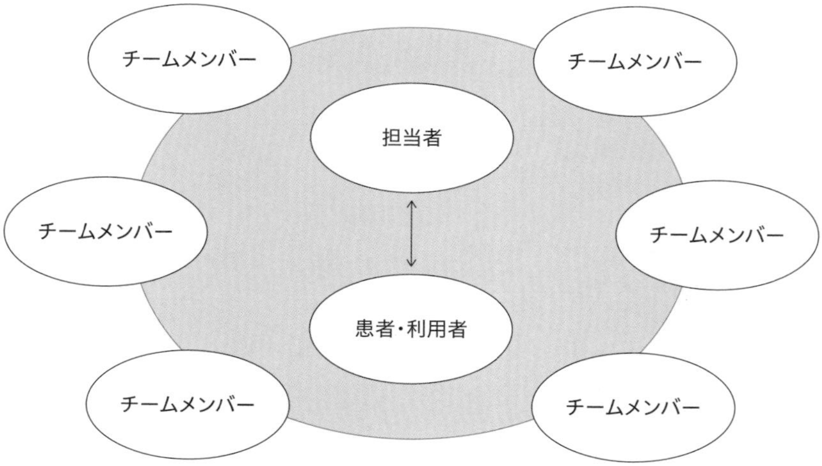

く、そのつどチーム内で与えられた課題をどのように解決していくか、その選択が重要である。ソーシャルインクルージョン社会の実現を目指す精神保健福祉士の課題解決においても、多職種との連携の重要性は増している。チームのなかで調整・介入することは、今後の精神保健福祉士にとって大きな役割である。そのためには、上記のチームの形態の理解にとどまらず、その前提となる調整、協働、協力、リンケージ、ネットワーク、チームワークといった技術を身につけていくことが必要である。

また、チームアプローチを実践するためには、それぞれの専門職が固有の業務に限定するのではなく、関係する複数の専門職種が共有する業務も多く存在することを理解し、患者の状態や医療提供体制などに応じて臨機応変に対応することが重要である。

2 精神保健福祉領域のチームと形態

ここまでチームの形態を整理したが、実際に精神保健福祉領域において、精神保健福祉士がかかわるチームについて、その場面と役割、チームの形態について整理していく。

精神保健福祉士が医療機関に勤めている場合、その代表的なチームとして、精神科デイケア、医療保護入院者退院支援委員会が挙げられる。

精神科デイケアは医師、看護師、作業療法士、精神保健福祉士等の多職種が連携し、外来通院患者に対し、精神障害者の社会生活機能の回復を目的としている。精神保健福祉士は他の職種とともに通院者に応じたプログラムを展開していく。それぞれの職種の役割は、プログラムによって流動的である。そのため、プログラムを展開するうえで、職種間の階層性は緩やかであり、役割の解放も促進される。その結果、相互作用性も高まることから、トランスディシプリナリー・モデルに近いチームアプローチがみられることもある。

一方、医療保護入院者退院支援委員会においては、主治医、看護師等と連携しつつ、早期退院に向けた中心的役割を果たすことが精神保健福祉士には求められる。このチームでは階層性は有り、役割解放性は無い。しかし、それぞれの職種が相互に影響していることから、相互作用性は大きいチームと考えることができ、インターディシプリナリー・モデルに近い。

地域移行支援では、相談支援事業所が作成した地域移行計画に則って医療機関や保健所、地域移行支援を行う事業所などの多職種が連携したチームを形成する。精神保健福祉士は、相談支援専門員として、あるいは医療機関の精神保健福祉士として、また保健所の精神保健福祉相談員としてチームに加わり、地域移行に向け、相談支援専門員は地域移行のコーディネートを、医療機関であれば退院に向けた調整役を、保健所の精神保健福祉相談員であれば地域定着における役割を担う。地域移行支援チームでは、階層性を廃し、役割解放を図り、相互作用を促進することでトランスディシプリナリー・モデルを志向したチームアプローチを展開することが求められる。

保健所に勤務する精神保健福祉士（精神保健福祉相談員）はその配属される部署にもよるが、多くの場合、多職種で構成されたチームである。保健所では精神障害者の早期治療の促進と精神障害者の社会復帰、自立と社会経済活動への参加の促進と、地域住民の精神的健康の保持増進を目的とし、医師、保健師、作業療法士、管理栄養士等と業務を行っている。精神保健福祉相談員も保健所職員の一員として、その業務は精神保健福祉士の領域にとどまらないことが多い。保健所業務には職種間に階層性は無く、また役割解放性は大きく、相互作用性も大きいことから、トランスディシプリナリー・モデルと考えることができる。

最後に、障害者総合支援法に基づく就労支援サービスを提供する施設や地域活動支援センター等の施設は、それぞれ多職種によって構成される施設である。就労支援のための会議や、訪問などの場面を通し、精神保健福祉士は多職種との役割は固定化されず、常に流動的となる。そのことからもわかるように、階層性は無く、役割解放性は高く、相互作用性も大きいトランスディシプリナリー・モデルと考えることができる。

ここに挙げた例以外にも、カンファレンスや事例検討会、専門職団体によるプロジェクト、他分野や市民団体との協働によるソーシャルアク

表6-1　精神保健福祉士がかかわるチーム

	相互作用性	役割解放性	階層性
精神科デイケア	大	有	無
医療保護入院者退院支援委員会	大	無	有
地域移行支援	大	有	無
保健所	大	有	無
就労支援施設	大	有	無

ション活動などが多職種連携チームとして機能しているが、その場面、役割によってチームの形態は変化する。

3 チームの機能

チームは、ある目標に対してその目標に到達するためにさまざまな専門職が協力しあう関係にある。チームリーダーは、チームの目標を達成するための機能と、そのためにチームを強化する機能を働かせていく視点をもたなければならない。つまり、**タスク機能**と**メンテナンス機能**である。

Active Learning
タスク機能とメンテナンス機能の必要性や効果について、クライエントの立場から考えてみましょう。

タスク機能とは、目標到達のために、具体的な課題を明確にしていくこと、そのためのアセスメント、プランニング、モニタリングを行っていくことである。当然、その前提には、チームでの目標の明確化が挙げられる。しかし、タスク機能が強すぎると、成果主義に捉われ、チームの専門職個々の働きかけが強くなり、チームの目的や理念を失ってしまい、チームが機能しなくなることに注意をしなければならない。

メンテナンス機能は、チームワークと理解されることがある。コミュニケーションや対人関係など、組織を維持していくための機能である。チームメンバー間には、それぞれの専門職がもつ専門性によって、誤解や葛藤などが避けられない。これらの問題に適切に対処していくために、メンテナンス機能は重要となる。チーム内でのコンフリクトをマネジメントしていくこともメンテナンス機能となる。

ここで整理した、タスク機能とメンテナンス機能のどちらがより重要ということではない。タスク機能よりもメンテナンス機能を重視して、「このチームは仲がよい」ということになっても、結果としていつまでも目標達成に至らないということも起きる。また、タスク機能を重視すると、殺伐とした人間関係のなかで業務をこなしていくこととなり、長続きはしないチームとなってしまう。どちらかに偏重するのではなく、バランスのとれた配分が必要である。

4 専門職連携教育

専門職連携教育とは、**IPE**（interprofessional education）と呼ば

れる、卒後前の多職種連携教育といわれるものである。2010（平成22）年にWHO（世界保健機関）が「専門職連携教育および連携医療のための行動の枠組み」のなかで、IPEと**IPW**（interprofessional work：専門職連携実践）が「世界的な医療従事者不足の危機を緩和する上で重要な役割を果たす[2)]」としている。これまで多職種連携は、実践現場のなかで必要不可欠とされながらも、具体的な学習方法、学習時期などが整理されていなかった。このレポート以降、活発にIPEの有効性に関する研究や実践が展開されている。

日本では、2005（平成17）年度に埼玉県立大学と東京慈恵会医科大学が連携を図ることで、IPEプログラムを始めて以降、全国各地の医療・福祉系の大学での教育が展開されてきた。その後、厚生労働省から出された「チーム医療推進のための基本的な考え方と実践的事例集」（2011（平成23）年）においても、「チームの質を向上させるためには卒前・卒後の教育が重要であり、専門職種としての知識や技術に関する縦の教育と、チームの一員として他の職種を理解することや、チームリーダー・マネージャーとしての能力を含めた横の教育が必要である[3)]」としている。

IPEプログラムについて、バー（Barr, H.）は五つの双方向授業として、講義等に基づく討論、多職種での患者訪問、課題学習、臨床実践の演習、多職種での臨床実習を挙げている。養成機関では低学年で多職種連携の基礎を学び、事例を基にした学習を進め、高学年では実際の症例を通して、実践的な多職種連携を学んでいくとしている。

また、アメリカの心理学者による気質と行動パターンの研究をもとに発展させた体験型プログラムであるTrue Colorsでは、多職種連携に欠かせない能力を階層的にまとめ、第一層「基本的な対人関係・援助能力」の向上、第二層「専門職としての専門性・能力」の向上、第三層「多職種連携の能力」の向上を目指すとされている。

日本保健医療福祉連携教育学会は、具体的なIPEプログラムとして教育の手順を示すモジュールを公表している。また、IPE教育を取り入れている保健医療福祉系大学のホームページ等で、プログラムをみることができる。実践レベルのスキル向上を意図した研修プログラムも開発・実施されており、今後は連携スキルの向上を目指す学びの機会が増えていくと考えられる。

今後、**地域包括ケアシステム**、**地域共生社会**において、多職種連携を構築するうえで、医療関係職種、福祉領域の専門職の連携は必須であり、この連携の仕組みを作るIPEの推進に期待するところは大きい。

◇**引用文献**

1）菊地和則「多職種チームの３つのモデル――チーム研究のための基本的概念整理」『社会福祉学』第39巻第２号，p.279，1999.

2）WHO「専門職連携教育および連携医療のための行動の枠組み」2010．https://apps.who.int/iris/bitstream/handle/10665/70185/WHO_HRH_HPN_10.3_jpn.pdf;jsessionid=D92E57F192A64EF8C609F1A4E499CB43?sequence=8

3）チーム医療推進方策検討ワーキンググループ「チーム医療推進のための基本的な考え方と実践的事例集」2011．https://www.mhlw.go.jp/stf/shingi/2r9852000001ehf7-att/2r9852000001ehgo.pdf

◇**参考文献**

・柴﨑智美・米岡裕美・古屋牧子編著「保健・医療・福祉のための専門職連携教育プログラム――地域包括ケアを担うためのヒント」ミネルヴァ書房，2019.

・Barr, H.“Ends and means in interprofessional education;towards a typology,”Education for health，Vol 9，pp.341-352，1996.

・松岡千代「ヘルスケア領域における専門職間連携――ソーシャルワークの視点からの理論的整理」『社会福祉学』第40巻第２号，pp.17-37，2000.

・山本智子「チーム医療の成熟過程に関する研究――褥瘡対策検討チームの事例研究より」川崎医療福祉大学大学院，2015.

・佐直信彦「地域リハビリテーションと専門職連携」『リハビリテーション科学：東北文化学園大学リハビリテーション学科紀要』第６巻第１号，2010.

・津島ひろ江「尊厳あるケアをめざしたチームアプローチとコーディネーション」『家族看護学研究』第20巻第２号，2015.

・山本武志「医療専門職に求められるコンピテンスと専門職連携教育――専門職的自律性，相互依存性，ノットワークの観点からの考察」『社会保障研究』第３巻第４号，2019.

・日本精神保健福祉士養成校協会編集「精神保健福祉相談援助の基盤（基礎・専門）」中央法規出版，2015.

第5節 連携における精神保健福祉士の役割

学習のポイント

- 精神保健福祉実践における多職種連携の意義と必要性を理解する
- 多職種連携において精神保健福祉士に求められるスキルとトレーニングを学ぶ
- さまざまな実践場面での多職種連携における精神保健福祉士の役割を学ぶ

1 多職種連携の定義

1 多職種連携と精神保健福祉士

精神保健福祉士は、その前身である精神医学ソーシャルワーカー（PSW）の時代から精神科医療機関に所属していることが多く、医師、看護師、作業療法士、臨床心理技術者（心理職）等との多職種で取り組む実践を積み上げてきた。精神科医療機関唯一の福祉職として、クライエントを「生活者」として捉える視点の固有性は、精神科医療機関での「治療を受ける患者」と捉えがちなチーム医療に多様な視点をもたらすものである。

クライエントの受診から入院、外来治療での多職種連携、退院支援における院内外の専門職との多職種連携のなかで、精神保健福祉士は、ソーシャルワーク専門職として、クライエントの生活のしづらさに目を向け、精神疾患の治療という医療機関の限定的な機能にとどまらず、その人がどのようにその人らしい生活を送っていくのか、多職種に発信し、精神障害のある人の生活をサポートしていくための多職種連携の担い手として、さらには、その多職種連携チームのコーディネーターとして、精神科医療機関のなかで確かな地位を築いてきた。

しかし、他方で医療現場におけるチーム医療は、医師を頂点としたヒエラルキー構造★のなかで階層が存在しやすいこともあり、そのような多職種連携は各専門職の役割が固定的になりがちであり、専門職種間の対等性に欠けるものであることは否めない。そのなかで、医師の指示のもとでしか動くことのできない、各専門職の専門性が医師の裁量に任されてしまう連携体制となる危惧がある。

また、医療のみならず、精神保健福祉士の実践で、地域移行のための

★ヒエラルキー構造
階級制、階層制を表す言葉であり、ピラミッド型の構造をもち、上部に行くほど権力が強くなる特徴がある。医療や福祉においては医療機関での医師をトップとした構造がそれにあたるとされる。ある一定の構造ができることは自然なことであるが、上下関係が強化される懸念もある。

支援、地域生活支援などの場面で、さまざまな職種と連携した実践を展開してきた。精神障害のある人の地域生活支援には、さまざまな生活場面でのニーズも異なり、そのニーズを充足するための専門的支援も多様でなければならない。一人の生活者の生活支援のために複数の専門職がかかわることはもはや必須であり、そのための情報共有と目標共有、より質の高い支援のための多職種連携は不可欠である。

しかし、「多職種連携」の必要性は認識されているものの、求められる能力は、実践レベルでの理解にとどまっている傾向にある。本節では、多職種連携についてその定義を確認し、そのなかでの精神保健福祉士の役割を概観したい。

2 多職種連携の定義

多職種連携については、**専門職種連携実践**もしくは**多職種連携実践**としてIPW、(interprofessional work)の概念が整理されてきている。IPWについては、「異なる専門職からなるチームのメンバー、あるいは異なる機関・施設が、サービス利用者（患者・家族）の利益を第一に、総合的包括的な保健医療福祉ケアを提供するために、相互尊重、互恵関係による協働実践を行うこと、またその方法・過程[1]」と説明される。

この定義からは、ヒエラルキー構造ではなく、相互尊重や互恵関係といった、職種間階層のない、対等で協働的な関係性を重視することをみることができる。そのために、精神保健福祉士が参加する多職種連携では、それぞれの職種がもつ専門性を尊重し、そのことから一つの目標に向かって各々がもつ専門性に基づく力を発揮できる協働的な関係性によるものと理解したい。

2 近年の精神保健福祉の動向と多職種連携の必要性

2013（平成25）年の精神保健及び精神障害者福祉に関する法律（精神保健福祉法）改正により、精神科病院には医療保護入院者を対象とした**退院後生活環境相談員**と**退院支援委員会**が設置された。医療保護入院者の入院から退院に至るまでのかかわりについて、退院後生活環境相談員に選定された精神保健福祉士等を中心として、医師、看護師、作業療法士等での多職種でのケアカンファレンスや、退院に向けた地域の支援機関との連携が必要となってくる。

★精神障害にも対応した地域包括ケアシステム

精神障害のある人が、地域の一員として安心してその人らしい生活を送ることができるように、医療、障害福祉・介護、住まい、社会参加（就労）、地域の助け合い、教育が地域のなかで包括的に確保されたシステムのこと。

また、地域で生活していくことを支えるための地域生活支援や、構築が取り組まれている**精神障害にも対応した地域包括ケアシステム**★における さまざまな分野の専門職、非専門職、市民が協働する多職種・多機関での連携が想定されている。

さらには、2014（平成26）年施行の**アルコール健康障害対策基本法**に基づく国のアルコール健康障害対策基本計画、都道府県のアルコール健康障害対策推進計画でも、早期発見、治療、回復支援のための医療機関や地域機関、行政機関の連携体制の構築が重視されている。今後は、さまざまなメンタルヘルス課題をもつ人の支援を一人の専門職が役割を担うのではなく、多職種連携を活用することで、より豊かな支援が展開できる。

3 多職種連携のスキルとトレーニング

1 多職種連携コンピテンシーの開発

多職種連携は、さまざまな専門性をもった専門職がそれぞれ医学、看護学、社会福祉学、リハビリテーション医学というように学問的背景をもち、それぞれの専門性をいかに発揮するかということが求められている。そのような専門職が一堂に会すると、それぞれの専門性に基づき意見を発し、時には専門性に固執するがあまり他の専門職の意見に耳を傾けない場面や、職種間の権威勾配のために上下関係が出現し、おのずと権威ある専門職の意見が中心となることなども懸念される。

多職種連携では、そのようなことを避け、対等な関係のなかで互いの専門性を尊重しあうことが求められる。必要なことは、専門職が各々の専門性からの意見を発信し、共有し、自由な議論をすることにより、多職種連携として支援の目標の共有、情報の共有が行われ、支援方針に対して建設的な意見交換が行われることである。そのことが、クライエントの利益となっていくことを常に意識しておかなければならない。

その際に専門職に求められるのが**多職種連携コンピテンシー**である。そもそも**コンピテンシー**とは、専門職として業務を行う能力のことを指し、それは知識や技術にとどまらず、倫理観や態度、姿勢ということが含まれる考え方である。多職種連携でもこのコンピテンシーが重要であり、テクニカルな部分にとどまらず、専門職としての姿勢やありようを含めたものとして位置づけられている。

多職種連携コンピテンシー開発チームは、バー（Barr, H.）を引用しながら、❶他の専門職と区別できる専門職能力（complementary）、❷すべての専門職が必要とする共通能力（common）、❸他の専門職種と協働するための必要な協働能力（collaborative）が基盤となるコア・コンピテンシーであると説明している[2)]。

また、松岡千代は多職種連携における個人のコンピテンシーとして、❶基本的な対人援助の姿勢・態度を土台とし、❷専門職としてのコンピテンシーがあり、❸その上部に多職種チームワークのコンピテンシーがある、と構造的に説明している[3)]。

以上を参考に、多職種連携に求められる精神保健福祉士のコンピテンシーとして、❶対人援助専門職としての共通的な能力、❷**精神保健福祉士としての専門職コンピテンシー**、❸**多職種連携における協働的コンピテンシー**の三つに整理し、求められるスキルや姿勢について解説していくこととする。

❶対人援助専門職としての共通的な能力

対人援助専門職として求められる共通的な能力としては、まず基本的なコミュニケーション能力が挙げられる。具体的に挙げれば、他者との円滑なコミュニケーション、あいさつ、会話、交渉や調整などである。

必要以上に場の空気や専門職種間の上下関係、経験年数などに敏感になり、自らの意見を表明できないという状況は避けなければならない。対等な関係を樹立するためのコミュニケーション能力と、そのことにより対等に意見交換、議論ができる力が求められている。

このようなコミュニケーション能力は、専門職個人が生まれ育ってきた人間関係のなかでさまざまな影響によって培われてきたものである。それぞれがもつコミュニケーションの方法や特徴は多職種連携の関係づくりにも影響するため、精神保健福祉士自身のコミュニケーションの取り方を振り返る自己覚知の必要性や、自身の自尊心や自己肯定感をもつことも重要であろう。

❷精神保健福祉士としての専門職コンピテンシー

専門職コンピテンシーとは、チームにおいてどのようにその専門性を発揮し、多職種連携のなかで寄与できるかを指す。精神保健福祉士は、多職種連携においてソーシャルワーク専門職として位置づけられ、ソーシャルワークの価値と倫理に基づく専門性の発揮を求められる。

そのためには、個々の専門性について日頃の実践から意識し、自身の実践を「ソーシャルワークとして説明できる」ようにならなければならない。それは単なる業務の説明にとどまらず、その業務を「ソーシャルワークとしてどのように位置づけているのか」ということを説明できる力である。そのことにより、精神保健福祉士としての業務とその意味づけを的確に多職種に説明することができ、多職種連携のなかでの精神保健福祉士の役割とその専門性を共通認識できることにつながっていく。

❸多職種連携における協働的コンピテンシー

これは、多職種連携の中核となるコンピテンシーである。協働的な多職種連携では、クライエントや家族を中心に据えながら、それぞれの専門職が協働的に対等に力を発揮できていくことが求められる。そのために必要なことは、まずそれぞれの専門職の専門性を尊重し理解していくことである。

Active Learning

他の専門職の専門性を調べたうえで、精神保健福祉士の専門性との共通点、相違点について考えてみましょう。

多職種連携は、前述のとおり、学問基盤の異なるさまざまな専門職で成り立ち、専門性の違い、視点の違いが出てくるのは自然なことである。しかし、それを認めなかったり、上下関係のもとで否定することになったりすることは、協働的な関係とはいえない。互いの専門性を尊重し、理解し、関心をもつこと、さらには自分自身の専門性からくる意見をきちんと表明し、理解を共有できるように働きかけることが求められるのである。

また、多職種連携では、時に意見が対立することが起こる。それは、多職種連携チームが形成されていく初期段階プロセスで特に顕著であり、主導権を握ろうとしたり、上下関係をつくろうとしたり、役割を明確化しすぎることで、誰も担当できない分野や業務が出てきてしまったりすることで、時には感情的な対立さえ起こるだろう。

そのような対立や葛藤状態に対して向きあっていくことも多職種連携の協働的コンピテンシーに含まれる。対立や葛藤に至るプロセスを共有し、その要因と背景、意見の相違の背景となる専門性の違いを共有していきながら、どのように解決していくのか、ということを同じテーブルにつき、対等な関係で話しあっていく。そのようなプロセスを多職種連携チームとして経験することで、凝集性は高まっていき、自由闊達な意見交換ができるチームへと育っていく。そのような関係性を築ける能力こそ、協働的コンピテンシーでは求められている。

2 多職種連携スキルのためのトレーニング

前項では、多職種連携スキルを多職種連携コンピテンシーとして説明してきたが、ここではそれをどのようにトレーニングし習得していくのかということを考えていきたい。

まず、各専門職の養成課程において、専門職としての知識、技術、さらには専門職としての価値・倫理を教育していく。そのプロセスで各専門職が多職種連携を学ぶことにはなるが、我が国の医療・福祉の専門職の特性上、各学部や養成校の学科のなかで完結してしまう傾向がある。この場合、多職種連携の必要性は理解できるものの、実際にどのように多職種連携に取り組んでいくかというスキルトレーニングとしては不足している。

そこで、現在、医学、看護学、社会福祉学等の保健医療福祉の専門職を養成する大学等では、**専門職連携教育**（IPE：interprofessional education★）として、学部学科の枠組みを越えた取り組みが始まっている。これは複数の異なる領域の専門職（または専門職を目指す学生）が同じ場所で学ぶことで、互いのことを学ぶことを想定しており、相手から学ぶことにより、多職種連携コンピテンシーにおける協働的コンピテンシーの醸成に役立つと考えられる。

さらに、今後は実践現場でのIPEの展開が望まれる。多職種で相互に学びあい、互いの理解を深めていきながら多職種連携コンピテンシーを醸成していく仕組みづくりが急がれる。

★専門職連携教育（IPE）
さまざまな領域の専門職、専門職を目指す学生等が多職種連携そのものや多職種連携によるケアの質を向上、改善するために、同じ場所で共に学び、お互いから学びあいながら、互いの専門性や役割のことを学ぶ専門職教育のあり方のことである。

4 多職種連携と精神保健福祉士

ここでは、精神保健福祉士が多職種や多機関とどのように連携していくのか、そのプロセスにおいて、どのような役割を担うのかについて論じていく。

1 受診や支援につながる際の多職種連携

精神障害のある人やその家族は、地域のなかで孤立しやすい。精神障害自体が自身での認識の難しさがあり、さらには社会の偏見、精神障害のある人や家族自身の内なる偏見により、誰にも相談ができない、したくない、相談することは恥ずかしいこと、という意識が根強く残っている。

しかし、現実的には健康課題や生活課題を抱えており、そのことが少しずつ地域生活のなかで顕在化してくる。治療や支援が必要な人をどのように適切な機関や専門職などにつなげていくかということであり、その際にはさまざまな職種との連携が必要となる。

コアになるのは、保健所の精神保健福祉士（精神保健福祉相談員）や基幹相談支援センターの精神保健福祉士など、地域をフィールドにした精神保健福祉士であり、状況によって連携相手は異なるものの、行政機関職員や保健師、地域の福祉機関のソーシャルワーカー、医療機関の精神保健福祉士、看護師、医師などとの多職種連携が求められる。

特に受診や支援につなげていく多職種連携において、精神保健福祉士は的確な情報収集とアセスメントにより危機的状況か否かを判断し、多職種での情報共有、支援の方向性の検討を行い、チームでの役割を確認しつつ、職種間での補完的な働きも行いながら適切なタイミングで受診や支援につなげていく支援が必要となる。そのような多職種連携を協働的に展開していく役割を担う。

2 医療機関における多職種連携

医療機関では、主に治療やリハビリテーションでの多職種連携が想定される。疾患の治療は、医師を頂点にしたチームでの取り組みの色が濃いが、そのなかでもリハビリテーションや生活支援、退院に向けた支援、家族調整などでは、協働的な関係のなかで多職種連携が組まれるべきである。そこでは対等な関係のなかでお互いの専門性から意見を出しあえるような関係づくりとチームづくりが求められる。

精神保健福祉士は、クライエントを障害者という視点で捉えることにとどまらず、**ごく当たり前の生活を送る権利をもつ生活者**として捉える専門性に基づき、クライエントの生活支援の視点からの専門性を発揮することが求められる。さらには、そのチームが円滑に連携できるように他の専門職の相談に乗り、関係づくりをしていくなど、チームのコーディネーターとしての役割も期待される。

3 地域移行や地域生活支援における多職種連携と精神保健福祉士

長期入院者の地域移行、地域生活支援において多職種連携は必須である。たとえば、入院中の医療機関での支援は「病院」という一つの機関が治療や生活支援まで多様な機能をもって支援にあたる。

しかし、地域ではそのように包括的に一つの機関での支援やサービス提供は難しく、地域に点在するさまざまな機関とそこに所属する専門職が連携していくことが求められるのである。住まい探し、所得保障、日中の居場所や余暇活動、セルフヘルプグループの紹介から始まり、地域生活支援としては、家事援助、就労や復職への支援、金銭管理、服薬や健康管理など、あらゆる生活場面での支援について、クライエントのストレングスを捉えながら、どのように支援の濃淡を付けていくかが求められる。そのアセスメントを共有し、支援を展開していく際に、さまざまな専門性をもつ多職種との協働が求められるのである。

具体的な精神保健福祉士としての役割としては、ソーシャルワーク専門職としての生活者の視点から捉えたアセスメントと多職種との共有を行い、アセスメントに基づき必要な支援体制を構築し、専門職をつないでいく。その際には、それぞれの役割を尊重しつつ、一方で相互補完性をもつ多職種連携づくりを意識し、チームづくり、関係づくりを行うことが求められる。また、アセスメントと支援目標、目標達成のために取り組むべき課題とその課題に対しての専門性を多職種連携チームで共有し、協働的な関係へとつなげていく役割が求められるのである。

上記３点について、実践場面を想定した多職種連携における精神保健福祉士の役割や専門性について論じたが、そこで最も優先すべきはいうまでもなくクライエントの主体性の尊重であり、クライエントを中心とした多職種連携に取り組むことは強調しておきたい。

◇引用文献
1）田村由美「専門職実践論——専門職連携教育（IPE）から専門職連携実践（IPW）へ」『医療ジャーナル』第51巻第12号，pp.2771-2776，2015.
2）多職種連携コンピテンシー開発チーム『医療保健福祉分野の多職種連携コンピテンシー』http://www.hosp.tsukuba.ac.jp/mirai_iryo/pdf/Interprofessional_Competency_in_Japan_ver15.pdf
3）松岡千代「多職種連携のスキルと専門職教育における課題」『ソーシャルワーク研究』第34巻第４号，pp.314-320，2009.

● おすすめ
・野中猛・野中ケアマネジメント研究会『多職種連携の技術（アート）——地域生活支援のための連携と実践』中央法規出版，2014.

第6節 多職種連携・多機関連携（チームアプローチ）の実際（事例分析）

学習のポイント

- 事例のプロセスを通して、多職種連携の実際を理解する
- 事例から、多職種連携における精神保健福祉士の役割を理解する

事例からみる多職種連携・多機関連携

本節では、一つの事例の進行を題材にしながら、多職種連携・多機関連携の実際と、その際の精神保健福祉士の役割について概説していく。

1 事例の発見

事 例

Ａさんは、首都圏のある市に住む一人暮らしの男性（54歳）である。建設作業員として生計を立てていたものの、50歳のときに腰痛で働けなくなり、現在生活保護を受給して暮らしている。もともとアルコールをよく飲むほうであったが、退職後は日中にすることがなく、アルコールの量も増えていった。

最近、頻回に119番通報し救急隊を呼ぶということが続いた。しかし、救急搬送の必要性は低く、毎回酔った状態で救急隊にからんできたり、時に暴言を吐いたりすることがあり、多いときには1日に４～５回の通報があり、救急隊も対応に苦慮していた。すると、最近アルコール健康障害★の研修に出た救急隊の職員が、「ひょっとしたらアルコール依存症ではないだろうか」と言い出し、その対応を相談するために、圏域を管轄する保健所へと相談の連絡をした。

この保健所は、県のアルコール健康障害対策推進計画★に基づき、アルコール健康障害対策連携ネットワークに取り組んでいる。ネットワークには、**依存症治療専門医療機関**の指定を受けている精神科医療機関の医師、精神保健福祉士、基幹相談支援センター職員、地域包括支援センターの社会福祉士、三次救急を担う病院の医療ソーシャルワーカー、保健所の精神保健福祉相談員や保健師、圏域自治

★アルコール健康障害
有害な飲酒により起こるアルコール依存症、大量飲酒、未成年者の飲酒、妊婦の飲酒などの不適切な飲酒の影響による心身の健康障害のこと。

★アルコール健康障害対策推進計画
アルコール健康障害対策基本法により国はアルコール健康障害対策基本計画を策定する義務があるが、それを受けて各都道府県は都道府県アルコール健康障害対策推進計画を策定することができる（努力義務）。

体の障害福祉担当者が参加している。

保健所の精神保健福祉相談員（精神保健福祉士）は、さっそくネットワーク会議のメンバーに声をかけ、救急隊員にも同席してもらい、情報共有を行った。救急隊は、「昼間からお酒を飲んでいる人でこちらの言うことを聞かない。だらしない人だと思う」と発言した。対応に苦慮する救急隊員の気持ちを受けとめつつ、会議のなかでは「ひょっとしたらアルコール依存症という病気がそうさせているのかもしれない」ということを話し、アルコール依存症の治療を担当している医師からの簡単なレクチャーをお願いした。会議では、アルコール健康障害を抱えている可能性を共有し、Aさんにアルコール問題の相談に行ってみないかと声をかけるタイミングをもち、ネットワークのなかで協力しあうことを確認した。ネットワークで確認した方針は、救急隊で共有し、救急隊にもアルコール問題についての理解を求めた。

すると、数日後の119番通報の際に早くもチャンスがめぐってきた。その日、救急隊が駆けつけると、Aさんは酔ってはおらず、腰痛に加えて腹痛がひどく、立ち上がれないと訴えた。救急隊は総合病院へ搬送して、ネットワーク会議で知りあったその病院の医療ソーシャルワーカーに連絡をとった。

幸い、救急外来では一過性のもので大事には至らないということでその日の帰宅となったが、医療ソーシャルワーカーが救急外来の医師と事前に打ち合わせをし、診察後に面接の機会を設けた。「Aさんのお酒の飲み方が心配だから、一度Aさんのお酒のことを保健所の人に相談してみてもよいだろうか」とお話しすると、Aさんは了承したため、医療ソーシャルワーカーはさっそく、保健所の精神保健福祉相談員に連絡をとった。

●事例分析～ケースの発見による多職種連携

事例の発見は、必ずしも精神保健福祉士等の福祉の専門家であるとは限らない。今回は、救急隊への頻回な119番通報が顕在化の鍵となっている。救急隊員は保健所へ相談の連絡をし、アルコール健康障害対策連携ネットワークへつながっている。

このように、既存のネットワークが地域で形成されていると、多職種連携の下地ができていることになり、体制をつくりやすい。日頃から精神保健福祉に関するネットワーク会議や情報共有の場をつくり継続していくことが求められる。今回のように依存症治療専門医療機関の精神科医、精神保健福祉士などにより、その分野の専門性の高い専門職、分野特性を考え、高齢者福祉や障害者福祉、行政など幅広いネットワークを形成し、その事例に応じた個別の多職種連携の体制を作り出すということが可能となるのである。さらには情報の共有に合わせて、知識の共有が行われている。

アルコール依存症もそうであるが、精神疾患や精神障害については、いまだ誤解や偏見のある病気・障害であり、それは保健医療福祉、隣接領域の専門家においても同様である。そのため、ここでの知識の共有を図ることで、「アルコール依存症の可能性があるAさんは、治療や支援が必要な存在である」ことが共有される。精神保健福祉士は、そのような場をコーディネートし、情報共有と知識の共有、スモールステップである目標や支援の方向性の共有を図っていくように多職種連携チームを運営していく。

2 治療や支援へつながる

事 例

精神保健福祉相談員は、Aさんを依存症専門医療機関の受診へつなげようと、さっそく保健師とともにAさん宅を訪問した。家の中は片づいておらず、台所ではたくさんのビールの空き缶がごみ袋に入れられていた。精神保健福祉相談員は、お酒の飲み方が心配であるので、専門医療機関へ受診してみてはどうかと話してみたが、Aさんは「お酒をやめる気はないので受診するつもりはない」と拒否した。

保健所に戻った精神保健福祉相談員は、保健師と相談し、Aさんが治療や支援につながっていくために他の専門職との連携会議を開催すること、そこにはAさんの担当である生活保護ケースワーカーの出席をお願いすることとし、Aさんを治療や支援につなげていくための多職種連携チームを結成することにした。チームには、依存症専門医療機関の精神科医と精神保健福祉士、保健所の精神保健福祉相談員、保健師、生活保護ケースワーカー、救急隊員が参加した。

会議では、Aさんに対する情報共有がなされ、飲酒量が増え食事がとれていない、整形外科への受診ができていない、頻回な119

番通報は続いていることなどが共有された。情報共有を踏まえて多職種連携チームでは以下のやり取りがあった。

精神保健福祉相談員：「私としては依存症専門医療機関への受診を勧めたいと思っているんです。Ａさんの抵抗は強いですが、アルコール問題があるのは明らかですし」

精神科医：「相談員さんの気持ちもわかります。ただ、訪問時のＡさんの様子を聞くと、否認が強く、今の段階での依存症専門医療機関への受診はＡさんにとってハードルが高い可能性があるのでは。無理な受診勧奨はかえって逆効果だと思います」

生活保護ケースワーカー：「私が家庭訪問しているときも飲んでいることがほとんどですが、断酒すべきだと強く言っても聞く耳をもちません」

救急隊員：「そうですよね。私もこんな飲み方はおかしいと何度も言っていますし、救急車をこんなに呼ぶのは問題だと言っているのですが」

精神保健福祉相談員：「そういうことなら、なおさら介入が必要ですよ。でも、どうしたらよいのでしょうか。本人が気づくまで待つしかないのでしょうか」

保健師：「確かに底つきを待つというのは一つの手段ですから、少し距離を置いて本人が気づくのを待つのもよいかもしれませんね」

精神保健福祉士：「でも、それではＡさんが問題を抱えて孤立してしまうことになり、Ａさんの尊厳を損なうことになりかねないと思います。今大切なのは、Ａさんにとって支援のつながりを途絶えさせないことだと思うのです」

このようなやり取りを通して、参加者がそれぞれの専門性に基づいて意見を出しあった。大切なことは、協働的な関係のなかで対等な立場でお互いの専門性を尊重しながら意見を出しあい、共有するプロセスである。多職種連携チームのやり取りで「Ａさんとのつながりを絶たないために、生活保護ケースワーカー、精神保健福祉相談員、保健師を中心に訪問し、つながり続けること」を方針としながら、Ａさんの健康状態をみて受診の可能性を探ることにした。その際には、依存症専門医療機関だけでなく、Ａさんの身体状況もみながら総合病院への受診も選択肢の一つであることを共有した。

Active Learning

この場面でみられるチームアプローチは、「三つのモデル」（本章第４節）のうち、どの段階にあるのか考えてみましょう。

●事例分析～それぞれの専門性を活かした多職種連携チームでの話しあい

この場面では、専門職がそれぞれの専門性に基づき、Ａさんの状況を共有し、どのような対応が適切かということについての意見を出しあっている。精神保健福祉相談員と保健師は訪問の結果を報告し、この事例の難しさを報告するとともに、今後の支援の方向性について依存症専門医療機関への受診をすべきという意見を述べている。しかし、今の段階での難しさを精神科医が述べている。

ここでまず注目すべきは、精神科医が精神保健福祉相談員の意見を否定するのではなく、受けとめつつ意見を述べているところにある。このようなコミュニケーションにより、職種間のヒエラルキー構造が強調されたものではなく、対等な関係の形成に役立つものとなる。生活保護ケースワーカー、救急隊員、保健師、精神保健福祉相談員の消極的な意見に対して、依存症専門医療機関の精神保健福祉士の発言は、ソーシャルワークの価値に基づいた意見であり、目先の対応に捉われがちになっているチームの流れを変えるものとなった。

3 依存症専門医療機関での多職種連携

事 例

Ａさんは、精神保健福祉相談員、保健師、生活保護ケースワーカーの情報共有に基づいた丁寧なかかわりで、依存症専門医療機関を受診、そのままARP（アルコール・リハビリテーションプログラム★）のための入院となった。Ａさんの治療は、主治医（精神科医）、看護師、精神保健福祉士、作業療法士がそれぞれのプログラム場面でかかわり、情報共有を行っている。Ａさんは治療当初はプログラムに参加していたものの、入院２週間を過ぎた頃から、体験談を話すミーティングに参加しない日々が続いた。担当看護師が理由を聞いても、「ミーティングに出ても飲みたくなるばかりだ」「ほかの患者の話を聞いてもしょうがないし、話したいこともない」と話す。

そこで、主治医、精神保健福祉士、作業療法士、看護師が集まりカンファレンスを開催した。精神保健福祉士より、「確かにＡさんは今週に入った頃からミーティングでもむすっとした態度になり、順番が来ても話さないようになっていますね」と報告があった。すると、作業療法士は不思議そうに「へえ、そうなんですね。同じ日

★ARP（アルコール・リハビリテーションプログラム）
精神科医療機関で行われるアルコール依存症の治療プログラムのことを指す。医療機関によって内容は異なるものの、疾患に対する心理教育、体験談を話しあうミーティング、スポーツや創作活動、自助グループへの参加などのプログラムで、断酒生活の素地をつくっていく治療である。

の午後に行っている革細工のプログラムでは、とてもにこにこして楽しそうに作業に取り組んでいる姿しかみていないものですから、ちょっと驚きです」と話した。

同日でのこのＡさんのギャップに一同が不思議な思いをもちながらも、それぞれの専門性からの意見を述べていくうちに、精神保健福祉士が「ひょっとしたら、Ａさんは言葉にすることが苦手なのかもしれない」という意見を出した。他の専門職からもその可能性はあるという意見が出てきたため、担当看護師がＡさんにミーティングに対する思いを聞いてみたところ、「人前で話すことがとても苦痛で、ミーティングに出ることがつらい」と話してくれた。

高校卒業後、初めて勤めた工務店で先輩からいじめに遭い、元来おとなしい性格のＡさんは、人間不信になったという。担当看護師は、ミーティングに参加することは強要しないが、できればほかの患者の話を聞くだけでもよいから参加してほしいということを話すと、Ａさんは幾分安心した様子だった。

●事例分析～問題行動をどうみるか―多様な視点での豊かな共有を目指して

事例は、ARP に参加したＡさんが途中からミーティングプログラムへの拒否的な態度をとったことを、多職種でどう理解するかという場面である。治療プログラムに参加しないことを単なる問題行動と捉え対処するのではなく、なぜＡさんがそのような行動をとるのかを、さまざまな場面にかかわる専門職で検討したところに意義がある。

その場面だけを見ている専門職の限られた情報や捉え方であれば、その行動を理解するための解釈は限定的になってしまう。多職種でさまざまな視点から捉え直すことにより、Ａさんの行動への理解の視点は広がり、豊かな解釈へとつながっていく。そのことがクライエントの全人的理解の促進へとつながり、その情報をまたチームで共有することが良質な支援関係を促進していく。

4 依存症専門医療機関から地域生活に向けた多職種連携

事例

ARPへの参加についての話しあいの後、Aさんはミーティングで発言はしないが、ほかの患者の話をよく聞くようになった。

2か月の入院期間が終わりに近づいたときに、Aさんから精神保健福祉士に相談があった。それは、「アルコール依存症は病気だということがよく理解できたが、退院後はすぐに飲んでしまうのではないかという不安がある。また、腰痛で仕事だけでなく家事もうまくできず飲むきっかけになりそうで怖い」という退院後の生活への不安であった。

そこで、Aさんを交えてまず院内の多職種で話しあい、地域生活へ向けたプランを考えていくことにした。Aさんの話を中心に聞き、その不安を受けとめ、多職種連携チームとして「飲んでしまうことがあっても、それはアルコール依存症という病気の症状であるから、受診すること」「生活の不安が飲酒につながるというAさんの不安はよく理解できること」「そのための支援を一緒に考えていくこと」を共有した。

Active Learning

Aさんが安心して多職種チームを受け入れるために、精神保健福祉士がやるべきことについて考えてみましょう。

そして、Aさんの退院後の生活を支えていくために、精神保健福祉士はAさんの地域生活を支えるための多職種連携チームの構築をすることを提案し、Aさんを含めて全員の承諾を得た。新たに結成された多職種連携チームには、Aさんの入院のときにかかわった精神保健福祉相談員、保健師、生活保護ケースワーカーが参加し、元気な姿のAさんとの再会を喜んだ。Aさんは、チームのなかで、やはり再飲酒の不安があること、体調により家事がうまくできないこと、しかし、あまり知らない人がかかわってくることには抵抗があること、などを話してくれた。

一方で、入院中にメッセージ活動で来ていた自助グループのメンバーから声をかけられたこともあり、自助グループに行ってみたい気持ちもあるということだった。チームはその思いを受けとめつつ、Aさんの生活をサポートする体制を考えていくこととした。

精神保健福祉相談員は、「ではまず、ホームヘルパーを利用するために障害支援区分認定の申請を、そして日中の居場所はどうしましょう、さらには自助グループの予定表もいりますね。見学にはいつ行きますか？」と矢継ぎ早に提案したところ、精神保健福祉士に、

「いやいや、Aさんの表情をみてくださいよ」と言われた。そこには、さまざまな社会資源を一気に紹介されて困惑したAさんがいた。そこで、拙速に社会資源を紹介するのではなく、できる限りAさんの顔見知りの支援スタッフや自助グループメンバーなどでまずはサポートしていく方針を共有した。そのことがAさんの主体性を尊重し、生活者としてAさんの生活を整えていくことにつながるということを確認した。

●事例分析～退院後の生活に向けた多職種連携チームの構築

この場面では、Aさんの病状が安定しつつも、退院後の生活への不安がみられる。この時期の多職種連携チームには、特にAさん本人の意見を踏まえたものであることが望ましい。事例のように、Aさん自身に参加してもらう際は、話しやすい雰囲気や関係性を心がけ、参加しないとしても本人の意図を十分に汲めるように留意しておかなければならない。

地域生活へと移行していく時期には、医療機関内の連携チームでは限界があり、地域生活を想定した多職種連携チームへと発展していかなければならない。

この事例では、Aさんの退院後の生活への不安が非常に高い状態であること、特に再飲酒への不安と生活上の問題（家事ができないこと）についての不安があるが、一方で、「できる限り知らない人とかかわりたくない」という、人が苦手なAさんの理解に即したポイントにも着目しておきたい。生活の不安な部分やできていない部分に対して、専門職は焦って社会資源の活用を提案しがちである。

しかし、それがAさんのペースを無視したものになってしまってはいけない。事例では、明らかにAさんが困惑している場面があり、そこに対してチームメンバーが精神保健福祉相談員をたしなめる場面がある。協働的な多職種連携のなかでは、専門性を発揮することは大切である一方、クライエントを中心に据えながらクライエントの思いやペースを尊重し、多職種連携のなかでそれを確認しあいながら進んでいくことが重要である。

ここでは、アルコール依存症のクライエントの事例発見から退院後の生活までの展開と場面における多職種連携のあり方を紹介し、解説を加えた。事例の展開には個別性があり、それぞれのケースによって状況が異なり、多職種連携の形も異なる。しかし、多職種連携を形成する一員としての精神保健福祉士の役割と発揮すべき専門性は、事例の内容は違っても共通する部分が多くある。多職種連携実践のイメージをもつこと、そのなかでも協働的な関係をつくっていくためのそれぞれの専門職の役割や専門性の発揮、互いを尊重していく関係形成などを参考にしてほしい。

地域生活を基盤とした精神障害のある人の生活を支えていく精神保健福祉士は、孤高の専門家にならず、多職種との協働的な関係を意識したつながりを大切にする専門家となっていくことが求められる。

◇参考文献

・成瀬暢也『アルコール依存症治療革命』中外医学社，2017.

●おすすめ

・長坂和則・山本由紀編著『対人援助職のためのアディクションアプローチ』中央法規出版，2015.

第7章

ソーシャルアドミニストレーションの概念とその意義

精神保健福祉士が効果的なソーシャルワークを展開するためには、対象者の生活実態と福祉ニーズを基点に、ミクロ・メゾ・マクロの各システムレベルの諸課題を循環的視座によって総合的、包括的に捉えながら、課題解決を目指す志向が求められる。

本章では、個人を対象としたソーシャルワークにおいて適用されるサービスとそれを提供する人材・組織に係る精神保健福祉士の実践課題とその課題達成のために用いる概念、方法について、「ソーシャルアドミニストレーション」「ソーシャル・ウェルフェア・アドミニストレーション」「人材確保」「人材育成」の展開を中心に解説している。

前章までのソーシャルワークに関する概念とその展開過程との関連を考えながら、理解を深めることが重要である。

第1節 精神保健福祉分野におけるソーシャルアドミニストレーションの概念とその意義

学習のポイント

- ソーシャルアドミニストレーションの概念について、ソーシャルワーク理論と関連づけながら学ぶ
- ソーシャルアドミニストレーションの対象と実践課題について理解する
- 精神保健福祉分野に係る組織の運営とその基盤について理解する

1 精神保健福祉分野におけるソーシャルアドミニストレーションの背景

我が国の保健福祉サービスの提供システムは、1990年代後期の社会福祉基礎構造改革を契機に大きく変化した。新たな提供システムでは、市町村へサービス提供に係る権限と責務を移譲するとともに、サービス供給の方式を措置方式から契約方式へと変更し、保健福祉の対象者に利用するサービスとその提供者の選択を認めた。また、その環境を整えるために、介護保険サービスや障害福祉サービスを提供する事業組織の規制緩和を図り、サービス量の拡大を推し進めた。その結果、今日の保健福祉サービスの提供システムでは､支援組織の多元化と準市場化が進み､提供組織間の競争が生じている。

精神保健福祉の分野では、障害者の日常生活及び社会生活を総合的に支援するための法律（障害者自立支援法）制定以降、新たな提供システムによって障害福祉サービスが対象者に提供されているが、さまざまな問題が生じている。マクロレベルでは、市町村間のサービス量や相談支援体制の格差が拡大した。また、メゾ・ミクロレベルでは、利用者に対するサービス事業者からのサービス提供の拒否や一方的な中断、虐待やプライバシー侵害などの権利上の問題が多発し、サービス事業者も報酬等の事業収入の減少、マンパワー不足や従業員のメンタルヘルスの問題を経験するなど、例を挙げればきりがない状況である。

また､「精神保健医療福祉の改革ビジョン」以降､精神医療においては、長期入院患者を中心とした地域移行施策が進行している。この施策では、精神保健及び精神障害者福祉に関する法律（精神保健福祉法）の改正によって、医療保護入院患者の長期入院化を防止するための退院後生活環

境相談員の制度や精神科療養病棟の長期入院者の退院促進を担う退院支援相談員の制度、精神障害者の地域支援体制を構築するための地域協議会の法定化など、精神保健福祉士の任用を想定した仕組みが創生された。他方、退院後生活環境相談員の業務や地域協議会の形骸化、地域移行に消極的な精神科医療機関の問題など課題も多くある。

こうした状況において、精神保健福祉士が高度な専門性をもって、効果的な支援を展開する際には、個別援助技術のみならず、支援課題の達成に不可欠なサービスに係る問題を評価することや、必要に応じてサービス提供システムに介入すること、さらには自らが事業者となり利用者に良質なサービスを提供することなどが求められる。

そこで、本節では、精神保健福祉士がサービス提供システムに参画、介入する際に必要となる理論と方法について概説する。

2 ソーシャルアドミニストレーションの概念

ソーシャルアドミニストレーションの概念は、とても複雑である。伝統的なソーシャルワークの体系においては、間接的援助技術の一つの技法に位置づけられている。ソーシャル・ウェルフェア・アドミニストレーションとも称され、「社会福祉施設運営管理」と訳されることが多い。重田信一は、このアドミニストレーションの概念について、「その組織の機構・運営過程を調整し、また職員の勤務条件その他の整備をはかるなどしてその組織目的を完遂し、また目的そのものも社会変動に伴う地域住民ニードの変化に対応するよう検討し修正する働きなど多面的な活動を統括した1つの組織活動を指す[1)]」と定義している。

他方、第二次世界大戦後にイギリスにおいて隆盛したソーシャルアドミニストレーション研究では、この概念を国や地方公共団体による福祉政策、およびその運営管理を意味する概念として用いられた。我が国では、「社会福祉運営管理」と和訳されることが多い。京極髙宣は、この概念を「日本語でわかりやすく表現すれば、（中略）社会福祉[2)]」と端的に説明している。また、現代の社会福祉研究の第一人者であるティトマス（Titmuss, R. M.）は、ソーシャルアドミニストレーションを定義づけることの困難さを指摘しつつも、その研究課題について「基本的には一連の社会的ニーズの研究と、欠乏状態のなかでこれらのニーズを充足するための組織（それは伝統的には社会的諸サービスとか社会福祉と呼ばれている）が持つ機能の研究[3]」と述べている。

また、合津文雄は、サリー（Sarri, R. C.）の論考を援用し、ソーシャルアドミニストレーションを機能別、組織別に、❶国の機関や組織による制度的レベル、❷都道府県、市町村、広域連合などによる管理的レベル、❸社会福祉施設やNPO（nonprofit organization：民間非営利組織）、福祉サービスの指定事業者などによる専門的レベル、という３段階のレベルで整理している。そのうえで、専門的レベルに係る運営管理は、社会福祉施設運営管理の範疇に含まれるとともに、それぞれのレベルは、相互に重複する[4]と述べている。

3 精神保健福祉分野におけるソーシャルアドミニストレーションの意義

2017（平成29）年に「今後の精神保健医療福祉のあり方等に関する検討会」がまとめた報告書では、「精神障害にも対応した地域包括ケアシステム」の構築を目指す必要性を指摘している。同システムについて厚生労働省は、「精神障害者が地域の一員として、安心して自分らしい暮らしをすることができるよう、医療、障害福祉・介護、住まい、社会参加（就労）、地域の助け合い、教育が包括的に確保されたシステムのこと」であり、「『入院医療中心から地域生活中心』への理念を支える仕組」と定義している。

このシステムの構築にあたっては、基本圏域（市町村）および障害保健福祉圏域ごとに保健・医療・福祉関係者による「協議の場」を創設し、そこでのコミュニケーションを通じて、精神科医療機関、地域援助事業所、障害福祉・介護事業者、市町村、保健所などが重層的な連携に基づく支援体制を整備することが構想されている。さらに、その支援体制の整備には、企業やピアサポート活動、自治会、ボランティア、NPOなどとの協働も想定されている。

以上の点を踏まえると、精神保健福祉士によるソーシャルアドミニストレーションの展開が、精神保健福祉施策のなかで、今まさに求められている。

政策目標である地域包括支援システムの構築は、支援の主たる対象である精神障害者の生活と健康の実態と関連づけられて、はじめて支援システムとしての実体を伴う。よって、その構築には、精神保健福祉士が個人に対する支援過程（ミクロソーシャルワーク）を基点に、地域包括支援システムの構築に係る「協議の場」の創生、あるいは地域の支援協議会など既存の協働体制の活用によって多機関・多職種間の連携、多属性間・異業種間の協働を推進しながら、メンタルヘルスに係る地域課題、あるいは制度上、施策上の課題を抽出し、課題の解決・達成に向けたサービスやネットワーク、システムの創出、管理・運営を図る、コミュニティワークやソーシャルアドミニストレーションなどのマクロソーシャルワークを展開することが不可欠である。

Active Learning
ソーシャルアドミニストレーションに影響を与える、地域レベル、政策レベルでの要因について考えてみましょう。

こうした、精神保健福祉施策の新たな展開がみられる一方で、精神障害者を取り巻く社会環境は、依然として専門機関や専門職の優位性が根強く、閉塞的である。また、サービスの準市場化が進むことで、事態はさらに混沌としている。精神科病院や障害福祉サービス事業所での利用者に対する虐待などの人権侵害が今なお生じていることや障害者就労支援事業所の突然の閉鎖により、利用者が働く場を突如として失う事態が多発していることなどは、このことを如実に物語っている。

こうした現状において、精神保健福祉士は個別支援を通して、自らが所属する組織のガバナンスやコンプライアンスなど運営・管理の状況を適切に把握し、必要に応じて組織介入・改善を図るソーシャルアドミニストレーションを展開する必要がある。

さらに、精神保健福祉士自らがサービスを経営、運営管理する場合には、人事や財務、提供するサービスの質の維持・向上など組織体制とサービスの最適化を図りながら、公共の担い手として地域のメンタルヘルスの課題に取り組み、福祉コミュニティの創生に寄与する組織を形成する、ソーシャル・ウェルフェア・アドミニストレーションが肝要となる。

いずれの活動においても、ソーシャルアドミニストレーションは、マクロシステムの影響を受ける。よって、その展開過程では、地域住民をはじめ、地域の相談援助機関、サービス事業所、行政、企業などとの協働により、精神障害に対する理解を地域の人々や関係機関に促し、メンタルヘルスに係る課題に「我が事」として主体的に取り組む「参加型社会」の形成を志向することが、対象者の福祉ニーズの解消と組織体制および提供するサービスの最適化へと結実する。

ところで、「参加型社会」について、神野直彦は、「量と競争の社会」ではなく、「質と協力の社会」を構築することであり、「人生をともにしてきた人々の連帯として福祉サービスが提供される」、「自発的協力」がなされる社会である[5)]と述べている。この視点から、精神保健福祉士には、ミクロソーシャルワークのみならず、個別支援と組織のアドミニストレーション、地域レベル、政策レベルでのアドミニストレーションの螺旋的循環を意識しつつ、公共の担い手として「参加型社会」の実現に向けたメゾ・マクロソーシャルワークを展開することが求められている。

4 精神保健福祉に係るソーシャルアドミニストレーションの課題

戦後、障害者基本法が制定されるまでの間、精神障害者は法的に「病者」として位置づけられてきた。そのため、精神保健福祉に係る公的なサービスを担う組織は、行政機関と精神科医療機関および生活保護法、老人福祉法などに規定された社会福祉施設を運営する社会福祉法人に限られた。

他方、精神障害者の地域生活支援では、家族会や地域の専門家、家族などの有志連合、あるいは一部の医療法人が、貸家や貸店舗、民間アパート、寄宿舎、下宿など、地域の社会資源を活用し、精神障害者のための小規模作業所や共同住居など、法定外のサービスを展開した。

こうしたサービスの多くは、多機関、多職種連携により設立、運営され、時間をかけて地域住民の理解と参画を得ながら展開された。そのなかでも、埼玉県・やどかりの里や北海道・十勝・帯広圏域の精神保健福祉活動などの先駆的な実践では、個別の福祉ニーズに対応する支援システムの形成と組織レベル、地域レベル、政策レベルの支援システムの創生を螺旋的に循環させることで発展し、福祉コミュニティの創造を志向するソーシャルアドミニストレーションが展開された。

こうした状況は、障害者基本法の制定により精神障害者が障害者施策の対象として法的に規定されたことに加えて、社会福祉法の制定により小規模な福祉サービス事業に社会福祉法人以外の事業者の参入が認められると大きく変化した。精神障害者にサービスを提供する組織は、従来の組織に加えて、NPO 法人、一般社団法人などの非営利組織、さらには株式会社や個人事業者など多様化、多元化した。その結果、支援組織および提供されるサービスの量が増加した。その半面、サービスの質の問題が表出した。

精神保健福祉に係るサービスを取り巻く環境が変化するなかで、利用者に良質なサービスの選択と利用を保障するためには、社会の変化に伴う市民の精神保健に係るニーズおよび組織を取り巻く社会的環境の変化を見極めながら、組織の構造、目的、機能、成果指標とその測定方法などの最適化を継続的に図ることが重要である。

以下に、精神障害者の支援に係る行政機関、医療機関、障害福祉サービス事業者などの組織（以下、支援組織）のソーシャルアドミニストレーションを想定し、時勢に応じた運営管理の最適化に不可欠な基礎理論について概説する。

5 支援組織の基盤

1 組織とはなにか

組織は、特定の目的を達成するための人びととの協働によって成り立つ。バーナード（Barnard, C. I.）は、組織を**公式組織**と**非公式組織**に整理し、組織を理解するための枠組を提示した。

まず、公式組織については、「２人以上の意識的に調整された人間の活動や諸力の体系[6)]」と定義した。つまり、彼は組織を実体のあるものとしてではなく、共通の目的や意図をもった複数の人間による協働システムとして理論化した。

また、公式組織の成立要素として、❶相互に意思を伝達できる人々がいること（コミュニケーション）、❷その人々が協働によって貢献しようとする意欲をもっていること（貢献・協働意欲）、❸その人々が共通目的の達成を目指していること（共通目的）、という３点を挙げている。この３要素は、相互依存の関係にある。バーナードは、「組織の生命力」は協働システムに**諸力★**を注ごうとする個人の貢献意欲にかかっていると述べている。加えて、貢献意欲の継続は、共通の目的を遂行する過程において、協働する人々が得る満足に依拠すること[7)]を指摘している。

他方、非公式組織については、「（どの公式組織によっても支配されていない）個人的な接触や相互作用の総合[8)]」と定義している。非公式組織は、公式組織の発生源であり、公式組織における伝達機能、凝集性の維持機能、個人の自尊心および自主的選択力の維持機能という、三つの機能を有する。他方、公式組織における人々の協働によって非公式組織には、一定の態度、理解、慣習、習慣、風土などの構造が生まれる。つまり、非公式組織と公式組織は相互依存の関係にある。

この関係は、支援組織のソーシャルアドミニストレーションにおいて重要である。支援組織の多くは、先述した公式組織の成立要件を満たす。その組織を構成する人々の活動は、法律や組織の定款、規程などにより

★諸力
バーナードは、組織を人の「力」の場として捉えたうえで、人間にのみ存在するエネルギーに由来し言語や動作などの行為およびその行為に基づく結果によって見出される組織力を諸力として説明している。

規制される。他方、そのなかで生まれる非公式組織では、慢性的なマンパワー不足や閉塞的な環境によって、利用者の人権や意思決定を軽視、あるいは制限する風土や慣習、公式組織のシステムに拠らないヒエラルキー、業務定義のあいまいさや業務過多によるモチベーションの低下など、支援組織の均衡を崩す状況が生じやすい。

よって、支援組織のソーシャルアドミニストレーションでは、公式組織の評価および改善のみならず、非公式組織へのアプローチも考慮する必要がある。

2 支援組織の運営基盤

障害者総合支援法に基づく障害福祉サービス事業者の「情報公表システム」への登録数（2018（平成30）年度）をみると、運営組織として最も多いのが、**社会福祉法人**（社会福祉協議会を除く）の3万3954事業所であり、登録事業者全体の38％を占める。次いで営利法人の3万1069事業所（33％）、**特定非営利活動法人**の1万2329事業所（14％）の順に多い[9)]。また、平成30年「医療施設調査」をみると、精神科病院1058施設のうち、916施設（87％）は**医療法人**による設置である。このことを踏まえて、医療法人、社会福祉法人、特定非営利活動法人について、次表のとおり概説する（**表7-1**）。

表にある法人は、いずれも公共を担う団体として、組織運営の透明性が法的、社会的に求められている。そのため、各法人には、**「一般社団法人及び一般財団法人に関する法律」**が準用され、同法に基づく組織体制を構築しなければならない。その体制は、業務執行の意思決定機関である**理事会**と、理事の任免、事業計画・報告、収支予算・決算の認否などの権限をもつ最高意思決定機関である**社員総会**、もしくは**評議員会**で構成される。社団である医療法人およびNPO法人には社員総会、財団である医療法人および社会福祉法人には評議員会が設置される。

Active Learning

自分の学校や職場を運営する法人の意思決定機関について調べてみましょう。

理事会は、理事による合議体である。理事は、各法人の根拠法に規定された資格要件を満たす者から理事会によって選定され、社員総会、もしくは評議員会において選任される。理事会は、法人を代表し、法人の業務を総理する者として理事長、もしくは代表理事を互選によって選出する。医療法人の場合、原則として医師、歯科医師が理事長に選出される。また、理事の職務執行の状況および財務状況の監査、監査報告の作成などを担う監事が、社員総会、もしくは評議員会において選任される。

ところで、医療法人や社会福祉法人は、個人や母体となる組織（営利

表7-1 精神保健福祉に係る民間法人

法人の種別	医療法人	（社会医療法人）	社会福祉法人	特定非営利活動法人
法人の根拠法	医療法第39条	医療法第42条の2	社会福祉法第22条	特定非営利活動促進法第2条
法人の定義	病院、医師若しくは歯科医師が常時勤務する診療所、介護老人保健施設又は介護医療院を開設しようとする社団又は財団	救急医療、へき地医療、周産期医療、精神救急医療など公益性の高い医療活動を行う法人	社会福祉事業を行うことを目的として、設立された法人	別表に掲げる活動**に該当する活動であって、不特定かつ多数のものの利益の増進に寄与することを目的とするもの
法人の所管庁	都道府県知事（二つ以上の都道府県にまたがり開設する場合等は厚生労働大臣）	都道府県知事	市長、都道府県知事、厚生労働大臣のいずれか*	都道府県知事、指定都市の長
法人の主たる財源	社会保険診療報酬による医業収入、介護保険による介護報酬、社会福祉事業等	社会保険診療報酬による医業収入、介護保険による介護報酬、社会福祉事業、収益事業等	寄付、補助金、助成金、措置費、介護保険による介護報酬、障害福祉サービス報酬等	寄付、補助金、助成金、措置費、介護保険による介護報酬、障害福祉サービス報酬等

＊・主たる事務所が市の区域内にある社会福祉法人であり、実施する事業が当該市の区域を越えないもの：市長（特別区の区長を含む）
・主たる事務所が指定都市の区域内にある社会福祉法人であり、実施する事業が1都道府県の区域内において、2以上の市町村の区域にわたるもの等：指定都市の長
・社会福祉法人で実施する事業が2以上の地方厚生局の管轄区域にわたるものであり、厚生労働省令で定めるもの：厚生労働大臣
＊＊保健、医療又は福祉の増進を図る活動、社会教育の推進を図る活動、まちづくりの推進を図る活動など、20の活動が掲げられている。

組織、宗教法人、家族会など）の理念、資産、人材に基づき設立した法人が多く、事業支出や余剰金の処分、組織内の権限と責任の委譲、意思決定機関の編成など、運営管理の公益性や透明性に課題があった。端的にいうと、組織の出資者や設置者などによる、「法人の私物化」という問題である。

そのため、2006（平成18）年の医療法改正および関連通知、2016（平成28）年の**社会福祉士法改正**などにより、評議員会の権限の強化、組織や業務、財務に係る情報開示・公開のルール、会計基準に基づく財務諸表等の計算書類の作成および公認会計士もしくは監査法人による会計監査、法人理事・評議員の選任に係る特殊関係者（親族、配偶者など）の制限などにより、法人運営の透明性、公益性、民主性を向上させ、組織の適正な統治・協治（ガバナンス）を促すための法的措置が講じられ

ている。

◇引用文献

1）重田信一『アドミニストレーション』誠信書房，p.4，1971.
2）京極髙宣『福祉法人の経営戦略』中央法規出版，p.11，2017.
3）R. M. ティトマス，三浦文夫監訳『社会福祉と社会保障――新しい福祉をめざして』東京大学出版会，p.15，1971.
4）合津文雄「社会福祉運営管理から社会福祉経営管理へ――ソーシャルアドミニストレーション理論再考」『長野大学紀要』第25巻第1号，pp.21-22，2003.
5）神野直彦『ソーシャルガバナンス』東洋経済新報社，pp.17-18，2004.
6）C. I. バーナード，山本安次郎・田杉競・飯野春樹訳『新訳 経営者の役割』ダイヤモンド社，p.75，1968.
7）同上，p.85
8）同上，pp.119-120
9）厚生労働省平成30年度障害者総合福祉推進事業『障害福祉サービス等事業者における統一的な経営実態把握に関する調査研究報告書』三菱UFJリサーチ＆コンサルティング株式会社政策研究事業本部大阪本部研究開発第1部，p.5，2019.

◇参考文献

・H. ファヨール，佐々木恒男訳『産業ならびに一般の管理』未来社，1972.
・村上綱実『非営利と営利の組織理論――非営利組織と日本型経営システムの信頼形成の組織論的解明』絢文社，2014.

第2節 精神保健福祉分野における ソーシャルアドミニスト レーションの展開方法

学習のポイント

- 精神保健福祉士によるソーシャルアドミニストレーションの展開について理解する
- ソーシャル・ウェルフェア・アドミニストレーションの展開について理解する
- 精神保健福祉に係る支援組織の経営管理の課題について理解する

1 ソーシャルアドミニストレーションとソーシャルワークとの関係

これまでの理論的な整理を踏まえて、精神保健福祉士がソーシャルアドミニストレーションを展開する前提として、ソーシャルワークとの関係について概説する。

まず、ソーシャル・ウェルフェア・アドミニストレーションとも称される概念は、先述のとおりソーシャルワークの体系における技法の一つとして位置づいている。その意義は、重田信一の概念を踏まえると、アドミニストレーションを単なる精神保健福祉に係る支援組織（以下、支援組織）の運営管理に係る方法ではなく、組織目的の完遂と地域住民のニーズへの組織的対応を計画、実行、評価、改善するための技法として捉えることにある。

この点について、システム理論を背景とする**ジェネリック・ソーシャルワーク**の枠組みで概説すると、利用者個人を対象としたソーシャルワーク（ミクロソーシャルワーク）の支援過程では、その支援を提供する組織、およびその支援において適用されるサービスが、個人の福祉ニーズに対応するために、支援およびサービスを効果的、効率的、倫理的、合法的に提供するためのアドミニストレーションが重要となる。この意味において、ソーシャル・ウェルフェア・アドミニストレーションは、ミクロソーシャルワークと連関するメゾソーシャルワークの一つの技法として捉えられる。

さらに、その技法の適用は、社会変動に伴う地域住民ニードの変化への組織的対応を含む。また、ソーシャル・ウェルフェア・アドミニストレーションは、制度や政策、社会変動などマクロシステムの影響を受ける。そのため、支援組織の運営管理では、制度的環境の変化に適切かつ柔軟に対応するため方策を組織の経営（マネジメント）と併せて展開することが求められる。

他方、「社会福祉運営管理」と訳されるソーシャルアドミニストレーションは、社会変動に応じて福祉政策を企画・実施し、運営管理する活動を指す。この活動は、社会変動に伴い人々に生じる福祉ニーズとその変化（ミクロシステム）、および福祉ニーズに対する社会的サービスの適応状況（メゾシステム）の評価と政策的な介入計画に基づき展開される。よって、**ソーシャル・プランニング**（社会福祉計画法）との連動が重要となる。ジェネリック・ソーシャルワークの枠組みで捉えるならば、「社会福祉運営管理」を意味するアドミニストレーションは、マクロソーシャルワークの１技法として捉えられる。

以上のことから、ソーシャルワークの技法としてのソーシャルアドミニストレーションは、サービスの対象者の生活の全体像および福祉ニーズをミクロ、メゾ、マクロの各システムレベルから包括的、循環的に捉える生活モデルの視点をもって展開することが肝要である。

さらに、精神保健福祉士の場合、所属する支援組織の職員としての立場と利用者の利益を追求する専門職者としての立場がある。利用者の利益や権利と支援組織の意思決定や介入との間に対立が生じた場合に、精神保健福祉士は所属組織と利用者との間で、自らの立場や専門職性、倫理観にジレンマを抱くことになる。この状況を、リーマー（Reamer, F. G.）は、「**ロイヤリティの分裂**[1)]」と称している。こうした状況を防止するためにも、精神保健福祉士は、所属機関の目的と所属機関における精神保健福祉士の職務および利用者の利益、権利の間に矛盾や葛藤が生じないように、ソーシャル・ウェルフェア・アドミニストレーションを展開することが重要である。

Active Learning

ロイヤリティの分裂が生じる背景や要因について、精神保健福祉士倫理綱領などを参照して探ってみましょう。

2 ソーシャルアドミニストレーションの展開過程

1 ソーシャルアドミニストレーション（社会福祉運営管理）の展開過程

制度的レベル、管理的レベルのソーシャルアドミニストレーションは、❶計画管理、❷財務・資源管理、計画管理および財務・資源管理を実施するための、❸組織管理によって展開される[i]。

❶計画管理

計画管理は、ソーシャルアドミニストレーションの基軸である。保健福祉分野に係る計画には、国および地方自治体が策定する行政計画と社会福祉協議会などの民間組織や行政、民間組織、市民の協働によって作成される活動計画、行動計画などがある。

行政計画には、法律に基づき国が作成する基本指針、基本計画とそれに則り都道府県、市町村が政策を展開するために作成する事業、財政、実施に係る計画がある。その他、地方自治体が地域の実情や政策上の課題に基づき独自に作成する計画もある。

活動計画や行動計画は、法律や条例に基づき、地方自治体、社会福祉協議会、福祉サービス事業を展開する組織、市民、営利組織などが協働し、地域課題の解決や福祉コミュニティの創生を目的に作成される。行政計画や活動計画、行動計画は、国、都道府県、市町村、市民の各レベルで相互に関連づけながら作成することが重要である。

精神保健福祉に関連した計画は、多岐にわたる。行政計画では、医療計画、地域福祉計画、障害者計画、障害福祉計画、高齢者保健福祉計画、介護保険実施計画などが関連する。また、行動・活動計画では、地域福祉活動計画、福祉のまちづくり計画などが関連する。これらの計画は、一般的に地方自治体の作成する**総合計画**★を基軸にして、中長期なビジョンに基づく政策目標とその目標達成のための短期、中期な視点による具体的な施策、およびその施策を展開するための具体的な手段（事務事業）から構成される。

計画管理のソーシャルアドミニストレーションは、社会福祉計画法に基づき、次のとおり展開される。

❶ 当事者を含む市民のメンタルヘルスに関するニーズ、地域の支援組織の実態および課題、市民および支援組織を取り巻く社会的、経済的、政治的環境の変化を包括的、循環的な視点によって評価する。

❷ 評価に基づき、政策の課題と課題達成のための目標を定める。

❸ 目標達成のための具体的な施策とそれに係る資源と財源の確保および配分について構想する。

❹ ❶～❸について、計画運営を担当する組織内、当事者を含む市民、支援組織、その他の関係者と地域協議会などを通して協議し、合意形

★総合計画
総合計画は、地方自治体が作成する総合的、計画的な行政運営のための指針、基本構想、基本計画、実施計画等のことを称する。法的な根拠はなく、地方自治体の条例等に基づき策定される。

i 行政機関や社会福祉協議会、広域連合など公共性、公益性の高い組織の運営管理を「社会福祉運営管理」に含める論考もあるが、本節では紙幅の関係から、「社会福祉施設運営管理」に含めて概説する。

成を図り、最終計画案を作成する。

❺　最終計画案について、**パブリックコメント**の手続きや**タウンミーティング**の開催などにより、市民や支援組織などから広く意見を聴取するとともに、計画について最終的な意思決定の権限をもつ組織（議会など）の意見を集約し、必要な修正を図る。

❻　意思決定組織の承認を得て計画を確定し、施策を展開する。

❼　計画の進捗管理（モニタリング）を展開する。

以上のプロセスは、単なる計画策定の工程ではなく、障害当事者を含む市民および市民団体、支援組織、企業や商店などの営利組織などの参画を広く求め、協働して策定することにより、地域におけるメンタルヘルスの課題に多くの人々と組織が主体的に取り組む、「参加型社会」の基盤を創生するという志向性と創造性が求められる。また、計画の進捗管理については、**PDCA サイクル**の視点によって、計画策定に参画した人や組織と協働してモニタリングを展開することが重要である。

❷財務・資源管理

計画管理は、施策および事業に必要な財源の管理とセットで行われる。財源の管理は、❶財源の確保、❷財源の配分、❸事業の管理、❹事業の費用対効果の測定、❺配分の調整、というプロセスを経る。

財源の確保および配分は、法令や通知、行政統計、過去の事業実績およびその効果に関するデータ、ニーズ調査に基づくデータなど、計画の根拠に基づき管理される。行政機関や社会福祉協議会などにおいて、計画管理を担当する精神保健福祉士は、計画の根拠となる資料を分析、整理し、所属部局内および他の関係部局と共有しながら財源の確保と予算編成に向けた調整を図ることになる。また、その際には、調整相手が求める情報を事前に把握し、説得力のある根拠を集積しておくことや資料を概念図や構想図で示して、調整相手との情報共有を容易にする根拠の**「見える化（可視化）」**を図ることなど、説明力や交渉力を発揮することが求められる。

地域協議会や障害者施策推進協議会などのメンバーで、計画策定に参画する民間組織の精神保健福祉士には、都道府県の精神保健福祉士協会や社会福祉士会などソーシャルワーカーの職能団体、他職種の職能団体、患者会や家族会などのセルフヘルプグループ、地域の保健福祉サービス事業者およびその連合体、市民団体、社会福祉協議会、大学などの研究機関などと協働し、社会福祉調査法による地域の精神保健福祉に係るニーズの把握、**アクションリサーチ**による地域課題の抽出や施策の評価などのデータを行政に提示することで、行政による計画と財務の管理を後押しすることが求められる。

他方、国と地方自治体の社会保障費に係る負担が拡大するなかで、精神保健福祉に係る施策を公的なサービスと財源だけで展開することは困難である。そのため、当事者活動や市民活動、支援組織のネットワークなどとの連携によって施策を推進することが不可欠である。そのため、地域の精神保健福祉に係る社会資源の把握、評価、組織化、ネットワーク化を図るなど、資源管理を展開することも重要である。

2 ソーシャル・ウェルフェア・アドミニストレーション（社会福祉施設運営管理）の展開過程

制度的レベルのソーシャル・ウェルフェア・アドミニストレーションでは、❶活動管理、❷組織管理、❸経営管理、という三つの運営管理上の課題に取り組む必要がある。

❶活動管理

支援組織の目的、目標を定めて、その達成に向けた活動を合理的、効率的に展開するための管理（マネジメント）のことを指す。活動管理は、❶支援組織の目的、目標の設定、❷目的、目標を達成するための戦略および事業計画の策定、❸計画に基づく事業の実施、❹事業のモニタリングおよび効果測定、❺目的、目標、戦略、事業計画の修正、という循環的なプロセスにより展開される。

支援組織の目的、目標、戦略★、事業計画の設定は、組織の設立の趣意、支援の対象者、組織の法的役割・義務、組織の経営資源、組織を取り巻く環境などを勘案して行う。また、事業の実施、モニタリング、効果測定、事業計画の修正は、PDCA サイクルの視点で実施する。

PDCA サイクルは、Plan（計画）、Do（実施）、Check（確認・評価）、Act（処置）という４段階の行動を循環的に展開する、企業における品質管理の手法である。現在では、企業の品質管理のみならず、保健医療福祉の領域におけるサービスの質の管理や業務改善、組織改善の手法としても応用されている。PDCA サイクルによる管理活動は、４段階の行動を螺旋的に展開し、組織の目的達成に向けた業務改善や組織改善を図ることが重要である（図 7-1）。

❷組織管理

支援組織の活動を合理的、効果的、継続的に展開するために、組織の均衡★を維持し、合理的な協働システムを形成するための管理のことを指

★戦略
戦略について、経営学者のチャンドラー（Candler, A. D.）は、「長期の基本目標を定めたうえで、その目標を実現するために行動を起こしたり、経営配分をしたりすること」と定義している。A. D. チャンドラー，有賀裕子訳『組織は戦略に従う』ダイヤモンド社，p.17, 2004.

★組織の均衡
バーナード（Barnard, C. I.）は、組織の存続条件として、内的均衡と外的均衡の維持を挙げている。内的均衡とは組織の３要素の釣りあいのことを、外的均衡とは協働システムを取り巻く外的な全体情況との釣りあいのことを意味する。

図7-1　PDCAサイクルの螺旋的循環（PDCAのスパイラルアップ）

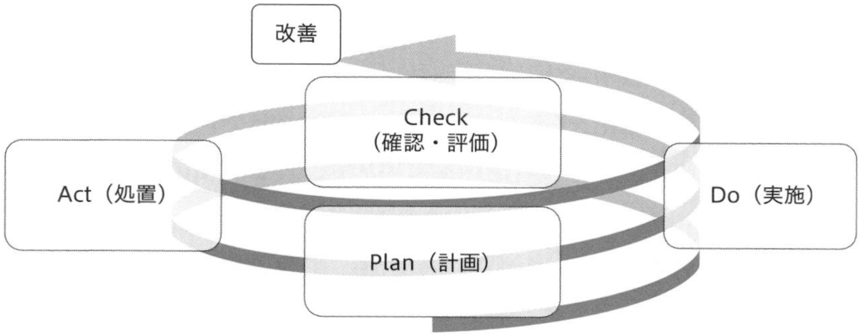

す。組織管理は、ファヨール（Fayol, J. H.）による経営管理の原則論などを踏まえて展開する。組織管理の原則は、次のとおりである。

①　専門化の原則

事業に係る業務の分業化と専門化によって、組織の活動の合理性、効率性を高めることを指す。業務の分業化は、組織における**業務分析**や**業務定義**に基づいてなされる。組織の構成員が分業によって定型化された特定の業務を繰り返すことで熟練するとされる。

なお、精神保健福祉士は、「精神保健福祉士の倫理綱領」「精神保健福祉士業務指針　第３版」など、精神保健福祉士の専門性に係る指針に基づき、組織における業務分析と業務の定義化を図ることが重要である。

②　権限・責任の一致の原則

支援組織の役員★や職員に委ねられる組織の意思決定に係る権限とその権限に係る職務上の責任のバランスが等しくなるようにすることを指す。一般的に、組織の意思決定に係る権限は、組織階層に基づいて割り当てられる。また、権限に係る職務上の責任は、組織より付与された職務と権限の範囲内において負うこととなり、階層が高いほど権限と責任の範囲は拡がる。

★役員
医療法人や社会福祉法人などでは、理事、監事のことを一般的に役員と称する。

③　統制範囲一元化の原則（スパンオブコントロール）

支援組織の管理者や責任者が自らの権限と責任のもとで直接、指揮監督できる職員（部下）の人数は、物理的、能力的に限界があることを前提に、管理者、責任者による部下の統制範囲を適正に設定することを指す。

この原則は、単に管理者の指揮監督下に置く部下の数を適正にすることではなく、管理者の職務や業務量、監督下におく部下の職務に係る経験知や物理的な距離、他の管理者とのバランスなどを総合的に評価して、部下の統制範囲を設定することを意味する。加えて、統制のために指示、命令、情報伝達の系統を一元化することを「**命令一元化の原則**」という。

❸経営管理

経営管理とは、活動管理、組織管理を展開するための条件や環境を整備するための管理のことをいう。

経営管理には、①ヒトの管理（人事労務マネジメント）、②モノの管理（資産マネジメント）、③カネの管理（財務・経理マネジメント）、④知識の管理（ナレッジマネジメント）、⑤情報の管理（情報マネジメント）、⑥危険の管理（リスクマネジメント）、という支援組織の経営上の課題に取り組む必要がある。

①　ヒトの管理（人事労務マネジメント）

職員の募集、採用、配置、研修、動機づけ、職務および評価、賃金・報酬、福利厚生、労働時間、労働環境、労働安全衛生、労使関係など、支援組織における職員の人事と労務の管理を指す。また、労働関連法規を遵守した管理が求められる。

②　モノの管理（資産マネジメント）

支援組織の活動に必要な流動資産（医薬品、介護用品、給食用材料など）、固定資産（土地、施設、車両、機械設備など）の調達、貸借、保守、保全、減価償却、処分など、支援組織における資産の管理を示す。また、社会福祉法や医療法の規定を遵守した管理が求められる。

③　カネの管理（財務・経理マネジメント）

支援組織の活動に必要な予算管理および資金の調達および運用などの管理を指す。財務マネジメントは、資金繰り（資金の調達、運用など）のマネジメントのことであり、事業運営にかかる経常的資金（ランニングコスト）、施設整備に係る初期費用などの資金（イニシャルコスト）、資産運用や借入金など財務に関連した活動（財務活動）という、三つの資金の流れについて管理を行う。また、経理マネジメントとは、日常的な資金の収支についての管理である。財務と経理は相互に関連するため、一体的に進められる。

④　知識の管理（ナレッジマネジメント）

支援組織の運営管理においては、組織の目的、目標の達成のために、支援の展開や支援のシステム化、運営管理などに係る知識、技術を維持、伝承することが不可欠である。支援組織においては、**スーパービジョン**や**キャリアパス**、**OJT**（on the job training：組織内教育・指導）、**Off-JT**（off the job training：組織外・業務外教育・指導）、**SDS**（self development system：自己啓発活動制度）などによって、職員に知識、技術の移転や定着、更新を図っている。

また、近年では、組織が蓄積した知識の共有、伝達と新たな知識の創造を連続的なプロセスとして捉え、暗黙知と形式知の交互作用により知識を想像するナレッジマネジメント（knowledge management）のモデルが注目されている。

その代表的なモデルとして、野中郁次郎による「組織的知識創造モデル」（SECIモデル）がある[2)]。その内容は、伝承すべき知識を主観的、経験的でIT化が困難な「暗黙知」と、客観的、合理的でIT化が可能な「形式知」という、二つの相互補完的な「知識」の概念で構成されている。そのうえで、蓄積した知識の共有、伝達と新たな知識の創造を連続的なプロセスとして捉え、暗黙知と形式知の交互作用により組織的な知識を創造するモデルを提示している[3)]（**図7-2**）。そして、組織的な知識が、この二つの「知識」および異なる知識内容を有する個人間の相互作用によって生成されるとしている。その知識を伝承、生成する方法や仕組みを形成することが、知識の管理には求められる。

特に、精神保健福祉士の場合、所属する支援組織によって業務内容が大きく異なる。しかしながら、その基盤となる専門性については共通である。よって、専門職としての「知識」を基盤に組織的知識を創造し、後輩に伝承する実践が求められる。

Active Learning

「暗黙知」と「形式知」の具体例について、自分にとってなじみのある言葉に置き換えて考えてみましょう。

図7-2 「知識創造モデル（SECIモデル）」の概念図

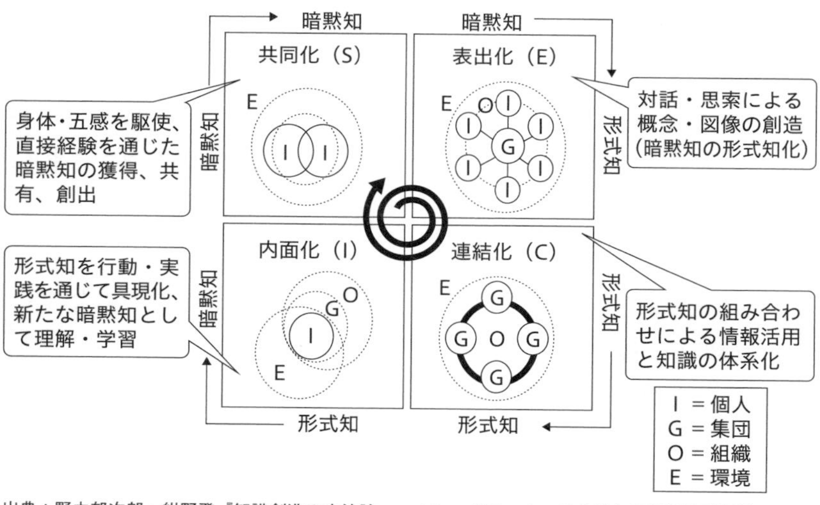

出典：野中郁次郎・紺野登『知識創造の方法論——ナレッジワーカーの作法』東洋経済新報社，p.57，2003.

⑤　情報の管理（情報マネジメント）

支援組織における情報の管理は、組織内外との情報共有の効率化を図り、活動管理と組織管理の質を高めることを目的とする。具体的な活動は、組織の情報、事業の情報、リスクの情報の収集・処理・分析・伝達・保管・保全・検索・廃棄の効率化・安全化・合法化である。その際には、情報技術（information technology：IT）が有効活用される。

支援組織における情報の管理に係る課題は、❶組織を取り巻く環境の変化の把握と変化への協調、❷組織における情報の取り扱いに係る負担の軽減、❸組織内外における情報共有のシステム化、❹組織における意思決定の質の向上、❺事業、サービスの質の管理、❻業務の効率化、❼事業、サービスに係る広告、❽法令に基づく情報開示、❾利用者の個人情報など秘匿を要する情報の管理、❿情報セキュリティの保護、などが挙げられる。

そのうち、個人情報の保護については、個人情報の保護に関する法律（個人情報保護法）の成立に伴い、厚生労働省が策定した、「医療・介護関係事業者における個人情報の適切な取扱いのためのガイダンス」に基づき、個人情報を管理する必要がある。

具体的には、民間の支援組織が、利用者の個人情報などの要配慮個人情報★を取得する場合、および取得した情報を第三者に提供する場合に、情報の利用目的、範囲、期間を明示したうえで、原則、利用者本人の同意を得ることが必要である。また、取得した個人情報を安全に管理するための措置を講じること、個人情報の利用を終了する場合には、その情報を速やかに消去することなどが求められる。さらに、個人情報の保全を含めて、情報セキュリティの保護は確実に行う必要がある。

情報技術の進歩は、情報管理の効率化、利便化を促進する反面、情報セキュリティに対する脅威は深刻さを増している。よって、情報セキュリティは情報技術の専門家よりコンサルテーションを受けながら管理することが肝要である。

⑥　危険の管理（リスクマネジメント）

リスクとは、一般的に「人間の生命や経済活動にとって、望ましくない事象の発生する不確実さの程度及びその結果の大きさの程度[4)]」として定義される。リスクを理解するための理論的枠組みは、一般的に、環境と人間活動とのかかわり、あるいは相互作用に注目する「システム的パラダイム[5)]」が採用されている。

支援組織に係るリスクは、さまざまである。サービス利用中の利用者

★要配慮個人情報
個人情報の保護に関する法律（個人情報保護法）第2条第3項では、「本人に対する不当な差別、偏見その他の不利益が生じないようにその（個人情報の）取扱いに特に配慮を要するもの」と規定しており、精神障害者も要配慮の対象である。

の事故やトラブル、職員の業務に係る傷病、利用者や職員に係るハラスメント、近隣住民とのコンフリクト、地震や火災などの自然災害、感染症のまん延、制度的環境の変化に伴う財政上の困難など、リスク事象は多様であり、多元的である。そのため、支援組織では、リスク事象を特定し、発生頻度や組織への影響、対応に係る費用などを勘案しながら、リスクを管理するリスクマネジメントを展開する必要がある。

リスクマネジメントとは、リスクを無くすのではなく，リスクと上手に付き合うための方法と仕組みである。リスクマネジメントは、❶リスクを見きわめる作業（リスク評価)、❷リスクが生じないように策を講じて、見守る作業（リスク管理)、❸リスク評価とリスク管理のために関係者の間で行われる意思疎通（リスクコミュニケーション）という、三つの方法と仕組みで展開する。

そのプロセスは、❶インシデントレポート（ヒヤリ・ハットレポート）や事故報告書などリスクに関連した情報の収集、分析に基づくリスクへの気づき、❷気づいたリスクの構造、影響、発生頻度などを明確化するリスク評価、❸リスク評価に基づく対応の選択肢の選定、❹リスク管理のための意思決定、❺リスク管理の実施、❻評価（モニタリング)、という循環的なプロセスによって展開される。また、このプロセスは、支援組織におけるリスクに関係する人々のリスクコミュニケーションによって行われる（図 7-3)。

図7-3　リスクマネジメントの展開過程

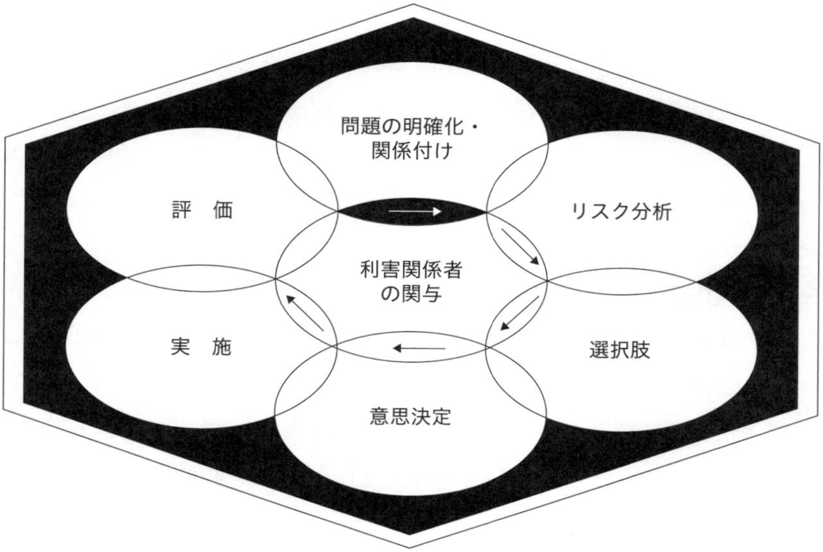

出典：日本リスク研究学会編『リスク学事典』TBSブリタニカ，p.2，2000.

◇**引用文献**

1）F. G. リーマー，秋山智久監訳『ソーシャルワークの価値と倫理』中央法規出版，pp.154–157，2001.
2）野中郁次郎・紺野登『知識経営のすすめ――ナレッジマネジメントとその時代』ちくま書房，pp.11–20，1999.
3）同上，pp.57–59
4）日本リスク研究学会編『リスク学事典』TBSブリタニカ，p. 2，2000.
5）同上，p.34

◇**参考文献**

・H. ファヨール，佐々木恒男訳『産業ならびに一般の管理』未来社，1972.
・村上綱実『非営利と営利の組織理論――非営利組織と日本型経営システムの信頼形成の組織論的解明』絢文社，2014.

第3節 人材確保と人材育成

学習のポイント

- 精神保健福祉士の人材確保について、雇用促進の方策について理解を深める
- 精神保健福祉士の人材育成について、求められる役割や能力を踏まえたうえで、資質を向上させつづけることの重要性について理解を深める
- 精神保健福祉士の人材養成について、具体的な方法とツール、環境醸成・整備について理解を深める

人材確保には、採用と職場定着の両面が含まれている。日本は、人口の構造的な問題として少子化が深刻な事態となっているが、これは働き手の減少とも深く関係をしてくる。各産業ともに労働者の確保は喫緊の課題であるが、とりわけ入職者が減少傾向にある建設分野や、今後、大幅な需要拡大が見込まれる看護、介護、保育分野などの社会保障関係分野の人材不足問題は深刻を窮める[1)]。

精神保健福祉の各分野で実践する人材も、決して例外ではない。多様化・複雑化する福祉課題やメンタルヘルス課題への対応および予防については、力量の高い専門職が十分な人数で実践を展開していくことが不可欠である。人材は、まさに「人財」であるわけだが、現状は人手不足の感は否めない。以下、人材確保と人材育成について、精神保健福祉士に焦点を当てて述べていくこととする。

1 人材確保

Active Learning

精神保健福祉士が人材確保に取り組む必要性について、支援の対象者の立場から考えてみましょう。

精神保健福祉士の人材確保は、1．積極的な採用促進、2．**職場定着促進・離職防止**の両面から取り組む必要がある。

1 積極的な採用促進

昨今、養成する大学への入学者の減少や、資格を取得しても福祉専門職には就かない学生の増加傾向がみられている。福祉に関心をもってもらうこと、そして、福祉専門職の魅力を伝えることが必要であろう。高校、あるいは中学校において福祉教育★の実施や、キャリアデザインに関

★福祉教育
地域住民への福祉の理解促進と福祉問題の予防・解決に向けて行動する力を涵養することを目指した教育のこと。

する教育が充実することも望まれる。

また、人材確保については、場当たり的な対応ではなく、組織内で十分に検討され、中・長期計画に則った採用計画に基づいて進められることが望ましい。各職場で目標を設定し、その達成に向けた実行計画に沿って取り組んでいくことが必要である。

2 職場定着促進・離職防止

２の職場定着促進・離職防止においては、「働きやすさ」と「やりがい」という二つの側面から考える必要がある。

「働きやすさ」には、①安心して働ける環境、②安全に働ける環境、③ライフイベントに対応した環境がある。これらのいずれも欠かすことはできない。以下に、それぞれの内容を列挙する。

①　安心して働ける環境

・暴力やハラスメントへの対応

・休暇取得の促進

②　安全に働ける環境

・メンタルヘルスの不調への対応

・身体的な不調への対応

③　ライフイベントに対応した環境

・育児や介護などの**ライフイベント**に配慮した勤務体系と環境

・事業所内保育所の設置

・勤務シフトの工夫

このように、働きやすさを担保するための環境整備が必要である。また、やりがいを感じられることも大切であり、他者のために役立っていることを感じられる仕事内容や、キャリア形成の支援、資格取得への支援などが職場において確保されていることが重要である。

2 人材育成

1 人材育成とは何か

人材育成とは、一般的に、組織が戦略を達成するため、あるいは、組織・事業を存続するためにもっていてほしい従業員のスキル、能力を獲得させることであり、そのための学習を促進することである[2)]。

この定義を精神保健福祉士の実践現場にひきつけると、精神保健福祉士の人材育成とは、精神保健福祉士（および、ソーシャルワーカー）として、その**価値**や**倫理**を遵守し、**専門性**を発揮しながら個人・組織・地域・社会に働きかけ、多様な生活課題やメンタルヘルス課題を軽減・解消・予防するために必要な能力や技術を高めるための学習を継続的に促進することである。

昨今の**メンタルヘルス課題**は、普遍化・複雑化の様相を強めている。精神保健福祉士には多様で高度な実践が求められており、そのためには、絶えず学び、自らの資質を高め続けることが必要である（**資質向上**）。

2 「資質向上の責務」

精神保健福祉士法第41条の2には、「精神保健福祉士は、精神保健及び精神障害者の福祉を取り巻く環境の変化による業務の内容の変化に適応するため、相談援助に関する知識及び技能の向上に努めなければならない」と明記されている。つまり、精神保健福祉士は、絶えず成長し続けていく専門職ということである。

精神保健福祉士の資質とは、福祉課題やメンタルヘルス課題に向きあう専門職としての高い誇りと熱意、責任感、そして、職務遂行に必要な知識・技術・態度の総体である。資質向上とは、上述した資質を、現在の状態よりもより高いレベルに上げることであり、理論や広範囲に及ぶ知識を蓄積し、それを実践へ応用する力を形成するということである。

しかし、このような力量は、一朝一夕で形成されるものではない。大学等の養成校での学び（以下、養成教育）を丁寧に積み上げ、卒業後に医療や福祉現場で実践をスタートさせたあとも学び続けること（卒後の継続教育★）を通して、時間をかけて個々人のなかに形成されるものである。

★卒後の継続教育
職能団体、その他の団体や組織・機関では、多様な研修等が実施されており、積極的な参加が望まれる。

養成教育での学びを実践のなかで活かし、実践で戸惑いや迷いに向きあった際には養成教育での学びに立ち戻るなど、二つの学びの間に自身を往還させることが肝要である。また、実践のなかで経験を積み、経験から学び、そこから新たな理解・解釈・行動を生むという往還も必要となる。

3 精神保健福祉士に求められる役割と能力

今や精神疾患や精神障害は、誰もが抱える可能性がある。普遍性が高まっているのである。病状の回復はもとより、精神障害のある人たちやその家族などメンタルヘルス課題に直面する人々が、地域のなかで安全に、そして安心して生活していくことのできる環境を醸成していくことが求められている。また、今後は行政や専門職だけでなく、住民にも自らの住む地域に発生している課題を発見し、その解決に向けて行動できる力量が求められている。精神保健福祉士には、まちづくりの主体として期待される地域住民への働きかけも求められている。

そもそも人は、生きていく過程のなかで、❶人格的な成長、❷能力の成長を絶えず遂げていく[3)]ものであるが、精神保健福祉士も同様に、実践の過程のなかで人格的な成長を遂げつつ、同時に、専門職としての能力を高めていく。

ここでは、精神保健福祉士の役割を整理したうえで、精神保健福祉士に求められる具体的な能力をみていくこととする。なお、両者とも、あくまでも一部の例示である。

❶精神保健福祉士に求められる役割

① ミクロレベルの実践における役割

・多様かつ複合的なメンタルヘルス課題に直面する個人や家族への支援を遂行する
・対象である人の自己決定を尊重する
・対象である人のニーズに即した支援を展開する
・対象である人の対処能力を高める支援を展開する

② メゾレベルの実践における役割

・地域づくりを推進する
・社会資源を活用・開発する
・住民参加の促進と住民の福祉力を醸成する
・福祉課題の発見と解決に向け、住民の主体形成を促進する
・精度の高いコミュニティ・アセスメントを行う
・ネットワークを構築する
・自分の職場や関与している組織の職場環境を改善する

③ マクロレベルの実践における役割

・地域の福祉課題やメンタルヘルス課題の解決に向けた施策化を推進する
・ソーシャルアクションを展開する

メゾレベルとマクロレベルの実践は、一部不可分で定説はまだないが、精神保健福祉士は、福祉課題やメンタルヘルス課題に直面している個人やグループに丁寧にかかわっていくことはもとより、問題発生の予防やその解決に向けて、自身の所属する組織を改善していくことや、地域・社会へ働きかけていくことも役割として求められている。

❷精神保健福祉士に必要とされる能力

次に、こうした役割を遂行するにあたって、どのような能力が必要となるかをみていくこととする。以下に、その一部を挙げていく。多様で広範囲にわたる能力が求められていることがみて取れよう。

① 精神保健福祉士としての責任遂行能力

・自ら主体的に学び続ける力
・職務を遂行するにあたっての熱意や責任感
・価値を尊重し、倫理を遵守する力
・豊かで的確なソーシャルワーク観を形成する力

② 精神保健福祉士としての知識・技術

・社会福祉や精神保健、精神保健福祉に関する広範な知識
・国や社会の動向を迅速かつ正確に把握し、それらを的確に実践に反映させる力
・対象者の課題解決に向けてともに取り組む力
・ともに実践する精神保健福祉士および多職種、多機関と連携・協働する力
・メディアリテラシー

③ 人間力

・社会性
・コミュニケーション力
・対人関係形成力
・ビジネススキル

4 人材育成の具体的方法

これらの能力は、知識、技術、態度に大別できる。どれかに偏ることなく、すべてを高める必要がある。では、具体的にどのような方法によって高めていくのであろうか。ただやみくもに学んでいては効率が悪い。効果的な人材育成が求められる。そのためには、次の二つの方向からのアプローチがある。これらは、個別に機能するわけではなく、相互に影響を及ぼしあっている。

・資質向上に向けた個々人の努力（**資質向上の責務**）
・資質を向上させるための体制・環境整備

これを踏まえたうえで、次に、資質向上を促進する三つの学習形態、学びの場、資質向上に向けてのツールと環境整備について述べていく。

❶資質向上を促進する三つの学習形態

精神保健福祉士の資質向上は、研修、スーパービジョン、自己研鑽の三つの学習形態によって促進される。それらは、それぞれ連動・連関しあいながら、資質の向上を促していく。ゆえに、どれかに偏ることなく、すべてを活用していくことが求められる。以下、一つずつみていく。

①　研修

研修とは、職務遂行上必要な能力を修得する場・機会のことである。一定期間、職場や仕事から離れた場で行われる教育訓練のこと[4)]とされているが、職場内で実施する教育も含まれる★。これらには、OJT（on the job training）とOff-JT（off the job training）がある。

★職場内で実施する教育も含まれる
多職種を対象とした研修も行われる。多職種連携を実践するために、多様な専門職とともに学ぶ機会は重要である。

OJTは、実践の現場において、業務を通して上司や先輩が部下の指導を行う教育訓練のことであり、職務を遂行していくにあたって必要となる知識や技術を、上司や先輩が教える人材育成方法の一つである。外部講師等を招く必要がないため経済的な負担が少なく、また、業務遂行上必要となる学びや訓練に直結しやすい。個々人の理解度・習熟度に合わせてきめ細かく対応できるというメリットもある。その一方で、指導する上司や先輩によって指導能力に差が生じることもあり、また、指導者側のOJTに割く時間が自身の業務を圧迫することも起こり得る。

Off-JTは、職場外訓練を指す。研修や講習会、セミナーなどに参加することにより、知識や技術を習得するものであるが、職場以外で実施されるものに限定されるわけではない。日常的な業務を離れて行われる

図7-4　資質向上を促進する三つの学習形態

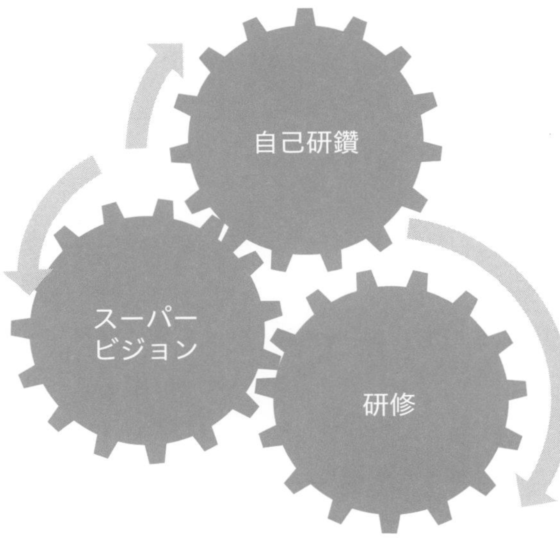

ものについては、Off-JT と捉えることもある。Off-JT は、精神保健福祉士が日常の業務から離れた環境で受けることとなるため専念しやすく、また、所属機関以外から参加している他の参加者とつながりをもつチャンスにもなる。その一方で、参加に際して費用（参加費、交通費、宿泊費など）が発生する場合や、学んだ知識が必ずしも実践に直接活かされるとは限らないというデメリットもある。

OJT と Off-JT は、どちらか一方のみで資質が向上するわけではなく、相互に連動して行われるものである。Off-JT で身につけた知識や技術を OJT で実際に活用しながらさらに深化させること、そして、OJT で獲得した知識や技術を Off-JT でさらに進化させることによって、資質向上につながっていく。

なお、研修の実施形態には、集合研修やオンラインによる研修などがある。集合研修は、受講者が同じ時間と場所に集まり、一緒に研修を受ける形態である。研修の一般的なイメージは、この集合研修であろう。この強みとしては、講師と受講者、ならびに受講者間での交流が可能であるため、互いから学ぶことや、それによる学習意欲の向上、相乗効果による学びの促進につながりやすい。

一方、弱みとしては、受講費用への負担が大きくなることがある。また、移動や宿泊を含めた拘束時間が長くなるため、時間の確保の難しさが生じる。そのため、業務繁忙期や育児・介護をしている精神保健福祉士の参加が制限されるという懸念もある。

昨今は、オンラインによる研修を導入しているケースが増えている。受講者は、自宅や職場などで学習することができるし、講師側は会場に足を運ぶ必要がないため、双方にとって効率的である。集合研修よりも、スケールメリットを活かすことができ、経費の削減にもつながる。

その一方で、演習形式など、他の受講者との相互の学びあいで学習を深化させる際には工夫が求められる。

② スーパービジョン

スーパービジョンとは、精神保健福祉士（ソーシャルワーカー）が、上司や先輩などにあたるソーシャルワーカーから教育・訓練を受け、能力の向上を図る教育であり、課程である。スーパービジョンは、「受ける」と「行う」があり、スーパービジョンを「受ける」者をスーパーバイジー、「行う」者をスーパーバイザーと呼ぶ。このスーパービジョンによって、精神保健福祉士が所属する組織においてソーシャルワーク業務を担えるようにすることはもとより、精神保健福祉士のアイデンティティの確立

Active Learning

精神保健福祉士を目指す自己の資質を高めるために、今からできるスーパービジョンや自己研鑽の機会、方法について考えてみましょう。

など、実践に必要となる知識や態度を涵養する効果がある。

③ 自己研鑽

研修やスーパービジョンのほかにも、資質を向上させるための効果的な方法として**自己研鑽**がある。自己研鑽と聞くと、机に向かって一人で勉強をしたり本を読むというイメージが強いと思うが、専門職の資質向上を目的とした自己研鑽は、もう少し広義である。以下に例示する。

・論文作成、学会発表、文献の執筆・出版
・ボランティア活動の実施
・職能団体などの活動への参加や役割の遂行
・職場外の地域活動（協議会等の委員）への参加
・学会への参加
・仲間との自主的な勉強会
・PTA などの活動への参加
・その他

昨今では、業務外あるいは業務の延長線上でソーシャルワーク的な活動★を行う精神保健福祉士も多くみられる。ボランティア活動なども、学びの機会として注目をされている[5)]。休日を活用した被災地への支援活動や、地域におけるスポーツやレクリエーション活動の企画・実施などである。ボランティアとして活動している精神障害者フットサルの企画・運営が、精神保健福祉士たちの資質を多様に向上させていることも明らかになっている[6)]。こうした、本来の業務とは異なる場や機会でのソーシャルワーク的活動からも多くの学びを得ることができ、成長することが可能である。自己研鑽とは、こうした多様な学びの集合体である。

★ソーシャルワーク的な活動
いわゆる業務としてのソーシャルワークではないものの、ソーシャルワーク機能を含んでいる活動のこと。

❷学びの場

・職場
・所属する職能団体
・所属していない職能団体
・教育機関（大学、大学院など）
・他の精神保健福祉士とのフォーマルな勉強会
・他の精神保健福祉士とのインフォーマルな勉強会
・他職種とのフォーマルな勉強会
・他職種とのインフォーマルな勉強会
・ボランティア活動など職場外でのソーシャルワーク的な活動
・個人学習
・国および地方公共団体が実施する研修　など

例として、「所属する職能団体」を説明する。精神保健福祉士の職能団体である公益社団法人日本精神保健福祉士協会では、生涯研修制度を創っており、基幹研修、課題別研修、ソーシャルワーク研修など多様な研修を実施している（**図 7-5**）。また、認定スーパーバイザー研修や認定成年後見人養成研修などの養成研修も実施している。資質を向上させるにあたっては、こうした職能団体に入会し、そこで提供される研修などを活用することは、極めて効果的である。また、他の団体でも多様な研修が実施されている。自分の学びたいことや学ぶべきことに合わせて、積極的に多くの団体が実施する研修や講習会、セミナーなどに参加することが望ましい。

❸資質向上に向けてのツールと環境醸成・整備

①　キャリアパス

キャリアパスとは、一般的に、ある職位や職務に就くために必要な一連の業務経験とその順序、配置異動のルートのことである。キャリアアップの道筋や基準・条件を明確化したものである。所属する各機関の理念をもとに、精神保健福祉士が自ら将来像を描くことができ、それに向け

図7-5　日本精神保健福祉士協会 生涯研修制度の体系

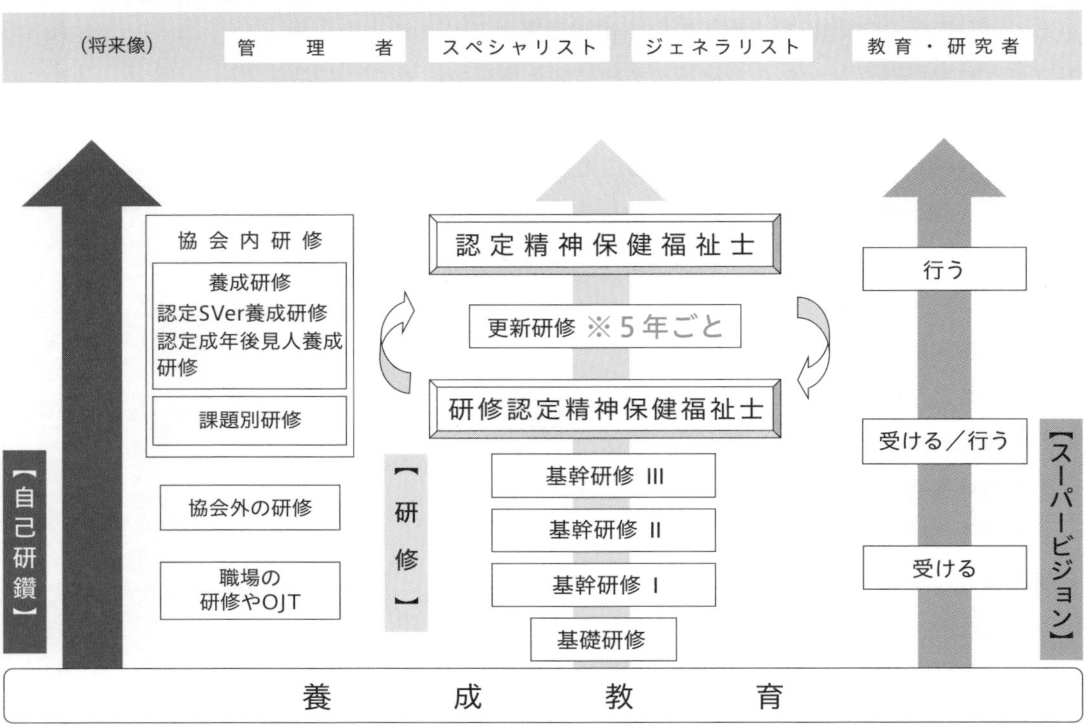

出典：公益社団法人日本精神保健福祉士協会　第18回日本精神保健福祉士協会全国大会（2019（令和元）年８月30日）発表用パワーポイントスライドより抜粋

て段階的に目標を設定するためのツールである。

② キャリアラダー

キャリアラダーとは、一般的には、一人ひとりがキャリアアップすることを目指した能力開発システムのことである。「キャリア」は経歴のことである。「ラダー」ははしごを意味する。つまり、はしごを上るようなイメージで、各人がキャリアアップしていくことをサポートするツールである。精神保健福祉士におけるキャリアラダーは、「福祉とメンタルヘルスの専門職として必要な能力を段階別に示したもの」といえよう。はしごの一つひとつのステップには、仕事の内容や必要な力量などが明示されるが、それは段階によって異なる設定がなされている。

業務や作業が細分化と重みづけをされることは、それによって、どのような業務をどのようなタイミングや方法で教育するのがよいかが明確化され、人材育成に効果的である[7)]とされている。また、自分に必要な学習の機会を選ぶための目安としてもキャリアラダーは効果を発揮する。関心や興味のある研修だけを選んでいては、蓄える知識や技術に偏りが生じてしまう。

このように、精神保健福祉士にとってキャリアラダーは、資質を向上させることに効果的ではあるが、しかし一方で、人の能力は右肩上がりで直線的に成長するものではなく[8)]、また、より高度な能力レベルに近づくほど、成長速度は遅くなる[9)]ことに留意をしておく必要がある。成長の速度が落ちるときがあろうとも、いたずらに悲観的になることなく、あきらめず、たゆまぬ研鑽と努力を重ねることが肝要である。

③ 職場の環境醸成・整備

資質向上やキャリアアップに向けて、そのモチベーションを維持していくことは個人の努力に帰するところではあるが、一方で、健康状態や家族環境など個人的な要因や、職場内での環境や資質向上に対する意識からの影響も受けやすい。職場に資質を向上させることへの高い関心や、研修を受講しやすい環境があることなどは、資質向上に向けての促進要因として重要である。資質向上は、精神保健福祉士個人の努力だけではなく、置かれているさまざまな環境の影響を受けるため、職場の環境醸成や整備はたいへん重要である。

④ SDS

SDS（self development system：自己啓発活動制度）は、一般的に、学びを促進していくために必要な支援の仕組みのことであり、人が育つ環境づくりをすることである。精神保健福祉士が資質向上の必要性を強く認識し、研修やスーパービジョンを受けたいと願っても、さまざまな制約があって実現できないことも起こり得よう。主体的な学びを妨げないよう、費用の補助等の経済的支援や時間的な支援、研修等の情報提供、資格取得の奨励などが必要である。

しかし､仕組みが整っているだけでは十分ではない。学び続けること、成長し続けること、そして質の高い実践を展開することを重要視する組織文化を創り上げることも重要である。

⑤　資質向上に際して支障となるバリアの除去

精神保健福祉士のライフイベントに沿った学習支援も必要となろう。産休や育休、介護休暇などで、一時的に職務を離れる場合も少なくはない。こうした際の影響を最小限に抑えるためには、休職中も学び続けることのできる仕組みや、復職する際の支援が必要である。また、居住地によっては、距離、交通手段、費用など研修受講に際してさまざまな面において負担が大きくなることもある。集合型の研修だけでなく、**オンライン研修**の活用も必要である。

今、精神保健福祉士を含めたソーシャルワーカーは、地域や社会、そして社会福祉の大きな転換点に身を置いている｡自らの専門性を活かし、この大きなうねりをむしろ追い風にしながら、地域で困難な課題に直面している精神障害者やその家族、そして地域住民の生活と人生の質の向上に貢献していくことが求められている。

＊本文書は公益社団法人日本精神保健福祉士協会内に設置されている精神保健福祉士の資質向上検討委員会での議論を参考にしている｡筆者は、第１期委員会において委員長、第２期委員会においては助言者として、本委員会に関与し、ともに議論を重ねている。

◇**引用文献**

1）厚生労働省ホームページ『人材確保対策』 https://www.mhlw.go.jp/stf/seisakunitsuite/bunya/0000053276.html

2）中原潤『研修開発入門――会社で「教える」、競争優位を「つくる」』ダイヤモンド社，p.17，2014.

3）加藤洋平『成人発達理論による能力の成長――ダイナミックスキル理論の実践的活用法』日本能率協会マネジメントセンター，p.23，2018.

4）前出2），p.34

5）鈴木真理子「若きソーシャルワーカーのライフヒストリー研究（その3）――キャリアデザインと自己教育力」『岩手県立大学社会福祉学部紀要』第8巻第2号，p.73，2006.

6）岡田隆志・松本すみ子「精神障害者との日常生活場面における交流機会を活用した精神保健福祉士の専門性の変容とその要因――精神障害者フットサルの実践を通して」公益社団法人日本精神保健福祉士協会機関誌『精神保健福祉』第47巻第4号，pp.325-332，2017.

7）湯川恵子・割澤伸一「工作機械産業における人材育成加速化に向けた熟練技能教育プログラムの構築」『日本経営診断学会論集』第14巻，pp.71-76，2014.

8）前出3），pp.96-100

9）同上，p.233

◇**参考文献**

・松本すみ子「精神保健福祉士の資質向上に向けた継続教育」日本精神保健福祉士協会機関誌『精神保健福祉』第48巻第1号，2017.

第8章

関連分野における精神保健福祉士の実践展開

近年、我が国では、地域共生社会の実現に向けた福祉政策の推進が図られ、その施策において精神保健福祉士の役割が拡大している。従来からの精神保健福祉分野での相談援助に加え、教育分野におけるスクールソーシャルワーク、産業分野における就労支援、司法分野における心神喪失者等医療観察法の対象者や犯罪被害者に対する支援などの実践は、社会のなかで精神保健福祉士の役割として定着しつつある。さらに、近年の大規模な自然災害や感染症の拡大によって、精神保健福祉士の取り組むべき国民の新たなメンタルヘルス上の課題が生起している。

本章では、精神保健福祉士が取り組むべき新たな分野や社会問題に係る実践課題、およびその課題達成に必要な理論と方法について解説している。

第1節 学校・教育分野

学習のポイント

- スクールソーシャルワーカーの必要性を理解する
- スクールソーシャルワーカーの業務内容と実践上の課題を知る
- 精神保健福祉士としてのスクールソーシャルワーカーの視点を知る

1 スクールソーシャルワーカーの存在意義

1 日本におけるスクールソーシャルワーク活動

日本におけるスクールソーシャルワーク（以下、SSW）は、1986（昭和61）年に埼玉県所沢市で山下英三郎がスクールソーシャルワーカー（以下、SSWer）の名称を用い、非行や不登校状態にある子どもたちにかかわる活動を始めたことにより、社会に知られることとなった。

その後、2000（平成12）年に兵庫県赤穂市の「スクールソーシャルワーカー推進事業」、茨城県結城市職員に「スクールソーシャルワーカー採用」、2001（平成13）年に香川県の「スクールソーシャルワーカー派遣事業」、2005（平成17）年に大阪府の「スクールソーシャルワーカー派遣事業」など徐々に国内におけるSSW活動が広がりをみせていった。全国的な展開になったのは、2008（平成20）年度の文部科学省**スクールソーシャルワーカー活用事業**★からである[1)]。

★スクールソーシャルワーカー活用事業
全国の141地域に調査研究事業として、約15億円を投じ開始した。ただし、事業導入の準備不足は否めなく、人材の確保や体制づくりに課題が残った。翌年度（2009（平成21）年）は、3分の1補助事業となり単年度で事業を終了する自治体もあった。

2 スクールソーシャルワーカーの存在意義

文部科学省は、多様化・複雑化した子どもたちの課題を学校の教員だけでは十分に解決できないことも増えてきたことから、2015（平成27）年の中央教育審議会で**「チームとしての学校」**の体制整備を打ち出した[2)]。これは、学校の教員に加え、心理や福祉等の専門家、つまりスクールカウンセラーやSSWerと連携しチームアプローチの視点で子どもたちを支援していくという体制である。また、**総合的な子どもの貧困対策**（2014（平成26）年）の一環として、**学校をプラットホーム**として、2019（平成31）年度までにすべての中学校区に1万人のSSWerを配置する目標を立てた[3)]。

SSWerには、学校内で多職種との連携を図りながら、子どもたちの抱える課題解決のために子どもやその保護者へのアプローチに加え、外部の行政や医療機関などの専門機関と連携し、学校機能を強化していく役割が求められている。

SSWerは、子どもたちの対応だけに限らず、発達障害や精神疾患（統合失調症やうつ病、アルコール依存症など）のある保護者とのかかわりもあり、その対応に困っているという現状がある[4)]。保護者のメンタルヘルスの課題が、子どもの発達成長にも大きな影響を及ぼし、状況をより複雑化してしまうことがあることを考えると、精神保健福祉士の専門的な知識や技術がSSWerとして大いに活用できよう。

Active Learning

精神保健福祉士がSSWerとしての実践を展開する際に用いる専門性について、これまでの学びを踏まえて考えてみましょう。

2 想定される職場

SSWerの職場として挙げられるのは、学校を拠点とすることから教育機関である小学校や中学校、高等学校、特別支援学校であり、主に義務教育機関である小学校と中学校に多く配置されている。ただし、高等学校や特別支援学校においても不登校や退学、虐待、メンタルヘルス関連等の課題が多く散見されることから、今後はそれらの学校への配置もさらに進めていく必要がある。大学への配置も2006（平成18）年度以降徐々に全国的に広まり、キャンパスソーシャルワーカー★という名称で活動している。

都道府県教育委員会管轄の教育事務所や市区町村管轄の教育委員会に配置され、学校現場からの依頼で活動するSSWerもいる。SSWerの配置形態は、配置型と派遣型、巡回型に分けられ、配置型はさらに単独校配置型と拠点校配置型に分けられる。単独校配置型とは1校に1人のSSWerを配置し、拠点校配置型とはたとえば、中学校1校を拠点に近隣の小学校を数校担当する形態である。派遣型は、都道府県教育委員会の教育事務所や市区町村教育委員会に在籍し、管轄地区の学校から要請があった場合にSSWerが派遣される形態である。巡回型は、教育事務所や教育委員会に勤務しているSSWerが、複数の学校を担当し定期的に巡回する形態である。各形態にはメリットとデメリットがある（**表8-1**）。

★キャンパスソーシャルワーカー

2006（平成18）年に大分大学、2007（平成19）年に沖縄大学と東北公益文化大学を幕明けとして徐々に全国的な広がりを見せている。キャンパスソーシャルワーカーのネットワークに登録している大学は、2019（平成31）年で54大学である。

表8-1　配置形態のメリットとデメリット

	配置型	派遣型
メリット	・子どもや保護者の直接的な対応がとりやすい ・教職員との信頼関係を構築しやすい ・緊急時の対応を迅速に行える ・学校の抱える課題等を直接把握しやすい	・数校を担当することで、必要性の高い多くの事例にかかわることができる ・学校体制を客観的に把握し、アドバイスしやすい ・他校との現状を比較した対応ができる
デメリット	・対応できる範囲が限られる ・SSWerの力量により、支援に影響が生じやすい ・他地域の情報を得にくい	・教職員や子ども、保護者との関係を築きにくい ・学校の状況を把握しにくい ・個別対応に限界がある ・緊急時の対応が難しい

3 業務の内容

SSWerの業務は、子どもやその保護者の面接や家庭訪問、関係機関へのつなぎの同行などミクロレベルの直接支援や学校での支援体制づくりや支援ケース会議等での専門的な助言、関係機関との連携を図るメゾレベルの間接支援、関係機関とのネットワークの構築などのマクロレベルでの間接支援がある。文部科学省は、2008（平成20）年度の「スクールソーシャルワーカー活用事業」においてSSWerの職務内容を以下の五つとしている[5)]。

❶ 問題を抱える児童生徒が置かれた環境への働き掛け
❷ 関係機関等とのネットワークの構築、連携・調整
❸ 学校内におけるチーム体制の構築、支援
❹ 保護者、教職員に対する支援・相談・情報提供
❺ 教職員等への研修活動

文部科学省初等中等教育局作成の「**生徒指導提要**（2010年）」においては、「社会福祉の専門的な知識、技術を活用し、問題を抱えた児童生徒を取り巻く環境に働きかけ、家庭、学校、地域の関係機関をつなぎ、児童生徒の悩みや抱えている問題の解決に向けて支援する専門家[6)]」としている。

1 支援の流れ

SSWerは、学校の教頭や学年主任、クラス担任から子どもや保護者

のことで直接相談を受けることが多い。たとえば、クラス担任から不登校傾向のある子どもとその保護者の相談を受けた場合、クラス担任や周りの関係者から情報収集を行い、状況の整理を行う（アセスメント）。そのなかで、子ども本人や保護者と面談を行い、状況に応じて家庭訪問（アウトリーチ）を行い、校内外の関係機関との支援ケース会議を開き、今後の支援方法について検討する（プランニング）。支援ケース会議は、状況に応じて子ども本人や保護者の同席を基本とする。

検討後は、子ども本人や保護者の気持ちや考えを確認、尊重しながら、関係機関のサービス利用や家族間調整などを行う（インタベンション）、支援の経過を観察しながら再度支援ケース会議を開催し（モニタリング）、新たな問題が生じていないかを確認（再アセスメント）しながら支援を展開していく。子ども本人や保護者のストレングス★に目を向け、エンパワメント★していくことが求められる。精神保健福祉士の専門性を有するSSWerには、ソーシャルワーカーとして支援を展開すると同時にメンタルヘルスの専門家としての知識や技術も求められる。

★ストレングス
本人の本来もっている強さや能力に目を向け、それを活用しながら課題解決を図っていくストレングス・アプローチの視点である。1989年にウィック（Weick,A.）らが提唱した。

★エンパワメント
1976年にソロモン（Solomon, B. B.）の著書「Black Empowerment : Social Work in Oppresed Communities」で紹介された。エンパワメント実践では、本人が自分の課題の解決を自ら取り組めるよう促し、自らの対処能力を高めることに焦点をおく。

2 小学校３年生不登校の女子児童Ａさん（仮想事例）

事例

学校は、Ａさんの家族は母子世帯で生活保護を受給しており、Ａさんには２人の未就学の弟がいることを把握していた。クラス担任はＡさんの母親を、学校からの連絡にも応じてくれず、非協力的な人としてみていた。

クラス担任から相談を受け、SSWerがＡさんの自宅を訪ねると、Ａさんが迎え入れてくれた。自宅には、３歳の双子の弟と母親がいた。母親によると、母親自身がうつ病でクリニックに通院し薬を飲んでいる。体調が悪いときは身体が重く、寝て過ごすことが多く、Ａさんを学校に送り出すことができない。時々、午前中に学校から携帯電話に連絡があるが、気力がなく電話を取ることができない。以前に、何とかがんばって電話を取ったが、「Ａさんの宿題ができていない、朝ごはんを食べないで登校している、服装が数日間同じでお風呂に入ってないのでは……」などと言われ、自分が責められている感じになり、それ以来、学校からの電話が怖くなり取れなくなっているとのことであった。

SSWerは、母親が調子の悪いときでも、子どもたちのために家事をできる限りやっていることを評価し、母親の気持ちを受けとめ、今後の生活状態を改善していくために、生活保護のケースワーカーに連絡を取ることを了承してもらった。

生活保護のケースワーカーとの話しあいのなかで、精神疾患のある利用者の対応に慣れていないことや、Ａさん世帯の生活の立て直しを図りたいが、具体的にどう取り組んでいいのか悩んでいるということがわかった。

後日、Ａさんに学校に行けない理由を聞くと、「お母さんは、たまにカッターナイフで手首を切っている。家にお母さんと弟たちだけにするとまた切ってしまうので、お母さんのことが心配で家から出ることができない」と話してくれた。

SSWerは母親に、Ａさんと母親の精神的な負担を減らすためにも、弟たちの保育所入所や訪問看護、居宅サービスの利用などについて丁寧に説明し、育児や生活全般における不安を取り除くための調整を行った。

２か月後、関係機関と学校、SSWerが連携して支援を行うなかで、Ａさんは気持ちが落ち着き徐々に登校するようになり、母親も生活の不安が軽減されたことにより、うつ状態も徐々に改善された。母親に、生活で困っていることをこれまで学校や誰かに相談したことがあったか尋ねると、「家は、母子世帯で生活保護だし、自分が精神病で通院しているので、このことが誰かに知られたらＡが学校でいじめられるのではないかととても心配で、誰にも相談できなかった」と泣きながら話してくれた。

学校は、メンタルヘルスに関する知識が十分でない場合、Ａさんの母親のように、病状の影響や生活上の不安により家事や育児がうまくできないことを理解するのは困難である。他の児童と比べ、Ａさんのできていないところに目が向き、その改善を母親に求めてしまう傾向があり、母親にプレッシャーを与えかねない。

このようなとき、精神保健福祉士の専門性を有するSSWerであれば、うつ病である母親の状態を把握し、必要に応じて医療機関と連携をとることができる。母親としての責任を感じながらも家事や育児がうまくできないことの焦りや、焦りがストレスになりリストカットをしてしまい、さらに病状が不安定になること、またＡさんがそのような母親を心配してずっとそばに居たいので学校に行けない、といった事情も理解できる。Aさんと家庭環境との相互作用に視点を置きながら、学校にも状況の理解を求めるという専門性を発揮できる場面である。

4 実践上の課題

いじめ防止対策推進法（2013（平成 25）年）や**子供の貧困対策に関する大綱**（2019（令和元）年）において SSWer の存在が重視されている。しかし、その待遇面は課題が残っているといわざるを得なく、全国的に正規雇用の SSWer は多くない。

文部科学省は、SSWer を「社会福祉士や精神保健福祉士等の福祉に関する専門的な資格を有する者から、実施主体が選考し、スクールソーシャルワーカーとして認めた者とする。ただし、地域や学校の実情に応じて、福祉や教育の分野において、専門的な知識・技術を有する者又は活動経験の実績等がある者も可とする[7)]」としている。社会福祉士や精神保健福祉士の国家資格を有する者が増えている現状もある[8)]が、教員免許や心理に関する資格者などが担っている場合もある。

SSWer というソーシャルワークを実践する専門家であるなら、少なくともソーシャルワークを学んだ者が採用されなければ、SSWer の質の担保と向上につながらない。今後は、さらに有資格者の採用を増やしていくために、各自治体による財政的な措置が求められる。

SSWer は、学校現場に入ると同職種がいない一人職場になることが多い。学校という教師を中心に成り立っている学校システムのなかで、ソーシャルワーク視点の揺れが生じる場合がある。そのようなブレを修正していくうえでも、スーパービジョン体制の構築や研修会のさらなる充実が求められる。

◇引用文献

1）大崎広行「日本における学校ソーシャルワークの萌芽」日本学校ソーシャルワーク学会編『スクールソーシャルワーカー養成テキスト』中央法規出版，pp.33-37，2008.
2）中央教育審議会「チームとしての学校の在り方と今後の改善方策について（答申）」2015.
3）内閣府「子供の貧困対策に関する大綱――全ての子供たちが夢と希望を持って成長していける社会の実現を目指して」2014.
4）日本精神保健福祉士協会編「子ども・スクールソーシャルワークプロジェクト報告書」日本精神保健福祉士協会，2018.
5）文部科学省「スクールソーシャルワーカー活用事業実施要領等」2008.
6）文部科学省「生徒指導提要」p.128，2010.
7）文部科学省「スクールソーシャルワーカー活用事業実施要領等」2013.
8）厚生労働省「社会福祉士の現状等（参考資料）」2018.

第2節 産業分野

学習のポイント

- 産業精神保健における精神保健福祉士の役割や視点を理解する
- 勤労者のメンタルヘルス課題に対するソーシャルワーク実践の方法を学ぶ

人が職業や職場を選んで働くまでには、生い立ちや特性、志向や能力、さらに時代の状況や縁など多数の要素が複雑にからむ。たとえば、精神保健福祉士を目指すまでに「メンタルヘルスに関心がある」「人の役に立ちたい」「身近で精神障害のある人の苦労をみてきた」「資格を活かした仕事がしたい」などそれぞれの思いがあるだろう。国家試験受験資格を得るための進学先を選び、入学後は必要な単位を取得するため、日々の勉強に加え現場実習やボランティアなども体験する。そして、どのような職場で働きたいかを考えながら就職活動し、採用試験を経て就職した後は職場で求められる役割を担い、自身の力を発揮できるよう新人教育やトレーニングを受け、やがて一人前になっていく。

このように、人が仕事に就くまでには長い年月の体験や努力、選択と決断がある。産業分野で精神保健福祉士として働くことは、このように多様なプロセスを通って働いている人々や職場を相手にすることである。特に、個別支援では就業上の**心理的な負荷（ストレス）**が過重にかかり精神的な健康を損ない、医療や福祉の支援を必要としている人が主な対象となる。ただし、昨今の精神保健福祉士の対象は拡大しており、健康に働いている人たちの心の健康を維持し向上させることや、社員のメンタルヘルス不調を防ぐために企業自体へ働きかけることも含む。

1 産業分野の精神保健福祉士の特徴

1 想定される職場

産業分野で働く精神保健福祉士に想定される職場は、❶企業に直接雇用される、❷企業およびそこで働く人を支援する機関で働く、に大別できる。

企業においては、健康管理部門、**EAP（employee assistance**

program：従業員援助プログラム）部門、人事や労務部門での業務が考えられる。

支援機関は、医療機関（精神科病院、診療所、リワーク・デイケア）、行政機関（精神保健福祉センターや保健所）、その他の専門機関（EAP機関、研修やコンサルテーション、ストレスチェック★の実施機関）等が想定される。このように、産業分野で働く精神保健福祉士の職場は多様である。この分野での社会的認知は、他の産業保健スタッフと比べて高いとはいえないが、メンタルヘルスにかかわるソーシャルワークの専門家として、精神保健福祉士の活躍は期待されている。

★ストレスチェック
2014（平成26）年の労働安全衛生法改正により導入された制度。労働者の心理的な負担の程度を把握するための検査（ストレスチェック）や、検査結果に基づく医師による面接指導の実施などを事業者に義務づけ、2015（平成27）年12月1日から施行された（従業員数50人未満の事業場は制度の施行後、当分の間努力義務）。指定研修を受講することで精神保健福祉士もストレスチェック実施者となる。

2 精神保健福祉士が必要とされる理由

産業分野での保健医療職は、産業医をはじめ産業看護職（保健師・看護師）がおり、特に心理的問題への対応には産業心理職（民間資格である臨床心理士や産業カウンセラー、近年は公認心理師の国家資格者）が企業に雇用され、チームで活動していることが多い。産業分野におけるソーシャルワーカーは、精神保健福祉士の国家資格化（1997（平成９）年）以降、日本の自殺者数の増加とその背景にある精神疾患の問題や、精神障害の労災件数が増加し、労働者の心の健康の保持増進のための指針が示されるなかで、必要性が高まり企業に採用されるようになってきた。

同様に、医療機関や行政機関においても、労働者のストレスやうつ病罹患者の増加、メンタルヘルス対策への対応の必要性から専門の部署等を設置するようになった。たとえば、精神科病院でのストレスケア病棟やストレス外来、リワーク・デイケアの併設、精神保健福祉センターや保健所でのリワーク支援プログラムの提供などがみられ、その多くに精神保健福祉士が配置されている。また、個人事務所を開業してこれらを行う精神保健福祉士もいる。一方、企業に対してEAPや社員研修、コンサルテーションなどを提供する機関は多様で、医療法人や福祉法人に併設されているものから営利目的の民間機関まで幅広く、必ずしも精神保健福祉士が採用されているわけではない。

3 精神保健福祉士の主な業務

精神保健福祉士の業務内容は、各職場の特性に応じて異なり多岐にわたる。医療機関や行政機関等においては、各機関で日常的に行っているソーシャルワーク実践と大きな違いはない。ただ、支援対象となる人が勤労者である、精神疾患や障害を理由に就業上の問題を抱えている、休職中であれば**傷病手当金**などの給付申請支援や職場復帰を支援目標の一つとする、といった特徴があり、認知行動療法やアサーショントレーニング、ストレスコーピング、自律訓練法などの**リハビリテーションプログラム**を提供することも多い。また、**労働安全衛生法**や**労働者災害補償給付**など勤労に関する法制度の知識を活用することや、連携相手として職場の関係者である雇用主、上司、事業場[i]の健康管理スタッフなどを念頭に置く必要がある。休職者の復職およびその後の支援として、職場における**合理的配慮**のための専門的な助言等を、主治医の意見を踏まえて行うこともある。

Active Learning
精神障害者の就労支援や職場復帰支援と併せて、精神保健福祉士が取り組むべき生活支援について考えてみましょう。

企業の保健医療や人事労務等の部門をはじめ、専門機関で働く精神保健福祉士の業務は、その機関の特性に応じて多様であり、従業員からの相談や上司等へのコンサルテーションなどの個別支援をはじめ、社員研修の企画実施やストレス対策、**職場環境改善**の取り組みなど幅広い。さらに、最近は**過重労働対策**やストレスチェックの実施、**治療と仕事の両立支援**や**障害者雇用**に関する支援など、企業における法制度上の責務の拡大に伴い、精神保健福祉士に期待される役割も増している。社員個人に対する支援に加えて、経営にまつわるメンタルヘルスの観点からのコンサルテーションやマネジメントも求められている。

2 EAPにおけるソーシャルワークの実際

1 EAPにおけるソーシャルワークの特徴

EAPは、一言でいえば働く人を支える計画的な取り組みのことである。働くことを阻害するストレスや精神疾患、トラブルなどマイナス要因へのかかわりとともに、コミュニケーションスキルの向上やワークライフバランス、キャリア形成など、よりよく働くためのプラスの取り組みも含み、従業員と企業の両者の生産性の向上を目指している。そのため、EAPは、精神保健福祉士のみが行うものではないが、ここでは内部型EAPにおける精神保健福祉士の特徴的なソーシャルワーク実践を

i　労働基準法では、主に場所的に同一か離れているかということによって一つの事業場かどうかを決める。この考え方に基づき、労働安全衛生法は、事業場を単位として、その業種・規模等に応じて適用される。ただし、同一の場所にあっても、労働の態様が著しく異なり、主部門と切り離したほうが労働安全衛生法がより適切に運用できる場合には、別の事業場としてとらえる。分散しているものは原則として別個の事業場とみなす。大きな企業は複数の事業場から成ると考えられる。

中心にみていく。

産業分野で多くみられる精神疾患は、うつ病などの**気分（感情）障害**のほか、アルコールなどの**精神作用物質使用による精神および行動の障害**、**神経症性障害やストレス関連障害および身体表現性障害**、**人格および行動や心理的発達障害**などがある。職場での心理的負荷（ストレス）等が発症の要因であるものもあれば、もともと有している疾患や障害が職場環境との兼ねあいで顕在化する場合もあり、本人の捉え方や周囲の受けとめ方は個別性が高い。疾患や障害別の特性に応じて治療・療養方法や有効な社会資源は異なるため、対応には十分な専門知識を要する。

長時間残業や不規則勤務、責任の重い仕事、仕事上の対人関係の苦労、望まない業務や苦手な職務に対する不適応などは、いずれもストレスとなる。しかも、事業場の環境的な問題と本人の能力や性格傾向、行動特性との関連でストレスの感じ方は異なり、個人差が大きい。このような従業員を支援するために、精神保健福祉士は、面接相談、社会資源の活用や情報提供と他機関紹介、上司等へのコンサルテーションと**職場環境改善**や**合理的配慮**の提供など多岐にわたって働きかける。この際、他の産業保健スタッフ等との多職種連携によるチームアプローチや他機関との連携が行われる。

2 面接相談によるかかわり

事業場内の健康管理部門等に設けられた面接室を使い、予約制の構造化された面接を行うことが一般的である。そこでは、クライエントの話を傾聴し、つらさを共感的に理解し、主訴や経過を聴取して課題や支援方法をアセスメントし、本人の希望に添って支援目標を立てる。受診や休職を促したり、上司等への相談を勧め、必要に応じて介入する。

面接相談では、アサーショントレーニングを意図した問いかけで本人の発言を促したり、**自己肯定感**を高められるように**ストレングス視点**で応答したり、**認知行動療法**を意識して本人の生活状況の確認などを行うこともある。「仕事」に求めるものは何かを一緒に考え、本人が自らのワークライフバランス★を考えることを支えるかかわりも有用である。また、療養上の不安や疑問に応じて精神医学的な専門知識を提供し、生活課題に対応する福祉サービスを、本人のニーズに応じて紹介する。

休職者の場合は、居住形態によって休職中の過ごし方は異なる。社員寮から実家へ帰省するのかどうかや、単身者を含めて家族等のサポートの有無などによって、要する支援の程度や内容が異なる。休職中も面接

★ワークライフバランス
仕事と生活の調和のこと。勤労者が、プライベートな時間や子育て・介護と仕事を両立するための手段を講じたり、企業側が、長時間労働の抑制、年次有給休暇の取得促進、特に配慮を必要とする労働者に対する休暇の普及等を進めることなど、労使それぞれの主体的な取り組みが求められる。2007（平成19）年には「仕事と生活の調査（ワーク・ライフ・バランス）憲章」「仕事と生活の調和推進のための行動指針」が策定された。

し、療養経過を確認して適時必要な助言等を行ったり、生活状況や治療状況などを把握して相談に応じることもある。その際、面接室に来談してもらう以外に、E-mailやインターネット電話などのICT（情報通信技術）を活用することもある。

復職にあたり、本人のストレス要因が職場にある場合は、その改善が必要である。対応例として、残業の禁止、業務内容の変更や配置転換などが考えられる。一方、本人の要因が大きければそれが解決できたか、対処法を習得できたか、などを確認する。たとえば、うつ状態で不眠が顕著であったなら、睡眠状態が改善して生活リズムは整ったかを確認する。仕事を抱え込み過ぎてしまう傾向があるなら、上手な断り方を体得する必要がある。交渉や調整が苦手なら、上司や同僚にサポートしてもらうといった現実的な対応策も必要となる。

このように、職場環境と本人の状態のすり合わせを行う。そのため、メンタルヘルス不調の要因を本人が認識したり、自覚的な行動変容を促すほか、不調の原因が職場や職務によるものであれば、その改善に向けた希望を本人が上司等に対して言語化できるように支える。

どの段階においても、メンタルヘルス不調に陥り職務に就けないことによる不安や焦燥感を軽減するための時間の保障、自己卑下や自信喪失、自責の念などを和らげるためにありのままの本人を受容することや、本人をかけがえのない存在として肯定すること、問題への対処法の可能性を増やし、希望をもてるように根気よく支援する姿勢が求められる。

3 社会資源の活用や情報提供、他機関紹介

精神疾患が疑われる場合は、本人が通いやすく事業場と連携しやすい専門の医療機関を情報提供し、受診勧奨を行う。この際、本人の苦しみを共感的に理解しつつ、具体的に解決したい職業生活上の問題は何かをともに考え、解決の途上には精神科医療の利用が有効であることを丁寧に伝える。精神疾患に対する偏見は、かつてに比べ緩和されたものの残存する。そのことが本人の受診への抵抗感をもたらすこともあるため、受診の必要性とともに偏見を除去するような説明を加えたり、精神保健福祉士自身が精神疾患を特別視し過ぎない姿勢で臨む必要がある。

休職するには経済的な不安のない療養環境づくりが求められる。年次有給休暇や療養休暇制度などが**就業規則**に定められ、また労働者の療養を支える経済保障として**傷病手当金**や各種健康保険組合による給付金制度がある。これらは、雇用形態や就業年数によって給付要件が異なるた

め個別に対応する。本人が説明を理解できず手続きできない場合でも不利益を被ることのないよう、職場の上司や家族と連絡をとることもある。

復職については、主治医の意見をもとに産業医が可否を判断するが、療養中の生活状況を把握している場合は、本人の同意のもとに産業医へ情報提供する。復職前に試し出勤★を活用し、段階的に復帰を支援する場合もある。企業によっては、リワーク・デイケアや試し出勤を復職の条件とするところもあるが、あくまでも本人にとって有効に用いられるよう吟味し、本人が必要性を理解して主体的に活用できるように支援する。雇用者側の意向との間に対立が生じる時など、本人の権利擁護や自己決定の尊重のために、他職種等の判断に異論を唱えることもあり得る。

★試し出勤
明確な定義づけはないが、職場に通勤して一定時間を過ごしてみることで、休職中に復職可否の判断をしたり、復職後に必要な配慮や措置を検討する目的で行う。原則として復職前の時点では本来の職務は行わないが、実際の内容や、通勤手当や災害発生時の補償については各企業の規定に基づき労使間で協議し合意のうえで適用する必要がある。

4 上司等へのコンサルテーションや事業場への働きかけ

雇用主や管理職である上司は、事業場における**労働者の安全と健康を保護する義務**（**安全配慮義務**）を意識した対応をしなければならない。しかし、専門職でなく精神保健の知識をもたない者は、メンタルヘルス不調者に対して「どうしていいかわからない」「周りにしわ寄せが出て業務調整しなくてはならない」といった困惑や、「治療に専念してほしい」「早く治して復帰して」という期待も珍しくない。「体の病気と違い休職理由をほかの従業員に説明しにくい」という悩みもある。

たとえば、うつ病で自責の念が強い人であれば安心して療養できるよう、上司が復職を急がせたり業務連絡をすることは控え、心配していることや回復を待つ気持ちを伝えるほうが望ましい。アルコール依存症なら、復職後も飲みに誘ったり宴会の席でお酒を勧めることは不適切である。発達障害の場合は、特性に応じて業務指示を明確にしたり、業務内容の変更を検討してもらうこともあり得る。職場でどう対応してほしいかは本人に聞くのが一番であるが、そのコミュニケーションがうまくいかない場合は、精神保健福祉士が上司と本人の仲介役となることもある。

一方、職場内に休職者が発生すると、上司は管理職者として業務分担の変更や引き継ぎの調整を行わなければならない。周囲の従業員に事情を説明することになるが、精神疾患に対する過剰反応や困惑などに戸惑いを抱え、それが上司にとってのストレスとなる場合もある。

特に内部型 EAP ではメンタルヘルス不調の本人だけでなく、その上司や周囲の従業員に対しても、産業医や保健師等と連携して支援することを同時並行で行う。上司等の心配や困惑に対して共感的理解を示しつつ、不調者本人の同意のもとで疾患や障害の特性や療養状況、職場復帰までの道筋などを見通して説明し、望ましい対応について相談にのり、情報提供や助言をする。そのためには、**主治医の指導**を受けることが重要であり、かかりつけ医との連携は欠かせない。精神保健福祉士は、本人のかかりつけ医と事業場の関係者との連携窓口となり、精神科の専門知識を事業場の非専門職にわかりやすく言い換えるなど通訳の役割をしたり、本人の意向を踏まえた助言等を行う。なお、休職理由や状態を他の従業員に伝えるには、本人の意向の確認が大前提となる。

復職後も、多くの場合は通院や服薬が一定期間継続され、復帰直後は就業制限を設けて段階的に正常勤務に戻すことが望ましい。症状の再燃や再発防止のための措置と、有する**障害への合理的配慮**として、短時間勤務や定時間内勤務、休日出勤や夜勤の禁止、出張や転属の禁止、時差出勤など、**就業上の配慮**を事業場や上司に求める対応も考えられる。

5 職場環境改善や組織マネジメント

やりがいを感じながら自身の志向に従って力を発揮し、周囲から認められて成果を発揮する。これは、職業上の自己実現として目指される働き方であるといえる。近年は、このように人々が**健康に働き続ける**ために企業に求められる事柄も増えており、EAP の役割は多様化している。ストレスチェック制度も、本人がストレスに気づいて生活習慣や働き方を見直したり、不調がある場合は早期に発見して、受診やストレス軽減のために行動することで増悪を防ぐ予防的な措置の一つであり、**ストレスコーピング研修★**などもよく行われている。

また、企業においては**健康経営★**の観点から、健康管理が従業員の生産性を高める取り組みとして積極的に行われ、健康増進への寄与が期待されている。このことは、雇用者が従業員の健康管理に関心を払い必要な措置をとるという肯定的な捉え方とは別に、病気や障害のある人は生産性を損なう人、とみなされるリスクもはらむ。

精神保健福祉士は、人としての尊厳の尊重という視点を常にもち、疾病や障害があっても働きたいという人々の思いの実現を重視し、精神疾患や障害に関する理解の促進や、雇用上の事業場の施策や体制不備に関する改善を求めなければならない。精神疾患や障害への偏見をなくし、誰もが安心して自分らしい働き方で力を発揮できるよう職場環境の改善を目指すこと、そのため、産業分野における普及啓発や政策提言をする働きも重要である。

★ストレスコーピング研修
ストレス対処理論に基づき、ストレスの原因（ストレッサー）とそれが心身に及ぼす影響について学び、状況やできごとに対する自分自身の感じ方や受け取り方を内省したうえで、さまざまなストレス対処法を習得し実践できることを目指す。ストレスに誘発される疾患は精神疾患だけではないが、企業におけるメンタルヘルス対策の一環として行われることが多い。

★健康経営
従業員等の健康管理を経営的な視点で考え、戦略的に実践すること。企業がその理念に基づいて従業員等の健康管理のために投資することは、活力や生産性の向上等の組織の活性化をもたらし、また医療保険給付等の抑制にもつながり、結果的に業績や株価の向上につながるという考え方。経済産業省では優良企業顕彰などを行い、取り組みを推進している。

産業分野におけるソーシャルワークは、精神医療や障害者福祉の専門機関とは異なる多様な業種の企業や事業場をフィールドとして、そこにいる人を支え、環境に働きかける実践である。

精神保健福祉士が、かつて精神科ソーシャルワーカーとして精神科医療機関を中心に勤務し、患者や精神障害者を相手に医療チームの一員として働いていた頃と比べて、クライエント、連携する関係者、働きかける対象、関連する法制度、活用する社会資源などは多様であり、幅広い知識が求められる。また、特に内部型EAPであれば、精神保健福祉士とはいえ所属する企業の業種に応じた経営方針に従い、業務内容を把握してその業界の文化や潮流を踏まえることも必要になる。また、在宅勤務が急速に進む業種では、社員のメンタルヘルス対策においても新しい様式が取り入れられてきている。

一方、精神保健福祉士を名乗って仕事をする以上は、ソーシャルワークの原理原則に従った業務を展開することに違いはない。産業分野の精神保健福祉士は、今後の拡充が期待されるものの多数派とはいえない現状であり、特に内部型EAPの場合は一人職場であることも珍しくない。自身のソーシャルワーク実践を点検するには、産業分野で働く精神保健福祉士同士の集まりに加えて、異分野で働く精神保健福祉士とも職域を超えてつながり、専門性の向上のために研鑽することが有効である。

Active Learning

家族や身近にいる社会人に、勤務先で行われているメンタルヘルス対策のための取り組みについて尋ねてみましょう。

◇参考文献

・厚生労働省・独立行政法人労働者健康安全機構『改訂 心の健康問題により休業した労働者の職場復帰支援の手引き』2019. https://www.mhlw.go.jp/content/000561013.pdf
・高齢・障害・求職者雇用支援機構『職場復帰支援（リワーク支援）――ご利用者の声』2019.
・田村綾子「企業における精神保健福祉士の役割」『精神保健福祉』第37巻第３号，2006.
・日本EAP協会WEBサイト http://eapaj.umin.ac.jp/guideline.html
・経済産業省ヘルスケア産業課『健康経営の推進について』2018. https://www.meti.go.jp/policy/mono_info_service/healthcare/downloadfiles/180710kenkoukeiei-gaiyou.pdf
・日本精神保健福祉士協会「精神保健福祉士業務指針」委員会編著『精神保健福祉士業務指針 第３版』日本精神保健福祉士協会，2020.

● おすすめ

・佐藤恵美『もし部下が発達障害だったら』ディスカヴァー・トゥエンティワン，2018.
・日本精神保健福祉士協会監，田村綾子編著，上田幸輝・岡本秀行・尾形多佳士・川口真知子著『ソーシャルワークプロセスにおける思考過程』中央法規出版，2017.

第3節　司法分野

学習のポイント

- 司法分野におけるソーシャルワーク実践の展開について理解する
- 司法分野における精神保健福祉士の役割と意義について考える

司法という言葉からどんなことをイメージするだろうか。司法は、犯罪や人々の争いに法律を適用して、事件や紛争の解決を図る国の作用のことである。私たちは、インターネットやテレビなどで、事件や事故のニュースを観たり、裁判の審理や判決について聞いたりすることはあるが、日常、身近なものとして事件や裁判等に関心をもつことや、犯罪や非行を起こした人や被害者等の背景、その後の生活について考える機会は少ない。人を傷つければ、法律に基づいて、その罪を償わなければならないし、人を騙して損害を与えれば、それを弁償しなければならない。しかし、罪を犯す人のなかには、疾病や障害、生活上の困難等から大きな事件を起こしてしまう人、刑務所を出所した後も生きづらさや貧しさから居場所を失い「刑務所に帰りたい」という理由で犯罪を繰り返す高齢者や障害を抱える人がいる。

近年、精神保健福祉士の司法分野へ職域が広がっている。福祉的な支援を必要としている人の更生、精神障害等により事件を起こしても罪を問えない人の社会復帰、犯罪被害者等の回復のための支援等、直接または間接的に関与することが増えている。処罰を受ける・受けないにかかわらず、また、加害や被害を問わず、精神保健福祉士には対象となる人自らが尊厳を保ち、自立した暮らしができるよう支援し、社会的な差別や偏見の解消のために地域社会へ働きかけていく役割が期待されている。

1　司法分野における精神保健福祉士の実践

1　司法分野でのソーシャルワークの広がり

これまで、精神保健福祉士は精神科病院に措置入院している自傷他害行為を行った精神障害者、違法薬物を使用して刑罰を受けなければならない薬物依存症者、DVや性被害などの暴力被害で心的外傷を負った人などの生活上のさまざまな困難を解決するため、弁護士等に協力を求めたり、司法機関と協働したりするなど司法との接点は少なくなかった。

高齢入所受刑者の人員は増加傾向にあり[1)]、その背景には加齢や認知症等の疾病をはじめ、社会生活スキルや対人関係能力の低さ、**社会的孤立**等によって引き起されている人が多いことが知られるようになった。2003（平成15）年に出版された元衆議院議員の山本譲司氏が書いた「獄窓記」では、刑務所の中に福祉的支援を必要とする多くの高齢者や障害者が存在することが明らかにされた。また、再犯を起こす高齢者や障害者について、厚生労働科学研究[i]やモデル事業等が行われて、入口から出口、さらには出所後も地域で継続的に福祉支援を行うことが必要と考えられるようになった。その後、検察庁や刑務所等に、社会福祉士や精神保健福祉士等が配置されるようになったほか、地域支援が継続できるよう、支援機関に対してのフォローアップなども行われている。

精神保健福祉士の実践が広がったもう一つのきっかけとして、「心神喪失等の状態で重大な他害行為を行った者の医療及び観察等に関する法律」（2003（平成15）年：医療観察法）がある。**医療観察制度**には、多くの精神保健福祉士が対象者の社会復帰の促進に関与している。特に、全国50か所の保護観察所に配置された社会復帰調整官の約9割が精神保健福祉士の資格を有し、司法、医療、福祉の関係機関等と連携して、裁判所の審判から地域における処遇まで、一貫して制度にかかわることになった影響は大きい。

2 司法分野の精神保健福祉士の職場

司法分野での精神保健福祉士の仕事は、犯罪予防、刑事手続きの過程での処遇、再犯の防止など多岐にわたり、加害者だけでなく、犯罪や事故の被害者等への支援も行う。

精神保健福祉士が働く場としては、検察庁の社会復帰支援室、保護観察所などの行政機関、刑務所や少年院等の矯正施設、指定更生保護施設、地域生活定着支援センターなどがある。

このほか、精神科病院や精神科クリニックなどの医療機関をはじめ、地域の相談支援事業所や就労支援事業所等の福祉機関、地域包括支援センター、保健所や児童相談所等の行政機関、日本司法支援センター（法

i　厚生労働科学研究 障害保健福祉総合研究事業報告書「罪を犯した障がい者の地域生活支援に関する研究（平成18～20年度）」

テラス)、犯罪被害者支援センターなどの民間の法人や団体等で、前述した機関等と連携、協力しながら精神保健福祉士が働いている。

これらの職場で社会福祉アドバイザーや福祉専門職員、保護観察官、社会復帰調整官、精神保健参与員、精神科ソーシャルワーカー、相談支援専門員、情報提供専門職員★、犯罪被害者支援の相談員等が、精神保健福祉士の専門性を活かした仕事を行っている。

★情報提供専門職員
法テラスにおいて、利用者が抱える法的な問題について相談を受け、法制度の情報提供をしたり、福祉機関をはじめとする関係機関の相談につなげたりなどの業務を行う職員。

3 司法分野の精神保健福祉士がかかわることの意義と実際

罪を犯す人のなかには、高齢や障害・疾病だけでなく、貧困や社会的孤立（ひきこもり、ゴミ屋敷、ホームレス等)、虐待、暴力等の複合的な課題があるにもかかわらず、社会的な支援の網からこぼれ落ち、隙間にあってみえなかったり、社会が目を背けたりする人たちが多く存在する。自立が困難な受刑者には、対人関係を築くことが難しく、生活スキルが十分ではない人が少なくない。繰り返す罪に自己の尊厳を著しく低下させて福祉支援を受けることに抵抗を抱く人や、福祉制度を利用することの意味を理解できない人もいる。そのため、面接では対象者のニーズや希望を聴き取り言語化できるように臨み、犯罪や非行に及んだ原因や疾病を共感的に理解する。肯定的な姿勢を保ち、制度や資源を説明したり、ときに同行したりするなどして支援につなぎ、**人として尊厳の回復**ができるよう援助関係を築いていく。

Active Learning
医療観察法の対象者や被害を受けた人に対する自らの感情や意味づけについて、精神保健福祉士倫理綱領などを参照して、省察してみましょう。

被害を受けた人や家族（遺族）のなかにも、事故や事件の直後だけでなく、回復を遂げるために長い期間、医療や福祉等の支援を要する人がいる。手続きの過程で二次被害を受けて、人や機関に対する信頼を失っている場合もあり、不安や苦しさを受けとめ、必要な場合は精神科医療機関や福祉機関等との連携を図っていく視点が重要となる。

精神障害や精神疾患に対する社会の偏見は今も根強く、さらに犯罪行為を起こしたことで、対象者本人が**二重のスティグマ**を内面化させ、家族等も世間を狭くして、ひっそりとその後を生きている。個別支援はもちろん、精神障害に対する偏見の解消や犯罪からの更生、被害回復に向けての**社会的支援体制の構築**が必要とされ、司法分野に精神保健福祉士がかかわることの意味がある。

4 司法機関等での精神保健福祉士の業務と特徴

司法分野で働く精神保健福祉士の業務は、対象や目的によって内容や範囲が異なるが、生活上の困難や課題を抱える人の福祉（well-being)

を向上させるためのソーシャルワーク実践であることに変わりはない。

❶検察庁における業務と特徴

たとえば、検察庁の社会福祉アドバイザーは、窃盗など比較的軽微な犯罪を起こして、執行猶予や釈放が見込まれる被疑者・被告人等の福祉的支援の必要性を検討する。関係機関の協力を得るなどして検査やアセスメントを行い、短い期間で有効な医療や福祉等の資源情報等を提供したり、地域の福祉機関につないだりする。近年は、被害者支援室等と協働して、虐待やDVケースの支援にも取り組んでいる。

❷矯正施設における業務と特徴

矯正施設の精神保健福祉士等は、面接や援助を必要とする受刑者のスクリーニング、職員からの情報収集、帰住先の調整や出所後の福祉サービスの検討等を行い、保護観察所や内外の機関と協力しながら支援方針を立てる。精神保健及び精神障害者福祉に関する法律(精神保健福祉法)の通報事務や、福祉的支援を希望しない満期釈放対象者に対しても、必要に応じて医療や福祉につなげる業務を行う。

❸保護観察所における業務と特徴

保護観察所の保護観察官は、障害や高齢等の困難を抱える対象者に対し、刑務所や地域生活定着支援センター、地域の福祉機関等と協力して、対象者の生活課題を抽出し、犯罪を繰り返してきた生活から安心できる生活環境に移行できるよう、帰住先や医療機関、福祉サービス機関等との調整を図る。近年、保護観察官にも精神保健福祉士の資格を取得する人が増えて、専門的支援が期待されている。

❹地域生活定着支援センターにおける業務と特徴

地域生活定着支援センターの職員は、保護観察所や法テラス、家庭裁判所等と連携し、入所中から対象者の円滑な社会復帰ができるように斡旋や調整をする。対象者だけでなく、受け入れ機関にとっても安全な環境を用意し、出所後も必要な相談や助言等、フォローアップを行う。

❺更生保護施設における業務と特徴

指定更生保護施設★の福祉職員は、施設内での生活全般の指導や訓練、福祉サービス利用や就労支援、SST（social skill training：社会生活技能訓練）や酒害・薬害教育プログラム等のグループワークなどを行う。

このように、精神保健福祉士の業務は働く場所や地域によって異なり、多様な役割がある。安全で安心な社会を実現するため再犯の予防や犯罪の防止にその目的があるが、生きづらさを抱える対象者が再び社会で孤立しないよう支援を展開する。

★指定更生保護施設
更生保護施設は、出所や出院後に帰住先がない人や生活課題がある人を、一定期間受け入れる施設。このなかで、指定更生保護施設は高齢・障害等で特に自立が困難な人を受け入れ、円滑な福祉支援につなげたり、薬物依存からの回復に重点を置いた取り組みなどを行ったりしている。

2 医療観察法における ソーシャルワーク実践

1 医療観察制度における精神保健福祉士

これまで述べてきた対象と異なり、医療観察制度では、心神喪失等の状態で重大な他害を行い、責任能力がないかもしくは限定的な責任能力とされている人が対象となるが、ここでも精神保健福祉士の専門性を活かした処遇が展開される。

まず、社会復帰調整官は、医療や福祉等の多機関・多職種と相互に連携して、対象者が新たな他害行為を行うことなく社会復帰できるよう、鑑定入院中の「生活環境調査」を関係構築の端緒として、対象者のケアマネジメントを行う。審判で入院が決定した対象者は、指定入院医療機関で治療を受けることになり、指定入院医療機関の多職種チームの一員である精神保健福祉士がかかわる。医療観察法の権利擁護に関する手続き（抗告や退院請求等の説明や手続き）、院内ケア会議（CPA 会議）、外泊への同行等、社会復帰調整官や地域関係機関と連携して、退院支援や処遇実施計画策定の協力を行う。

さらに、社会復帰調整官は、対象者が指定入院医療機関を退院したあと、**処遇実施計画**に基づいて、対象者や家族との面接や、福祉サービス機関の調整やケア会議の実施、訪問などの精神保健観察を行う。地域処遇においては、指定通院医療機関や福祉サービス機関の精神保健福祉士等が、社会復帰調整官とともに対象者の通院状況や生活が安定して行われるよう支援し見守る。社会復帰調整官は、制度終了後も適切な医療と支援が行われるように全体をコーディネートする。

2 社会復帰調整官の支援の特徴

医療観察法の対象者も課題をもって生きる一人の人であり、社会復帰調整官はストレングス視点で、対象者が主体となり希望をもって生活ができるように支援を行う。一方、制度は再他害を防いで新たな被害者を生まないことも目的としている。そのため、対象者が病状の悪化等からの他害行為を行うことなく地域生活を送れるよう、地域処遇において社会復帰調整官は、ストレングスモデルに加え、**リスクアセスメントの視点**をもつ。

社会生活では病状の悪化だけではなく、さまざまな危機が起こることがある。社会復帰調整官は、対象者や指定入院医療機関とともに、対象行為に至った当時の症状や生活上の問題はなかったか、どのような経過をたどって他害に至ったかなどの要因や原因を探り、その対処や対応策を考える。それを病状悪化や生活の崩れが起こった際に利用できる「クライシスプラン」としてまとめ、**処遇実施計画**に併せて活用する。危機場面へは可能な限りそのプランに基づいて対応や介入を行う。

具体的には、寝つきが悪くなったり、集中力が低下したりするなどの「注意サイン」が出たら、服薬や休養を促す等のプランを確認して、対象者自らが危機対処できるように働きかけるなどである。リスクに偏り過ぎないよう、ストレングス視点とのバランスを心がけながら支援を行うことにその特徴がある。

医療観察法の対象行為は、家族や親族が被害を受ける割合が高く、対象者の個別性や特性等に加えて、対象行為前の家族関係を含めた環境全体のアセスメントと、必要に応じ家族の支援も行う。家族は精神障害者を抱えることに加え、加害者家族という新たなスティグマから、さらに孤立や拒絶状態に陥り生活を根底から揺るがされることがあり、**家族支援の視点**も重要である。

3 犯罪被害者等の支援

1 被害者等支援におけるソーシャルワーク

精神保健福祉士は、加害者の支援だけでなく、犯罪被害者等（**犯罪被害者等基本法**第２条「犯罪等により害を被った者及びその家族又は遺族のこと」以下、被害者）の支援にも関与する機会が増えている。

突然の犯罪は、被害者等に精神的身体的な苦痛だけでなく、経済的な困窮や社会関係の喪失等を起こし、生活基盤が根底から崩れる。そのため、事件直後から、被害者の安全に配慮した支援を行う必要があり、また、被害者の個々のニーズに添った支援を行っていく必要がある。

被害者支援は、警察署や検察庁、保護観察所などが行っているほか、役所の犯罪被害者相談窓口や精神科病院、保健所や精神保健福祉センター、犯罪被害者支援センター、最近ではワンストップ支援センター等でも行われている。

2 精神保健福祉士が行う被害者等への支援

❶回復段階に応じた支援と二次被害の防止

事件直後から、被害者には安全に配慮した支援が開始される。被害者は事態への混乱から、どうしてよいかわからず、支援を求められないことも多く、必要なときはアウトリーチ支援を行う。

精神保健福祉士は、身体的・精神的被害のケアだけでなく、経済的支援や住居、仕事、家事、育児等の具体的な生活支援、今後予想される課題等を長期的な視点でともに考え、手続き[ii]や社会資源について、被害者の**回復段階に応じた情報提供や支援**を行う。その際、事情聴取や受診・受療、報道等のなかで、被害者が二次被害を受けないように配慮を行う。

❷生活支援の視点と家族支援

被害者は、警察の捜査や裁判、各種の行政手続き等でも疲弊する。スムーズな手続きができるように、関係機関等と連携・協力して、被害者が再び平穏な生活を自らの力で取り戻し、課題解決できるように支える。

また、家族全体の状況を捉えて、支援や介入の方法を考え、家族の回復を支援していく。

❸被害者の権利と尊厳を守る

被害者には、知る権利と裁判に参加する権利、被害から回復する権利があり、これらの権利が十分に保障されることで、生活全般の安定が図れる。被害者が安心感と平安な感覚がもてるように、多機関と連携し、被害者を**エンパワメントしていく視点**が重要となる。

4 司法分野での精神保健福祉士の実践課題

司法分野において精神保健福祉士が行うソーシャルワーク実践は、その支援技術や方法がまだ十分に確立されておらず発展途上にある。今後、関係者を含め研修や研究を重ね、効果的なアセスメントや支援技術、実効性のある連携のネットワークを構築するため、司法と福祉の両方向から事例を蓄積し、検討していくことが必要とされる。

司法分野で働く精神保健福祉士は少数である。近年、少しずつ数が増え、福祉職や福祉支援の必要性についての理解が進んでいるが、その認知は十分ではない。今後もOJTやスーパービジョン、コンサルテーショ

---

ii　検察庁の「犯罪被害者の方々へ――被害者保護と支援のための制度について」のパンフレットが参考になる。 http://www.kensatsu.go.jp/

ン、研修等の機会を活用し、専門的で質の高い支援が行えるよう官民協働してサポートしていくことが求められる。

司法には再犯防止や市民の安全を守るための国家の強制力があり、対象者と信頼関係をつくりながら自己決定や希望を尊重する福祉とは、その目的や機能を異にする。しかし、所属が司法分野にあっても、精神保健福祉士の価値や**対象者の主体性を尊重した支援**の基本に変わりはなく、相互に協力・協働することで、社会復帰や地域社会の理解が進んでいく。

司法分野の精神保健福祉士は、再犯や再他害を起こさないための監視や管理に傾き過ぎないよう、その人らしい生活の実現のために支援体制を構築しながら、地域へ支援のバトンをつないでいく役割がある。

◇引用文献

1）法務省法務総合研究所編『犯罪白書（平成30年版――進む高齢化と犯罪』昭和情報プロセス，p.244，2018.

◇参考文献

・厚生労働省HP　www.mhlw.go.jp
・法務省保護局HP　www.moj.go.jp
・田島良昭『罪を犯した障がい者の地域生活支援に関する研究 平成18～20年度 厚生労働科学研究（障害保健福祉総合研究事業）報告書』2009.
・日本精神保健福祉士養成校協会編『新・精神保健福祉士養成講座６ 精神保健福祉に関する制度とサービス 第５版』中央法規出版，2017.
・藤本哲也・生島浩・辰野文理編著『よくわかる更生保護』ミネルヴァ書房，2018.
・諸澤英道監『すべてのまちに被害者条例を 第２版』被害者が作る条例研究会，2018.

● おすすめ

・山本譲司『獄窓記』ポプラ社，2003.
・佐藤幹夫『自閉症裁判――レッサーパンダ帽男の「罪と罰」』洋泉社，2005.

第4節 災害分野

学習のポイント

- 災害ソーシャルワークの実際について学ぶ
- 被災者と支援者の「心のケア」における基本的な知識について学ぶ
- DPAT（災害派遣精神医療チーム）で活動する精神保健福祉士の役割について学ぶ
- 災害支援チームとの連携について学ぶ

1 災害時における精神保健福祉士のソーシャルワーク

1 災害ソーシャルワーク

災害ソーシャルワークとは、被災した地域とそこに生きる人々が災害によって起こった環境の変化との相互関係のなかで直面する課題に対し、その解決に向けて取り組む支援のプロセスそのものを指す。狭義では、災害によって直接生じた課題に対し、一定の期間、専門職や非専門職が行う援助活動である。広義では、災害時を意識した平常時のソーシャルワーク、災害によって顕在化した平常時からの課題への取り組みも含んだ長期的で連続性をもつ援助活動である。

災害時においても、ソーシャルワークの目的や方法は基本的には変わりない。「ソーシャルワークは、生活の原理・原則に基づき、被災者を支援し続ける使命と役割がある[1)]」とされている。災害時においては、ソーシャルワークをより効果的に行うためには、どうすればよいのかを考えることがポイントになる。

精神保健福祉士は、災害前から精神疾患を抱える者、災害によって生じたメンタルヘルスの課題を抱えた者、災害支援を担っている支援者に対して、ソーシャルワークを展開する。

2 精神保健福祉士が行う災害支援活動

1 精神保健福祉士への社会的要請

東日本大震災では、派遣されるメンタルヘルスチームの構成員として精神保健福祉士が明確に位置づけられた。東日本大震災復興関連事業（2011（平成23）年度第３次補正予算）による調査で、岩手、宮城、福島の市町村からの人材派遣ニーズ（心のケア）で最も多かったのが、精神保健福祉士であった。災害時に支援活動をする人材としての社会的な期待に応えるため、必要な備えをしておく必要がある。公益社団法人日本精神保健福祉士協会では「災害支援ガイドライン Ver. 2」（2016（平成28）年）において、被災地支援の心構えを示している（**表8-2**）。

さらに、日本精神保健福祉士協会ならびに協会都道府県支部の取り組みについても示されている。平常時においては、行政機関との連携、災害支援ガイドラインの普及や研修の受講促進、各地域の防災計画の把握や支部ごとの災害対策計画の作成を求めている。災害時においては、災害対策本部の設置、被災状況に関する情報収集と発信、災害対策本部への構成員派遣の要請や受け入れ時の調整などが挙げられている。

平時より、実際に支援に携わることや支援者を送り出すこと、そして、自らが被災し受援側になる可能性や、さまざまな状況を意識しながら、医療保健福祉団体と関係づくりをしておく必要がある。

行政や精神保健福祉センター、精神科病院と平時より関係性がある地元の関係者を中心に支援を行う。災害時の具体的な支援として、薬剤の確保、ストレスからの再発・入院支援、福祉サービス事業所再開への働きかけや居場所づくりとサロン活動、仮設住宅入居支援、復興住宅入居・定着支援等がある。ボランティアセンター★で、コーディネートを行っている社会福祉協議会との連携も必要になってくる。支援の場では、行ったほうがよいことと実際にできることの違いを明確に把握し、地元に負担をかけずに、発災から時間の経過に合わせた専門的な支援を行う。

★ボランティアセンター
「ボラセン」ともよばれ、市区町村単位で社会福祉協議会と連携して設置されることが多い。情報の収集と発信、広報誌の発行、教育・研修の場、情報交換の場として機能している。ボランティアの活性化を図る組織である。平常時同様、災害時は、被災地外からボランティアを受け入れ、コーディネートを行う役割も担っている。

表8-2　被災地支援の心構え

①現地の言葉や文化に関心をもち、さまざまな情報を知っておく。
②何ができるか、できないかを明確にしておく。
③どんな立場で入るのか、目的を明確にして入る。
④体力、精神共にタフであることが望ましいが、誰であってもセルフケア、支援後のケアは不可欠。
⑤支援に向かう前に、なるべく自らの状況を整えておく。
⑥現地では自前で行動し、現地に迷惑をかけない。
⑦現地職員への協力者である視点。
⑧現地の指示のもと迷惑にならないコミュニケーション。
⑨インフラ等が整備された段階で、現地の方々が日常の生活に戻れるような視点。
⑩次につながる活動となっている。

出典：公益社団法人日本精神保健福祉士協会『災害支援ガイドラインVer.2』2016年
http://www.japsw.or.jp/ugoki/hokokusyo/20160630-guideline/all.pdf

2 精神保健福祉士とDPAT

DPAT（災害派遣精神医療チーム）が行う災害精神保健医療活動（**表8-3**）とは、❶災害により破綻した既存の精神医療システムの補完および機能回復の支援（精神科医療機関の機能の補完、避難所、在宅の精神疾患をもつ被災者への継続的な医療提供）、❷災害のストレスによって新たに生じたメンタルヘルスの問題を抱える一般住民への対応（予防も含む）、❸災害に関連した業務に当たる職員や支援スタッフのメンタルヘルスの問題に対応することである。

DPAT活動マニュアル（Ver.2.1）には、活動３原則：SSS（スリーエス）として、❶ self-sufficiency：自己完結型の活動、❷ share：積極的な情報共有、❸ support：名脇役であれと示されている。

DPATは、被災都道府県等からの派遣要請に基づき活動する。被災地での活動にあたっては、被災都道府県等の災害対策本部の指示に従う。職種については、精神科医師、看護師、業務調整員を含めた数名で構成されている。精神保健福祉士は、業務調整員（ロジ担：**ロジスティクス**★担当者）として参加し、担当地区の状況把握、各種支援団体とのエリア調整、後続隊への被災地情報の引き継ぎ等を行う。被災地内外の精神科医療だけではなく、その他の医療・保健・福祉と連携をするため、幅広い活動となることが多い。

★ロジスティクス
ある目的を達成するために、計画に従って人や物資を確保し、管理し、補給するまでの全ての活動をいう。DPATでは、精神科病院間での患者移送、避難所や地域での避難者への精神科医療サービスを行うために、医師やコメディカルスタッフ等を、災害（事故）現場に送る役割などがある。

都道府県等DPATを構成する班のうち、発災からおおむね48時間以内に、被災した都道府県等において活動できる班を先遣隊と定義する。先遣隊を構成する医師は、精神保健指定医でなければならない（先遣隊以外の班においても精神保健指定医であることが望ましい）。班の構成は、被災地のニーズに合わせて、児童精神科医、薬剤師、保健師、精神保健福祉士や臨床心理技術者等を含めて適宜行う。派遣期間は、１班当たり１週間（移動日２日・活動日５日）を標準とし、必要に応じて、同じ地域には同一の都道府県等が数週間から数か月継続して活動を行う。

原則として、被災地域内の災害拠点病院、災害拠点精神科病院、保健所、避難所等に設置されるDPAT活動拠点本部に参集し、その調整下で被災地域での活動を行う。支援活動は、DMAT（災害派遣医療チーム）や他の医療救護班（日赤救護班、JMAT）、地元精神科医療機関から派遣されてきた医療チーム、地元保健所・精神保健福祉センターとの連携を行いながら進められる。

活動の記録については、広域災害・救急医療情報システム（emergency medical information system：EMIS）が使用され、精神科医療機関

表8-3　災害派遣精神医療チーム（DPAT）の活動

Ⅰ　活動理念

1．DPAT（Disaster Psychiatric Assistance Team）とは

自然災害や犯罪事件・航空機・列車事故等の集団災害が発生した場合、被災地域の精神保健医療機能が一時的に低下し、さらに災害ストレス等により新たに精神的問題が生じる等、精神保健医療への需要が拡大する。このような災害の場合には、被災地域の精神保健医療ニーズの把握、他の保健医療体制との連携、各種関係機関等とのマネージメント、専門性の高い精神科医療の提供と精神保健活動の支援が必要である。

このような活動を行うために都道府県及び政令指定都市（以下「都道府県等」という。）によって組織される、専門的な研修・訓練を受けた災害派遣精神医療チームがDPATである。

Ⅱ　活動の枠組み

1．2　DPAT各班の構成

以下の職種を含めた数名（車での移動を考慮した機動性の確保できる人数を検討）で構成する。

・精神科医師
・看護師
・業務調整員（ロジスティクス）：連絡調整、運転等、医療活動を行うための後方支援全般を行う者

現地のニーズに合わせて、児童精神科医、薬剤師、保健師、精神保健福祉士や臨床心理技術者等を含めて適宜構成する。

なお、地域の実情に応じて、都道府県等の職員だけでなく、関連機関（大学付属病院、国立病院、公立病院、その他の病院、診療所等）の職員で構成することができる。

また、DPAT1班あたりの活動期間は1週間（移動日2日・活動日5日）を標準とする。必要に応じて、同じ地域には同一の都道府県等が数週間から数か月継続して派遣する。

3．災害時精神保健医療情報支援システム（Disaster Mental Health Information Support System：DMHISS）

DPATの活動に関する各種報告は、災害精神保健医療情報支援システム（Disaster Mental Health Information Support System：DMHISS）を用いて行う。DMHISSは災害時に効率的な活動を行うためのインターネットを用いた情報共有ツールであり、派遣要請／派遣先割当機能、活動記録機能、集計機能を有するシステムである。

Ⅲ　活動内容

DPATの各班は、原則として、被災地域内の災害拠点病院、精神科の基幹病院、保健所、避難所等に設置されるDPAT活動拠点本部に参集し、その調整下で被災地域での活動を行う。

1．情報収集とアセスメント

・被災が予想される精神科医療機関、避難所、医療救護所等へ直接出向き、状況の把握に務める。
・収集した情報を基に、活動した場所における精神保健医療に関するニーズのアセスメントを行う。

2．情報発信

・DPAT活動の内容（収集した情報やアセスメントの内容も含む）は、DPAT活動拠点本部へ、活動拠点本部が立ち上がっていない場合はDPAT都道府県調整本部へ報告する。
・活動に関する後方支援（資機材の調達、関係機関との連絡調整等）が必要な場合は派遣元の都道府県等に依頼する。

3．災害によって障害された既存の精神医療システムの支援

・災害によって障害された地域精神科医療機関の機能の補完を行う。
・避難所、在宅の精神疾患を持つ被災者に対する継続的で適切な精神医療の提供を行う。

4．災害のストレスによって新たに生じた精神的問題を抱える一般住民への対応

5．支援者（地域の医療従事者、救急隊員、行政職、保健職等）の支援

6．普及啓発

7．活動記録と処方箋

・活動地域（避難所、保健所等）に記録を残す。
・DMHISSに記録を保存する。

8．活動情報の引き継ぎ

・チーム内で十分な情報の引き継ぎを行う。
・医療機関ではその医療機関のスタッフ、避難所ではそこを管轄する担当者や保健師に対し、十分な情報の引き継ぎを行う。

9．活動の終結

・DPAT活動の終結は、被災都道府県がDPAT都道府県調整本部の助言を踏まえて決定する。尚、DPATの活動期間は、発災当日から被災地域の精神保健医療体制が復興するまで長期間に渡ることがある。

出典：厚生労働省委託事業 DPAT事務局「DPAT活動マニュアルVer.2.1」より抜粋　http://www.dpat.jp/images/dpat_documents/3.pdf

の情報、避難所の情報、DPATの活動状況等がDMAT等の他の保健医療チームとも共有できるようになっている。また、災害時診療概況報告システム（surveillance in post extreme emergencies and disasters-japan version：J-SPEED）との連携も進んでいる。

DPATの活動の整備を通じて、平時の精神科医療の質の向上につながることが期待される。

3 災害時の多職種チームと精神保健福祉士

平時のサービスが質量ともに圧倒的に不足する状況を引き起こすのが、大規模災害である。そのため、被災地域の医療・保健・福祉を補うためにはその時々の状況に応じた「連携」がより求められ、効率的な活動が必要になってくる。災害支援に当たる多職種の連携支援チームを（**表8-4**）に挙げる。

DMAT、DPATのほかにも、災害時の公衆衛生を支える多職種チームとして、DHEAT（disaster health emergency assistance team：災害時健康危機管理支援チーム）がある。DHEATは、災害発生時に迅速に被災地に入り、医療機関の被害状況、被災者の飲料水・食糧・生活環境などの衛生状態、感染症発生などの衛生状態、感染症発生の状況を把握し、必要な人的・物的支援の確保・供給・配置を行う公衆衛生チームのことである。現在、災害派遣福祉チーム（DWAT）が都道府県単

表8-4　さまざまな災害支援チームの大代表

DMAT Disaster Medical Assistance Team	厚生労働省委託事業
DPAT Disaster Psychiatric Assistance Team	厚生労働省委託事業
DHEAT Disaster Health Emergency Assistance Team	厚生労働省委託事業
日赤医療救護班	日本赤十字社 指定公共機関
JMAT Japan Medical Association Team	日本医師会 指定公共機関
JRAT Japan Rehabilitation Assistance Team	大規模災害リハビリテーション 支援関連団体協議会
JDA-DAT The Japan Dietetic Association-Disaster Assistance Team	日本栄養士会災害支援チーム
DWAT Disaster Welfare Assistance Team	災害派遣福祉チーム

位で設置されつつあり、大規模災害時の福祉支援に対して、今後の関連法制への位置づけが望まれる。

精神保健福祉士は、災害支援を行う多職種チームの一員として、生物レベルの「心身機能・構造」、個人レベルである「活動」はもとより、社会レベルで個人の社会「参加」から働きかけるソーシャルワークの視点ももち合わせながら、支援に当たることが望まれる（図 8-1）。

Active Learning

危機介入に係るソーシャルワークの理論と方法を踏まえて、災害支援に係る精神保健福祉士の実践課題を整理してみましょう。

4 災害ソーシャルワークと精神保健福祉士

人知を超えた災害に対して、備えない理由は存在しない。災害福祉における支援活動の歴史は浅いが、これまで地域の課題に、実践知やさまざまな技術等の体系化、組織的な活動により柔軟に対応してきたソーシャルワークにとって、被災地の課題は決して新しいものではない。ソーシャルワークは、対象を生活者として捉え、「人と環境」の相互作用の視点を大切にしてきたからこそ、活用可能な知見や技術をもっている。

突然の災害は、人々にさまざまなメンタルヘルスの問題を引き起こす。環境の変化によって災害時要援護者★になりやすい精神障害者の支援を行うことは重要である。そのためには、精神保健福祉士は、平時から関係機関との連携を強化し、防災から減災へ、そして備災を意識して業務に当たりたい。

★災害時要援護者
必要な情報を迅速かつ的確に入手し、自らを守るための危険の回避や安全な場所への避難、その後の避難生活、復旧・復興活動等に対して、他者の支援を必要とする人々をいう。平常時から介護や行動の補助など何らかの支援を必要とする高齢者や障害者が主な対象となる。妊産婦や乳幼児・児童、外国人も、手助けが必要となる可能性があることから、状況によって対象となる。

図8-1　災害支援チームの視点と支援の領域

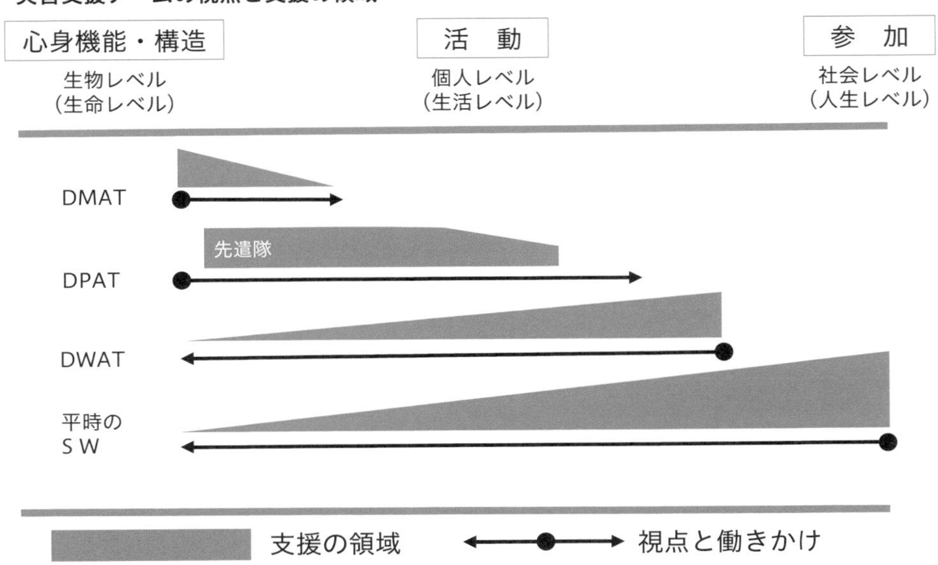

災害支援を行う多職種チームは、目的を持った有期の支援である
チームの構成員である精神保健福祉士は、平時のSW（ソーシャルワーク）の視点ももち合わせる

◇**引用文献**

1）上野谷加代子監，日本社会福祉士養成校協会編『災害ソーシャルワーク入門――被災地の実践知から学ぶ』中央法規出版，p.17，2013.

◇**参考文献**

・内出幸美「大規模災害時の高齢者のケア・サポート体制の整備」精神保健医療福祉白書編集委員会編『精神保健医療福祉白書2018／2019――多様性と包括性の構築』中央法規出版，p.47，2018.

索引

A～Z

あ～お

か～こ

さ～そ

た～と

な～の

最新 精神保健福祉士養成講座

編集

一般社団法人 日本ソーシャルワーク教育学校連盟（略称：ソ教連）

統括編集委員（五十音順）

中谷 陽明（なかたに・ようめい）
ソ教連常務理事、桜美林大学大学院教授

松本 すみ子（まつもと・すみこ）
ソ教連常務理事、東京国際大学人間社会学部教授

「ソーシャルワークの理論と方法［精神専門］」編集委員・執筆者

編集委員（五十音順）

岩崎 香（いわさき・かおり）
早稲田大学人間科学学術院教授

鈴木 孝典（すずき・たかのり）
高知県立大学社会福祉学部准教授

松本 すみ子（まつもと・すみこ）
東京国際大学人間社会学部教授

執筆者および執筆分担（五十音順）

安髙 真弓（あたか・まゆみ）……第２章第５節
宇都宮大学地域デザイン科学部助教

今村 浩司（いまむら・こうじ）……第２章第２節・第３節・第６節
西南女学院大学保健福祉学部教授

岩崎 香（いわさき・かおり）……第２章第７節、第４章第２節
早稲田大学人間科学学術院教授

大塚 ゆかり（おおつか・ゆかり）……第４章第１節
山梨県立大学人間福祉学部教授

岡﨑 直人（おかざき・なおと）……第３章第２節
日本福祉教育専門学校精神保健福祉士養成学科学科長

岡田 隆志（おかだ たかし）……第６章第１節・第２節
福井県立大学看護福祉学部准教授

小沼 聖治（おぬま・せいじ）……第５章第１節～第３節
聖学院大学心理福祉学部助教

國重 智宏（くにしげ・ともひろ）……第２章第１節
帝京平成大学現代ライフ学部専任講師

齊藤 晋治（さいとう・しんじ）……第６章第３節・第４節
健康科学大学健康科学部教授

齋藤 敏靖（さいとう・としやす）……第２章第８節
東京国際大学人間社会学部教授

坂入 竜治（さかいり・りゅうじ）……第５章第４節
武蔵野大学人間科学部助教

鈴木 孝典（すずき・たかのり）……第７章第１節・第２節
高知県立大学社会福祉学部准教授

田中 和彦（たなか・かずひこ）……第６章第５節・第６節
日本福祉大学福祉経営学部准教授

田村 綾子（たむら・あやこ）……第８章第２節
聖学院大学心理福祉学部教授

長崎 和則（ながさき・かずのり）……第１章第１節〜第３節
川崎医療福祉大学医療福祉学部教授

中村 和彦（なかむら・かずひこ）……第１章第４節
北星学園大学社会福祉学部教授

名城 健二（なしろ・けんじ）……第８章第１節
沖縄大学人文学部教授

松本 すみ子（まつもと・すみこ）……第７章第３節
東京国際大学人間社会学部教授

望月 和代（もちづき・かずよ）……第８章第３節
札幌学院大学人文学部教授

森谷 就慶（もりや・ゆきのり）……第８章第４節
東北文化学園大学医療福祉学部教授

山本 由紀（やまもと・ゆき）……第２章第４節
国際医療福祉大学医療福祉学部准教授

横山 登志子（よこやま・としこ）……第３章第１節・第３節
札幌学院大学人文学部教授

一般社団法人 日本ソーシャルワーク教育学校連盟（略称：ソ教連）のご案内

ソ教連は、全国のソーシャルワーク教育学校（社会福祉士、精神保健福祉士、社会福祉教育を行っている学校）で組織されています。

ソーシャルワーク教育学校に課せられた社会的使命に鑑み、ソーシャルワーク教育の内容充実および振興を図るとともに、ソーシャルワークおよび社会福祉に関する研究開発と知識の普及に努め、もって福祉の増進に寄与することを目的としています。

［英文名］Japanese Association for Social Work Education（略称；JASWE）
［設立日］2017（平成29）年4月1日
［ウェブサイト］http://www.jaswe.jp/　http://socialworker.jp/

［業務執行理事］
会　　長　白澤政和（国際医療福祉大学）
副 会 長　岩崎晋也（法政大学）
副 会 長　和気純子（東京都立大学）
副 会 長　中村和彦（北星学園大学）
常務理事　中谷陽明（桜美林大学）
常務理事　松本すみ子（東京国際大学）

2020年10月1日現在

最新 精神保健福祉士養成講座
6 ソーシャルワークの理論と方法［精神専門］

2021年2月1日　初　版　発　行
2024年9月5日　初版第4刷発行

編　集　一般社団法人日本ソーシャルワーク教育学校連盟
発行者　荘村明彦
発行所　中央法規出版株式会社
〒110-0016　東京都台東区台東3-29-1　中央法規ビル
TEL 03(6387)3196
https://www.chuohoki.co.jp/

印刷・製本　株式会社アルキャスト
本文デザイン　株式会社デジカル
装　　幀　株式会社デジカル
装　　画　酒井ヒロミツ

定価はカバーに表示してあります。落丁本・乱丁本はお取替えいたします。
ISBN978-4-8058-8257-3

本書の内容に関するご質問については、下記URLから「お問い合わせフォーム」にご入力いただきますようお願いいたします。
https://www.chuohoki.co.jp/contact/